士承东林　著

# 奋起东南——南明那些事儿

中国大百科全书出版社

**图书在版编目（CIP）数据**

奋起东南 / 士承东林著. —北京：中国大百科全书出版社，2021.4

ISBN 978-7-5202-0911-3

Ⅰ. ①奋…　Ⅱ. ①士…　Ⅲ. ①中国历史—南明—通俗读物　Ⅳ. ①K248.409

中国版本图书馆CIP数据核字（2021）第018247号

作　　者　士承东林

出 版 人　刘国辉
策　　划　刘　嘉
责任编辑　陈　光
责任印制　邹景峰
装帧设计　今亮后声
出版发行　中国大百科全书出版社
地　　址　北京阜成门北大街 17 号
邮　　编　100037
网　　址　http://www.ecph.com.cn
印　　刷　北京君升印刷有限公司
开　　本　710 毫米 ×1000 毫米　1/16
字　　数　447 千字
印　　张　23.5
版　　次　2021 年 4 月第 1 版
印　　次　2021 年 4 月第 1 次印刷
定　　价　68.00 元

# 目录

# 第一章　武将的美好时代

经历了与李奇魁、杨禄、杨策、刘香、荷兰人等众多强敌艰苦卓绝的战斗，郑芝龙终于修成正果。崇祯十三年八月，由于在历次海战中表现出色，郑芝龙被任命为福建总兵，成功进入了帝国军界高级将领行列。

福建总兵，用今天的话来说就是福建军区司令员，手握重兵，位高权重，而且这也意味着不仅是福建的水师，现在福建全省的军队都归郑司令员管了。此时的郑芝龙仅有三十六岁，在大明众多总兵中算得上是比较年轻的了。虽然这期间郑芝龙吃了很多苦受了很多累，但是这一任命说明朝廷已经完全认可了这个本来出身低微的将领，并且郑重地将保家卫国的使命交给了他。

就明朝的武官级别而言，郑芝龙已经算是做到头了。因为按照朝廷以文制武的惯例，帝国掌管军事、指挥一万人以上大军团作战的一品大员诸如总督、提督等职位一般都由文官担任，至于什么左都督、右都督（一品）虽然也有武将获得，但一般情况下却是给予那些战功非常卓著或将要退休老朽到了已连自己姓什么都忘掉了的老将们。

所以所谓的武将中的一品大员说白了也就是个荣誉称号外加一个较高级别的退休职称，除了能在退休回家后向街坊邻居、小孙子们吹吹牛顺便按照这个等级拿上丰厚的退休金外，其他一点用处也没有。

不过凡事既有惯例也就一定会有特例。有明一代三百多年的历史上，没有老到掉牙就获得了一品大员头衔的武将还是有的，甚至还有的年纪轻轻就坐上了真正掌握实权的提督、总督宝座。其中曾经指挥过抗倭援朝战争的李如松就是优秀范例。人家先是提督陕西后来又是提督辽东，率领不足五万的大军雄赳赳气昂昂跨过鸭绿江，打得近二十万的小鬼子四处乱窜，那叫一个威风！

但是待我们仔细分析一下就会发现，要真正做到像李如松那样风光，事实上是很难的。

所以我们有必要看一看极品武将是怎样炼成的。

作为一个武将，要想成为像李如松同学那样威风八面的大明一品高级将领，到底需要哪些条件呢？这是无数满怀着从军报国建功立业的理想、想要成为将军的好士兵们在进入军营的那一天最想问的问题。现在我们就要为大家做个清楚的解答。



要成为“李如松第二”，首先你的家庭背景是相当重要的。一般说来，在明代当兵的主要来源有两种情况。第一类人在历史上有个比较特定的称谓叫军户，即打太爷爷辈就是当兵的，且作为本上有名的军户家里一定要有人继承士兵这一祖业，只要这家还能生出男孩就要将大兵当到底。所以这部分人可以堪称是大兵世家，平时的家教也不是好好读书、金榜题名而是锻炼身体、保卫自己、上阵杀敌取得军功之类的话。当然，军户只是比较普通的军事从业者的来源，而比军户更高级的则是武将世家。

由于某些武将特别能打仗、为国家立过大功或是在某场战斗中特别英勇以致为国捐躯了，在这种情况下，朝廷就往往会给予这些人以特殊的嘉奖以资鼓励，其中最常见的就是给予这家世袭的武职，所谓的武将世家也就是如此发展起来的。比如说嘉靖年间平定东南倭乱的两大名将俞大猷和戚继光就都属于这种情况。俞大猷家里是世袭百户，而戚继光同学家里就更牛了，是四品的明威将军、登州卫指挥佥事。

能够拿到一个世袭的铁饭碗，那是件相当不错的事情，不过就算不能世袭，给儿子们谋得一个武职也未尝不是件好事。相对于袭职而言，这叫荫职。我们的榜样人物李如松同学就是凭借着老爹李成梁的战功，荫职成为都指挥同知（从二品）的。荫职的一大优势就是受荫为官的那位不用等到老爹退休或挂掉，拿到了相关证明，第二天就可以直接去部队上班，所以也是很划算的。因而在那个时候，武将基本上是属于世代经营的家族产业。

不过要是你并没有做武将的老爸，家里也不属于军户，也不用灰心，因为帝国军营的大门仍然是向社会各阶层的有志青年开放的，普通人完全可以报名参军体验一把军旅生活。但是在此之前有一点还是要提醒大家，从小兵到大将的路是比较辛苦的。辛苦是辛苦了点，行伍出身而终成一代名将的成功者还是很多的。且不说什么狄青、岳飞这些年代较远较古老的例子，光是在明代这样的人就有很多。找个近一点的，譬如弘光四镇总兵之一的黄得功，就是十二岁那年入伍从军，由小卒做起一直升至游击将军、副总兵、总兵乃至当上国公的。

现在看来，虽然允许未成年人上阵杀敌、参与以残酷血腥著称的战争是件极不人道的事儿，但这至少说明了一点，在明代只要不是怀着混饭吃的梦想进入军营，在战场上够勇敢、能玩命，成为将军不是梦。

有着世代为兵使命的军户和为实现不同目的而参军的各阶层青年，这就是构成大明军事力量的两大来源。

好了，如果你已经通过层层筛选且体检合格，那就恭喜你了，你将可以为成为一品武官的梦想而继续前进了。

如同今天一样，十七世纪的明朝也是一个比较重视文凭的时代。要想得到大家的认可与尊重，摘掉武将都是大老粗的传统观念的帽子，参加每三年一试的武举是一个相当明智的选择。

武举制度在我国有着相当长的历史，创始于唐代，其创立者则是那位中国历史上第一位同样也是唯一的一位女皇帝武则天。长安二年（700），武则天诏令天下诸州宣教武艺，并亲自确定了每年由兵部主持为天下武士举行一次考试，考试合格者授予武职等武举的基本原则。历经了几百年发展演变，到了宋代，武举开始被正式纳入整个科举体系之中并臻于规整。明代武举制度更是到达了前所未有的最为兴盛的时期。

武举制度在元代被废止了近一百年的时间，所以明朝的武举制度虽然恢复得很早，却因废弃了很长一段岁月，完备的制度体系一直没有能够确定下来。但无论如何，有武举总比没有强，管它完不完善，先凑合用吧！于是广大习武之人开始走入了考场。

有考试就一定会有竞争，竞争不过就一定会搞些小动作。所以没过几年朝廷便开始在探索，对武举制度进行适当的完善。成化年间，明宪宗根据太监王直的建议，以文科为模板，设立了武科的乡试、会试。弘治六年，朝廷又定武科为六年一试（后又改为三年一试）。考试内容主要是马步弓箭和策试。

武举毕竟不同于文举，所以在这里有一点不得不提醒广大考生，如果你确实没啥真才实学，我劝您趁早收拾好包袱回家去。文举考试动的不过是笔杆子，而武举那是要动枪杆子的。也就是说，入场考生要做好场上抛头颅洒热血的觉悟，抄起真家伙和对手来场一对一的 PK，且主持者会保证此类考试绝对没有太多的暗箱操作，所以不够火候的基本一场下来就被废了，而那些心理素质欠佳的考生则会在目睹了飞溅的鲜血的同时应声晕倒。马战、步战打下来，所幸四肢还健全的就该比射箭了，而在这一轮中近视眼和有其他视力问题的考生也将被淘汰。

即便你安全通过上述这些测试，这个时候最好不要太过得意，因为真正不地道的还在后面呢。

等待考生们的最后一关叫策论考试，也就是给你一个题目或者为你设定一个场景，然后考官就开始发问了，比如在什么样的地形你要怎么布阵，遇到敌人是该抡刀互砍还是用板砖互拍，抑或是出马叫阵与敌军大将单挑。你得分析出个一二三，道出个所以然来。

不用说也能猜到，这一关的测试是考生们骂娘最多的一项。



众所周知，所谓武科的考生大多来自武将世家或大兵世家，说得难听点，这些人就是职业文盲除了打架砍人别的基本不会，能把自己的名字写出来就算不错了。况且要是真读过书有文化，谁还会不惜冒着生命危险参加武举？早就跑到文举考场子曰诗云去了。所以武举考生们对于这项考试都是极为反感的。

这不是摆明了玩我们吗？

不过说句实话，这些还不算什么。因为到了万历年间，曾有大臣向万历皇帝建议，说是武举实行了这么多年，有些战场上的情况已经发生了变化（比如从用长枪改为玩火枪），所以考试内容也应该随之加以改变。这位大人就主张武举应与时俱进，进行一次全面的改革，设立“将材武科”。

所谓将材武科，那真是极为有水平。按照这位大人的意见，新式武举应该分为三部分：初场试武艺，具体内容包括马步箭及枪、刀、剑、戟、拳搏、击刺等个人实战性技术和武功；二场试营阵、地雷、火药、战车等项，也就是说看看考生能否熟练地使用新时代的现代化武器装备；第三场则更难了，绝对是对考生各方面综合素质的全面考察，要求考生们各就其兵法、天文、地理所熟悉者言之。而最后考官们会根据考生在各项考试中的表现以其总成绩来评定优劣，并按名次录取，授予相应的官职。

客观地说，这是一个比较有远见的提议。如果从那个时候明朝就实行这一套程序来选拔武将，或许之后就没张献忠、李自成们的事了。不过可惜的是，这个建议提交上去时已是万历末年了。万历皇帝已经基本不怎么露面也不去上班召见大臣（虽然说实话他还是管事的），这份武举改革的策划书就像肉包子打狗一般，石沉大海了。但也许这也不算是什么太坏的事，因为这位上疏大臣至少免除了哪一天在回家的路上就被落榜 N 次的愤怒考生摸黑砍了的厄运。

考试向来都是难事啊！

然而即便如此，知道自己可能会因为比武终身致残，可能会面对策论头昏脑涨，但是每年前来应试的考生却一直是有增无减。究其原因，还是因为大家一致认为考一次很划算。

要知道古时候的科举就相当于今天的高中毕业会考加高考再加全国公务员考试，其含金量不是高而是非常高。虽然最终的录取率比较低，一旦能考上一般就等于进了保险箱，幸福的生活正在向你招手！

比如崇祯四年的那场武举会试中，复试后选取的一百人，就是依照文举的形式，分三甲并传胪赐宴。崇祯还亲自批阅了前三十名的策论试卷，钦定一甲三人。可谓相当重视。此次考试中的一甲第一名王来聘更是被设为武状元，成为拥有此头衔的第一人而青史留名。

朝廷对于这些通过考试者是非常重视的，虽然这些大老粗们没有机会成为庶吉士，进而晋升为各部部长、大学士进入帝国权力核心，但是国家给的待遇却着实要比挥挥笔杆子而得到的官职要高得多。

通过科举而成为进士的读书人本来就相对比较少（每次大致录取一百多人），而好不容易寒窗苦读近十年乃至数十年的进士们，被分配的第一份工作其实还是比较一般的。进士中成绩好的，我们知道他们叫庶吉士，属于科举中试者里的绝对精英。不过如无例外，这群精英分子的第一个职务就是翰林院编修（从六品），平时的工作也就是抄抄文件、修修书，毫无趣味可言，整日过着单调乏味的生活，熬资历。

高考成绩好的庶吉士尚且如此，那些成绩一般的“高中者”就可想而知了。这些人大多是被分配到当时的老少边穷地区做县长（七品知县），帮助当地进行扶贫开发，所以日子也是相对较苦的。

而这下就该轮到武举高中的考生们偷着乐了，只要挺过了体能测验和文化课考试（策论），武进士最高可以被授为副总兵（从二品）。至于其他人最差的也能当个正六品千总，管上几百个人。所以基于这一原因，大家都迎难而上，就算明知过关几率小也愿意考一下碰碰运气。

但是明代武举推出的人才并不多。当年史上最强的锦衣卫陆炳是武举出来的，但人家后来被分配到了特务机关工作，没能带兵上阵打仗。戚继光同学也去考了回，但是恰逢那年赶上了俺答入侵，发生“庚戌之变”，全体赶考的武举考生都被兵部征集起来抄家伙上阵去了，所以也就没有了结果。

不过，值得一提的人还是有的。譬如那位明末名人，姓熊人不熊的熊廷弼熊先生。据清人王应奎的考证，熊先生先是中了万历某年湖广武乡试的第一名，后来可能突然发觉只拿到武科的功名当不了统御大军的将领，便弃武从文，才又在万历二十五年（1597）得中湖广乡试第一名，第二年登进士科的。所以熊先生确实是一位难得的文武通才，不仅骑马砍人在行而且文笔功夫也相当了得，实在很牛。

不管你是文武双进士文凭，还是只有一个武举人啥的学历，反正只要你在官方组织的武将选拔考试中上了榜，那就又要恭喜你了，咱又前进了一大步。

个人素质有了保证，按说离李如松的距离也不太远了，但是这最后的一大因素却是你通往极品武将的道路上必不可少的一环，而这一环就叫运气。

运气是个很玄的东西，它决定着你的能力是否能得到上级的赏识，有没有合适的环境能展现你的实力，还有你能否击败你眼前的敌人，等等。

但凡是名将一般都是有后台的。比如戚继光同学先有总督大人（胡宗宪）撑腰后有首辅大人（张居正）捧场，所以才能先南后北扫平倭寇、抵御蒙古。至于李如松同学的运气就更好后台就更硬了，不但有老爹李成梁在背后默默支持，连万历皇帝也很看好他，因而仕途自然是一帆风顺，不必多说。

运气往往也是实力的一部分，这个你不服也不行。

因此综上看来，要想成为李如松型的名将，个人能力、武举文凭、领导赏识，那是一个都不能少。

想要成为帝国顶尖的将领，其难度系数无疑是很大的，所以许多人满怀激情前来却最终无比失望地离开。此时的郑芝龙，却划时代地开辟了通往极品武将目的地的第二条路——有别于李如松模式的郑芝龙模式，并创造了自宋朝以来数百年未曾再次出现的武将的美好时代。

自打宋太祖杯酒释兵权并创建了防范武将谋反的种种机制后，中国武将们的身份地位都比较低，而且有时还易遭他人白眼，处处受制于人，就连岳飞那样有能力有人气且职位又高的名将（岳飞最后的职务是枢密副使，相当于今天的国家军委副主席）在皇帝十二道金牌的招呼下也得乖乖回来，而且回来之后就被秦桧等人以莫须有的罪名干净利落地干掉了，所以说什么“将在外，君命有所不受”在宋代之后基本就是句扯淡的话。

因此对于郑芝龙而言，想要过得有滋有味就不能得罪朝中的大臣特别是那些以没事找事为主要工作的言官，而且还要通过与他们搞好关系来保证自己在皇帝心目中的良好形象。于是郑芝龙便开始着手处理自己与朝中大臣之间的关系。

面都没见过，饭没吃过，酒没喝过，俺们凭什么要说你的好话？先给个理由！

对于这个问题，郑芝龙当然要有一个说法，于是乎他给出了一个合适的理由——银子。

送现金往往是联络地方官员与中央的同事们最实惠最有效的方式，所以每次只要有机会郑芝龙就会派出亲信携带大量礼品与各地各部门的官员联络感情。经过长期的拉帮结伙搞关系，搞公关，朝中的各位大人都明确表示出对郑芝龙的无比好感。虽说大家不会因为收了郑总兵的礼而去皇帝陛下面前猛说郑芝龙的好话，但至少主动找郑芝龙麻烦的人是基本没有了，所以郑芝龙率先保证了继续自己事业的前提与基础。

有些人请客送礼行贿纯粹是为了腐败，而有些人搞这一套却是为了干点实事。虽然谁也不敢保证郑芝龙十年如一日地这么做到底有没有什么不可告人的秘密，但在我看来，至少在起初，郑芝龙的动机是纯洁的，目的是善良的，只为了专心致志做好一件事——打海盗。

崇祯十三年，在郑芝龙率领强大的水师部队剿灭了最后一拨活动猖獗的海盗后，郑芝龙已经意识到这片海域已经真正地重归和平。

事实上也确实如此，后人把这段时期称为“郑氏和平”。借用史书上的话就是：

> 从此海氛颇息，通贩洋货，内客外商，皆用郑氏旗号，无儆无虞，商贾有二十倍之利。芝龙尽以海利交通朝贵，寖以大显。
>
> 自就抚后，凡海舶不得郑氏令旗者，不能往来。每舶例入三千金，岁入千万计，芝龙以此富可敌国。自筑城于安平（今晋江安海），海舶可直通卧内，可泊船径达海。……八闽以郑氏为长城。

这句话说得通俗点就是，凡是从中国东南海域经过的海上的船只，倘若没有郑氏的令旗插在船头，就不能往来于东亚的海上，更别提去台湾海峡转一圈了。因为到了此时，就连以前牛得不行的荷兰人的舰队都慑于郑芝龙的威势，不敢轻举妄动，所以其他各国的船只在目睹了荷兰人的惨败后，也十分安生，老老实实做生意，不找事，不挑事。

东南海疆唯郑芝龙之命是从！

而自这时起，郑芝龙也有了一个非官方的新称谓：“闽海王”。

郑芝龙完全取得了东亚海上霸权，生意也是越做越大了。除了继续与葡萄牙人、西班牙人保持良好的贸易伙伴关系外，郑芝龙的商船队伍还有声有色地搞起了长途海上周转贸易。具体说来，就是从澳门等地购进丝织物，然后运往日本卖，回程的时候再将日本的土特产品运到吕宋，进而转售西班牙。再有就是派出满载丝绸、瓷器、铁器等货物商船驶往柬埔寨、暹罗、占城、交趾、三佛齐、菲律宾、咬留巴（今雅加达）、马六甲等国贸易，从那里换回苏木、胡椒、象牙、犀角等国内稀有产品，再转销给大明的达官显贵。短短几年内，郑芝龙集团的商业贸易额逐渐远远超过了荷兰东印度公司。郑芝龙也因为极力发展海上贸易，变得富可敌国。

在郑芝龙从事的海外贸易中，最为主要的还是同日本的贸易。据荷兰东印度公司《巴达维亚城日志》与《平户荷兰馆日志》的记录：崇祯四年（1631），郑芝龙的两艘商船就开始专门从事由日本长崎到泉州安海的货运贸易。至崇祯十二年

（1639），驶往长崎进行对日专门贸易的郑芝龙商船更是大幅度激增，达数十艘。崇祯十三年（1640）仅两艘满载黄白生丝及纱绫、绸缎等货物的郑芝龙商船，便通过运往日本的贸易为郑芝龙带来了相当可观的收入。

崇祯十四年（1641）夏，郑芝龙名下的二十二艘商船由晋江安平港出发直抵日本长崎。这一支远航商船队伍就占到了当年开往日本的中国商船总数的22.68%，其主要货物生丝、纺织品、瓷器等在日本国内也是大受欢迎，大量白花花的银子就此流入了郑芝龙公司的腰包。

郑芝龙之所以如此重视对日本的贸易，有诸多原因，如日本人的钱好赚，郑芝龙船队的货物运到这里后可以一口价，爱要多高要多高，反正独此一家，爱买不买等。此外还有一个极其重要的原因，那就是要人。

早在郑芝龙被朝廷招安后不久，郑芝龙便在离他家乡石井仅十多公里的晋江安平购置了大片土地，准备盖起自己的新家，而且为了展现自己的事业有成，郑芝龙还特地聘请了当时最好的园林设计师与最好的工匠，来负责这座郑家豪宅的规划与施工。据说这项大工程一直陆陆续续地盖了一年多才正式宣告竣工。之后但凡从这座占地面积达一百三十八亩的大府院落经过的人，不管是认识的还是不认识的，往往回家后都要抽个空带上自己的子女们再从这里走一遭，然后使劲摇着子女们教导道：看看人家！将来你也要像他一样！

然而每当郑芝龙在没有作战任务时回到这所雄伟壮观的豪宅中，所感到的并非是无比的骄傲与自豪，更多的时间里，郑芝龙体会到的反而是一种前所未有的空虚与寂寞。

是的，这座庭院很大，很漂亮，但似乎还是少了点什么。

郑芝龙反复思索，终于发现了一切空虚的来源。因为房子很大，这里很缺人，但缺的不是仆人，而是家人。

历经多年漂泊、流浪、征伐与战斗，成为有身份、有地位、有财富的“三有”人员，过上了安定的生活后，郑芝龙怀念远在平户的妻子田川氏以及儿子福松的时间也越来越多了起来。

每当环视着这空荡荡的宅院时，郑芝龙的思念便更加强烈。

是时候把他们接回家乡了，全家团聚的时候应该到了。郑芝龙不止一次地想过这个问题。

于是崇祯三年五月，已经得到朝廷上下一致认可的郑芝龙派遣自己的族弟郑芝燕前往日本平户。郑芝燕此行的主要任务是通过与日本当局交涉等和平手段，将嫂子和侄儿们安全带回祖国。

在外面打拼多年的郑芝龙，难道在做大事业的同时都没有回去看望过他的妻子和尚且年幼的郑成功么?

虽然史料中没有明说此事，但在我看来，郑芝龙在百忙之中还是回过在平户的家的。因为就在崇祯二年（1629），翁氏生下了第二个儿子田川七左卫门。

因为田川七左卫门是翁氏的次子，而翁氏在随母亲改嫁给在日华人翁昱皇之前是姓田川的，所以他又被称为田川次郎左卫门。

可是有件事中日两国史学界一直存有争议，那就是这个儿子到底是不是郑芝龙的孩子。

有一种说法就认为田川氏的第二个儿子并不是郑芝龙的骨肉，而是田川氏在平户一次外遇的产物，而且有某些理由似乎也暗中支持了这种说法。比如田川氏的第二个儿子没有中文名，完全是日本人的名字，叫七左卫门，相对于两人的长子郑成功来说这就比较奇怪了。因为郑成功在日本虽然也被称为田川福松，却是一出生就有中文名字的（名森，字明俨）。但是老二就没有，这就极令人感到怀疑了。

当然要是仅从名字来判断一个人的血缘与身份，那也是相当不靠谱的。有一个事实却不得不说，那就是后来田川氏与郑成功先后被郑芝龙接回中国，而七左卫门先生却留在日本，终其一生也未离开日本一步。这位郑二公子的两个儿子则分别姓“郑”及“福住”，就此在日本定居繁衍了下去。

他爹郑芝龙本身就是当时的国际名人，而他哥哥郑成功更是中日两国共同崇拜的大英雄级的人物，因此大家会对这位行为异常的郑二公子的身世有所怀疑，甚至八卦一下，也是可以理解的。

不管怎么说，反正郑芝燕这回来到平户是打算把这一家人从日本带走的。于是上岸没多久，郑芝燕就赶忙通过关系拜见了当地的日本官员并说明了此行的目的。

得知郑芝燕的到访目的后，日本当局倒是很爽快，只不过是很爽快地拒绝了郑芝燕的请求。不论郑芝燕是好说还是歹说，送钱还是送礼，日本官员的回话都是完全相同的两个字：不行!

平户当局不同意郑芝燕把人带走，倒还真不是因为日本人看不起他或是想趁机勒索郑芝燕点银子。因为不让国内百姓出境，这是一个涉及日本国家大政方针的问题。

此时的日本虽然还没有正式宣布实施闭关锁国的政策（日本的闭关令是在崇祯八年即 1635 年开始全面实行的），但是德川幕府却已经明确发布政令，严禁日本人离开日本，禁止在外的日本人回国，并规定与外国的贸易关系仅允许在长崎进行，而且贸易对象仅限于中国和荷兰。

毕竟日本人也不傻，知道这几块岛那真叫一个穷山恶水，因而当时不少日本人都有偷渡到一些发达国家（譬如大明）的愿望。所以为了保证岛上居民不会跑光，而天皇和将军大人不会当有名无实的日本四岛总岛主，幕府方面便开始考虑实行闭关政策。

郑芝燕即将面对的，就是这样的一个大背景下的这么个政策。

平户当局虽然一再拒绝了郑芝燕的要求，却总是微笑地表示歉意：上面不松口，我们也不好办啊！

日本官员的这个态度，搞得郑芝燕想发火也不行，毕竟抬手不打笑脸人。所以可想而知，郑芝燕的心情那是相当之郁闷。

眼看不能圆满完成大哥交给的任务，自己嫂子和侄儿即将在这个鸟不生蛋的小破岛上了此余生，郑芝燕心里十分着急。

好在平户官员还是很讲职业道德的，拿了别人的钱就该为人家办事。且日本人一向有高度的组织纪律性，一旦遇到自己不能解决的问题就会将该情况逐级上报，一层传一层，最终就将郑芝燕带回田川氏与福松的请求提交到德川幕府。谁知道幕府的官员也是很强硬，一口就回绝了郑芝燕的要求并且很嚣张地放话说，日本人要由日本的政府集中管理，任何人也休想随便带走一个日本人。

因此再次碰壁的郑芝燕不得不暂时居住在郑芝龙老丈人翁昱皇家中见机行事，并派人把情况通知了郑芝龙。

此时郑芝龙只是击破了李奇魁与二杨，而另一个强大的海盗头目刘香尚未被灭，而且荷兰人也正在虎视眈眈。尽管如此，当郑芝龙听说了来人反映的情况后，还是很有率领舰队进攻日本本土的冲动的。这时长年的历练也发挥了作用，使得郑芝龙很快冷静了下来。

因为今时今日的郑芝龙已经不再是一个可以目无法纪、逍遥自在的海盗团伙的首领，而是一名帝国正式海军将领了。倘若自己真的一时冲动出兵伐日，能不能攻下日本本土还得两说，但是“妄开边衅”的大黑锅肯定是背定了。到时候别说是朝中的大臣们，就连首辅出面也救不了自己，况且这还有可能导致荷刘联军与日本海军的联合夹攻而使东南沿海再遭大祸，所以出征之举万不可行！

难道就真的要让自己的老婆孩子一辈子守在那个荒岛上吗？

当然不可以！

郑芝龙强压下怒火，开始寻思解决这一难题的方法。

几个月后，郑芝龙找来了另一个同族兄弟郑芝鹗。在详细地交代了一番后，郑芝龙满怀自信：你就这样去办吧！

又是数日之后，平户的港口上突然驶进了一支舰队。在最为显眼的那艘艨艟巨舰上，为首的一员将领亲率六十名壮士，身着戎装，从配置着当时最为精良的武器的战船上从容地走了下来并在瞬间就吸引了在场所有人的眼球。为首的那名武将，不用说大家也应该知道，他就是郑芝鹗。

看这来头，这伙人很像是来砸场子的。

由于郑芝鹗的登陆很高调，所以港口附近的人很快就都知道了这个消息，接着是平户的全城居民，再接着是平户官府。平户当局得到消息后大为震动，以为是大明海军即将进攻日本本土，于是马上派人向幕府方面报告此事，并在同时向停泊在港口的明军战船派出了使者。

郑芝鹗此时也正打算与日方交涉，说明来意。在得知平户当局派人过来后，就将使者招上了船。郑芝鹗一见日本使臣就明确提出了郑芝龙的要求：日方应立即遣送田川氏与福松母子上船，回归中国。

平户使臣明明知道这件事自己做不了主，但也不敢得罪眼前的这帮大爷，就推托幕府的政令难以违抗，提出希望明朝方面能宽限几天，好让自己这边能够商量一下对策。

郑芝鹗也不废话，当即要求与幕府将军德川家光亲自会晤，以解决此事。

这个时候德川秀忠虽然还健在，但身体状况却是一天不如一天了，不知道什么时候就该去下面向老爹德川家康汇报工作去了，所以早在七年前德川秀忠就正式让位给次子德川家光，而自任大御所（按照日本传统将军和大御所可以一起治世颁布命令）。但秀忠同学的辞职倒是很彻底的，一下台就过上了隐居生活，迁到江户城的西之丸养老去也。因此德川家光就此成为德川幕府的第三代将军，时年十九岁。

面对这位才二十多岁的日本的实际统治者，郑芝鹗笑了。

虽然郑芝鹗此次前来完全是为了处理郑芝龙的私事，但是按照郑芝龙的安排，郑芝鹗是打着大明朝廷的名义来的。既然是以明朝军队特派使者的身份出访，那么依照当时的外交礼仪，向受访国家领导人赠送礼物以示友好，当然也是其中不可或缺的一环。于是遵照规矩郑芝鹗向德川家光赠送了礼品，并派人上呈给了德川家光。

虽然郑芝龙很有钱，但是这次郑芝龙似乎并不打算通过出钱的方式来解决问题。所以郑芝鹗送上的不是什么要命的、非常特殊的礼物，相反，只是一幅普通的画卷。

然而事实证明，这份礼物很有效果。

据说，当德川家光令人展开画卷，看完这幅画的内容之后，马上就被吓出了一身冷汗。因为画卷上所画，不是别的，是一艘艘与停在平户港口上的那艘一模一样、装配了十多门大口径火炮的艨艟巨舰！画面里的这些战舰正在海上迎风破浪，扬帆前行，船上的战士则更是整装待发，利刃在手，个个雄赳赳气昂昂，充满了斗志。

傻子都能看明白，这是以明军水师的主力舰和明军将士为蓝本的写真图！郑芝龙之所以派人送上这么一幅画摆明了就是在向德川幕府暗示：倘若你们不答应我方的请求，这一画面中所表现的场景便即将成为现实，而他们的目的地则正是日本！

欣赏完明军军容与装备的纪实图画后，德川家光大惊失色，连忙让人找来郑芝鹗问话。

"这幅画卷所指何意？"

郑芝鹗立即回答道："我家兄长郑芝龙手握十万大军，千艘战舰，麾下猛将众多。如果幕府方面和将军大人仍要一意孤行的话，可能将迫使家兄采取相应的行动。"

相应的行动，那就是以武力强行解决。郑芝鹗即使没明说，以德川家光的智商还是不难猜出来的。

面对郑芝鹗的强硬态度，幕府方面不得不紧急召开会议，讨论如何回复郑芝龙并尽量避免与大明开战。

根据相关史料的分析，我们有理由相信，幕府方面很清楚，这个叫郑芝龙的，就是六年前曾经参与企图推翻幕府行动的那二十八个在日华人之一。

所谓往日有怨，今日有仇，郑芝龙要以这件事作为进攻日本的借口，那是相当容易的。

两国交兵那是件大事。但既然天皇是摆设，没屁用；将军又太年轻，做不了主，为了保险起见，德川家光特地派专人前往咨询老爹的意见。毕竟遇到了这么大的事，您还放手不管也实在说不过去吧！

德川秀忠没有让儿子失望甚至等太久，很快，德川家光得到了答复：息事宁人。

德川秀忠虽说未曾亲身参加过三十多年前那场惊心动魄的朝鲜战争，但至少关于那场大战的结果以及它所带来的影响是再了解不过的了。

正是在那场大战中，丰臣秀吉的嫡系精锐部队几乎伤亡殆尽。海军船沉了，人填海，陆军埋在朝鲜的人更是数以万计。总之一句话，老本全赔进去了。丰臣秀吉本人也因为朝鲜战事的不利而整天着急上火，最后竟因此患病，一命呜呼。

而自己的老爹德川家康也正是利用了这一大好时机欺负丰臣家的孤儿寡妇，趁机发动攻势，才得以一举夺得日本的最高统治权。

所以从某种程度上说，德川一家人还有必要对明朝表示由衷的感谢。

因为与大明开战，在日本国内一向以精明著称的猴子兄不仅损兵折将，元气大伤，还导致自己因病致死，天下尽失，丰臣一族更是落得一个断子绝孙的下场。所以有了这样的旗帜鲜明的前车之鉴，德川秀忠不得不考虑这个外交事件可能会导致的严重后果。

朝鲜战事的惨败、丰臣家族的惨剧对于德川秀忠而言，都仿佛还是昨天发生的事情一样历历在目，记忆犹新。

绝对不能再犯同样的错误！绝对不能再次唤醒大明这台可怕的但尚在沉睡的战争机器，否则后果将不堪设想！这就是德川秀忠对此事最基本的处理态度。

当然，明白的人有，但幕府中那些一听说明军有开战的意思就马上准备回家操刀砍大炮的二杆子们也不算少，因此意见针锋相对的两拨人就此争吵了起来。

在德川幕府内部陷入激烈争论之时，郑芝鹗也没有闲着等消息，而是暗中向幕府将军以及幕府中的高级官员馈赠贵重礼品，疏通关系。

之所以要这么做，是因为只有郑芝鹗知道一切的真相。

当初郑芝龙把郑芝鹗叫进去嘱咐的并非是以武力胁迫日本政府，实在不行就等我过去开战。郑芝龙的真实意图不是真的与日本打仗，说白了就是以大明为后盾，狐假虎威一番，吓唬一下日本幕府，用专业术语来讲，应该叫武力威慑。

不战而屈人之兵，这才是战之上者。

一方是不敢打，而另一方就压根儿没想打。

所以最后的结果当然是战争打不起来。

虽说日军将领中还不时有人叫嚣要与大明开战。但在权衡利弊后幕府将军德川家光还是最终拍了板：要听老爹的。

几经讨论后，幕府决定，放人。

幕府派人向在平户港口等待许久的郑芝鹗传达了讨论结果：因为考虑到郑成功是中日混血儿，有日本人的一半也有中国人的一半，且其父亲是中国人，所以为了表现日本当局与大明的友好，同意由郑芝鹗先将年仅七岁的福松带回中国。至于郑福松的母亲田川氏，因为她完全是日本血统，所以仍然不予放行。

这是幕府的最后的底线。否则贸然开战的责任还是要由明朝方面承担。

幕府的使臣强硬了一把。

倘若日本人的二杆子精神突然大爆发，真的要对明朝宣战，那问题就大了！

再者说郑芝鹗此行只带了精锐壮士六百人，战船十艘，要是真打了起来，还不够日军塞牙缝的。

因此郑芝鹗也当即十分大方地表示：既然将军大人如此有诚意，那我方也相应让步，尊重日方的国家规定，只带走郑将军的儿子。毕竟我们双方都是热爱和平的嘛！

虽然没有完全达到目的，但总算是把郑芝龙的儿子郑福松给带回来了，也可以给郑芝龙个交代了。

所以在母子短暂的告别后，郑芝鹗带着郑成功离开了日本。这一年，郑成功只有七岁（由于此时的郑成功还没有遇到那个改变他的一生并给予“成功”这个名字的人，因此在此之前我们暂时还是称呼他的原名郑森或者小名福松）。

# 第二章 成长的烦恼

## 回家

出生于日本并在那里生活了将近七年的郑福松，终于要与母亲告别，回到自己父亲的身边，开始新的生活。

航行在海上的船只平稳地前行着，但是船中的郑福松却既有哀伤又有期待，当然，也对那不可预知的未来多少有些恐惧。这是因为在郑福松的印象中，父亲的形象总是那样看似熟悉而又陌生。

事实确实如此，因为打儿子出生以来，郑芝龙和儿子在一起的时间还真没有他外出劫船砍人的时间长。甚至在郑福松出生的那一天，这位老爸就没有在身边。

郑森，出生于天启四年（1624）七月十四日。据史料记载（不是民间传说），郑森同学出生那天，田川氏正在日本平户的千里浜海滨拾贝，忽感腹痛，便倚在一块巨石上休息，不久产下了一名男婴，也就是日后的郑成功。当时那块巨石旁边有一棵松树，所以田川氏就给这个孩子起了个小名叫“福松”。

那块石头据说今天尚在，而且还成为当地旅游的重要景点之一，被当地人命名为“儿诞石”。

时至今日，在郑成功出生地平户（今日本长崎松浦郡平户町），当地居民在郑成功忌辰那天要举行一年一度的公祭，据说其规模跟为日本天皇庆生都有一拼。郑成功儿时的故居仍保留着昔日的原样。相传郑成功当年离日回国前亲手种植的一株椎树也依然枝繁叶茂，被当地政府严加照顾。

总之，日本人对郑成功这位盖世英雄是相当感兴趣的。

经过一段时间的旅程，郑福松平平安安地回到了祖国，回到了福建南安的老家并见到了自己的父亲。

郑芝龙对郑芝鹗此次出行结果大体上还比较满意，至少没耗费太多的力气就先把儿子接回来了，还是不错的嘛！

久未见面的父子终于再次相聚，当然将是一番长谈。

不过郑芝龙却不用担心会有什么语言障碍。郑福松从开始学说话的时候，接受的就是汉日双语教学，所以后来的郑成功虽说没他老爹那么牛，能说日语、荷语、葡萄牙语，但也不差，至少在和日本人打交道的时候没有不便，而这也为日后明军退守台湾岛时还能从日本商人和日本国内获得物资打下了坚实的基础。

不可否认的是田川氏（翁氏）是位好妻子。在丈夫不在家的时期，这位伟大的女性不但承担起了维持家庭的重担，而且更为重要的是对子女的教育工作也一点没有放松。

在郑森还很小的时候，翁氏就将他送到一个叫花房权右卫门的武士那里进行严格的“武士道”训练。

这位名字与花有关的武士确实也绝非什么花架子。他是郑芝龙在平户期间交的朋友，经常同对日本剑道深感兴趣的郑芝龙谈论有关剑术的问题并互相切磋武艺。所以说花武士还真不是盖的。

还有一种说法是，这位花房权右卫门其实是一位隐居在民间的“二刀流”高手，而所谓“二刀流”正是日本最著名的剑客宫本武藏穷尽毕生精力创立的独门刀法。

宫本武藏是一个侠客，在日本国内家喻户晓，在日本人心目中的地位大致相当于我们的郭靖郭大侠，唯一不同的地方在于我们推崇的郭大侠是虚构的人物，宫本武藏却是真人，而且是与郑芝龙生活在同一时代的人。

据说这位宫本仁兄一生极富传奇色彩。从十三岁开始就背着一把剑遍游日本诸岛，挑战各个流派的武林高手，到二十九岁共计十六年的时间里，据统计共参加过六十余次决斗，而且是无一败绩。可以说是打遍四岛无敌手了。

但是鉴于日本人在对外宣传的过程中一向是以特别敢吹、特别能忽悠闻名，所以关于宫本大侠是否真如传闻中的那样牛就不得而知了。

反正当时花房权右卫门传授给郑福松的刀法，就是那位宫本大侠在全日本砍人的丰富实践经验的基础上创造出来的。

郑成功这段武士道训练的幼年经历，无数日本史学家都对此大书特书，认为正是武士道锻炼了他的意志，使他养成了坚强不屈的性格。而在我看来，好好的一个孩子就是这样被毁掉的。

正如今时今日许多望子成龙、望女成凤的家长把还在上幼儿园的孩子送到一个又一个英语班、书画班、钢琴班的情况一样。美其名曰是早期高素质教育，口号是不能让孩子输在起跑线上，目的是让孩子们形成对学习、对艺术的感觉，到最后目的的确是达到了，感觉也确实是形成了，却不是家长们想要的那个，而是一个字：烦！

无数孩子就是打这时起下定决心与学习分道扬镳的。

而翁氏所犯的也是类似的错误。

要知道，自从郑成功同学开始记事的那天起，几乎就没怎么见过他爹的面，可以说是与母亲相依为命的。虽然外公翁昱皇有时会带些礼物来看看他，但他的童年还不是众人想象中的那样美好。有时那位原本温柔的母亲也会有生气发火的时候，所以在郑福松的眼中，母亲翁氏不仅是慈爱的，同样也是极其严厉的。

日本人的尚武精神其实是从中国文化那里继承下来的。只不过到了宋代，朝廷为了防止再次出现唐末武将篡权、藩镇割据的现象就长期推行重文轻武的政策，且把武将的地位压得很低，这就使得传承了上千年的尚武精神在人为干预和时间磨砺的双重影响下慢慢消逝。而在日本，情况却与宋朝的恰恰相反，日本人将尚武的精神推向了另一个极端。

用一句话来概括日本人的极端尚武精神就是，这些人都坚信：人不自虐，必有人虐。你要日后不愿意被别人欺负虐待，那么你就得从今天开始“虐待”你自己！

武士道训练，正是这一思想集中且典型的表现形式。

用残酷一词来形容武士道训练应该说是显得相当温柔，事实上，这种训练可以被称为该死的温柔。

日本人认为武士的训练不仅要强调体能与技艺的训练，同时也更要关注对受训者精神的训练。

在艰苦环境下锻炼坚定的意志，便是其中所必不可少的课程之一。

那么具体来说应该怎么练呢？

对这个问题，日本人的答案是想怎么练就怎么练，而且是怎么苦就怎么来。而这一答案在汉语之中也有一个很好的诠释，叫自讨苦吃。比如说在无比寒冷的严冬时节，就选那些外面正下鹅毛大雪的日子，然后仅穿着一条单薄的短裤就冲到冰天雪地之中，赤脚踏在积雪上接受北风吹。这还不算完，接下来才是惨无人道的！往往在这时受训者自己或者他的老师就开始反复干同一件事情：往身上一盆一盆地泼冷水！

这可比口头上的"泼冷水"要严重得多！如无意外，初次受训的人通常会在七八盆冷水之后失去知觉，体质好点的也就最多是十来盆的事儿。这些人中的大部分都会在当夜或翌日荣获重感冒和发高烧的奖励，身体差点的说不定就被当场冻死或当夜烧死了。所以真不知这帮仁兄到底想图个什么。

与严冬冷水浴齐名的训练方式是让受训者端坐于飞流而下的瀑流之下，享受瀑布灌顶的冲击感和压迫感，直至其人能够克服瀑布流水的刺骨严寒，不得重感冒而是改打喷嚏为止。这和前者有着异曲同工之妙。

泼水和淋水还是小意思。更为刺激更加惊心动魄的训练还在后面。

有些武士会趁你熟睡时把你偷偷扔到原始森林的深处，让你能够在深夜独身一人感受那魅影浮动、野兽嚎叫之声穿透树林的恐怖。抑或是把年纪尚小的受训者带到刑场观摩刽子手处决犯人的真实场景，让这些幼小的心灵切实感受到流血带来的震撼，熟悉面对死亡的感觉。

总之，但凡是这一套都训练下来，心理再健康的也不健康了，精神再正常的也不正常了。

如此一路走来，别说是对一个孩子，任何一个大人只怕都是要精神崩溃的。然而残酷无情正是武士道要求广大武士所追求的终极目标，也即习惯血腥，对死亡变得麻木，将忍受苦痛变为自身本能。

这就是为什么在后来的历次侵华战争中，日军可以肆无忌惮地屠杀中国平民百姓的根源之一。

因为大约从四五岁开始，那些武士家庭就将自己家的男孩送去接受包括骑马、剑道、射箭等科目在内的技巧方面的训练和上述精神方面的磨砺，并学习变得冷酷无情，敢于为了维护武士的"荣誉"而死（一般情况下是自杀）。

郑成功在七岁之前，就接受了类似的武士道训练，至于经历了哪些具体的训练，他本人从来没有对别人提过，当然，也更没有人敢问，因此他的这段经历没有留下任何翔实的文字资料。然而有一点可以肯定，早年这些训练确实对郑成功日后的人格有着深刻的影响。

对郑成功比较了解的人都知道，到了晚年他开始变得以自我为中心，专断独行，意气用事，甚至一度认友为敌，不分青红皂白。而在治军方面则更为苛严，动辄斩杀、责罚部下，后来帮助清廷收复台湾消灭郑家的施琅就是在这个时候被逼反的。

由此可见，这些与郑成功早年的这段经历确实有着千丝万缕的联系。

好在郑成功同学在心理被彻底扭曲之前，离开了日本，回到了家乡。等待他的，将是一种不同于日本的新生活。

森儿，你的未来将很美好！

据某些史料记载，初回祖国的郑福松平时很沉默，而且很少主动与人交流，在今天看来这似乎有略微的自闭倾向。虽说郑芝龙很快便发现了儿子的异常，但由于工作实在太忙，既要忙着打海盗、整顿海防，又要开发台湾做生意，因此很难抽出足够的时间与儿子交流。

眼看郑福松越来越沉默，郑芝龙知道再不进行心理疏导，这孩子就算完了，于是一拍脑门：让他上学去！

按照今天的情况，七岁确实是到了入学的年龄了，因此郑芝龙打算让儿子开始读书学文化。

年轻时的郑芝龙叛逆不羁，对四书五经、诗说子曰向来是不屑一顾的。然而当他实现了由海盗到将军的身份转换，开始在政府中混时，郑芝龙先生才恍然大悟，原来知识文化是如此重要！

在帝国的权力体系中，文官的权力不仅远在武将之上，而且两者的身份地位也有着一定的差别。这一点从明末那对著名的战友兼冤家满桂和袁崇焕的身上就可以看得相当清楚。宁远之战前，满桂是宁远总兵（二品），袁崇焕是宁前道（五品）；战后，满桂是右都督（一品），袁崇焕是辽东巡抚兼兵部侍郎（三品）。无论何时，满桂的官衔和品级都是要高于袁崇焕的，也就是说名义上满桂应该算是袁崇焕的上级领导。但是按照惯例，名义上的上级还得听名义上的下级的话。其中原因也很简单，人家是文官。

至于如果不听话的结果是什么，相信大家已经很清楚了。先是双方死掐，后来也都算得偿所愿，成功地将对方掐死。

于是乎双方同归于尽，世界变清静了；于是乎辽东大局尽失，明朝被办砸了。

面对朝廷重文轻武和以文制武的强大政治传统的压力，已经有了一定的官场经验的郑芝龙对书本知识的观念发生了翻天覆地的变化。他开始体会到了当年自己父亲郑绍祖劝说自己读书时的心情，并有了同样的期待：期待自己的儿子能够通过科举考试考中功名，为家里增光！

并不是每个当武将的家长都希望自己的子孙世世代代习武、被人家看作文盲大老粗的。

因此郑芝龙为郑福松聘请了学识渊博的曾其五为私家老师，并将开始用大名称呼儿子以取代那个颇具东瀛特色的小名福松。

郑森同学的悟性相当高，这点可能是得到了极具语言天赋的郑芝龙的遗传。在对中国文化有了进一步的了解与学习后，郑森也找到了终其一生最喜爱的经典著作——《春秋》。尤其是对于左丘明的《春秋左氏传》，郑森更是爱不释手，一遍又一遍地翻阅。中国历史上的名将中爱看《春秋》的很多，但其中最有名的那个叫关羽。而后来的事实也证明，年轻时的郑森和年轻时的关羽一样从《左传》中学会了忠义，并立下了匡世救国的大志。

当然，作为一个武将世家的首席接班人，骑马打仗的家传本领也是不能忘的。因此在接受传统的四书五经儒家教育的同时，郑芝龙也开始安排郑森阅读一些经典兵书，中国古代最伟大的军事著作《孙子兵法》，还有《六韬》《三略》等兵书经典都被纳入了郑森的阅读范围。而更为关键的是，这些兵书正是武举考试的必修教材。在军事理论学习的同时，郑森体能方面的军事锻炼也没落下。郑芝龙因为工作太忙无法予以亲自指导，便特地给儿子聘请了当地著名的武术家进行剑术以及骑射等实用技艺上的训练。在长期的艰苦训练之后，郑森的武艺也有了很大的进步。

综上可见，少年时代的郑成功接受的那真是精英式教育，且毫不夸张地讲那时的郑成功已经远远地超过了许多与他同龄的孩子。

对儿子寄予厚望的郑芝龙似乎仍不放心，于是有一天，郑芝龙特意把郑森找来并带他去见了一个人。

这对名人父子一同去见的按理说也该是个名人，但事实上这位仁兄别说没名，连他的名字在众多史料上都没人记载。不过史料上却记录得很清楚，此人的职业是相士，说得通俗点就是算命的。

算命产业应算是我国历史上最为悠久的服务型行业之一，其历史最早可以追溯到商代。然而作为这一产业的主要从业人员，古代的相士却不全像今天街头上随处可见的那些，摆块印有阴阳五行图案就敢开张扯淡、找顾客要钱。在那个年头算命还真属于技术活儿，要真能忽悠，真敢猜测。

我们也不得不承认，有时候某些真有水平的相士的话，确实是很准的。

当时的郑芝龙已经是亦官亦商既管海关缉私又管海上贸易，比后来的那位红顶商人胡雪岩还要牛上个好几倍，所以郑大人认可的相士肯定不是一般的只图骗钱混饭吃的江湖术士，此人一定是多少有些道行的。敢忽悠郑芝龙的相士，至少是个有勇气的相士。

据说当那位相士刚一看到郑森的面相，就惊为天人，随即感叹了一句：“郎君英物，骨格非常。”接着就连连向郑芝龙道贺。

听说儿子不一般，做老子的自然很高兴。于是郑芝龙乐呵呵地说：“我只是个武夫，此儿如能博取科举功名，为门第增光则幸矣。”

然而这时相士却摇摇头打断了郑芝龙的话：“此儿非科甲中人，实是济世雄才。”

怎么继承了像我一样的好脑子的乖儿子难道会连进士都考不上？难不成我儿也注定要继承我的事业继续做武将么？这可不成！得从今天开始更加严格要求他，敦促他用功读书。只要好好学习，就一定会天天向上！

要说算卦的话有时不能不信，但又的确不可轻信。崇祯十一年（1638），年仅十四岁的郑森就考中秀才，而且又经考试成为南安县二十位“廪膳生”之一。廪膳生，用今天的话讲就是享受国家伙食补助的学生。不过郑森同学家里有的是钱，所以要不要那点饭补其实也没有关系。之所以要争廪膳生的这个名额，只是为了证明一点，虽说是高干子弟，我郑森也不差！

而据一些史料反映，郑森同学到福州去参加乡试的排场是相当大的。史书上留下了这么一段记载：

> 自泉入福，邮传馆舍皆有司备设。及入棘闱，监临交遣小吏诣号舍致寒温，预选同舍生代为起草。珍果佳肴，络绎传送。森竟日饮啖而已。漏下便已出闱，传呼归馆舍，共赫奕如此。

这段话翻译成现代汉语就是，郑同学在从泉州到福州参加考试的这一路上得到沿途各地馆驿的专门照顾，而且进去考试的当天，连考场内的监考人员都对这位郑公子十分恭敬，时不时派人去嘘寒问暖（古时候科举考试时，为防止考生串通作弊，考生进的都是单间）。住的是最好的房间，吃的是珍果佳肴，临考前还有同舍的考生帮忙整理复习资料，这实在是太过分了！

更过分的是，这么一个人还很牛地提前交卷，提前离场，真是有够嚣张。

但是其他考生转念一想也不觉得气愤了。在他们的眼中，这就是个普通的纨绔子弟、富二代，除了口袋里有银子，脑袋里是啥也没有，像他这种人一定会落榜的！

然而结果一出来，众人大跌眼镜。郑森考上了，名次还不错。在探知没有考场黑幕后，大家都服了。

原来嚣张是要有实力做基础的。

崇祯十七年（1644），郑森同学再接再厉，为求深造进入当时南京的国子监就读。国子监是明朝官方最高学府，明代许多著名人物就是从这里毕业的，譬如那位整垮大太监刘瑾玩转三朝的名臣杨廷和和堪称明代第一硬汉的杨继盛都是国子监的优秀学生代表。

南京国子监虽然没有北京国子监的名气大，但由于国子监的监生有直接做官的可能，因此也是令广大学子悠然神往的高等校园。

成为南京国子监太学生的郑森，对于是否能直接当官并不感冒。就是在这里，他遇到了一个影响了他日后的命运与抉择的人。

这个人就是我们的老朋友，江南知名学者、东林党领袖钱谦益。

在父亲郑芝龙的关系网的帮助下，郑森拜入钱谦益的门下。钱谦益虽然不大看得起海盗出身的郑芝龙，但是对于郑森还是十分欣赏的。

据说在南京求学期间，郑森闲来无事就喜欢写点诗，再加上南京城内外的风光景色本来就十分不错，因此写下了不少的山水诗，也得到时人的高度评价。比如钱谦益就对其中一首《游桃源洞》赞不绝口，称赞这首诗“声调清越，不染俗气，少年得此，诚天才也”。而同时期的另一诗人也即后来的民族英雄瞿式耜对于此诗的评价则是：“曲折写来，如入画图，一结尤清绝。次首瞻瞩极高，他日必为伟器。”

除了能写出一些好诗、好文章之外，郑森同学还实现了全方位的发展。他在书法方面也有着深厚的造诣，清代就有文人对其很推崇，称赞说：“明季郑成功氏，汉族中一奇男子也。近有人见其手书诗一律，诗字皆佳绝，良稀世之宝也。”

为了勉励各方面都极为优秀的郑森同学，钱谦益老师决定给他表个字。于是郑森从此有了一个别字“大木”。

郑大木这个名字听起来很俗，而且普通话不好的人念出来很容易让人误听为萨达姆。然而就是这么个看似俗得可以的表字，却寄托着一位老师对爱徒的深沉的期待。

“大木”二字是极有来头的，出自《孟子·梁惠王下》：“为巨室则必使工师求大木。”用现代汉语来讲，就是造大房子一定要让木匠师傅给找来块大木头。这大木就是用来做栋梁的。

你将成为这个国家的栋梁之材，老师相信这一点。

本来像普通学生那样学学习、旅旅游、作作诗、吹吹牛的悠闲生活是可以继续的。

然而一件惊天动地的大事的发生终究还是改变了一切。

这就是甲申之变。

在李自成率领大顺军攻破京师，崇祯自缢殉国之后，郑森同学曾一度倍感悲伤。然而这种悲伤并没有持续太久，因为福王朱由崧很快就在史可法等人的拥护下承继了大统，所以年轻的郑森似乎从中看到了大明中兴的曙光。

毕竟在南方我们还有广阔的土地与一定数量的军队，凭借着江南的丰盈物产，翻盘仍然是有机会的。

于是信心十足的郑森再次返回了书房，更加努力地读书、练武。他坚信，一切尚有希望。

他认为，有朝一日自己一定会像老师期望的那样成为真正能匡扶社稷的栋梁之材，而今天的这些努力也一定会派上用场，所以不论风雨，他一直在努力。

读着读着，郑森同学终于读不下去了。倒不是因为书读得太多感到恶心，而是心里实在是乱得不行。

心里面乱，其实还是因为朝廷的局势太乱。

朝廷重建之初，形势本来是一片大好的，但是没过几个月就出问题了。



先是朝中大臣分成了马阮集团和东林党两派，再次开始党争，搞内斗；接下来斗争进一步升级，由文斗发展成了武斗，左良玉起兵清君侧，又开始打内战。反正不到一年，朝廷内外都打得不亦乐乎，郑森同学就算再想“两耳不闻窗外事，一心只读圣贤书”也是不可能的了。

然而此时的郑森还不是日后的那个郑成功，无论文斗还是武斗都不在行。因此辗转反侧之后，郑森决定收拾书包回家，眼不见心不烦，离开这个是非之地。

弘光元年年初，失落的郑森准备返回家乡福建。临走之前，他还是决定要先见一个人。

这个人当然还是他所敬爱的老师，钱谦益。

此时的钱谦益却不再是那个一身正气的钱谦益了。这个时候钱谦益任礼部尚书，是弘光朝廷中的高级官员，可是他对于自己的老组织、正在被阮大铖恶整的东林党是若即若离，对于民愤很大马阮集团却是关系暧昧。于是郑森不理解了，以前那个时时教导我要坚持原则、坚守道义的老师哪里去了？难道面对如此混乱的朝政，日益恶化的时局，一向强调食君之禄、忠君之事的东林名宿就可以不说话吗？

因此在临行之前郑森最后拜见了自己的恩师钱谦益，并且说出了自己的忠告：“知人善任，招携怀远，练武备，足粮贮，决壅蔽，扫门户。”这意思就是该做些您应做的事情了！

然而钱谦益的回答却令学生大为伤心。

“少更事，知之易，行之难。”话说起来容易，做起来难，你还是不太懂事啊！

不过郑森接下来的话却令当老师的倍感吃惊：“行之在公等，度不能行则去；能，不我用亦去。此岂贪禄位，徒事粉饰地邪？”

办不办事在你自己，认为能办成就办，不能办就闪。整天占着位置，尸位素餐，不觉得很违心吗？

听完这话，钱谦益当场愣住了。而说完这话，郑森当场离去。

从这件事中，我们不难看出此时的郑森的人生观与价值观已经十分明确，人生在世是要坚持原则的，不可苟且，不可屈服。既然承担了责任就要尽职尽责，坚持到底。

今天作为学生对于恩师钱谦益义正词严批评，正如几年后，身为儿子对自己的父亲批评一样，都是因为发自内心的敬爱和身为大明的好男儿的忠贞血性。

郑森，你是个真正的男子汉！

就在郑森离开南京不久，清兵大举南下，弘光被俘北上，江北多达二十三万的南明官兵悉数投降清军，昔日的大明陪都、南明首都也陷落敌手。

得到这一系列的消息后，郑森悲痛欲绝，打算一死殉国。好在当时郑森的叔叔郑鸿逵被调到瓜洲一带驻防，与清军对峙，但由于明军实力不济，郑鸿逵只好带兵东撤，退回福建。

在郑森即将付诸实践前，郑鸿逵拦住了他。

众所周知，郑森同学的脾气是比较爆的，一旦下定了决心去做某件事，就是十个火车头也拉不回来。然而郑鸿逵却彻底打消了郑森寻死的打算。这是因为，除去郑芝龙外，郑森与郑鸿逵的关系应该是最好的。

当初，年幼的郑森虽然回到了父亲身旁，对父亲确实还十分陌生，不够了解。他对郑芝龙的感情显然不如对母亲翁氏的感情深。每当夜幕降临之时，思念母亲的他总是会独自一人站在海边，举头遥望那遥远的东方，似乎只要这样他就能看到远在大海那边的母亲。

后来这件事不知被什么人给传开了，而郑森每天想他妈妈这件事也就成为诸多叔叔伯伯的笑柄与谈资，大家时常会把这件事挂在嘴边，有事没事讲出来逗一逗小郑森。然而只有一个人始终不在大家面前提及此事，而是认为这个孩子与一般小孩完全不同，因此反而对郑森另眼相看。

这个人就是他的叔父郑鸿逵。而且自此以后郑鸿逵经常抚摸着郑成功的脑袋，当着大家的面说着同样的一句话：

“这是我们郑家的千里驹啊。”

所以对于这位叔父的劝告，郑森还是愿意听的。于是在郑鸿逵的坚持下，郑森同意随军一同返回福建，从长计议。

就在一行人返乡的路上，郑森遇到了那个彻底改变他命运的关键人物——唐王朱聿键，也即日后的隆武帝。

郑芝龙见到儿子和弟弟安全归来，非常高兴。而当得知唐王朱聿键也随军到来的消息后，郑芝龙的眼中更是闪出了金光。因为在郑芝龙看来，自己作为武将的美好时代就要在此时此刻达到最为辉煌且光荣的顶峰。

一切正如郑芝龙所预料的那样，迎立朱聿键为帝后，自己的声望、地位、权力都达到了前所未有的高度，换句话说，郑芝龙的事业已经到达了顶峰。

隆武出手显然要比弘光大方得多。在弘光年间郑芝龙的封号是南安伯，主要工作是总镇福建，负责福建全省的抗清军务。朱聿键一上台就给恩公升了级，先是改封为平虏伯，紧接着又加封郑芝龙为南安候，负责南明所有军事事务，一时间，郑芝龙真正是权倾朝野，说一不二。

郑芝龙预视到了自己政治生涯的顶峰，但是他不知道的是，一个人一旦登上了最高峰，欣赏到了最美丽壮观的景色后，用不了多久，就该走下坡路了。

后世史家一致认为，郑芝龙走下坡路是从北伐之事起。

北伐是放在骆驼背上的第一根稻草，当然，稻草也绝不会仅仅有此一根。

朱聿键由于早年的身世、经历很不一般，因此性格也是极为刚强。具体到抗清态度上，朱聿键的态度更是极为坚决，套用史籍上的话说是"慷慨以恢复为任"。

既然已经承继了大统，当了皇帝，那就一定要北伐，要恢复中原，要还于故都。

在朱聿键看来，北伐不仅是做皇帝的责任，也是做皇帝的义务。

隆武乐观地认为，借助郑芝龙强大的经济与军事实力，再加上与各地残余明军的有效联合，先收复南京，进而光复全国，不过是手到擒来的事儿。因此每次朝会，皇帝陛下都会向郑芝龙暗示一下自己的这个意思。

不知道郑芝龙是真的悟性不够，还是揣着明白装糊涂，每次隆武一有这个意思，郑芝龙不是装作没听见就是借用其他事情来打岔，总之就是拒不合作。

关于郑芝龙为什么不愿意趁着江南各地反清形势高涨的大好局面发兵接应，实现复国大业，史书上给出的答案是明确而一致的。

按照传统的说法，原因应该是这样的：郑芝龙是海商兼海盗出身，向来注重的只有事物一个，那就是利益。随着北方和江南地区的相继沦陷，郑芝龙身在福建，军事实力并没有受到任何损失，相反却通过吸收各部明军的败兵而兵力有所增加。

此时天下已然大乱，不趁此机会捞一笔，实在不符合海盗兼海商的郑芝龙的作风。

因而趁着天下大乱之际，已经蜕变为一个完全意义上的军阀的郑芝龙开始忙于扩大地盘，充实自己的私人力量，不断地盘算着实现自己利益的最大化，拥立隆武帝就是出于这种私心。因为手握重兵，且在南明朝廷中的地位越来越高，郑芝龙的野心也日益膨胀，他决定把隆武帝作为傀儡，学习曹操挟天子以令诸侯，并进一步增强自己的实力，游走于各方势力之间，获取更大的利益，确保自己的地位与荣华富贵不会动摇。

而要实现光复大业就一定要进行北伐，要进行北伐就一定要出兵打仗，而一旦出兵打仗就一定会消耗大量的兵力与财力，所以作为隆武手下兵最多、钱最多的将领，靠这两者发家的郑芝龙是绝对不会允许北伐开展的。

在此基础上，史书上得出了一个比较类似的共识：作为野心勃勃的军阀的郑芝龙是绝对不愿更不会带领明军帮助隆武北伐以实现大明的伟大复兴的。

个人认为上述的分析是有一定的道理的，然而得出的结论却是比较无耻的。

郑芝龙是否想过当曹操，这个不好说，而此时的郑芝龙已经存有私心，这也是事实。但在我看来，郑芝龙拒绝出兵北伐其实也是有苦衷的。

要知道，隆武政权是在福建成立的，原在福建的明军即构成了支撑朝廷存在的军队主力。那么这支军队到底有多少人呢？

根据对相关史料在综合基础上的分析和在分析基础上的综合，我们可以得出一个惊人的结论：虽然隆武朝对外宣称拥有大军二十万，但事实上福建的明军数量往海了算只有不到五万，而郑氏的军队最多不过二万人左右。因为崇祯年间北方的军事局势日益严峻，关外有后金的军队接连攻打宁远、锦州等军事重镇，关内有李自成、张献忠的民军四处攻城略地，所以明朝已经将全国各地所有可用的军队都调到北方参加对后金与民军的作战了，福建不可能也不允许保留一支数量庞大的军队。

若非如此，相信以崇祯的暴脾气，早就先把郑芝龙抓到北京剁了：手握重兵，却作壁上观，不听调遣，你小子想谋反咋地！

不过，由于福建一直存在海寇问题，所以朝廷一直在此保留着一支常备水师。就是由郑芝龙率领的那支部队。有文字记载可以证明，随着北方战事的日益紧张，崇祯确实曾打算调福建水师去北方作战（但议调粤将郑芝龙、闽兵一万，船三百号），但随后郑芝龙向上一反映，朝廷派人一核实，得知福建方面的确无法备足，便酌情降为水兵三千赴援。但尽管上面降低了要求，郑芝龙也仍然上疏表示自己的担忧："闽无余兵，一拨三千，伍虚必乱。"

后来虽说郑芝龙的兵力会有所增长，但人数肯定也不会增加太多。毕竟后续接班的弘光也是位很敏感的领导。而照隆武的宣传看，估计是把当兵的家属也算上了。

这下相信大家都能够多少明白些了。兵力不足，是郑芝龙的第一个苦衷。

郑芝龙的第二个苦衷，应该就是兵种的问题了。

在闽明军的主力是郑芝龙手下的水师，其战斗力之强悍自然是没话说，然而在闽明军陆军的战斗力确实真的叫人不敢恭维。

福建虽说是有陆军，但相对于其他各省而言人数是很少的，大致只有数千人。由于福建境内多山少平原，因而这几千人中还是以步兵为主，平时的工作也就是钻钻山沟，打打土匪，别说是后金骑兵劲旅，可能连当时高迎祥手下的山寨版关宁铁骑都打不赢。因此论实力，充其量也就是杂牌军的水平。

如此，问题就来了，郑芝龙的水师虽然厉害，但毕竟还不是正规意义上的海军，更不是什么海军陆战队。因此要登陆作战上岸打仗，其战斗力是否还能得到保证，真的很难说。况且北伐的对手是以骑兵为主力的清军，且还要攻城拔寨，跳帮肉搏、火船灭敌这些老战术是用不上了。这是郑芝龙手下的军队所不曾遇到过的难题（后来继承了郑芝龙军队余部且面对相似情况的郑成功却凭借着创新性思维成功解决了这一难题）。

训练士兵们架云梯、登城野战的能力，或者是组建一支能够与敌对抗的骑兵，那都是需要时间的。

而如果按照隆武的计划，贸然派这些不习野战的士兵出战清军，以己之短，攻彼所长，与敌人死拼，那拼是肯定拼不过的，而死却是必须的。

基于上面两大因素的考虑，可以看出郑芝龙不是不想打，而是他知道不能打，一打指定完！

所以坚决支持隆武北伐的不一定就是忠臣，而坚决反对北伐的也未必就是奸臣。

忠奸之分，只应平心而论。

但在当时的情况下，即便北伐有难度，有风险，北伐之举也是箭在弦上不得不发。

为什么明知不可能还要强为之呢？这是一个很值得我们讨论的问题。因此在这里，我们有必要本着科学严谨的态度仔细分析一下这类在中国历史上反复出现的北伐现象。

## 关于北伐必然性的问题调研

“北伐”一词在中国史书上出现频率之多，是超出常人想象的。说远的有诸葛亮针对曹魏的五次北伐，还有那位中流击楫的祖逖针对石勒的北伐，在近代有太平军将领林凤祥、李开芳的北伐，在现代有广州国民政府领导的国民革命军的北伐。再加上各个时期大大小小的北伐战争，北伐活动真可谓是史不绝书。

虽然不同时期领导北伐的将领不同，各自的时代大背景也不尽相同，但是这些北伐却无一例外，全部失败（或者更恰当地说是没有一个取得完整的成功）。

纵观中国历史上的统一战争，由晋到隋几乎都是北方统一南方的，而就连我们今天这个伟大国家的建立也是如此。

毕竟史上最聪明的诸葛亮失败了，最善于运用骑兵的岳飞也失败了，因此有人曾开玩笑说，北伐取得胜利的几率应该就与一个人先中了五百万的大奖，然后领完钱一出门，就被从天而降的陨石正好砸到头的几率大致相等，基本是亿中无一，基本等于零。

别说，先中奖再中招的人还不是没有。

事实证明，通过北伐而实现国家统一、创造特例的人还是存在的，且千百年来也就唯此一人。他就是大明王朝的建立者，猛人朱元璋。

当然，虽说朱元璋已经很猛，创造了历史，但他似乎还未能猛到打破这个规律的程度。所以虽然大元被打成了北元，北元被打成了鞑靼和瓦剌，明朝却始终没能彻底消灭对手，取得完全的胜利，统一全国。

只要是个中国人，除去个把精神不正常的外，没有几个敢称自己比诸葛孔明还聪明、还有才的。那么难道凭借诸葛亮的远见卓识都不清楚北伐的胜算小得可怜吗？干什么要满拧呢？

对于这个问题，诸葛亮先生在《出师表》里有明确的答案："汉贼不两立，王业不偏安……不伐贼，王业亦亡。"也就是说，作为一个继承了前面大一统王朝衣钵、暂时偏安一隅的王朝，如果不复兴祖业消灭敌人，那么这个政权就完全没有存在的必要。

北伐打不打得赢是个能力问题，而北伐要不要打却涉及一个态度的问题。

南明既然是由大明的皇室子孙建立的，又号称是天下的正统，那么如果不进行北伐就很难逃脱天下人悠悠众口的责备，落下一个苟且偏安的骂名。

不组织北伐的皇帝那是宋高宗，而阻碍大军北伐的臣子就是秦桧！当时朝中许多大臣都是这样认为的。而其中言辞最激烈的就是武英殿大学士、吏部尚书兼领兵部尚书的那位大人。

关于这位大人，不管是时人还是后来人对他的所作所为都有很大的争议，有的人极为推崇他，认为他是真君子，一心为国；有的人却十分厌恶他，认为他是假道学，书生误国。

然而总的来说，各方对他的评价还是很高的。

"字画为馆阁第一，文章为国朝第一，人品为海内第一，其学问直接周、孔，为古今第一。"这是徐霞客的评价。

"学贯古今，所至学者云集。"这是《明史》的评价。

"以直节清德，见重一时。"这是四库全书的评价。

"不愧一代完人！"这一充满深情的感叹句，则是清代乾隆皇帝的评价。由此也可见此人在后人心中地位之高。

肯定认可的多，不置可否的也有，比如当代著名的诗人学者、《南明史》的作者顾诚先生就认为此人与刘宗周一样，虽然刚直守正却不能达变；敢于犯颜直谏却阔于事理；律己虽严却于世无补。总之只可作为道德上的楷模而绝非济世救民的栋梁之材。

能得到这么多人的肯定，引发如此多争议的这个人叫黄道周。

# 第三章 分岐

黄道周字幼玄（或幼平），又字螭若、螭平，号石斋。福建漳浦铜山（今东山县）人。

黄道周出生在一个不一般的家庭中。之所以说家里不一般，那是因为他家世代为官，是真正的传统型的官宦世家，当地望族。黄家做官出仕的历史最早可以追溯到唐代。老黄家的始祖黄岸公在十年寒窗苦读后，终于苦尽甘来，一举上榜。进士的含金量历来就不低，再加上唐朝时的录取率本来就很低，所以有进士身份的人仕途之顺畅就更可想而知了。黄家这位开路人一直做到了桂州刺史、开国公，死后谥为忠义，可谓荣极一时。此后黄家的仕途便一发不可收拾：黄道周的二十一世祖黄中庸是北宋朝的会元、进士，官至太常寺卿侍中兼枢密副使，追谥文正。十八世祖黄丰则是宋隆兴年间的特奏进士，官至潭州知府。再往后，黄家后人的高考成绩虽然没有这三位祖先那么好，但也还不错。反正是从大唐直到大明，这家子中世世代代都有人继承了先人的事业，在朝中做官。这一家子人，其捧铁饭碗的时间之长，家业之盛，家势之强，纵观明朝的各个家族，恐怕也就只有那位号称明代最强锦衣卫的陆炳他们家可以拿出来拼一拼了。

从这份显赫的家族成绩单中，我们也很容易发现一点，那就是这家人的家风和家庭教育应该是很严格，很传统的。或者说，黄家的人都比较正派。得出这一结论其实也不难理解，光看这三位黄氏先祖不是“忠义”就是“文正”，黄家子孙的性格便可见一斑。

黄道周就是在万历十三年降生于这样的家庭中的。虽然黄家代代有人为官，但是黄道周的父亲却没能当上官，而且此时的黄家已经是一个很庞大的家族了，各房关系有远近亲疏，加上黄道周小时候家里很穷，所以也很少得到亲戚们的关心与救济。

俗话说得好，穷人的孩子早当家。纯正的家风，严格的家教，外加自幼就聪颖好学，黄道周很快就崭露头角，尚未成年时便有了“闽海才子”的美誉。

到了二十五岁，这位黄圣人竟然于福建漳浦创办东皋书舍，开始公然招人讲学，并从事著作撰写与理论研究了。

据说黄道周不仅文章写得好，对当时尚不被人重视的天文、理数等自然科学领域也很有研究，十分精通。工书善画，诗文、隶草皆自成一家。实在是个不可多得的奇才。

但是当年要当官，不论你是什么天才奇才、怪才鬼才，都得捧起四书五经来读上两遍，接着老老实实地参加科举考试，把那张卷子答完才行。因为有某些特长而被降分录取、破格录取的事儿，那只是做白日梦时才有的。

那时的黄道周同学每天要看大量的书备课，晚上都很忙，更别提白天了，所以做白日梦基本是没有的事。

在近十年内黄道周先后讲学于浙江大涤、漳浦明诚堂、漳州紫阳、龙溪邺业等书院，为国家输送和培养了大批有学问有气节的高素质人才。眼看着自己的学生们都一一金榜题名、衣锦还乡了，黄老师的心情也激动了。于是天启二年（1622），三十八岁的黄道周踏上了通往北京的路。

要说教过书的人就是不一样，没有失误，没有紧张，没有不确信，黄道周一举中第，而且还深得当时的考官袁可立的赏识，后来两人也成为感情极深的师生兼朋友。

也许是上天在冥冥中早已注定好的，天启二年的这一届进士考试的录取者中，有许多都是明末特别是对南明的政局产生极为深远影响的人。除了黄道周，那份名单上还列着这么几个名字：卢象昇、王铎、倪元璐、张国维。

卢象昇自不必说，王铎在前文中也介绍过，因此这里也就不多说了。倪元璐是那年的庶吉士之一，后来成为东林党的骨干，是打破朱元璋立下的“浙人不得官户部”的潜规则的第一位浙江人，官至户部尚书兼翰林院学士兼摄吏部事，最终因在甲申之变中不愿南逃，于案几之上手书“南都尚可为”数语后，自缢，殉国。

至于张国维，虽然没有后世的那个王国维出名，但也是不能不提的，因为此人后来成为鲁王朱以海手下的第一重臣。不过关于他的详细情况，后文会详细讲述，这里就不展开了。

总之，这年的科举是一次与众不同的科举，不仅推出了重臣、忠臣、贤臣，还有降臣、佞臣，的确是极有影响的。

好了，我们继续回到黄道周身上。

身为庶吉士的黄先生依惯例被分配到翰林院做编修，后来上面知道他曾当过老师且有着丰富的教学经验，便让他帮忙主持经筵（针对皇帝个人的学术讲座），担任经筵展书官。要知道，当时的皇帝是我们的杰出的工程师、机械设计师、木匠朱由校同学，朱先生对除了木工师傅的木匠专业课和孙承宗老师的文化必修课感兴趣外，其他课程基本都是翘掉的。

所以黄道周一年到头很少能见到皇帝陛下而且常常为不好好学习的朱同学和大明的江山感到担忧。



但是说实话，朱由校当了逃学威龙，这也未尝不是件好事。

因为以黄道周的性格和朱由校的表现，两人撞到一起，时间久了，一定是会擦出火花，进而引发爆炸的。

有一次皇帝不知何故，竟破天荒地跑来上课，由于事先没有打好招呼，所以负责经筵的讲官们受宠若惊，马上忙活了起来。恰好黄道周那天值班，也在场，结果就出问题了。

按照规定，皇帝到达经筵现场的时候，现场的工作人员（经筵讲官不包括在内），不能直起身大摇大摆地走来走去，而是必须要跪下用膝盖前行，以表恭敬。按理说大家都跪那儿以膝代足了，向来讲求规矩、遵照礼法严格要求自己与他人的黄道周更应该起到模范带头作用。

然而令人吃惊的一幕发生了，一向讲礼的黄道周此时竟然变得“不讲礼”了，不但没跪下膝行，还用两只眼直勾勾地注视着皇帝一行人，直到他们走到大家的面前。

由“讲礼”变得“不讲礼”，这一切的发生当然是有原因的。

原因就在皇帝背后的那个人——魏忠贤。

因为当所有人为了表示对皇帝的尊敬而下跪膝行时，站在朱由校身边的那个人却也堂而皇之地享受着大臣们的同一礼遇。所以面对趾高气扬的魏忠贤，黄道周没有跪下，而是用他那双不大但很有神的眼睛，默不出声地注视着那个不懂规矩的死太监。

发觉有人直勾勾地看着自己，不由地感到发毛的魏太监也不答话，而是以牙还牙，以眼还眼，也转过脸来瞪着黄道周。

在与那双执着坚定、无所畏惧的眼睛对视的过程中，魏忠贤心里渐渐感到发虚，实在接受不了了，开始选择逃避。然而黄道周还是一如既往地直视着对方，连眼睛都不带眨一下。

还好在场的同事们及时发现现场气氛不对劲，适时出马打了圆场，而皇帝也心宽休胖，不太介意，因而此事才没有继续升级。

皇帝不介意，魏公公却很介意。

想当年，即便是海瑞也只不过是不跪御史，不跪知府。而今天的黄道周竟然敢不跪魏太监，那可真是件大事了。要知道，此时的魏忠贤虽然还远未修炼成日后的九千岁，但也是很有势力的了。就在一年前，他刚刚玩死了以前的老朋友魏朝，抢了他的女朋友，接下来又搞掉了他的老上级王安，控制了内廷，取得了对东厂的控制权。

要整一个正七品的小小编修，不过是分分钟的事儿。

魏忠贤从来不是君子而且从来都是流氓，所以有仇是一定要报的，十年是太久的。

不论谁对谁错，惹了我就要整死你，这是所有政治流氓的共同点。我是流氓我怕谁!

所以始终怀恨在心的魏公公出手了。

关于魏妖人是如何去整黄圣人的，史书上并没有明确记载。但是可以肯定的是，魏忠贤一定在幕后下了黑手，因为书上虽然没有写明手段，却白纸黑字地写着这样的一句话："未几，内艰归。"

前两个字证明出手很快，后三个字说明够黑够狠。通过对作案现场的分析，一切都很符合魏公公的办事作风。因此说是他，没错的。反正，魏太监身上要算的账多得是，再加上个一两件也不嫌多。

崇祯二年，魏太监彻底垮台。在听说了黄道周的光辉事迹后，崇祯大加赞赏，马上下旨让黄道周官复原职，没过多久还升其为右中允，以示奖励。

但如果崇祯能够预料到这位黄圣人即将给自己和这个国家施加的影响，估计他能立马出城三百里迎接，然后极有耐性地劝说黄先生赶紧收拾包袱回家养老。

果然不出所料，人一回来，就开始提意见。先是三次上疏把因受袁崇焕牵连而差点被砍掉的前大学士钱龙锡从刑场上给救了下来，算是做了一件大好事。接着又旁征博引，不时给崇祯提一些合理化的建议。

起初，崇祯很是受用，但时间久了也就烦了。什么鸡毛蒜皮的小事你都要掺和一把，都四十好几的人了，你累不累啊!

崇祯五年正月，崇祯心情大好，不是因为赶上过年，而是他方才收到了一个准确的消息：整天说这提那、阴魂不散的黄道周因为身体的原因，即将请求回家休养。

情报果然是真的。没几天，黄道周的请辞申请就递交上来了，崇祯也顺水推舟，乐呵呵地批准了这份辞呈。

然而崇祯的笑容并未保持得太久。因为爱提意见的黄大人还是十分惦记皇帝陛下的，所以临走前他又挥就大作一篇，并托人转交给了陛下。

这么多年的唠叨也挺过了，这最后一封上疏，朕就仔细看看吧！崇祯乐呵呵地打开了黄大人的奏章，开始读了起来。

在皇帝身边伺候的太监们很快就发现，崇祯脸上一直挂着的微笑凝固了，取而代之的是一脸的不愉快，比被别人骂了娘、扇了脸还难看。

而之所以会出现如此显著的变化，是因为确实是被扇了脸，不过只是停留在精神层面上。这份奏章的内容比较长，至少有千余字，所以就不仔细介绍了。不过主题还是可以讲一下的，主要是指责陛下用人不当，以致奸臣弄权、朝内君臣失和的事。

崇祯看后当即大怒，大正月的，你又告病休养，这明明就是双喜临门，但临了你还要恶心我一把，到底是何居心！

于是崇祯马上派人给黄道周传话，斥责黄道周用语不敬，妄言国事。或许是为了表明自己确实仔细阅读了这篇文章，崇祯还特地从中挑出了几句言辞较激烈的权作证据，让黄道周当面解释，给出个答复。

崇祯的本意是让黄道周认个错，口头道个歉，这就心满意足了。没想到的是，这一举措却正好使自己撞到人家枪口上了。

黄大人本来就琢磨着，一旦自己就此回乡养病，很可能一年半载也很难回来。正怕以后没有人给皇帝陛下提意见，崇祯又会犯错误，于是一听那人传达的话，顿时又来了精神。

反正闲着也是闲着。黄道周马上取纸磨墨，没多久，又一封奏章写成了，并再次被送到了皇帝陛下手中。

等到的不是“口称死罪，唯唯告饶”，反倒是另一封奏折，这下崇祯也无语了，只好硬着头皮继续看。

这一看，火更大了。

可能黄老师误解了朱先生的意思，认为朱先生未能全面理解上一篇奏章的主旨和中心，因此黄老师的这篇文章写得更加直白，更加露骨。满朝大臣中，谁是忠臣谁是奸佞几乎都明确说出来，就差再明白点，指名道姓了（语皆刺大学士周延儒、温体仁）。

崇祯的愤怒值瞬时间又上升了数个百分点：这些主政的人都是我任用的，你如此说他们，不是摆明说我看人不行、忠奸不分吗？刚过年就拆我台，你还怎么让我好好干！

拼死拼活、起早贪黑地批阅奏章，处理政务，打击朋党，忽悠人干活。一年到头我容易吗我！临了就得到了这么个评价，找谁说理去！

因此崇祯出离愤怒了，随即下旨：罢斥黄道周为民。

这是黄道周人生中的第二次被贬，也是在崇祯朝的第一次被贬。被彻底撸干净了，削职为民。

后来许多别有用心的人都针对这件事大做文章，说什么崇祯过于自尊自负、心胸狭窄而且刚愎自用、急躁多疑。黄道周则是正道直行、敢说真话，却因未遇明主，以言获罪。

个人认为能得出上述结论的人，不是清代被烧剩下的史书看得多了，就是他本身便是一个无耻的人。

一个还不到三十岁就已经是满头白发、眼角长出鱼尾纹的年轻人，特别是一个以皇帝为职业的年轻人，恕小弟才疏学浅，找遍了古今中外的许许多多史书史料都没有发现第二个。

黄道周或许知道，崇祯有时做事确实是缺乏缜密的思维，有欠考虑，但他不知道的是，在这个世界上动动口往往比动动手要简单、轻松、实惠得多。

所以黄道周在众人的赞许下拍拍屁股，回家休息；而朱由检则在大家的质疑下揉揉眼睛，继续工作。

崇祯九年，在没有人推荐、没有人说情的情况下（办这些事是要送钱的，而黄道周也没钱），崇祯再次召回了黄道周让他官复原职。而一个小心眼的君主，是绝不会这样做的。

崇祯十一年七月五日，这是影响帝国命运的一天。这一天崇祯召集内阁及诸大臣于平台，开始进行平台召对。

所谓平台召对，说白了其实也就是开会。这次会议的议题只有一个：是否应该与皇太极议和，以争取时间，扫平关内的义军。

这一招用后来大家的十分熟悉的一句话概括，就叫“攘外必先安内”。先稳住一方，再集中力量各个击破，只有这样大明才有翻盘的希望。而民军是不能谈的（没有信用，说降就降，说反就反），皇太极是可以谈的（有与袁崇焕、赵率教等人谈判的经历，为人实诚，易被忽悠）。

所以能先搞定清军再搞定义军，最后再彻底搞定清军，任务就完成了，世界就清净了，大明也挺过危机了。

事情的解决完全可以如此简单。

这一套理论是由杨嗣昌想出、提出的，而且崇祯也十分认可。

按理说大臣提出了，皇帝点头了，再把此事交给合适的人去办也就行了。但是，大明其实是个在政治上很讲民主的社会，有什么事都得商量着来，不能让一两个人就把国家的大政方针定下了，所以崇祯才不得不举行这次平台召对。

原来能随便拍板的现在被迫开会，这还是因为有太多的人站出来反对。

事实上这件事情一被捅了出去，朝廷里就开骂了。从一月到七月，各部官员纷纷上场，余音绕梁，三月不绝。有个把激动的，甚至写匿名信威胁要挖杨嗣昌家的祖坟。

在崇祯心目中，杨嗣昌是少数几个能真正放心用、干实事的人，因此为了缓解杨亲信的舆论压力，崇祯决定通过开会讨论的方式及时解决这个问题（皇太极之前放话了，不谈就要打过来）。

然而不幸的是，能言善辩的黄道周当时也在，而且还是反对派中的主力成员。

会议伊始，现场气氛较为平和，大会由皇帝陛下主持，内阁诸臣和各部部长也如期到会。首先崇祯介绍了本次会议的议题，提出了当前形势下朝廷有待解决的问题：是谈还是不谈？随后，在主持人的要求下大会分成小组展开了讨论。

其实也真没有分组的必要，因为全场认为和谈可行的只有两个，一个是和谈说的提出者，杨嗣昌；另一个则是杨嗣昌的支持者，崇祯。虽然大家都心知肚明，但皇帝陛下让群臣讨论一下就讨论一下吧，不好折了领导的面子。

不过有人是从来不在乎上头的面子问题的。

打会议一开始，黄道周先生就摩拳擦掌准备站出来发言了。顺便说一句，黄道周在当年早些时候，就曾对崇祯夺情起用遭遇家丧的杨嗣昌、陈新甲、方一藻三人的事表示过不满，而且还针对这三个人分别写了一份奏章，指责他们不忠不孝的行为。所以当得知不忠不孝的杨嗣昌又唆使皇帝与敌酋谈判，即将丧权辱国时，黄大人的气更是不打一处来。

崇祯知道想要使得和谈得以顺利通过，必须得让反对的大臣们都哑口无言，而要从理论上击垮反对派，就要先从理论上搞定黄道周。

看出黄道周想发言的崇祯决定先下手为强：你之前上的奏疏我都看过了，天理人欲是什么我也可以了解，但是当我把你的意见告诉大臣们时却没有人赞同你，这应该也是天理吧！

黄道周针锋相对：我的奏疏上自信写得都是符合国家纲常礼法的，自以为那才是天理。

崇祯：“先时何不言？”

黄道周：“先时犹可不言，至简用后不言，更无当言之日。”

崇祯：“清固美德，但不可傲物遂非。且惟伯夷为圣之清，若小廉曲谨，是廉，非清也。”

黄道周：“惟孝悌之人始能经纶天下，发育万物。不孝不弟者，根本既无，安有枝叶。”

崇祯：@#&%？！

好了，相信对于这段涉及了天理人欲、伯夷孝悌的对话，大家可能有点晕，所以还是用我的语言来翻译一下这段对话中真正的意思。

崇祯一开始看上去是在主动挑衅黄先生，其实却是在摆事实，讲道理。我很欣赏先生，并同意你的观点，但是每次想按你说的办，其他人却不肯办。这意思就是：早知道你会反对了，但是和你站在一起的那帮人都是曾经反对过你，黑过你的，时至今日你何必还跟他们一伙，帮他们说话呢？

对于崇祯的拉拢，黄道周是这样答复的：我只站在真理的一边，不管他们其中是否有人阴过我，对事不对人！

崇祯大怒：你怎么不早说！翻译：你这人咋这样！

黄道周很坚定，我这人就这样，爱咋咋地！

明知谈崩了，崇祯还想再努力一把，于是摆出了伯夷（隐士）的例子：好了，知道你的个性了，我也不考虑让你站在我这边了。但是给我个面子，有意见先保留，保持中立行吗？

黄道周的回答是：不行！杨嗣昌就不是个好鸟，你还听他的馊主意，这不摆明了是没病找病么！

崇祯气得说不出话来了。

杨嗣昌也不想让陛下为了自己而和黄先生的关系搞得太僵，于是出来打圆场并为自己辩解下。

"我又不像孙猴子是从石头里蹦出来的，当然知道为父母尽孝道的重要性。"但是，还有但是，"顾念君为臣纲，父为子纲，君臣固在父子前"。

你不是跟我讲孝悌五常吗？我就跟你论三纲！君臣间的事情比父子间的事情更重要，所以夺情没有错。

然后，就该还击了。

"闻道周人品学术为人宗师，乃不如郑鄤。"

杨嗣昌口中的郑鄤是当时的一位官员，文笔很好，颇有才华，不过因为处理家庭纠纷不慎，使得矛盾激化进而产生了家庭暴力，大打出手。后来此事被郑鄤的政敌公之于世，并衍生成了轰动一时的郑鄤杖母（继母）案，使得郑鄤饱受朝野的批评。黄道周因为欣赏郑鄤的才华，曾经上疏为郑鄤说过情。所以杨嗣昌此番旧事重提，并将黄道周与郑鄤这个争议人物相提并论，意在让黄大人知趣，赶紧闭嘴。

令杨嗣昌始料未及的是，这一招竟然彻底将黄圣人给逼急了。随之，黄先生火力全开，凭借着超扎实的理学功底和多年讲课练就的出色口才，干净利落地接下了崇祯与杨嗣昌的联合进攻，并巧妙利用对方辩友的言语疏漏，迫使二人双双出局。

黄道周成为这场论战说到最后的那个人。

讨论会变成了辩论会，想用理论把别人打倒，却被别人在理论上打倒，崇祯彻底无语了。

和谈就此也变成没得谈。

七月五日的这次辩论是明代历史上非常有名的辩论之一，最终导致了以下的三个结果：首先是对于黄道周而言的。由于黄道周再次出言不逊，还坏了皇帝的事，因此崇祯当场下旨将黄道周连降六级，下放到江西的按察司工作。



其次是对大明而言的。在黄圣人的帮助下，崇祯治理下大明的一次与走向复兴的机会成功失之交臂。

最后是对皇太极而言的。由于明朝先派人与皇太极通过气，所以皇太极一直在满心欢喜地等着漫天要价、狮子大开口，好好与明朝谈上一把。但是谁想到，最后接到的通知竟然是不谈了，因此皇太极认为自己又被人玩了一把，很生气，就率清军打了进来，并向上天发誓以后再也不听明朝忽悠了。

和谈之事，就此免提。

本来可以办成的一件利国利民的好事，现在却变成了永远无法实现的梦。崇祯相当生气。于是，当两年后崇祯接到了江西巡抚解学龙以“忠孝”为由向朝廷举荐黄道周的奏疏后，怒火再次被点燃了。当即下令将二人逮捕入狱，在予以廷杖八十、充军广西的处罚后才恨恨作罢。由此可见，当年的和谈失败对崇祯的心理打击之大。

崇祯十五年，关外乱，关内乱，朝廷内更乱。虽说大臣们每天还按时出勤上下班，但也就是老百姓说的当一天和尚，还不撞钟。只是日复一日混日子，等着月底领工资。而此时卢象昇战死了，杨嗣昌病死了，洪承畴投降了，崇祯已经没有可用之人了。于是崇祯认为是时候让黄道周回来了，虽然他并不喜欢黄道周，但是至少这是一个能影响一下他人、改变朝中不正之风的人。

做出决定的第二天，崇祯传旨令：黄道周再次官复原职。

然而这次黄先生却表示：对不起，我生病了，来不了了。

这时的黄道周是真的年老多病了，因此崇祯也不强求，批准了。

不该走的人都永远地走了，该来的人也不再回来。只有一个孙传庭在那里死扛，而随着这最后一根支柱的轰然倒塌，一切也跟着完了。

事实证明，四年前的那八十棍廷杖打伤的不只是黄道周的人，还有黄道周的心。所以当崇祯派人请他的时候，他婉言拒绝了。后来在杨廷麟的力荐下，崇祯的亲戚弘光也派人来请他，想任用他做新一届政府的人事部副部长（吏部左侍郎），他又婉言谢绝了。

看来黄道周是铁了心，家里蹲了。

黄道周就是新时期的海瑞，虽然不可真用、大用，但请到朝中给新政权撑撑门面却是必须的。当时拥福派的首脑马士英就是这样认为的。

马大人虽是不折不扣的大奸臣，但他却是一个有脑子有理想的奸臣，至少他知道，对于这种名气很大、一言一行都为天下所瞩目、为人特别严刚方正、说话特别有理有据的道德楷模到底应该怎么对待。说到底，就是给他一个官很大权很小的职位，逢年过节拿出来摆一摆、拜一拜，这就安了。

而且马士英只用了一句话就促成了说啥也不愿意出山的黄道周再次下海："人望在公，公不起，欲从史可法拥立潞王耶？"

年近六十的黄道周没办法，只好赴任。即便在家赋闲多年，然而黄大人的个性还是一如既往，一上任就向弘光提建议（陈进取九策），弘光很高兴，于是也马上给黄先生升了官，拜为礼部尚书，协理詹事府事。

弘光也不愧是个聪明人，礼部尚书的这一职务，既和黄先生的专业（理学）对口，很合黄大人的胃口，且礼部也基本不管啥攸关国家命运的大事，职位高，实权小，实在是再适合安排黄道周不过了。

所以出仕弘光朝廷的黄道周基本没干出什么大事。马士英、阮大铖掌握朝政后，该怎么来还怎么来，黄大人虽然又连续上了许多建议折，但也都是肉包子打狗一去不回头。

在马士英们的心中，黄道周只是朝中的摆设而已。不时差你去做一些不关痛痒的事情，已经是很给你黄大人面子了。

马士英们是玩了黄先生，但同时也救了黄先生。因为当南京陷落时，黄道周刚好被打发到外地去祭告大禹陵，因而得以幸免。

出完差本来是要回去交差的，然而这一下连公司总部都让人连根刨了，无处可归的黄道周只好在江南一带漫无目的地徘徊，直到在衢州遇到了那个人为止。

这个人当然就是我们的唐王朱聿键。在与朱聿键见面的当夜，据说二人一直谈古论今直至天亮。

第二天，天一亮，洗把脸的黄道周所做的第一件事就是奉表劝进。因为经过一宿的交谈，黄道周的心中已然认定这是个值得自己用余生去衷心辅佐的人，是大明中兴的希望！

朱聿键在长谈之后，也对这位刚正耿直的老臣的学识与为人十分之敬佩，先行弟子礼，再请客吃饭，那是相当恭敬，而且还立马表示要拜黄道周为武英殿大学士，帮助自己重振河山。

君臣相得益彰，互相看起来都非常顺眼。因此黄道周也常对周围人大发感慨：

我终于遇到明主了！

除了直白地感慨外，黄道周曾这样描述隆武的为人："当今圣上不爱喝酒，善于整顿吏治，还学识渊博，洞达古今，只怕是汉高祖、光武帝之后都难得一见的君主啊！"

相信许多学者都十分认同黄先生的这番评价。因为确实如黄道周所言，隆武是史上公认的少数几个不好酒色、生活简朴且能励精图治、勤于政事的君主之一。特别值得一提的是，他继位后就明确提出了抗清的口号并消除了自万历年间到弘光年间一直存在的激烈党争，颇有中兴之主的气概与作为。

对于上述的评价，个人以为是很客观的。但是其中有一点却不得不说明，那就是隆武朝没有党争，却并非意味着没有斗争。

相反，隆武年间朝廷内部的斗争也是相当激烈的。文官集团之所以没有进行党争，这是因为他们现在不得不面对共同的敌人：武将集团。这帮读书人虽然没读过马列著作，估计也不知道什么叫矛盾论，然而他们却看得十分清楚，现在的情况变化了，形势变化了，再继续党争的后果有且只有一个：文官集团一起完蛋！

主要矛盾的转变和以郑芝龙为代表的武将势力的崛起，促成文官集团内部再次达到了空前的团结。

一帮连字都不识的大老粗还想和我们争夺帝国的最高统治权，没门！

现在是时候可以顺便说一下，以明代为代表的中国封建社会权力斗争的相关问题了。了解这些，会为我们对之前已经介绍的与之后即将要介绍的许多历史事件产生的本质原因有更好、更透彻的认识。

当然，为了保证对这一看似枯燥无味问题的阐释，让大家看得津津有味，还是得用我们常用的方式。

有明一代的政治斗争史大致可以划分为这么几个阶段：君臣斗法（朱元璋时代）、皇室争权（建文帝到宣德帝阶段）、文官与宦官大战（明英宗至明武宗时期）、文官集团内斗（嘉靖到弘光年间）、文官势力与武将势力死磕（隆武朝）、武将集团互斗（永历时期）。

而之所以会出现这样六种斗争形态，这还是因为它是符合当时情况、适应时代大背景的。

每个王朝建立之初，作为王朝的建立者一般都需要考虑处理以皇帝、文官、武将为代表的三大权力体之间的关系。在政治学中，这三大权力体又可以被称为皇权、相权与将权。当然，这只是众多政治权力构成说的一种说法之一。而在这一理论中，代表广大太监利益的宦权被视为皇权的副产品。

朱元璋革命成功后，由于做皇帝的人十分强势，太监数量也相对较少，尚未形成气候，没啥话语权，因此可以忽略不计。所以朱重八重点整治的是相权与将权。为了加强自己的权力，重树皇权至高无上的地位，朱元璋相继搞出了胡惟庸案与蓝玉案，将一同实现革命成功的文臣武将几乎一扫而空，彻底粉碎了相权与将权的势力基础。

明太祖朱元璋与几百年前的宋太祖赵匡胤有着相当一致的认识，那就是认为武将势力的能量破坏度要远远大于文官。因此朱元璋也采用并沿袭了宋朝的那一套制度，实行以文制武，把武将的地位压得很低，并规定由文官统一指挥调动军队。

应该说这一套限制措施是相当有效的。明代近三百年历史中武将造反的事例基本是绝迹了，而且将权也如朱元璋所愿被牢牢压制了起来，直到郑芝龙时代的到来。

将权残废了，相权还在寻找一个新的形式重生，因而权力就完全集中到了皇室的身上。希望你要看清，不是皇帝的身上，而是皇室的身上。藩王代替了武将的位置，掌握了庞大的军队，皇帝陛下又对这些手握重兵的叔叔伯伯哥哥弟弟们不放心，于是一边要加强皇权，限制诸王的势力，另一边却习惯了拥兵的感觉。而采取和平手段解决肯定没谱，那双方只有兵戎相见了。所以才有了叔叔朱棣发动靖难之役打败了侄子朱允炆当了皇帝、叔叔朱高煦被侄子朱瞻基打败见了上帝这一系列皇家内讧的事情。

其实权力有时就像是一个沉重的大包袱，因为享受权力的同时掌权者不得不履行相应的义务，所以到了后面一些体格不太好的或精力不如朱元璋充沛的皇帝就开始感到劳累了。于是为了稍微减轻自身的负担，就开始给自己分权。由于朱元璋三令五申不许过度信用武将，也没有皇帝傻到要把权力转给玩刀的这群哥们身上，因此皇帝就只好把眼光向身边扫去，这一扫就看到了老老实实干活服务的文官与太监。

这一下，皇权就开始慢慢下落，而改头换面以内阁的形式出场的相权（权力的主要实现形式是票拟）和通过制度创新，设立东厂、司礼监太监的方式重新抬头的宦权（权力的主要实现形式是批红），开始上升，并继而形成了针锋相对的两大利益体。

三杨与王振的斗争，杨廷和、杨一清与刘瑾的斗法，正是在这一历史大潮流下，应运而生的精彩大戏。

然而令广大太监倍感悲伤的事还是不可避免地发生了，亲信宦官的明武宗朱厚照在一次出去玩的时候玩大发了。不晓得朱先生遇到的那条鱼是哪家龙王公子幻化而成的，吃饵时的力气过大，朱先生与它拔河拼气力时没拼过，被对方选手活生生拖进了水里。

虽然大家好不容易将朱厚照从龙宫—地府一路游的道上抢救了回来，但上岸后，朱厚照基本是废掉了，没几个月就因病早逝，过早地离开了他喜爱的和喜爱他的太监们。

于是太监们的噩梦如期到来了。

从安陆赶来继位的朱厚熜，对于这些生理不健全的人似乎向来缺乏好感，当上皇帝没多久就先抓了一批，再加上接踵而来的审一批、撵一批、杀一批，太监势力基本上是被一网打尽了。

别扯什么贪污腐败、操纵政局了，嘉靖在位的那段日子，这帮仁兄能够平安活下来，熬到退休，就算谢天谢地了。

伤心总是难免的，有口饭吃就很不错了。

宦官势力在嘉靖的高压政策下，遭受到了前所未有的打击，几乎堪称灭顶之灾了。于是与宦官集团干仗的文官集团这下异常精神了。

当时的情况是，武将势力依然受到制约没什么起色，宦官势力又刚刚被摆平。照这个情况看来，文官集团即将要一统天下，成为新一代的武林盟主了。

然而当文官集团正要把屁股放在盟主的宝座上，朱厚熜微笑着走了过来，抬腿一脚，把面前的家伙蹬了下去。

有老子在，你算老几。

前面我们说过，相权与宦权得以逐渐强大起来的最主要的原因就是，当时在位的皇帝陛下精力有限，有些不堪重负，所以不得不往下交权，才能喘一口气。但是，现在嘉靖来了，一切的情况都统统改变了。

也许是因为朱厚熜生长在人口相对稀少、楼宇并不密集的湖广，平常接触大自然的机会也比前几任要多，因此这位仁兄的精力是相当的旺盛。具体表现是，处理政务之余还有时间炼丹，进行有机化学实验的同时还能抽出时间批阅奏章。所以这样的一个皇帝一上台，文官集团也像他们的对手宦官集团一样，干净利落地完了蛋。

在与文官集团斗智斗勇的战斗中获取最终胜利的嘉靖也通过“议礼之争”明白了一个道理，那就是，亲自光膀子上场和这帮搞斗争搞了十几年甚至几十年的老狐狸、老油条们搞斗争，那是件异常辛苦的事。一着不慎的结果必然是满盘皆输，而且还会输得很惨。

众所周知，嘉靖是一个很要面子的人，同样的，他也是个比较怕麻烦的人。因此好不容易才战胜了杨廷和及其支持者的朱厚熜开始考虑，考虑不用太费心就能战胜这些对手的最好方法。

嘉靖是个聪明人，因为没过多久这个方法还真让他给找到了。

面对敌人却不用自己亲自动手，就能获取胜利，这似乎是个神话。然而嘉靖却凭借自己的过人智慧与高超的政治手腕，再次向世人证明了一个真理：一切皆有可能。

不战而胜，只要使得对手内部产生分歧进而分裂，互相争斗，这就可以了。这就好比是用从风险投资人那里忽悠来的钱来做生意一样，即便是全部赔光了，自己也不会感到过于伤心难过。

既然好用又能用，傻子才不用！

在嘉靖的暗中操纵下，明朝历时一百多年的文官集团的内斗终于拉开了大幕。

一号参赛者张璁先败于比他更厉害的二号参赛者夏言，接着三号严嵩又凭借自己的狡猾奸诈及幕后团队的合作害死了夏言，再接下来继承了二号选手遗志的四号入围者徐阶在经历了数年的磨砺与隐忍后又终于为夏言报仇雪恨。

而此时的大臣之间的斗争也逐渐进入了有组织团伙化行动阶段。什么严党、浙党、楚党，在不到二十年的时间内就像雨后春笋般先后出现。

虽然其间也经历了由徐阶、高拱、张居正所创造出的不受皇权限制的绝对的名臣时代，但这段时间相对而言还是很短的。而且即便这些人是获得了对帝国的实际统治权，然而文官集团内部的分歧和严重的分裂局面却没有得到任何的改变，反而还有愈演愈烈的趋势。

比如说徐阶掌控内阁，就有高拱带人跟徐阶闹；徐阶退休了，高拱控制了内阁，就有张居正联合冯保跟高老头闹；高拱被赶走了，张居正当上了首辅，就有一帮愤青言官自发组织起来，跟张居正闹。反正无论是谁当了政，都不能过上一天消停的日子。只要有一派上了台，马上就有他的反对派站出来使尽浑身解数，要把他们赶下台，而一旦成功了，反对派掌握了执政权，反对派的反对派又立马出现了。

史实也告诉我们，政治运动这东西似乎也是有惯性的，以党派为单位进行的政治斗争一出现，真正意义上的党争也就刹不住车了。

先是以乡党为基础，带有老乡会性质的各个党派成立，群雄割据，互拍板砖。然后是以东林书院为纽带，以东林精神为依托的东林党到来了。而为对抗这一强大的敌人，齐党、浙党、楚党三党相继成立并放弃了成见走向了联合。接下来就是东林党与三党联盟的精彩对拍。

再后来东林党在奇人汪文言的帮助下，拆散了三党联盟，拉来了楚党做伴成功拍下去了齐、浙二党，然后又趁同盟楚党不注意把桥给拆了，以至于楚党也跟着摔了下去。

这即是党争的第一阶段。东林党采取分化瓦解敌人、各个击破的战术，成功实现了在朝中唯我独尊。

相对而言，被整下去的三党则是极其悲惨了，纷纷被迫收拾行李滚回老家。

历史经验还告诫我们：太嚣张是会有报应的。于是不久之后，被拍残了的齐党、浙党和被摔残了的楚党痛定思痛，在一个太监的帮助下实现了真正的联合，并形成了有史以来最强大、最邪恶的政治组织——阉党。

任何人都不能否认，在魏忠贤的领导下，有钱、有人又掌权的阉党确实是比东林党要强大得太多。于是，由知识分子组成的东林党在这个由文官、武将、太监混合成的利益体的打击下，迅速走向崩溃。阉党也成功取代了东林党控制了朝政，并开始对落败者进行血腥的斩草除根。



万历年末期到崇祯朝初期，朝廷中党争情况大致如此。政治斗争已经不仅仅为了掌权，而是为了掌控一切，因而必须你死我活！

后来继位的崇祯又是一位精力比较旺盛的君主，看到魏人妖和他的党羽太过狂妄，所以就给废了。

崇祯用他的实际行动证明，至少在明代，皇权才是最牛的！

但是崇祯虽说是消灭了阉党这一执政道路上的最大威胁，然而他却发现想要将文官集团的力量再次统一整合起来，已经是不可能的了。

随着大臣之间的内部分歧越来越大，再加上阉党与东林党的两极格局的高压戛然而止，此时崇祯朝中的文官集团已经并非是分裂的状态了，而是四分五裂。

只要是个人，有点能量，就敢自立山头，拉帮结派，简直比土匪还土匪。

所以史云：明之亡，实亡于嘉靖。我点头表示同意。

史又云：明之亡，实亡于万历。我同样点头表示同意。

爷爷开始碾，孙子继续碾，自己内部也碾，终于把本是一块磐石的文官集团碾成了一盘散沙。

朱由检又没有哥哥朱由校那么强的动手能力，沙雕工艺那是一点不会，所以明朝的土崩瓦解，不难理解。

到了南明，强势的皇帝陛下殉职了，新上来的又是个争议的焦点，所以不争起来那才有鬼。

这时候因为崇祯的功劳，阉党被整得太厉害了，而东林党则借机再次崛起。因此一上来，东林党就将由阉党残余势力支持的马士英压得喘不过气来，同时其强大的力量也把弘光吓了个够呛。

于是对权力同样极度渴望的弘光终于做出了一个极度错误但又不得不做的抉择：与马阮集团联手，对抗东林党。

接下来的事情我们前面也详细介绍过了，不想当傀儡的弘光在与马阮集团的通力合作下，彻底摆脱了东林党傀儡的地位，但从而成为阮大铖一人的傀儡。

然后就是再一次地反攻倒算，将复社、东林一脉，一扫而光！

面对阮大铖煽起的腥风血雨，有了惨痛教训的东林党人也不再坐以待毙，而是找来了他们的忠实战友左良玉和阮大铖控制的朝廷公开叫板，于是就是清君侧，打内战；于是清军就趁机大举南下，把这两帮忙着内讧的人一起顺手灭掉了。

整个明代外加弘光一朝的政治斗争大致状况即是如此。

说句难听的，如此看来，明朝其实是自己把自己给折腾死的。

然而，现在一个原因却使得散了一个多世纪的文官集团，自动平息了内部的所有分歧，而再次团结地站在了一起。

而这个原因的名字就叫郑芝龙。

事实上，郑芝龙代表的并非仅仅是一个郑氏家族的利益。准确地讲，在郑芝龙的背后是整个武将集团，是被搁置漠视了数百年的将权的觉醒。所以在某种程度上说，郑芝龙其实是在为了武将们的利益而战斗。

越是到了乱世，能够上马提枪、征战沙场的武将就越会得到朝廷的重视，因此当已经深切感受到以郑芝龙为代言人的武将势力带来的巨大威胁时，套用一句经典句式来说，就是文官与武将的矛盾已经上升为了朝廷中的主要矛盾，文臣内部握手言和、共御强敌的时刻已经再次到来。

不过事实也告诉我们，在现实的政治斗争中，整天思考如何斗争的文臣也未必玩得过号称头脑过分简单、四肢过分发达的武将。

譬如当时文官集团的核心人物黄道周，他那时候的官衔是入阁办事的大学士（因此得以统领文官），而且除此之外出于对这位四朝老臣的极度信任，隆武还给了他另外的两个同时兼任的官职：吏部尚书、兵部尚书。

这是一个相当惊世骇俗的任命。为了确保皇权的至高无上，依据以往历朝的惯例，内阁大学士一般是不能兼管吏部的。这是因为，吏部就是人事部，是中央六部中权力最大的部门，掌握着朝中所有官员的升降任免，具有传说中的“一句话，一辈子”的生杀大权，可谓是最牛的。掌握了官员们升迁的命运，同时又拥有对国家大事的处理权，那真是号令天下，莫敢不从了。

虽然在黄道周之前也有人曾将人事任免权和政务处理权这两大权力集于一身（高拱），但是像黄道周这样还兼任兵部尚书（国防部）、掌握了调兵遣将的权力的大学士，可是绝无仅有的。

如果仅从身上所承担的职务和从这些职务中可掌控的权力这方面来看，黄道周绝对应该被称为是明代史上最强的大学士，比张居正还要扎眼。

然而，众所周知，黄道周在公众中的知名度是远远不及张居正的，就连本人也是在五年前读《明史》时偶然翻到这位仁兄的传记，才知道明末还有个黄圣人的。

能在普通百姓心目中有名誉、有地位，一是要靠实力，二是要靠业绩。

黄道周虽然这些多少都有点，但是相对于超级名人张居正而言，差得还真不是一点半点。

难道就连集合了所有文官集团的力量与智慧，拥有了人事权、调兵权、政务权的史上最牛大学士都搞不定一个海盗出身、没啥文化的大老粗吗？

看似不可思议，但事实确实如此。

有经验有文化的黄道周，干不过经验不足、知识欠缺的郑芝龙，那是因为确实有干不过、搞不定的理由。

因为在郑芝龙的手中掌握着黄道周和文官集团所不具有的两大法宝，而正是依靠着这两大法宝，郑芝龙击败了黄道周和他背后的文臣们，并气得黄老头走向了绝路。

郑芝龙在给隆武的奏疏中曾有这样的一句话：三关饷取之臣，臣取之海，无海即则无家。

大部分人从这一句话中得到的信息，大约是隆武政权的军费开支的主要来源是郑芝龙，而郑芝龙的经济收入的主要项目则是对外海上贸易。或者说是郑芝龙在要求隆武重视海外贸易，加强对这方面的政策扶植。

然而在我看来，这句话或许还有另外的意思：国家的钱从海上来，而海上归我管，所以你们要听话。

郑芝龙的这句话不仅是说给皇帝陛下听的，同样也是说给负责票拟奏章的内阁和所有大臣们听的。

国家，其实往小里说也可以看成一个家，而在这个家里不管是你爸还是你妈是户口本上登记在案的户主，你家真正掌握家庭大权的那位，都应该和握有你家财政大权的那个是同一个人。不信的可以回家考察一下。

而作为“大家庭”的隆武政权而言，户主的名字当然得是朱聿键（这个一变就该出问题了），然而真正掌控国家收入开支情况的却不是当时的户部，而是郑芝龙。这当然也好理解，北方土地尽失无法再派人去收租，而富庶的东南各省不是失陷于清军之手就是在竞争对手鲁王政权的控制之中，所以收税也基本没指望。再加上其他诸如两广、云贵川等地区不是本身很穷一直有待开发，就是因为兵荒马乱、路途遥远，不可能将钱财运往中央。福建当地的情况又是多山地丘陵、盐碱地，当地人大多跑到海外去谋生去了，所以想找他们收税基本也是抓瞎。想来想去，能靠得住的就只有郑芝龙的生意收入了。

因此能决定人家是否手里有饭碗的人并非是最牛的，能决定你捧的饭碗里是否真的有饭的人才是最最牛的。

掌控了众人的吃饭问题，总揽了隆武朝的财政收入，这是郑芝龙得以立于不败之地的第一大法宝。

黄道周同志虽然是兵部的最高领导，但事实上，这并不意味着黄大人掌握了兵权。因为所谓兵权至少要分为两大部分，一个是调兵权，另一个是统兵权。而早从几百年前算起，国家的调兵权与统兵权就一直是被严格分开的。

作为兵部尚书，黄道周掌握的只是兵权中的一部分——调兵权。而兵权的另一重要组成部分——统兵权，按照朱元璋的安排应该是掌握在五军都督府的手上。

不过既然是应该是，那就证明事实上不是。随着时代的发展，在明朝后期五军都督府失去了原有的地位，且五军都督府的都督一般都由武将担任（比如抗倭英雄戚继光和著名的女帅秦良玉就是明末的五军都督府左都督）。因此，实际上统兵权已被武将们牢牢地掌握在了手中。

然而上述的情况还算是正常的，到了明末情况就不再正常了。比如说戚继光麾下的戚家军、袁崇焕手下的关宁铁骑，还有孙传庭部下的秦兵、洪承畴的洪兵，虽然都是以国家的名义招的人，但具体到训练作战和人才的选拔都是由将领们自己做的主。甚至有些部队的军费都是不拿国家一针一线，靠着招兵者个人想办法解决的，最为经典的例子就是毛文龙的军队开销，便是由毛岛主自负盈亏，自己消化的。

所以这样一来，这些人到底听谁的、为谁打仗就可想而知了，说白了，这些部队大都是打着政府军旗帜的私人武装，而他们是为国家的利益卖命，还是为了利益卖了国家的命，都在招兵将领的一念之间。

现在福建地区的这支明军就是由郑芝龙供给军饷并一路训练培养出来的，且军中上上下下的军官大都是郑芝龙的亲信，最听郑芝龙的话，因此想要让这些人完全听朝廷的指挥，难度是相当大的。

郑芝龙消极抗战的态度令大学士黄道周极为不爽。但是不爽归不爽，黄道周还真拿郑芝龙没有一点办法。

先前虽然同样是面对种种的分歧，黄道周都凭借自己的执着取胜了，可是对于这位没看过几本书的武将，黄道周没有一点说服对方的把握。

即使同为福建老乡，黄道周与郑芝龙却从没有老乡见老乡的那股亲热劲，每当黄道周郑重地要求郑芝龙厉兵秣马做好北伐中原的准备时，郑芝龙总会信誓旦旦地答应下来。每次黄大人检阅郑芝龙练兵的成果时都会大失所望。久而久之，两个老乡之间终于撕破了脸。

行！算你小子有种，你不去，我去！

隆武元年（1645）七月，隆武朝首席大学士黄道周，见郑氏兄弟始终无出兵意，于是上疏朝廷，自请募兵于江西，继而北上抗清。

对于黄大人的这封奏疏，隆武的回复是准奏。

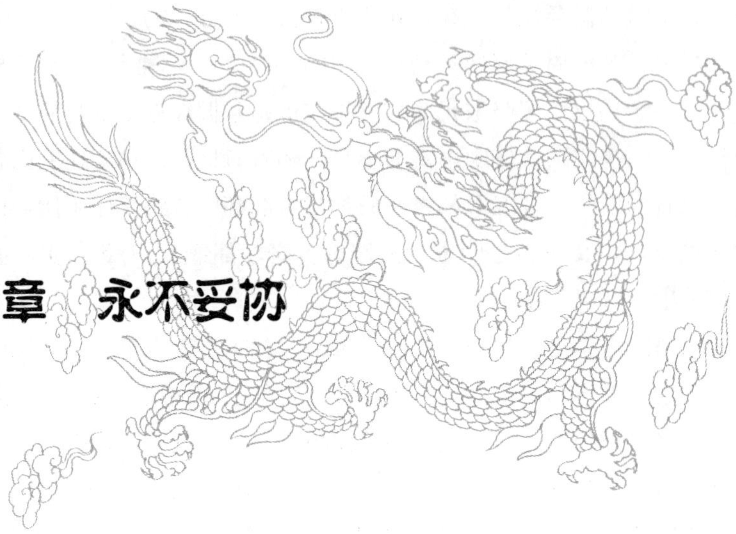

# 第四章　永不妥协

黄道周这次主动要求外出募兵，与其说是无奈之举，倒不如说是悲愤之极而不得不为之。因为就在不久之前，朝廷里接连发生了两大轰动朝野的事件，迫使黄道周最终下定了离闽募兵的决心。

某一天，朝中举行早朝，纷纷到来的大小官员开始陆续集合在大殿站队，准备参加朝会，等待着皇帝陛下的来临。然而就在此时，郑芝龙认为隆武是由自己拥立的，所以自己理应居头功，朝见时自然也理应排于所有文武诸臣的最前面。于是，郑芝龙便随心所欲，在全场大臣的目光中，大摇大摆地走到了朝列的最前面，继而停下了脚步，不动了。

郑芝龙这一不动，问题也就发生了。

不过为了方便大家更好地理解这件事和当事人的反应，先解释一下朝班这个已经成为历史的词汇。所谓朝班，就是朝参班次的简称。说得简单点，即朝会时官员们所站的队列的位置。由于参加朝会的大臣们来自各个不同的部门，且各自的品级官秩也有高低，所以开会时大家要进入指定的位置，以保证朝会的秩序并凸显政府中严密的等级性、纪律性。

然而官员们的官职不是固定的、一成不变的，官员们的品级与官位会经常不断地或升或降，也会在不同的部门之间调来转去，所以具体到个人而言，朝班不是永远不变的。这个世界上无论何时何事只要与“多变”一词搭上关系，那是一定会导致另外一个词汇的，那就是混乱。

因此说实话，每次当我读书读到皇帝举行朝会的那段时，我都会对那些几乎每一回都要给所有参加朝会的大臣们重新编制朝班的礼部官员的工作致以崇高的敬意。因为自北宋之后，大臣们上朝是站着的，所以并不能像今天的机关会议一样，在出席者应坐的位次，由会务组在座位背后贴上写有名字的纸条或在桌子上摆上姓名的标示牌。大家不用争，不用抢，对号入座就行了，且永远不会搞错。

往大殿里随便贴纸条以标示位置的行为，既影响会场的环境又不太实用，所以从来没人这么办，因而站错位置、插错队的“乱班”现象也就不可避免地时有发生。在明神宗万历年间，因为朱翊钧经常旷工，朝会时开时辍，群臣太久不上朝，官职也在其间发生了变动，所以出现了“班行遂无定序”的情况。甚至有一次，一个阁部官员和一个监察官员还由于互争位次产生了争执，最后还闹到了要请负责编制朝班的大臣出来辨明是非的地步。

但是这一次情况却有所不同。郑芝龙的行为绝对不是简单的站错位置，而是有目的地扰乱正常的朝班秩序，换句话说，他这是故意的。

因为无论场面如何乱，有一点是可以确定的：不管是品级多高的武将都是永远不可能站在内阁大学士的前头的。

而当时内阁中的首席大学士就是黄道周。

当年只不过是七品的编修就敢怒视不按规矩来的强权太监魏忠贤，把魏公公瞪到心理崩溃。现在已经官至正二品的黄圣人遇到如此情景，不发威那才有鬼。

很快，黄道周快步走到了郑芝龙面前，开始给郑老粗普及礼仪知识。

“依祖制勋臣从未位居班首。”

谁想到郑大人却是个十分有革新精神的人：那是因为列祖列宗手下的臣子中，未曾有人立过像我一样大的功劳。

此时的郑芝龙确实有得意的理由。因为这时的郑芝龙不仅兼任户、兵、工三部尚书，还享受开府天兴、坐见九卿、入不揖、出不送的高级待遇，所以在郑芝龙看来，已经拥有某些特权的自己，位列朝班的首位那是理所应当的。

然而正是郑芝龙的这种态度，彻底激怒了黄大人。

竟敢如此藐视朝廷礼制！如果就此做出让步，试问天下今后还有谁会看得起我黄道周！

要是比辩论技巧和口才功夫的话，黄道周可以说是自出道以来从未尝败绩。于是，黄道周进一步逼近郑芝龙，开始与郑芝龙争论起来。

这边的郑芝龙也不傻，知道黄大人的“辩功”一流，理论和实践基础都非常扎实，想要说得过他估计自己先要再看上几年的书。

因此，前所未有的一幕出现了。黄道周站在郑芝龙面前滔滔不绝，郑芝龙则是有一句没一句地听，但无论对方说了些什么，就是没有挪位置的意思。

就这样，黄道周与郑芝龙这两个强硬的人在众目睽睽之下戗上了，双方都坚持不下，互不让步。对于这两位大哥级的人物，在场的大臣们则是谁也不敢得罪，只能在那里等待，等着隆武出来圣裁。

万众期待下，隆武终于出现了。

看到大殿里的秩序有些混乱，隆武马上派出身边的太监去打听整个事件的来龙去脉。贴身太监也立马行动，将郑芝龙占据上位导致黄道周等文臣不满的情况上报给了隆武。

最后，在隆武的亲自干预下，郑芝龙被迫按照规矩来，站到礼法规定的武将应该站的位置上去，黄道周等人赢得了最终的胜利。

此次事件史称“朝班事件”，是后世公认的隆武朝文官集团与武将集团的第一次公开的较量。

虽然是以黄道周为代表的文官势力获得了胜利，然而，这只是表面上的胜利。

如果说朝班事件让朝中潜伏已久的文武矛盾正式浮出水面的话，那么接下来将要发生的事件，则使得隆武朝内的文官与武将真正彻底走向了决裂。

导致黄道周与郑芝龙两个人完全翻脸的肇事者，不是郑芝龙和黄道周本人，而是郑芝龙的弟弟郑鸿逵。

朝班事件发生不久后的夏天某日，天气有些热，群臣均被隆武召集在一起议事，因此本来就空气流通不畅的大殿内就更闷了。此时我们的郑鸿逵同学不知何时从怀里掏出了一把扇子，当着皇帝陛下和文武百官的面悠闲地扇了起来。

正当郑鸿逵同学专心致志地自己动手消暑去热时，一声呵斥随即响起：大殿之上，君王面前，定虏（郑鸿逵的爵位）岂可如此无礼！

突如其来的怒喝，吓得郑大人差点把扇子掉了。

这位当众呵斥郑鸿逵的人是时任户部尚书的何楷。

紧接着，何尚书趁机上疏劾奏郑鸿逵“无人臣礼”，要求隆武依照律例予以相应处罚。隆武碍于郑芝龙的面子没有当场责罚郑鸿逵，却大大嘉奖了敢于直言的何楷一番，并立即擢升何楷为左佥都御史，掌都察院事。

虽然之后隆武也没有下达任何处罚郑鸿逵的命令，然而对于郑氏兄弟而言，隆武赞赏与提拔何楷的这一举动无疑是一个极其危险的政治信号：皇帝已经开始扶植朝中对抗自己的势力，并有意压制武将集团的崛起。

对于何楷这个名字，郑芝龙并不陌生。因为先前的朝班事件发生后，郑氏兄弟曾经搞过一段时间的“非暴力不合作”，在隆武郊祭天南台的仪式上推脱有病在身，不肯出席。那时这位何楷就曾上疏弹劾郑芝龙、郑鸿逵二人不陪祭的行为，并得到了皇帝的夸奖。所以双方早就结下了梁子。

这位何大人祖籍福建镇海卫（今厦门南），是泉州晋江人，算起来是郑芝龙的老乡（郑芝龙也是泉州府人），因此郑芝龙并不打算向这位低头不见抬头见的乡亲下手，且不愿意进一步激化自己与黄道周等大臣的对立。

郑芝龙不愿计较，可是郑鸿逵却十分恼火。作为一个在沙场驰骋了十多年、杀人无数的脾气异常火暴的将领，平时只有他吼别人，从来没有人敢吼他（郑芝龙除外）。现在在大庭广众之下竟被一个手无缚鸡之力的读书人呵斥了一番，郑鸿逵心里很是不爽。

于是郑鸿逵开始招人四处挖坑等待何楷一不留神掉下去，自己也好上去踩上两脚，解解恨。但没想到，这位何大人不但率直敢言，平时做事也处处小心谨慎，无论是工作方面还是生活作风方面都做得滴水不漏。

而郑鸿逵不知道的可能还有一件事，那就是除了弹劾过郑芝龙与自己之外，这位何楷还曾弹劾过另外一个权奸，温体仁。

当年时任刑科给事中的何楷在参劾完温体仁后，连那位以老谋深算、老奸巨猾著称且已经老羞成怒的温狐狸都不能在短时间内找到何大人的疏漏，下绊子，最后只能随便找个由头算计了何楷一把，但也没能达到预期目标。温体仁本来打算砸了何大人的饭碗，然而最终的结果却只是使得何楷受到了降级（贬秩）的处分。

凭借温体仁的智商，想要彻底整垮何楷都是很难的，那么以郑鸿逵的智商，想要抓到把柄扳倒何大人，恐怕要等到下辈子了。所以即便郑鸿逵是百般刁难，何楷依然稳如泰山。

郑鸿逵的脑子不太灵光，脑袋都要挠秃了，还是没能找到整垮何楷的办法。看来想报此仇，真的要等到下辈子了。

然而这时，郑鸿逵手下的一名谋士走了过来告诉他：不用等到下辈子，扳倒此人其实很简单。

因为何楷的弱点很明显，那就是他的职位，户部尚书。

前文说过，郑芝龙之所以能在朝廷中说话算话，连势力强大的文官集团也敢给脸色看，那是因为郑芝龙一直掌握着国家的财政命脉。换句话说，如果大明是一家大公司的话，郑芝龙就是这家公司最大的股东和投资方，所以吃着人家的饭，拿着人家给发的工资，大家都要多少给郑大人几分薄面。

郑芝龙平时的事务比较多而繁杂，因此作为郑氏海外贸易股份有限公司的二把手（此时郑成功年纪尚轻，还不足以处理太多的公司业务和承担运营的工作），郑鸿逵有时也会帮助兄长处理一些简单的工作，譬如按时把公司与海关的收入转交给户部，以弥补朝廷开支的不足。

这下大家应该明白了吧。只要郑鸿逵每次故意拖延向户部交钱的时日，或者是有意拖欠银两，作为户部的负责人，何楷一定会吃不消的。

主意是这样出的，郑鸿逵先生也是这样做的。接下来，每个月户部的财政赤字都会居高不下，而且每每派人前去催促，遭遇的也都是冷言冷语。

俗话说，巧妇难为无米之炊。无论是普通的官员还是站岗的大兵，那都是要挣钱养家，要求吃饱饭的。官员罢工还好解决，可如果大兵哗变那麻烦可就大了。我们有理由相信，此时的何楷心里很清楚这是谁在给自己穿小鞋，但是面对此人他却真的是无能为力。

于是，不久之后，户部尚书何楷被迫上疏隆武，请求致仕，返回原籍。

虽然隆武知道一切的真相，虽然隆武十分欣赏何楷。然而此时却不得不同意何楷致仕回乡养病的请求。

因为作为一个负责任的君主，隆武知道一点，一切要以大局为重。

惹不起我还躲不起吗。当时的何楷是这样想的。

你暂时出去避避风头，等到文武矛盾得到缓和后，我会召你回来的。当时的隆武是这样想的。

找过我的茬，这么简单就让你走，这怎么可能？当时的郑鸿逵是这样想的。

于是仍不肯罢休的郑鸿逵找来部将杨耿，并下达了一道恶毒的命令：你带点人去何楷回家的必经之路上设好埋伏，给我了结了他。

当何楷与仆人在回乡的道路上奔波时，一伙人突然从半路上持刃杀出。仆人本来以为是遇上了劫道的，正想上前说明车上主人的身份，吓退这帮小喽啰。然而此时，何楷拦住了他：我知道他们是谁，也很清楚他们为何而来。

明明知道这伙人多半是来杀掉自己的，何楷却未表现出一点恐惧与慌张。在安慰了自己的仆人后，何楷镇静如常走下马车，对着这些杀手说出了他最后要说的话：我知道诸位想要的是我的首级，但是希望你们不要连累其他无辜的人。说罢，何楷静静地站好，待着那最后的一刀。

然而何大人在那里等了半天，也没有人来砍他。这是因为在他的对面，所有奉命追杀的人都被眼前这位力量弱小但品德却无比高尚的读书人镇住了。

只有内心的强大，才是真正的强大。

这些人虽不曾读过几本书，但他们知道，一个在关键时刻仍然能够保持镇定、临死之时尚且关心他人安危的人，绝对不是一个该杀的人。

现场陷入了短暂的停滞状态，没有人行动，没有说话，但是所有人的大脑都在急速的运转之中。一段时间之后，惊愕的人群里传来了声音：“好一个都院，且取若耳可矣。”

这样一个好人，杀了他势必会遭受自己良心的谴责；但如果就此放他一马，回去了也不好交代。于是，众人做出折中的决定，不杀掉何楷，但要割掉他的耳朵以便交差。

在拿到了何楷的一只耳朵后，这伙人渐渐远去，向郑鸿逵复命。而何大人虽然没有死在返乡的路上，确实安全地回到了家，但是几个月后也抑郁而终。

隆武从手下太监那里听闻何楷在归途中被盗贼所杀的消息后，当即失神，继而悲呼：悲哉，元子（何楷本来字玄子，清代为避康熙帝玄烨的讳改为元子）！在痛哭数日后，隆武亲自下诏，命令相关部门捉拿劫杀何楷之人。

但后来刑部查到劫道的事确实有，然而何大人并未被杀，是路边社传闻，纯属谣传，且此事可能牵扯到郑芝龙，便以“追盗不得”回报给了隆武，此事最后便不了了之。

堂堂一个退休的朝廷高级干部，中央六部部长，竟然因为得罪了郑家兄弟而差点被人在半路上做掉。更何况这个何楷还是大学士黄道周的亲密盟友！这不是在向朝廷和整个文官集团示威么！

消息传出之后，朝野震惊。于是一时间，朝中的大臣们义愤填膺：是可忍，孰不可忍！郑芝龙，我们跟你拼了！

同样，这件事也使得在朝廷中主政的黄大人倍感耻辱。

作为晚明时代杰出的一代儒宗，黄道周十分明白，如果朝廷内部再继续这样闹腾下去，大家势必要走上弘光一朝的老路，因内斗而亡国。

所以明白人黄道周决定以退为进，自己主动要求外出募兵，从而迫使郑芝龙出兵参加北伐。

恰好当时赣南一带，以赣州为中心、以崇祯年间进士金声等人为主要领导的抗清运动正进行得如火如荼。因此黄道周打算先督兵出福建，招募新军，进行训练，进而联络江西方面，援救徽州、衢州一带的金声等部义军，并预先设法为隆武朝廷的北伐营造声势，打开局面。

临行前，隆武特意派遣有一定招兵作战经验的兵部职方司主事赵士超担任军前监纪，帮助黄道周顺利完成任务。黄道周得知皇帝陛下的这一安排后非常感动，因而他也默默地下定了决心，此番出征，不获胜，毋宁死！

隆武元年（1645）七月二十二日，在没有易水之畔众人举杯送行的情况下，黄道周率领少数随从从福建出发，准备进入江西招兵作战。

“与其坐而待亡，不如君臣共出一拼。我为大臣，当先于皇帝而行，以为人臣表率。”

虽然有许多大臣纷纷上疏表示反对，虽然有不少亲朋好言相劝，可是怀着报答隆武帝知遇之恩的决心与兴复大明的理想，已过花甲之年的黄道周还是走上了那条比荆轲刺秦更加危险但却同样不失精彩悲壮的人生之路。

经过几日的鞍马劳顿，八月初三，黄道周到达闽北并开始在南平树旗招兵。

但凡是出去募兵，那都是有条件的，虽然福建地区向来民风比较淳朴，可是不给点好处大家就跑来跟你争着上前线拼命的事，估计还真不可能有。就算当地人民群众觉悟再高，当兵的也是要吃饱饭的。

然而此次出来，黄道周手头上别说是武器、军饷，就连一担多余的军粮也没有。隆武唯一能给黄道周的，只有几百张空白的文书（委任状）。但是，同一件事物，在不同人的手中，其所发挥出的作用也不同，信乎？

恰恰就是凭借着这几百张空白文书而上了路的黄道周创造了奇迹。

黄大人每到一地，就开始对当地百姓进行宣传，并给那些积极参军的人每人赠送了一张由当朝内阁大学士亲笔书写的委任状。于是福建各地义民闻讯后蜂拥而至，等黄道周一行于八月十八日到达建阳之时，竟然给他拉起了一支几千人的队伍，并筹到了一个月的军粮。

除此之外，还有许多义师（成分极其复杂，有被打散的明军，各地的民兵，各山头的土匪，各乡的流氓强盗，等等等等）也纷纷表示愿意服从黄大学士的指挥。

反正，在短短的不到一个月的时间里，黄道周便由仅携数名弟子招兵的孤独奋战的老人变成了一个可以指挥近万人作战的真正督师。而且由于有不少商人被黄道周的一腔忠义感动，相继慷慨解囊，再加上黄道周自己出钱和朋友们的资助，此时这支新拉起来的部队已经拥有万余两白银作为军饷了。

对于眼前发生的由无变有、由少变多的一切，黄道周深感欣慰。

在派部将陈雄飞带二营士兵到崇安驻守后不久，九月十九日，黄道周带领着经过二个月基本训练的新军，同诸将出关（仙霞关）。十月十二日，到达江西广信府（今上饶）。

黄道周出关后，一路上接着招募新兵。而此时听说大学士黄大人亲自带兵出征，江西的各路义师也都赶来汇合，这样，黄道周部全部加起来已经有上万人了。

黄道周率军进入江西境内，心情异常激动。因为就在一百多年前，就在江西的这片土地上，那个伟大的人就是凭借着他无与伦比的智慧，指挥着同样一支临时拼凑起来且全无作战经验的军队，一举挫败了强敌的阴谋，并使得国家平安度过了一场巨大的危机。

这个伟人的名字就是王守仁（王阳明）。

虽然时至今日已经过去了一百年，然而这个名字以及与他有关联的种种传说，还依旧在当地广为流传着。

黄道周这一辈子除了孔子、孟子、朱子外，很少有钦佩的人，然而王守仁绝对是其中的一个。

现在黄道周将要效法他的前辈王守仁，同样以儒学宗师的身份率军出征，进入这片偶像曾经创下不朽功业的土地，击败境内的清军，建立属于自己的功勋。

黄道周与王守仁确实有许多的相同点，比如说都是受人尊崇的学术名家，都富有强烈的责任感，以国事为重不存些许私心。然而可惜的是，黄道周并非王守仁。

在当时，明清双方激烈争夺的重点就是江西。对于南明方面来说，如果江西用兵可以取得胜利，那么南方的危险局势就可以得到缓解。而之后，明军通过江西就可西连湖南何腾蛟部，东接福建郑芝龙部，南靠广东的根据地，就近指挥各路兵马进行北伐，一举收复南京。

因此当年八月，兵部右侍郎兼右副都御史，总督江西、湖广诸军的万元吉就曾上疏隆武，请皇帝陛下移跸赣州。万大人在疏中明确地表示："赣（指赣州）居上游，豫（豫章即南昌）不能仰面而攻，且左为楚，右为闽、浙，背为东粤，足以控制三面，宜驻跸。"

隆武在得到这份奏疏后也做出了积极回应。隆武于十二月十六日离开了福州，二十六日到达建宁，开始为向西转移做准备。

面对朱聿键的积极行动和隆武朝廷一系列的战略部署，清朝方面也看得很清楚。时任清朝江西提督的金声桓在分析了当时的形势后，也给清廷写了封奏疏，并表达了自己的担忧：

> 以臣今日细观福建（指隆武朝廷）陈兵之势，俨然一常山之蛇，以浙东为首，江西为腹，湖南、广西、云贵为尾。敌畏江南满州，故宿重兵于浙东以拒钱塘之渡（鲁监国政权的兵），乘臣江西兵力之单弱，意欲夺路而出，以震动江宁；何腾蛟拥重兵从上游而动武昌，满州有数，东南半壁岂不一鼓而复乎？臣计南赣、建昌、广信之贼虽号有三十余万之众，若得满州二万从江西来，合臣兵二万，臣效前驱，立可翦灭无余，随由南赣直捣闽广，凭腰胁之间铲为两断，敌人首尾不能相顾，钱塘可一苇而渡矣。然后合力平定云贵，一统之业岂不易易哉！

这么一大段话，其实简单说来用三个句子就能概括。第一句是，隆武方面很嚣张，想要在江西消灭我部后，进取江宁（南京）。第二句是如果隆武的计划成功实施，再加上何腾蛟部的支持，东南的半壁江山就要被收复了。而最后一句才是重点，但是倘若上面能够同意派两万满洲铁骑来助我一臂之力，我不仅能保证铲除江西境内的所有抗清势力，还能一举灭掉隆武、鲁王，平定云贵，完成统一的事业。

此后的事实证明，金提督还真是有两把刷子的，虽然他的那个担保并没有完全实现，但他至少说中了两点。

既然双方都认识到了江西在战略上的重要地位，那就甭多说了，开始玩命抢吧。

但是此时黄大学士看起来却并不太着急。

抵达广信（今上饶）后，黄道周并没有急于进军，而是一进入广信就马上一头扎进了当地的学堂，召集齐当地的父老儒生，开坛讲学，并借机募捐。



在黄大人的努力下，明军又筹到了三个月的兵粮。

有人认为，正是因为黄道周的这一举措的失当，使得清军得以抢先一步，占领了黄道周原拟占为大本营的徽州，并进而导致了入赣明军之后的一连串失败。

也许事情真的是这样没错，但是，个人认为黄道周所做的一切，确实是不得已之举。

俗话说，竖起招兵旗，自有吃粮人。可是，事实上养兵要比招兵难上许多。

明代士兵的福利还是比较不错的，战胜了有奖金拿，战死了有抚恤金拿，且每次大战之前，明军将领都要拿出可观的报酬来激励士气，因此黄道周先前手里的那一万多两银子很快就用得差不多了。这还不算，黄道周手下的这支部队，严重缺乏资金的情况还集中体现在部队的武器装备上。

在后来与黄道周部交战的清军将领看来，这支明军装配的最具有杀伤力的武器不过只有两样：锄头和扁担。所以黄道周部在清朝人编写的史书中也就有了一个专有的代称“扁担兵”。而且这些扁担兵还都是步兵，因为黄道周军中总共也只有不到十四马（还并非全是战马）。凭借这样拙劣的装备和缺乏整体训练的军队与久经沙场拥有快马长刀的清军交战，其结果不用说也能预测出来。

作为隆武朝廷中地位最高的人物之一的黄道周，他手下的部队竟是在使用如此低调的武器。这个消息一传开，清军各部的士气一时大振。

几天之后，黄道周认为全军经过休整，已经准备妥当，便下达了出征的命令。入赣明军分兵三路，一路向西攻抚州，另外两路北上分别攻打婺源和休宁。主动向境内的清兵发起了进攻。

十月十六日，督师黄道周派遣部下统兵三千人与抚臣徐世荫会于开化马金岭，初战得胜，收复了德兴。

十月二十日，黄道周遣兵攻婺源，不克。参将李忠远、王嘉封，游击朱家策被清军俘获后处死。

十一月初二，督师黄道周攻打休宁失败，不得已率师退至高堰。由于进攻休宁失利，总兵程嗣圣，参将应士克、游击程金、都司李王达、监军同知戴邦谟等明军将领均在此役中阵亡。

十二日，督师黄道周再攻休宁，不克而还。总兵李莞先、吴扬烈，同知应士龙，游击徐大用、苏良弼，俱被清军将领张天禄擒杀。

十六日，黄道周三攻休宁，第三次受挫。在这一仗中，总兵黄家贞、李映、陈雄飞、应天祥等俱阵殁。在这些将领之中，黄家贞是黄道周的亲侄子，而陈雄飞则是黄道周部战斗力最强的先锋。这两个人的阵亡，无疑证明了一点，黄道周确实是尽了全力的。顺便说一句，当时黄道周所面对的对手并不是真正的满洲八旗兵，而是主要以汉八旗为主的清军，多次与黄道周部对阵的清军将领张天禄一年前的身份还是弘光朝督师大学士史可法麾下的一员默默无闻的总兵。

屡败屡战，但结果又是屡战屡败。此时的黄道周部，因为连续作战，士兵的伤亡很大，再加之粮饷早已供应不继，全军的士气已然瓦解。换句话说，这个时候的黄道周部实际上已经没有了战斗力，别说是清军来袭，就算是突然杀出一帮土匪路霸都能轻而易举地将这支部队彻底击溃。

黄道周本人对于这一点也是十分清楚的。于是他上书隆武，请求降罪并要求引咎辞职，回乡养老。把剩余的部队交给其他将领管理，继续进行未竟的北伐事业。

接到了黄道周的这封奏疏后，隆武并没有同意这位老臣退休的请求，反而是好言安慰黄道周，鼓励他继续休整军队，以备再战。

隆武之所以这么说，这么有自信，那是因为他已经在积极地与在湖广的何腾蛟部进行联络，并做好了相机克复南京的准备。

婺源的一路首先战败了，随后休宁、抚州的两路也被清军击败，这么一来，连广信能不能守住也得打上一个大大的问号。仗打成这样，皇帝陛下不加责罚也就罢了，反倒是对黄督师进行抚慰。因此在得到隆武的答复之后，黄道周整个人感受到的都是无比的温暖。

士为知己者死！此时感激涕零的黄道周更加坚定了为报答国家和皇帝而不惜一切的决心。

然而事已至此，如何才能重振士气，坚守已有区域并进一步扩大战果，这才是黄道周无时不在思考的问题。

就在黄老师日夜思考如何解决这一难题的时候，一个学生给他带来了一个绝好的消息。

黄道周的这位学生正是清廷委任的婺源县县令。他派人捎来一信表示：得知恩师率军前来，愿意弃暗投明并当充当内应，共御清军。

军中的将领纷纷劝说黄道周要保持慎重，不要轻信此事。再者说了，你的黄老师到江西也不是这两天的事，都待了个把月了，早不降晚不降，偏偏这个时候派人投诚，该不会是有诈吧！

但是此时的黄道周却有着他自己的看法。首先，黄大人认为现在援兵不至，粮饷不济，士气不振，再这么下去，没有人能够保证这支军队是否还能坚持下去。其次，此时在徽州起兵抗清的金声与江天一已经中计被俘，黄道周部也就丧失了军事上的声援，成为一支名副其实的孤军。第三，黄老师对自己教出来的学生还是相当有信心的。所以最后，黄道周召集了诸将说出了自己的决定：与其坐而待毙，不如倾巢而出做一决战，不能让清兵笑我中国无人！

不管归降是真是假，我们必须再打一次婺源。

十二月六日，黄道周亲率部队向婺源进发。与此同时，婺源县城附近已经有一支清军磨好了他们雪亮的马刀。

没错，那位当县令的学生确实出卖了他的老师，并利用老师对自己的信任，将黄道周引向了那个早已设好的圈套。

无耻的人，在读过书后，往往会变得更加无耻。

当明军走到距婺源已不太远的童家坊时，黄道周接到了探马的报告，说前面的乐平已经陷落了，而清军的下一个目标就该轮到广信了。此时随同黄道周一起出征的广信籍的士兵们向黄督师提出了要求：请允许我们回去保卫家乡。

前方是否安全还尚未可知，而在没有援军的情况下，广信的陷落也不过是时间早晚的问题。此时如果分兵前进，那是兵家大忌。

然而此时的黄道周却出人意料地同意了广信籍士兵的请求，自己只带着数位门人所部明军和从乐平、德兴两县挑选出的乡勇千余人，继续前进。

二十四日，黄道周一行抵达明堂里。这是一座地势险要的山谷，山谷那边就是明军此行的目的地——婺源县。

随着黄道周一声令下，仅剩千余人的明军深入了山谷之中。当最后一名明军士兵小心翼翼地步入谷口时，两边山崖上的喊杀声也同时响起。埋伏已久的清兵迅速封锁了山谷的出入口，并向谷中的明军展开了激烈的攻击。

当得知中了埋伏，明军参将高万容立刻甩下了众多战友与上级领导黄道周，率兵往山上逃去。高万容这一跑路，又加剧了明军的混乱。终于，黄道周所部在中伏、逃跑、慌乱的共同作用下走向了最后的结局——全军崩溃。

混乱之中，黄道周把招征印等重要物品交给了自己身边的中书陈骏，并命他的亲兵护送陈骏突围逃回福建。黄道周自己则坚持留下来继续督战。此时黄道周的手下仅剩三百人，战马十匹。

即便已经身陷重围，即便已经看不到一丝得生的希望，黄道周仍义无反顾地坚持着，督率着为数不多的士兵奋起冲杀。黄道周身边的士兵也全部为督师大人的精神深深感动，因此直至战到兵尽矢穷，也没有人主动缴械投降。

这三百名士兵，他们中的大多数都是当场战死的。我再说一遍，他们之中直到最后一刻也没有一个人投降。

黄道周在被俘之前，曾想到自刎，然而他身边的兵部主事赵士超拦住了他："这里离南京不远，不如等一下死在太祖高皇帝身旁！"因此黄道周被清军士兵俘获，并继而被押入了婺源县城的大牢看管。

这是一场在军事史上没有留下任何影响的战斗，但却是一场值得后人铭记的战斗。在这场战斗中，虽然有杀戮，有恐慌，有崩溃，有叛逃，但我们同样能看到无畏、不屈、信念与坚持。

虽然后来《明史》的编撰者对于整场战役的记述只有短短的十九个字："由广信出衢州，十二月进至婺源，遇大清兵，战败。"但是我却从中看到了许多许多。

黄道周不知道的是，他的最后一战虽然输得彻底，却并不丢人。因为这次被派来执行任务的清军即使不是真正的满洲兵，却是隶属于洪承畴的队伍。

没错，这支部队正是以前号称大明最为精锐的部队之一，降清之前被称为"洪兵"。

一方是没有受过任何正规军事训练的乌合之众，一方是身经百战、曾横扫西北民军的百战雄师，所以即便是不打埋伏，洪承畴也是稳赢的。

就这样，隆武朝首席大学士、督师黄道周落到了清朝徽州守将张天禄的手里。

据说在从士兵口中得到了生擒黄道周的消息后，张天禄激动不已，如获至宝。因为他很清楚，擒获这样一位以忠义闻名于天下的名儒，要比攻下数十座城池更来劲。当然，也更能博得清廷与洪承畴的欢心。

于是，在兴奋之余，张天禄决定先见一见这位闻名遐迩的黄道周。

如果运气好，能够顺利劝老爷子投降当然是再好不过的了。

凭张天禄的口才想要说服黄道周，基本是不可完成的任务。在几番进牢探望后，果然不出所料，张天禄不是被骂出来的，就是在黄道周鄙视的沉默中自己走出来的。

张天禄还算识趣，知道自己这辈子也别想搞定黄先生了。于是便在几个月后派人将黄道周送往当时清廷平定南方的总指挥部南京，并将他交给了当时的南方事务总指挥、招抚江南各省总督军务大学士洪承畴。

张天禄本人则因为生获黄道周的功劳被加封都督同知，授徽宁池太总兵官。

隆武二年（1646）二月初二，黄道周被客客气气送到了南京。在这里他将完成自己最后的使命。

虽然常年带兵在外打打杀杀，每天考虑的不是去哪砍人就是怎样更高效地砍人，然而从根儿上讲，洪承畴还是一个地道的读书人，读四书五经的日子显然要比读兵法的日子多得多。因此对于黄道周这种当代学术大师级的人物，洪先生还是相当推崇的。

姑且不论其道德水准，洪承畴是当时为数较少的杰出的军事家、政治家，至少我是这样认为的。

在黄大学士被送到南京之时，洪承畴并没有像豪格、张天禄那些外行一样，马上跑过去劝降。因为洪承畴很清楚，那样做的结果有且只有一个：被狗血淋头地骂出来。

作为有着丰富的劝降经验与被劝降体验的内行人，洪大人是绝不会触这个霉头的。

所以黄道周一来到南京，并没有见到洪承畴，而是直接被送到了南京的大牢里居住。

所谓狱中生活，只要想一想就会不寒而栗，特别是作为敌军的俘虏，被囚禁的那段日子一般是要多凄惨就会有多凄惨。于是每当我们看到以革命战争年代为题材背景的影视作品时，我们往往会为那些面对酷刑但却永不屈服的革命义士的勇敢表现而深感敬佩。

可是黄道周的这段经历却是相当特殊的。不但没有老虎凳、辣椒水，就连牢狱中被犯人们视为家常便饭的打板子、掌嘴都没有用在黄大人的身上。黄道周的监狱生活只能用两个字形容：滋润。

在黄道周看来，他的狱中生活似乎和平时也没有什么两样。监狱中依旧有纸笔供应，可以继续著书立说。由于同他本人一起被俘的，除了兵部主事赵士超还有通判毛志洁，中书蔡雍、赖继谨，武官游击朱家弟等人，其中数位都是他的弟子，因此在一同被关押的期间，黄老师还经常跟学生们讲古论今，研习学术问题。更为难得的是，狱中的黄先生竟能保持一颗平常心，在牢中吟咏如故，接连创作了诗歌作品三百多首，并为后人广为传唱。

听说儒学泰斗、学术大师石斋先生（当时读书人对黄道周的敬称）现在身在南京，于是每天慕名前来探望黄道周的人渐渐多了起来，有的是就学术问题来求教的，有的则是听说黄老书风雄健奔放，写得一手好书法，且预料到黄圣人来日无多，大老远来探监求字的。

实事求是地讲，求字的那拨人确实是一群非常聪明的人。因为黄道周的确是明末首屈一指的大书法家，与他同期上榜的老同学倪云璐、王铎并称为晚明三大家。他又被视为明代最有创造性的书法家之一。清初的著名诗人、书画家、文物收藏家和鉴赏家宋荦就曾评价说："石斋先生楷法尤精，所谓意气密丽，如飞鸿舞鹤，令人叫绝。"

当时，倪云璐已经在李自成攻陷京师时自缢而死，王铎则投降了清廷，在北京担当礼部尚书，前两位的真迹已经是一没希望拿，二没机会拿。可是现在三个人之中写得最好、名气最大的黄道周却近在眼前，所以大家一致认为即便是要多花点钱（进去探监是要花钱的），也要把黄圣人的手书弄到手！

于是每日前来求字的人络绎不绝，得到了的就拿回家当成宝贝收藏起来，以便作为传家之宝，当然，平时也可以拿出来向朋友邻居显摆显摆。

因而黄道周来到南京还没半个月，南京的监狱便成为当地最受各个阶层百姓欢迎的长知识、学文化的好去处。

而对于这些热情的来访者（或者说是探监者），黄老师也是来者不拒，真正做到了有求必应，有问必答。一时间，广大南京城乃至附近地区的学子也不按时上学了，而是每天定时定点地往监狱跑，听黄老师给大家上课。黄老师传道授业解惑的教师的本能也被大家再次激发了出来，大有在狱中开设讲堂的意思。

在敌人的监狱里当囚犯，还能如此惊世骇俗，可见黄圣人对时人的影响力还真不是吹出来的。

但是南京城监狱过于火爆的气氛也引起了清廷的不安。清廷之所以对黄道周如此客气，本来是为体现对这位一代儒林宗师的身份的敬重，并借机拉拢士林阶层，当然更重要的还是为了感化老黄，进而达到劝降的用心。然而现在却事与愿违，许多热血的青年知识分子在听过黄老师的爱国主义教育课后，已经开始对清廷表现出了极大不满，更有人打算实际行动起来，积极开展力所能及的抗清活动，甚至还有人收拾好了包袱，准备暗中入闽，投奔隆武朝廷。

本想挖隆武的墙脚，结果却被隆武的人挖了墙脚。清廷官员得知此事后相当气愤：不能再让老黄接见青年学生了，知道了没？

因此南京的相关部门很快采取了行动，意图压制这一不正常的现象。他们将黄道周进行了转移，押往了新的关押地点——原南京宫城内的尚膳监，实行重点隔离。

对于黄道周进入南京城后造成的一系列"恶劣"影响，洪承畴至少是要负些领导责任的。因此，在对黄道周进行了一段时间的冷处理之后，洪承畴决定亲自出马说服黄老先生效忠清朝。

洪承畴是福建泉州府南安县人，出身于当地名门，是望族后裔。黄道周的情况前文介绍过，是福建漳浦铜山人，黄家同样是那里的大家族之一。泉州与漳浦两地虽然不算近，但也不太远。于是，洪老乡要会会这位黄老乡。

这边洪承畴亲自出马，那边黄道周却是装聋作哑。面对这个以前不知见过多少面的老同事，黄先生看上去好像根本不认识这位同乡的老朋友。当洪承畴进来看望自己并自报身份之后，黄道周同志连脸都懒得抬："洪承畴？他早就在松山战死了。先帝特意赐祭九坛，带领百官亲自哭临，普天之下谁人不知，谁人不晓？哪里还会有个活的？你这个无耻小人，不要冒充大明英烈！"

黄道周一番话下来，说得洪承畴是没有一点脾气。因此，洪承畴的第一次劝降行动在尚未切入主题的时候，就已然宣告失败了。

不要灰心嘛，洪承畴，毕竟时间是有的，机会也多得是。只要我肯坚持，就像先帝（皇太极）当初对待我的情况一样，相信黄道周一定也会被我打动的！洪承畴始终坚信这一点。

在初次出击失利的情况下，洪承畴改变了策略，决定先把黄先生请出牢房吃顿饭。

洪先生的饭一般人是不敢吃的。当年作为西北民军三大首领之一的王左桂投降之后，洪承畴就曾很诚挚地邀请他前来吃饭。然而主人洪承畴还没到场宣布开席，客人王左桂也还没来得及动筷子，就有一帮人冲了出来，当场把高高兴兴赶来就餐的王头领给剁成肉馅了。

真是名副其实的"洪门宴"。

这一次请客，黄道周是如约出席了，但洪先生同样没有到场。

不过还好，这回并非是鸿门宴。洪承畴本人虽然始终没有到场，却派了许多手下人前来劝酒，当然也顺便劝降。而这些手下人中的大部分是旧日崇祯朝时期，黄道周的老同事、旧相识。

当下面的人献上了好酒好茶，摆满了各种珍馐美味后，劝酒的官员首先代表洪大人表达了他的无比敬意，接着面带微笑地轻声说道："请黄相国用清茶一杯。"

不知何故，刚才还和颜悦色的黄道周突然发了火，当即掷杯于地，在众人面前当场痛斥洪承畴背恩卖国的无耻行为，并表达了自己对此种行为的无限鄙视。

黄道周这样一开骂，本来打算开餐的大小官员们也没得吃了，只好眼睁睁地看着黄道周怒骂一番后，扬长而去。

洪承畴听说此事之后，并没有暴跳如雷，反而派人到黄道周那里赔罪道歉。

出乎来人预料的是，在替洪大人道完歉将要返回时，黄道周居然把他拦住了。

"我这里有一份礼物，劳烦你替我转赠给洪承畴。"

当那位官员真的从黄道周手里接过礼物时，才敢相信自己的耳朵没有出现问题，且现在也不是在做梦。

素来以倔强耿直闻名于世的黄道周，竟然主动把礼物赠送给他眼中的叛徒、卖国贼，真是见到奇迹了。

得知黄圣人竟然有礼物赠送给自己时，洪承畴热泪盈眶了。此时壮怀激烈的洪大人只想仰天长啸：我的努力终于没有白费啊！

只有想不到的，没有做不到的。历史似乎是想再次告诉我们这一点。

但似乎是，其实不是。不过这个礼物确实是洪承畴想不到的。

黄道周送给洪大人的这份礼物具体说来是一副对联。虽然黄先生的书法作品日后势必会有极大的增值潜力，然而这副对联，相信洪承畴是绝对不敢拿出来往外面挂的。因为上联是："史笔流芳，虽未成功终可法。"下联与此相对应："洪恩浩荡，不能报国反成仇。"

乍看之下，这是一个很工整的对子，实际上却暗藏玄机。不知各位朋友看出来了没有？

先看上联。这一句表面上的意思是：在历代史家的笔下，忠臣义士的行动即便是没有成功，也足以流芳万古，并激励后人效法。是在称赞古代的那些失败的英雄烈士。而下联则是在批评失节降敌的叛变者们：虽然面对浩荡皇恩，但某些人却不能回报祖国，反而成了国家的敌人，当了汉奸。这副对联充分体现了作者对忠臣义士的赞扬和对背国叛臣的蔑视，并暗示了作者自身为国捐躯的大无畏的牺牲精神。

其实，这副对联另有玄机，绝妙之处在于上下两联互呈对比，并各自分别暗含了一个人的名字：史可法和洪承畴。

事情到此，黄道周送上这份礼物的动机已经再明显不过了：将被俘后忠贞不屈，最终杀身成仁、壮烈殉国的史可法与同样被俘却不孚众望、为虎作伥、反攻祖国的洪承畴进行对比，以达到羞辱洪承畴的目的。

对于这一动机，大家都是很认同的。但是每当我读到此处时，都不禁会思考这样的一个问题：黄道周和洪承畴都是聪明人，难道黄道周大费心思地送上这么一份礼物，为的就仅仅是羞辱一下对方么？

黄道周送礼的真实目的真的如此单纯吗？这曾经是一个困扰了我很久的疑问。直到后来，在一次偶然翻阅到黄道周的作品集并顺便读了几首他当时在牢中所作的诗文时，我才豁然开朗。

羞辱洪承畴并不是黄道周的唯一目的。当时骂洪承畴的人着实不少，即便是再多骂上几句，洪大人也还是该吃吃，该喝喝，个人生活丝毫不会受到任何打扰。以黄大师的才智，应该更加清楚这一点。因此结合着他的诗文和此次行动，我们不难推测出黄道周的真正动机其实是求死。

事实上，洪承畴并不是一个很有耐心、肚量极大的人。相反，由于多年的战场厮杀，冷酷血腥的战争使得这个原来满口孔孟之道的读书人也变得心狠手辣了起来。疆场之上，你不杀他，他就要杀你，这是任何被卷入战争的人都不得不做出的选择。

战争让洪承畴在成为一代猛人、名人的同时，也让他的脾气日渐暴躁了起来。

就在黄道周到达南京的两个月前，黄道周起初出兵前往援助的徽州义军首领金声同他的门生江天一就是在南京的雨花台慷慨赴死的。当时清廷派出劝降的人正是洪承畴。

当金声兵败被俘后被押到南京时，洪承畴奉命前去劝他归降。没想到，金声极为不给面子，一见到洪大人就怒目而视，紧接着就来了一句："这世间上怎么可能会有深受国恩却像你一样投降的人！"一下子就把洪承畴到达嘴边的说辞给活生生地憋了回去。

既然师傅不好搞定，洪先生就想先从徒弟那儿下手。然而，江天一用来拒绝劝降的招数更有水平。江天一先是朗诵了一遍当年崇祯亲自撰稿为祭奠洪承畴而写的祭文，然后无论洪承畴怎么说，说什么，江天一开口闭口都是在称颂战败殉国的洪承畴。总之，一句话，我要学习洪亨九先生（洪承畴字亨九）的事迹为国捐躯。

当时的洪承畴初次遇到此招，还没有经验，所以看到眼前这位年轻人如此佩服自己，真的就把江天一看成不明真相的乡下人，马上就抢着说道：本人便是洪承畴。

我呸！

洪承畴擦了擦脸上的口水，只听到一个激昂的声音："谁不知道洪先生已经殉国了？先帝（崇祯）恸哭辍朝，赐祭九坛，封妻荫子，你竟敢假冒洪经略！"

据说洪承畴当时脸都变色了。但当他看到江天一脸上一瞬之间闪过的微笑时，聪明的洪承畴恍然大悟：让这个小子给耍了！他并非是无知，其实是在装傻，要的就是看老夫的笑话！

洪承畴彻底愤怒了，出来混了这么多年，这还是第一次被人玩得这么彻底，丢了这么大的人。所以此时此刻，洪承畴的杀心已定。

洪承畴打算除掉金声师徒。在此之前，他不能不先犹豫一下。豫亲王多铎十分看重金声，认为这个金声是个好同志，应该争取过来为大清所用。为此多铎向洪承畴暗示让金声出家为僧，以便暂时保住金声的性命。

不过洪承畴却是一个只要下定了决心就要排除万难把事办成的人，他上疏称金声"火性未除"，劝谏清廷除掉金声等人，以绝后患。多尔衮觉得洪大人说得有理，便同意了洪承畴的处理意见。在洪承畴的不懈努力下，十二月五日，金声、江天一与金声的弟弟金经、总兵范云龙一同遇害于南京。

因此我们不难看出，洪承畴不仅要面子，而且还有仇必报，斩草除根。

黄道周跟洪承畴同朝共事多年，对洪大人这一性格特征应该也是很了解的。他故意送上那份一定能刺激到洪承畴那根敏感神经的对联，想要激怒洪承畴，以求一死，一如对联上的史可法那样，留得忠名在人间！

然而洪承畴对于这位黄大人似乎异常地有耐心，甚至他的容忍度已经远远超过了清廷。

在黄道周被俘并押往南京囚禁的一个多月后，得知洪承畴没能成功劝降黄道周且南京城内已有人受到黄道周的怂恿前去参加抗清运动等情况时，清廷方面首先等不住了。摄政王多尔衮亲自下令给洪承畴，要求相关部门尽快在南京处决黄道周等人，以免夜长梦多，造成大乱。

可是，令人意想不到的事却在此时发生了。

收到多尔衮的指令后，平日一向老实听话、办事积极的洪承畴竟然没有马上奉命动手，反而赶忙写就奏折一封，派人快马送到了北京。

洪承畴在给顺治（事实上是写给多尔衮看的）的上疏中，言辞十分恳切地请求清廷免黄道周一死。

> 道周清节夙学，负有重望，今罪在不赦，而臣察江南人情，无不怜悯痛惜道周者。伏望皇上赦其重罪，待以不死。

洪大人的部属们在得知洪承畴为黄道周请命的消息后，无一例外地都感到十分吃惊。跟着洪大人混了这么些个年头，大家当然深知洪承畴的脾气秉性。对于黄道周这种从不给面子还三番四次当众羞辱洪大人的人，依照洪承畴的性格一定是恨不得将黄道周好好折磨一阵，再一刀刀剐掉，最后再剉骨扬灰，方可消心头之恨的。

但现在洪承畴不但没有这样做，反而极力反对这样做，这也太奇怪了！

在我看来，或许是因为二人有着相似的人生际遇，才使得洪承畴对黄道周有着特殊的态度。同样是出身世家大族却家道中落，家境贫寒；同样是自幼艰辛却年少聪慧，抱负不凡。青年时，同样学习用功，博览群书，最终赴京赶考，一举高中；中年时，同样四处奔走，殚精竭虑，一心想要通过自己的努力，挽狂澜于既倒扶大厦之将倾；到后来却同样是因为举措失当，功败垂成，被自己的敌人俘虏，且即将面临生与死的抉择。

从这时的黄道周的身上，洪承畴似乎总能看到自己过去的影子，而黄道周的言行也不时让洪承畴不自觉地思索起四年前的那次选择。

我那样做真的是正确的吗？如果我没有投降的话，天下是否还会是今天这样的情况？正是黄道周，使得洪承畴先生第一次对自己当时做出的决定产生了犹豫与怀疑。

因此，洪承畴在内心下了一个决定，他要给与他有相似经历的黄道周以充足的时间，来观察此人最后做出的选择，给自己的心做一个交代。

你是会像史可法一样以身殉国，还是会像我一样最终选择存活，让我看一看吧，黄道周！

事实上，黄道周确实没有让洪承畴失望。自从给洪承畴送去了那副对联后，黄道周就开始拒绝一切形式的饮食，而且还拒绝见任何人，不说一句话。

这可把负责看管黄道周的官员吓坏了。真要让黄道周把自己给饿死了，这口大黑锅是无论如何也背不起的！

于是，这位官员马上找到洪承畴，向他详细汇报了黄道周绝食的情况。不料洪承畴听后却没有丝毫紧张，只是笑了笑："随他怎样吧。"

因为黄道周现在所做的一切，洪承畴早在四年前同样做到了。

绝食，又能有什么用呢？但既然你已经如此做了，那就让我见识一下你到底能坚持多久！

日子一天天过去，黄道周一如既往地绝食，看守们一如既往地着急，洪承畴一如既往地等待。

黄道周绝食后的第十二日，一封书信被送到了狱中的黄道周手上。写信的是黄夫人蔡氏。

黄道周用颤抖的双手打开信，读了起来。读完后，他笑了。

一般妻子写给丈夫的信，其内容大多是你要注意身体、多加餐饭之类的话，然而，这封信却不属于这一类。

作为黄圣人的妻子，蔡氏是一位与众不同的女性。几个月前得知黄道周募众数千人出关与清军作战的消息时，尚在老家的家人们就听到了黄夫人的一声长叹："哪有将在内相在外而能成大事的？道周死得其所了！"

当时大家对黄道周组织的这次北伐很有信心，因此很少人将黄夫人这句带有预言性质的话放在心上。

作为和黄道周共同生活了几十年的人，蔡氏很清楚，黄道周的长处绝不在用兵方面。事情也确实正如黄夫人所料，黄道周军在江西的作战并不十分顺利，于是这位女性又做出了一个惊人的决定，随夫出征。

在召集了一些自愿支援前线的妇女后，一同前往作战，然后，战败。

清军只是囚禁了黄道周，但是并没有为难黄夫人，蔡氏很快就被放了出来。再后来，在外面的黄夫人听说狱内的黄道周开始绝食了，便托人给牢中的丈夫捎去了这封信。

对于蔡氏要给黄道周写信的事，洪承畴是非常支持的，并且极其热心地开了绿灯。因为在洪承畴看来，黄道周的家里人说上一句，要比外人说上一万句管用得多。

但是，洪承畴没有想到的是，那并非是一封劝人屈服的信。

有幸的是，史书很清楚地将这封名垂千古的信的内容忠实记录了下来：忠臣有国无家，勿内顾。

信上仅有这九个字而已，别无其他。

照你想做的那样去做吧！不要顾念家里！

这是一个无比坚强、深明大义的伟大女性说给自己丈夫的最后的话语。

洪承畴的上疏不久也有了答复，简短而坚决：尽快处决！

多尔衮最为忧虑的就是"江南人情"，且最怕的就是这位黄大学士"负有重望"这一点。所以事情此时已经没得商量了，是死命令，处决黄道周。

隆武二年（1646）三月五日，洪承畴奉命对老乡黄道周执行死刑。

临刑前，黄道周心情平静，从容地盥洗更衣，然后突然张口提出了最后的要求：取我纸墨来。

看守以为黄道周要留下遗言给家里人，于是马上将笔墨交给了黄道周。只见黄道周接过纸笔，悠闲地作起画来，没有多久的工夫，一幅长松怪石图就呈现在画纸之上。

接着只听见黄道周说："诸位照顾老夫如此长的时间，这幅画作就权且当作的答礼吧！"

说完，他将这幅画赠予看守，在清兵的簇拥下向刑场走去。

而接过黄圣人遗作的看守们已经哽咽地说不出话来。

他们默默地注视着那个渐行渐远的蹒跚的身影，直到它永远消失在自己的视野内。

## 归宿

黄道周走出牢房没有几步便停了下来，因为此时他看到了人群之中前来为自己送行的老仆人。这个时候，老仆已经泪流满面。黄道周笑了笑，走过去安慰他："我这是为正义而死，是为君父而死，你就不要哀伤了！"

随后，黄道周托老仆将遗言转告家人："蹈仁不死，履险若夷；有陨自天，舍命不渝。"

通往刑场的路要经由东华门，然而行至东华门，黄道周却说什么也不肯再走了。因为黄道周很清楚，孝陵（朱元璋陵墓）就在此门附近，于是他向南方拜了两拜，随即撕裂衣服，咬破手指，当场写下血书留给家人。又见到一块写有"福建"

字样的门牌，就走到牌下，指着“福建”两字说：“我的国君在那里，我的亲朋在那里，而我可以在此瞑目了。”

监刑官在通报洪承畴并得到批准后，下达了在门牌下施刑的命令。

临刑前唯大呼一语：“天下岂有畏死黄道周哉？”

引颈，受戮。

其门人蔡春落、赖继谨、赵士超和毛玉洁亦于同日被杀，时称“黄门四君子”。

死后，人们看到了他在衣服上写下的血书：“纲常万古，节义千秋；天地知我，家人无忧。”以及最后的落款“大明孤臣黄道周”七个大字。



洪承畴，你看到了吧！这便是我的觉悟。

据说，老先生相当精通天文历算，著有《易象正》《三易洞玑》《太函经》等天文著作，而他平时最喜欢读的书就是《周易》，且已达到了可以为自己和他人推算个人命数的程度。几个月后，其家人在整理其手稿时，竟发现他早已预言自己将死于丙戌年，而事实上也正是如此。

对于这一传说，本人虽然不大相信，但从这个传说里不难看出，老百姓还是非常之喜爱这个倔强的黄老先生的。

因为只有受到百姓真心喜爱的人，人们才往往愿意往他身上加上无数看似神奇的不可思议的传说。而且，也只有人民，才能最精准地评价一个人的是非功过。

实话实说，我始终并不太喜欢黄道周这个人。因为如果不是他的搅局，崇祯真能暂时和清朝方面休战讲和，并全心全意对付关内民军，以后的历史可能还得两说呢。

即便我并不喜欢他，但并不妨碍我敬佩他，因为他确实是一个值得人们敬佩的人。

他一心北伐，蹈死不顾；以身殉国，义无反顾。

他身无长物，却能振臂一呼，招募义兵近万人；他手无寸铁，却能毅然出关，联合义师，北上抗清。

虽然他为人迂执，不达权变，不懂变通，不能灵活处理事务，以致隆武朝内文武分歧越拉越大，自己不得已被迫出走。

虽然他纸上谈兵，缺乏军事才能，率军进入江西境内后一度指挥失当，未能统一调度，使得清军得以对各路明军分割包围，各个击破。

虽然他也曾很傻很天真，自入赣之日起便一再给敌人写信，意图策反清军的江西提督金声桓。

虽然他刚愎自用，轻视部下，听不进不同的建议献策，不知后生可畏（关于这件事，我们后面会详细说到）。

虽然他高傲自负，完全相信自己的学生，将数千明军与他自己最终引入了不可挽回的陷阱绝境。

如此看来，他本很难与圣人、完人的评价相符，但这依旧是一个伟大的黄道周，一个完美的黄道周，一个真实的黄道周。

或许，也正是黄道周身上的这种种不完美的缺陷，才造就了人们心目中那个近乎完美的人。

他是起于蛮荒烟瘴之地的贫寒学子，名震福建的闽海才子，著书讲学的年轻老师，怒视权监的小小编修，指斥国事与国君当廷辩论的少詹事，充军广西的失落之人；他同样也是那个名重天下的儒林宗师，被束之高阁的礼部尚书，被武将排挤的内阁阁臣，孤军深入的督师大学士，永不妥协的大明孤臣。

今时今日，他所说的一切，他所践行的一切，都正如他刚刚率军入赣后给隆武的那封奏疏里说的一样：

> 陛下不屑为昭烈，臣亦不屑为孔明；陛下不屑为宋高宗，臣亦不屑为李伯纪（宋代抗金名将李纲）。
>
> 独恃一片肝肠，为高皇列宗与天下黎献共对白日耳！
>
> 钦命直省招征事宜，联络恢复两京，少保兼太子太师，吏部尚书兼兵部尚书，武英殿大学士，臣黄道周泣血上表。

北伐大业，我虽然没能完成，然而，当初的诺言我今日已然遵守。

一个月之后，在得到黄道周殉难的消息，隆武非常痛惜，当即下旨追赠黄道周为文明伯，谥曰忠烈。

谥法之中，危身奉上曰忠，有功安民曰烈，秉德遵业曰烈。

黄道周，忠烈二字，当之无愧！

# 第五章　没有名将？！

黄道周被俘之后，明清双方在江西僵持的局势也发生了大逆转。依据金声桓的要求，清军南方工作的总管洪承畴抽调了柯永盛、高进库等部赴江西协同金声桓部作战。三月二十四日，金声桓等部攻克吉安，并先后攻陷了其他较为重要的军事据点。南明军队被迫收缩战线，坚守赣州、南安两地。

吉安位于江西中部，不仅交通便利，而且易守难攻。所以已经拿下吉安这块硬骨头的清军各部，士气更加振奋，随即在江西提督金声桓和总兵柯永盛的带领下，合兵一处向赣南的最后一个重要城市赣州推进。

由于黄道周全军覆没，此时南明方面的江西各军总指挥是刚刚由兵部右侍郎升任兵部尚书的万元吉。

职位越高，责任自然也就越大。对于这个简单的道理，万部长还是很清楚的。因此万元吉计划在皂口据险扼守，暂时先延缓清军南下的脚步。

但是万大人更清楚，没有朝廷大部队的鼎力支持，赣州迟早也是要守不住的。于是在派兵固守的同时，万元吉向福建派出了使者。

当时江西的军事形势已然成为危局，只要有一点举措不当，就会满盘皆输。可是，这盘棋对于隆武而言，绝对是无论如何也输不起的。因为东连福建、西接湖南的赣南地区不仅是广东的屏障，也是隆武出师北伐计划中极为重要的一个关键点，其战略地位已经不能用重要一词来形容了。

而是应该说，赣南地区的得失不但紧要，而且要紧。

因此为了挽救危局，隆武方面立马派出了前江西巡抚李永茂（当时在家丁忧守孝）和新任巡抚刘广胤率兵驰援赣州，前往辅佐总督万元吉守御城池。

当时的武英殿大学士杨廷麟本来已经奉诏眼看将要进入福建了，但是隆武鉴于赣州局势日趋紧张，便又下了一道命令，将杨廷麟留在赣州“专办江楚事”，协助万元吉一同守城。

后来的事实证明，这是隆武在江西境内的远程指挥中下达的最为正确的指令。当然，只是相对其他命令来说的。

杨廷麟，字伯祥，江西清江人。崇祯四年进士，庶吉士。此人虽然在历史上并不出名，但就其能力而言，确实是隆武朝中比较少数的能干成事的实干派。

八年前，身为兵部职方主事的他曾在一个人的军中负责参赞军务，并受到了此人的多次表扬，夸他的这个人叫卢象昇。

两年前，刚刚被朝廷复职的他听说京师失陷，又主动散尽家财，募兵勤王。

一年前，当南京也被敌人攻破，而家乡江西诸郡惟有赣州尚存的时候，已经完全成为平民的他却联合了国子祭酒刘同升与巡抚李永茂共同招募民兵，保境安民。

隆武元年九月至次年年初，由这三个人带领的明军便以孤城赣州为基地，先后收复了泰和、万安、峡江及吉安府等军事要地，声名振于一时。

因此他又获得了隆武授予的兵部尚书兼东阁大学士的官衔和被赐予尚方宝剑的殊荣。

除了这些出彩的人生经历外，杨廷麟还有一个关系非常好的朋友——黄道周。

在得到清军进逼赣州的消息和皇帝陛下的指令之后，杨廷麟二话没说，立即率领士兵按原路折回赣州。虽然在当时的人们看来，赣州城已经是完全的必失之地，孤城一座，大家躲都来不及。但是，好不容易从那里出来的杨廷麟还是义无反顾地回去了。正如他的那位同样“不开窍”的朋友黄道周一样，明知不可为而为之。

由于是个明眼人都看得出赣州肯定是守不住的，因此原本应该据险坚守的明军士兵纷纷南逃。在明军南逃的同时，清军却乘势大举南下。

四月十四日，清军前锋抵达赣州城下。

清军由达到目标据点到发动针对目标据点的攻击，其间的时间是非常短的。所以一般情况下，守军往往会因为清军士兵如此快速的进军和攻击而率先乱了阵脚，并进而被一举击溃。

然而这次先攻赣州的清军却没能享受到这种待遇。这是因为杨廷麟此次带来的明军也并非是普通的明军。这支部队有一个响亮的称号：龙武新军。

事先说明，本人并没有打错字，这支部队确实是龙武新军，而并非是隆武新军。虽然它的确是在隆武年间才新近成立的一支部队，是名副其实的新军，但是就战斗力来说，却要远远强于一般的明军。

在明朝，但凡是能打的部队除去将领本身强悍这个原因外，往往都各有其强悍的秘诀。

有的是因为军中的福利待遇高，如戚继光的戚家军；有的是因为武器装备先进，如使用三眼神铳的关宁铁骑；有的是因为士兵之间有着特殊的关系，譬如父子兄弟、同乡同学，而这种军队的典型代表是卢象昇的天雄军；还有就是因为兵员的产出地比较特别，当地民风向来彪悍，如孙传庭的秦兵。龙武新军的战力之强，则是缘于其成员多为峒蛮。

所谓峒蛮，应该就是南方的一支少数民族。

这支部队在当年的正月，被亲赴赣南山区的杨廷麟招降后，便被统一编为四营，由他们的原任首领张安等人指挥，并一直留在杨廷麟的身边，直到来到了赣州城。

在龙武新军和由广西调来的土狼兵的联合攻击下，向来以勇猛善战而闻名的清军（江西境内的清军的主要成分还是汉族人）竟然全线溃退，被迫撤围逃走。赣州之围暂时得到了缓解。

杨廷麟、万元吉没有让皇帝陛下失望，同样隆武也没有让两位大臣失望。

在隆武的协调与督促下，各地明军火速增援了赣州城。短短一个多月内，御史陈荩与滇将赵印选、胡一清部的三千精兵，两广总督丁魁楚派的童以振、陈课部四千人，大学士苏观生遣发的广东兵三千人，湖广总督何腾蛟派出的总兵曹志建及所部兵二千名先后到达了赣州地区。加上原江西赣州守将吴之蕃、张国祚部和杨廷麟从雩都调来的张安四营，至八月间聚集在赣州（当时已由隆武帝赐名忠诚府，不过为方便叙述我们仍沿用旧称）城内外的明军兵马已创纪录地达到了四万之众。

当时参与包围赣州城的清军总兵力，各种史料的记载差别却很大。虽然我们不能明确此时的清军具体有多少人，但是据估计，至少是多于四万的。因为就在兵围赣州的同时，这部分清军还干了另外的一件事：分兵东围广信。

我们还有理由相信，此时赣州城下的清军应该不仅仅局限于汉人，而应该是包括满蒙八旗劲旅在内的强力部队。

赣州城是在四月被清军围困的，而在四月到八月期间城内守军和城外援军也不止一次谋求击破清军的包围。

五月十五，杨廷麟手下最能打的将领张安带领手下最善战的龙武新军在城东梅林与清军干了一仗，结果竟与之前大大不同。勇猛的新军在交锋后不久便很快战败，张安带领余部不得不退保雩都（今江西于都）。

之后，赣州巡抚刘广胤又带着自宁都招募的士兵两千人前来救援，但再次被围城清军击败。

虽然遭到包围，虽然援军不足、粮草缺乏，然而在杨廷麟、万元吉的带领下，赣州军民依旧据城英勇抗击清军一天可达数次的的猛烈进攻，即使“饿死载道”，始终是“人无叛志”。

时至八月，明清双方都已经感觉到，决定此战胜负的时候终于到了。

然而就是在这个关键时刻，督师万元吉却在军事问题上犯了一个错误。而关键时刻所犯下的错误，无论是大是小，都一定会是致命的。

万元吉之所以会犯这个错误，具体说来是过于执着谨慎，外加不够自信。当时各地救援赣州的明军纷纷到达，城内外的明军士气一时大振。按说趁此锐气方张之时，万大人倘若能率领城内守军出城并联合城外援军同清军决一雌雄，清军一时间肯定是扛不住的。而赣州之围也可以乘势得解。

当时城内许多明军高级将领就是这样的一种看法。

不过，万大人却认为这样做实在太过冒险。于是万元吉随即提出了自己对时局的看法：我们最好等下去。

在万元吉看来，明军的野战能力远远不及清军，但凭城坚守却是很有把握的。因此我军应该等待援军齐至，到那时再水陆并举，一举破围！这样才是稳妥的万全之策！

而万督师要等待这支部队正是由广东吏部主事龚棻、兵部主事黎遂球招抚的，拥有丰富水战经验的前“海寇”罗明受统率的水师。

万大人相信，在内外夹攻、水陆并进的情况下，明军不要说是解除包围，就算是重创清军也不是不可能。

既然要打，就要稳扎稳打。如此看来，万元吉还很有点当年出师伐魏的诸葛亮的作战风格。可是，看过《三国演义》的朋友都知道，孔明先生虽然几乎每次战役都取得了胜利，但他的每次北伐都输掉了战争。

万元吉和城内外的明军在等，然而围城的清军士兵们却很想早点攻下这座孤城，接着好好歇上两天。

八月二十三日，在千呼万唤之下，罗明受带着他的水师终于出现在江面上。城内的万元吉在得到这个消息后，也极为兴奋：扫平清军，只在明日！

但万大人所不知道的是，与此同时，就在城外的清军大营里，最为精锐的清军部队已经集结完毕。领头的金声桓也说了句很相似的话：击破罗军，就在今夜！

于是围城清军趁罗明受部长途跋涉，不曾防备，在夜间对停泊于章江上的明军水师发动了偷袭。罗明受以前的职业是海盗，缺乏与骑兵作战的经验，因此这次劫营清军毫无悬念地取得了全胜，明军带来的巨舟八十余艘全部被放火焚毁，船中所载火攻器械也随之付之一炬，罗明受仅带领一些残兵连夜逃回了广东。

次日清晨，败讯传来，万元吉的肠子都悔青了。城内外明军好不容易高昂起来的士气，也因为这次完败变得异常低落。城中守将龚棻、黎遂球等更是抚膺恸悼，追悔莫及。

八月二十八日，清军趁势冲破广营。二十九日击败滇军，其他各路援军见势不妙，纷纷退往雩都、韶州。

此时，赣州明军大势已去。

援军尽撤之后，此时的赣州城内只有大学士杨廷麟、督师万元吉、兵部尚书郭维经和一批地方官，守城的士兵加上民兵也不过只有六千人左右。他们的对手则是数以万计的杀得眼红的清军士兵。

即便众人都已经意识到，赣州失陷的大势已然不可挽回，但是城内上至官员下到百姓都发出了一个共同的声音：我们要坚守到城破的最后一刻。

然而，城外清军似乎还不急于攻城。因为在清军将领们看来，成功击破罗明受水师多少是存有侥幸的，要是再来一批同样数量和装备的援军，围城的清军肯定是吃不消的。

于是，清军将领达成了一致：清除外围，再打赣州。

九月初九，清军占领南康县。六天之后，又攻占了附近最后一个明军据点上犹县。此时，赣州城周围的区县已经被全部占领，南明援军可能经由的救援道路也被通通封死。现在在清军士兵眼前的仅有那座孤零零的城池。

九月十九日起，清军加紧了对赣州城的包围，并不时发动迅猛的攻城行动。在杨廷麟等人的带领下，赣州军民死战不降，一次又一次地抵挡住了清军的进攻，就这样双方又相持了十余日。

此时汀州之变的消息已经传来，守城明军的士气更加低落，而清兵的攻围攻更急。眼看守军将要全无斗志，督师万元吉当机立断，叫手下从旧库之中取出了元宝数十万，陈列在几案之上，接着召集守城将士："能杀敌一人，赏元宝一锭。"在物质的奖励（真金白银）和精神的激励（爱国主义教育）的双重鼓舞下，明军的士气终于又再次高涨了起来。全军争相奋勇出战，打得清兵也没了脾气，短时间不敢再次攻城。

你们的福州都被拿下了，怎么还这么玩命？带兵的清军将领十分之奇怪。

因为他们不清楚，在这个世界上有一种人叫忠臣义士，有一种精神叫宁死不降。

不过，他们也不用花时间考虑太多，因为很快从南京方面传来了洪承畴的指示：尽快攻下赣州城，完成对江西境内所有抗清势力的围剿任务，为南下两广争取时间，做好准备。

金声桓等人对洪大人的指令自然不敢怠慢，于是十月初三日，清军发起了自围城以来最大规模同时也是最为猛烈的进攻。清军副将高进库、冯君瑞攻南门，副将刘伯禄、贾熊、白元裔、何鸣陛攻东门，副将徐启仁、杨武烈、崔国祥攻西门，副将李士元等攻防御工事龟尾。

战斗从当天黎明一直进行到了晚上的三更时分，有的清军士兵已经成功竖起了云梯登上了东面城墙，然而城内的明军仍旧拼死抵抗。仗打到这个份儿上，清军的将领也再没有什么雅致运筹帷幄之中了，各部主将高进库、徐启仁等人纷纷亲临前线，督促部下士兵从已经取得突破的几个缺口上城，与守军大战。

激烈的攻防又一直拖到了十月四日的深夜。此时的明军经过连续作战已经伤亡过半，而余下的将士也无不露出了疲态，眼看已经抵敌不住。

对于守城明军的精力不济，城下的清军将领们也看得很清楚，于是在高进库等几位总兵级将领组成的带头敢死爬城队的刺激下，清军士兵更加激动，登城拆垛，忙得不亦乐乎。随着城中忽然失火和南门的叛徒内应，清军蜂拥入城。至十月初五黎明，清军占领了赣州城。

不过清军虽然兴高采烈地入了城，但是随即就被拖入了巷战。据史料记载，当时赣州全城的壮丁乃至妇女孺子都加入了打击清兵的战斗中，搞得本来因破城而兴奋的清兵一路上叫苦不迭，死伤惨重。

然而民兵显然不是正规军的对手，没有多久清军就完全控制了全城，消灭了所有坚持巷战的抵抗势力，赣州彻底宣告失守。

杨廷麟由于督战太久，体力不支，率部转战西城，见全城已陷，便整戎佩刀，自投城西清水塘殉节。督师万元吉投贡江而死，右副都御史郭维经入嵯峨寺引火自焚，翰林院兼兵科给事中万发祥、太常寺卿兼守道彭期生（即明末清初诗画大家彭孙贻之父）、吏部主事龚棻、兵部主事王其弦、黎遂球等官绅三十余人亦死之。

从四月初的清军围城一直到十月初，在长达六个月的坚守中，明军几次破围，几次援兵会集，清军几度复围，几度围点打援。对南明而言极为重要的赣州之战至此终因朱聿键无法赴赣、各路援军缺乏统一有力的指挥而被清军各个击破。城内也因弹尽粮绝，人疲城隳，终被清兵攻破，落下了帷幕。

但赣州之战却是后世公认的清兵入关后坚守时间最久的保卫战，而且此战确实给清军以重大的打击，并为后来局势进一步发展争取到了足够的时间。

按照惯例，对于类似于扬州、江阴这样坚守不降、城破之后还坚持打巷战的城市，清军将领都是厌恶至极的。因此在将领们的默许下，憋得太久急于发泄的清军士兵自然又是照例鬼哭神嚎了一番，才收队休整。至此，江西境内也正如之前提督金声桓所说的那样，号称有三十余万人的明军与各路义师，全军覆没。

这是金先生的预言中成功应验的第一处，但还不是最后的一处。

历经弘光、隆武两朝的惨败的南明大臣们当时无一不在思考同一个问题：我们为什么每次都会打败仗，且每回战败都会败得如此彻底，如此之惨？

这确实是个很值得我们考虑的问题，而且这个问题也往往以另外一种题设的形式出现，那就是：为何南明没有成为南宋？

后世有许多人喜欢拿南明与几百年前的南宋进行对比。因为大家都认为，这两个政权实在是有太多的相似之处了。

同样是面对北方少数民族的铁骑（而且同样是女真人），同样是以物产丰盈的江南半壁江山作为再创业的根据地，同样是有北方敌占区百姓此起彼伏反抗斗争和各镇将领望风投降的实际情况。

然而两个临时政权的结果却不尽相同，一个是得以继续生存了一百四十多年，而另一个却只坚持了不到半个世纪的时间。

因此人们不禁会问，条件如此接近的两个政权，为什么差异会有这么大呢？

对于这一问题，可能大多数的人会选择如此回答：因为南明没有名将！

要知道，当年南宋方面除了有所谓的中兴四将（岳飞、韩世忠、刘光世、张俊）外，镇守川陕的吴玠、吴璘兄弟也是相当能打的。相对而言，南明虽说也有所谓的四镇，但是四镇与四将比起来明显差得不止一个级别。

这么说看上去是没错的，但事实上，这是有问题的。

的确，曾经称雄于海上的郑芝龙到了后期就转了性，整天忙着攒钱做买卖，基本就不怎么打仗了。郑成功虽然是员名将，但当时还比较年轻，尚且没能接手老爹的军队。然而，就算郑成功当时早已接过了郑氏水师的领导权，据那个时候的局势来看，郑成功也不一定能挽救危局。

因为他不是明代的岳飞而应该是明代的韩世忠。

不过，南明还是有人扮演岳飞这个角色的，只不过此人虽然很早就上场从事表演，却一直与主角无缘，可能是上天安排他压轴吧！

虽然当时隆武朝中并没有可以与郑氏父子媲美的名将，更没有像伐明诸将如洪承畴、吴三桂那样不世出的猛人，不过客观地讲，隆武初年的军事形势对于南明方面来说，还是相当有利的。

依据有些史书的说法，南明在江西境内阵地全失乃至隆武朝灭亡都是因为在江西战事中除黄道周部真正出师北伐外，其他的各部明军都在坐以待毙，特别是以郑氏家族为首的闽军在后方迟迟不肯参战，且还屡屡在粮饷补给问题上找黄道周的麻烦，拆北伐军的台。

对于这些记载，本人并不认同。

虽然在郑芝龙的影响下，当时实际掌握着福建军队指挥权的郑鸿逵与郑彩确实有避战之意，而且郑芝龙本人对北伐之举也极不上心，但这并不等于郑氏指挥下的所有闽军都没有参加北伐作战。真正的事实是，早在隆武元年八月，由于江西形势的变化，郑芝龙部的明军就卷入了江西方面的大战（黄道周部出关是在九月，而到达江西广信府则是十月份的事了）！

毕竟朝内首席文官都背着军事理论参考书上了战场，朝廷首席武将郑芝龙若还躲在家里睡觉，这也实在没法对福建的广大人民群众兼老乡们交代啊！

在舆论的压力下，郑鸿逵下辖的副总兵施福部率先进入江西境内并最先出战。这路明军遵循南明最高军事总指挥、北伐军总司令隆武“五路出兵，克复南京”的战略规划，起初进展颇为顺利。

据当时负责监督入赣明军作战的兵科给事中张家玉的奏疏，施福部孤军深入弋阳，表现却相当不俗。进入江西后，明军就先攻占了广信府的弋阳县，并擒杀了清朝的使者和清廷任命的当地官员，给江西与安徽南部清军以极大的震动。在金声桓的调遣下，清军集结了境内的刘一鹏、郜国本等各部共二万余人跑来找施福拼命。

后来，张家玉所督的王秀、林习山、洪秀等部（全是郑彩的部下）前来支援，施福部才没有遭到清朝大军的围攻。而且不仅如此，这部明军进入江西后的军事行动也是很有看头的。

这支部队虽然是郑彩的部下带领的，实际上的指挥权却是在监军张家玉手里。也就是说，王秀、林习山、洪秀这三位相当于运动员，是负责上场打的，而张家玉则相当于教练员，是告诉哥仨往哪打、怎么打的那个人。

张家玉，字玄子，号芷园，汉族，广东东莞万江镇人。据史书记载，张家玉有两大特点，因而非常容易吸引他人的注意。第一点就是他生性聪敏，一看就懂，一学就会。而这一点也完美地体现在了他的成绩单上。

十九岁考取秀才，为广州儒学生员。二十二岁乡试中举人，二十九岁中进士，授翰林院庶吉士。如果那个年头有简历的话，相信凡是看到这份简历的人都会不由自主地伸出大拇指：这孩子，真是了不起啊！

在我们今天的人看来，这似乎没什么了不起，但是只要把他的这份简历和下面的这几份比一比，你就会发现张家玉的厉害之处。

姓名：海瑞

称号：明代第一清官

求学经历：二十八岁考入县学，成为生员。三十六岁乡试中举人。进士……没考上。

姓名：袁崇焕

称号：超级抗清英雄（当然也有说是第一汉奸的）

求学经历：二十三岁中举，三十五岁考中进士。名次：三甲第四十名（差点没考上）

姓名：叶向高

称号：东林系著名首辅

求学经历：十四岁中秀才。二十一岁乡试中举人。二十五岁中进士，当选庶吉士。

或许有的朋友看到这里会提出异议了：你怎么选的全是这种学习成绩一般、高考成绩勉强的明代名人？为何不说那位十二岁中举、十九岁考中进士的四川神童杨廷和，抑或是那位十二岁中秀才、十六岁中举人、二十三岁中进士的湖广奇才张居正呢？

说得简单点，就是上面列出的三位和张家玉有可比性，而后面你想到的那两位天才与张家玉却没有可比性！

之所以这么说，是因为事实确实如此，尤其是在把他们的籍贯考虑进去的基础上。

张家玉，广东东莞人。海瑞，海南琼山人。袁崇焕，广西藤县人。叶向高，福建福清人。在明朝，这些地区还一直被人们视为野蛮未开化的地方。

与号称天府之国的川蜀、在秦汉时代就得到开发的荆州江陵相比，这些地方在那个时候简直不值得一提。

经济发展不行，文化程度自然就低，上学考试自然就不受重视，好老师自然也不愿意往这儿来。

所以中原地区、东南地区的学子高考成绩好那一般是必然的，而像两广、福建、海南岛这些地区出身的学子，考得好不是很偶然，就是很有才。

张家玉、叶向高正是属于后者。

这样看来，张家玉与他那位大大有名的老乡袁崇焕（祖籍广东东莞）比，他还是相当有水平的。

成绩好，这还不算，更让人羡慕的是，这位仁兄还是个美如冠玉的大帅哥（估计这一点和张居正同学可能还有得一拼），长得帅气且精通经文诗词书画。

清兵攻破南京时，张家玉先是逃到杭州。两个月后，唐王于福州即位，张家玉便跑到福州去面圣，被授为翰林院侍讲主持编修帝王起居注（隆武版）。

因为时常跟在皇帝陛下身边陪侍，所以隆武也很快发现这个小伙子是个人才，准备加以栽培。刚好，当时黄道周已经提出要募兵北上，隆武也于七月初一对外放话将要御驾亲征江西。于是，皇帝便命张家玉为兵科给事中，负责监督御右营永胜军。

书生出身的张家玉也就此走向了战场。

然而，到达战场的张家玉也不是白给的，他将用自己的实际行动证明，所谓的男子汉、好男儿，靠的不是漂亮的脸蛋，而是发达的脑子。

在江西战场上，这支由张家玉指挥监督的明军连续击败清军，取得了一连串的胜利。

先是在十一月，清军围困抚州，张家玉奉命率军驰援。到达抚州附近后，张家玉并没有马上向抚州城派出救兵，而是先派出了小股部队，将爱好围点打援的清军骚扰了一下，然后乘势把他们引入了自己预先设在浒湾（今江西省抚州市临川区）的包围圈。浒湾镇与清军的一番大战，使得一向轻视南明军队的清军大吃苦头。这次战斗也被认为是明军在江西战场上获得的最大的胜利："杀两总兵，获级四百，夺马四十匹，器械无算。"

之后，张家玉再用埋伏诱敌计，又在千金坡引清军入伏，大败清军，成功解除了抚州之围。

"抚州围解。论者以是役为福州战功第一。"张家玉也因此一战知名。

其后，张家玉又与抚州的永宁王部夹击清军，取得了"清军死者五百余人，马死者三百余匹"的战绩。

接连失败也使得清朝方面清醒地认识到，隆武那里还是有人会打仗的。于是在重新整合了江西境内的清军力量配比后，受挫的清军开始发动了迅猛的反击。

当时张家玉手中较为固定的兵力是三千人。同时入赣作战的还有周任凤所部的五千粤军与周之蕃、陈秀永所率领的闽军三千人。仅凭这一万多点人，张家玉非常清楚是搞不定金声桓的数万清军的。于是，张家玉连夜写了份折子，向上级隆武帝反映情况。

隆武也不迟钝，马上下令永胜伯郑彩（郑芝龙之侄）带兵出杉关，援救江西明军。

皇帝下了命令，但是郑彩同学其实只执行了一半，率军到达杉关之后就按兵不动了，无论张家玉怎样一再派人催促，一概置之不理。不久听说大队清军将至，这位仁兄竟然领头带队跑了路，一连狂奔三昼夜，在确认退到了安全地点（浦城）才停下来。有这样的援军，要再打得赢，那就是真正的军神了。

张家玉只不过是初涉军事的低水平学员，显然还没能到达那样的理论与实践高度。于是，愤慨至极的张家玉只能靠骂人（弹劾）来发泄下自己的愤怒，当夜上疏朝廷劾奏郑彩。

在得知郑彩竟然不听指挥还擅自撤退的消息时，对郑家人一向好脾气的隆武这下也怒了。本想砍了这个穷倒霉孩子，但是碍于郑芝龙的面子，隆武只是当即下诏削去了郑彩的伯爵爵位。

即便如此，形势也无法再发生改变了。在清军的反击之下，十一月底，张家玉部遭到重挫，抚州也最终失陷。

为了替郑彩赎罪，此时的郑鸿逵先生也开始认真起来。此次郑鸿逵十分大手笔地兵分七路进入了江西战场，自己则率主力进兵至位于徽州与衢州之间的马铃岭（即马金岭山脉），以牵制清兵支援诸军。

不过不知郑鸿逵是一时过于激动还是怎么的，竟然犯了黄道周曾犯过的低级错误：过度分兵。

郑鸿逵手中的明军总兵力虽然在各位将领中算是比较多的了，但总数也没有超过二万人。现在一下子把声势搞得很大，各部明军的兵力却被弄得很少，多的不过千余人，最惨的就只有数百人罢了。这样就跟今天的街头斗殴中的菜鸟一样，开打的时候并不是五指紧握攥成拳头抡上去，而是五指张开想抡对方嘴巴子。遇上体格逊一点的还有可能给对方造成损伤，但如果对方是彪形大汉，那可就不是一个惨字可以形容的了。

现在郑鸿逵指挥下的明军就是那个菜鸟，而且很不幸的是，清军毫无悬念地扮演了虎背熊腰的那位。

前往马金岭驻军的郑鸿逵不久便接到前方战报：出兵连岭的郭芝英部和出白济的郑亨部已被清军以偏师击败，而自己的前锋黄光辉也在清朝大兵进攻下兵败马金岭，一路南逃。

前军溃退，七路“大”军消停了一半，这时的郑鸿逵已经完全失去了前进的信心，于是他转而退守仙霞关，并立即檄诸路回军。毕竟老本打光了，以后自己也没得混了。

得知这个消息的隆武再次愤怒了：你郑鸿逵口口声声说要为家人立功赎罪，到最后竟是这么个立功法吗？

这回隆武也不再给郑家人面子了，立马传令，派遣官员奉剑前往军中立斩败将黄光辉。并下旨严词斥责郑鸿逵，给了他这样几句评语：“始则境内坐縻，今复信讹撤转；不但天下何观，抑且万世遗耻。”

简单说来就是两个字：无能！既然你郑鸿逵如此无能，就别当老师了。隆武紧接着又下诏将郑鸿逵由太师降为少师，以示惩戒。

隆武的这一系列命令所表达的内在含义也很明确：今天我敢办你的亲信，明天我就敢办了你！

听完使臣宣读诏令后，此刻郑鸿逵才第一次体验到了那个看似懦弱和善的朱聿键作为帝国最高统治者的无比威严。这一次，他真切地感受到了惶恐与不安。

眼看着自己的部将黄光辉被装入囚车送往福京听勘，平日在朝中吆五喝六、威风八面的郑鸿逵害怕了，他已经彻底清醒了。以前的那个一路同行温文尔雅的落魄王爷朱聿键早就不在了，取而代之的，是令行禁止的大明帝国的皇帝隆武陛下！

于是郑鸿逵赶紧找来幕僚为自己上疏谢罪（郑先生是个半文盲），而在朝中大臣的求情下，隆武最终也原谅了他和出师不利的黄光辉。

事情总算是圆满结束了，郑鸿逵长长地叹了一口气。

应该说，这次的事件确实对郑鸿逵的内心产生了极为重大的触动。因为正是这次事件，让他开始将隆武视为站在自己头上的不可冒犯的君主，而不再是掌控在自己手中可以随意操控的傀儡。这大概也是为什么后来清军入闽时，素来站在哥哥郑芝龙一边的郑鸿逵没有选择跟着投降，而是宁愿追随着侄子郑成功漂泊海上，坚持沿用隆武年号，坚持继续抗清的重要原因。

虽然隆武自此永远收服了郑鸿逵的心，但是南明却就此失去了实现北伐和西进战略成功的最后时机。

自从隆武二年正月郑鸿逵军战败之后，隆武虽然再次部署了郑彩部闽军出击江西，却同样以失败告终。

救援江西抚州的总兵刘福、副将林引被清军副将王得仁等率兵驰入阵中，损失了一千五百人后，被迫回师。副将赵珩等人又在高山岭被清兵击败，光泽县城失陷。

这一仗，明军又是大败加溃散，所以隆武也没耐心了，当即让郑彩下课，换了主帅。但即便如此，明军的情况还是未能有所改善。在江西黄土隘一战中，明军再次被清军击溃。黄土隘位于黎川县与福建邵武的交界处，号称闽之咽喉，入赣之孔道。城门四周是重峦叠嶂，异常险峻，极为易守难攻。然而就是占据了这么好的地理优势，明军还是再次打败了。这样看来是真没得玩了。

其实，实事求是地说，仗打不打得赢和有没有名将其实是两码事。特别是再把名将打败仗的例子算进去，那就更好理解了。此时的隆武朝中后世公认的名将除了消极怠工的郑芝龙和正在成长修炼中的郑成功外，其实还有一个人。

当黄道周率领从家乡招募来的子弟兵进入江西后不久，手下的一员偏将上前献策。这位仁兄认为，虽然现在我方已拥有上万人的军队，但这些士兵显然是既缺乏系统的军事训练又缺乏实际的作战经验，是一帮乌合之众（这是实情）。因此靠着这样的一支队伍同清朝历经血战的正规军作战，其结果定是必败无疑，而大家北伐的辛苦努力和热切期望恐怕也要随着部队的溃败而完全付之东流。

那依你看，当务之急，我们该怎么办呢？你就快说说吧！

以属下愚见，我们应遣散队伍，只带少数经过挑选的精壮之士由小路直接进入赣州，然后您再以首席大学士督师的名义节制和调遣南赣、湖广、广东、广西等地的各位总督、巡抚、总兵，集结各路精兵强将，会师进取。如此一来，北伐大业方大有可为！

听完这位部将的发言，黄道周先是以非常奇异的眼光打量了他一番，然后做这次对话的总结陈词：你脑袋进水了不成？竟然突发奇想让我遣散这支好不容易招来的军队！要是进入赣州的路上遇上大量的敌军怎么办？还有，如果真的把人打发走了，你想让我回乡后怎么给那些将兄弟儿子托付于我的乡里乡亲交代！

失信于人，并会有损自己一代名儒大家的形象声望的事，黄道周即使是去死，也是绝对不干的。而且，在黄道周看来，手里头有一支近万人的军队总比没有好，就算这是一支松松垮垮、战斗力极差的部队，打不过清军，但能沿途吓唬一下赣南山沟沟里的武装土匪，那也是好的。

因此黄道周严词训斥了眼前的这位尚且十分年轻的将领，但最后还是转而以长辈对待下一代所独有的口气加以了劝导：你的年龄尚轻，阅历也较浅，还不太了解沙场战阵方面的事，所以现在的你最好在做好本职工作的基础上再继续学习几年，到那时你就会明白很多事了。

上完黄老师的现场励志课后，这位偏将慢慢地步出了军营，但是他并没有按照黄先生说的那样回到自己的工作岗位，继续老老实实工作学习，而是在一个夜黑人静的晚上一个人偷偷返回了福建。

这名当时人极微言极轻的偏将名叫施郎（后改名施琅）。而这段载入史册的对话也是极富争议的抗清英雄黄道周和同样极富争议的复台英雄施琅的第一次也是最后一次面对面的对话。

十多年后，施琅在给当时的康熙皇帝上的表章中自述“十七岁作贼”，可以看出，当年应募投军，充当偏裨，随同黄道周出征之时，施琅确实还很小。未成年的毛头小伙、偏裨小将跑来，告诉早已名满天下的督师大学士、六十岁的黄道周该怎么打仗，这种事情就算你是黄道周你也未必十分乐意地接受。用老百姓的话来讲：“我吃的盐比你吃的米还多，我过的桥比你走的路还长。”实在没有必要听你的。

而且如果撇开官职、年龄不谈，仅拿学历说话，施琅也是上不了台面的。黄道周是进士庶吉士（相当于名校博士、博士后），还长期流动于南方的各个书院担任客座讲师，其水平至少也是个教授级别的。反观施琅，虽然史料上对于他前期在南明和郑成功那边的工作经历要么就是只言片语很少提及，要么就是一句话带过，要么就干脆避而不谈，但我们还是能分析出来的。施琅同学的学历应该基本等于没学历，说得难听点，是个纯文盲。这点很容易理解，因为施琅真的很有文化的话，就不可能高中没毕业就“作贼”去了。

所以综合上述的诸多因素考虑，黄道周不采纳施琅建议的概率大概可达九成。

然而黄道周不清楚的是，世上往往就存在着这样一种人。他们没有什么文化，没看过什么孙子、吴子的理论著作，甚至没上过军校（那时候也没有），没有亲历过任何战争，但当他们拿起雪亮的指挥刀、披上战甲来到战场上时，这群人却往往比那些受过系统军事教育的学院派更加善战而可靠。他们能凭借自己的过人的军事本能，灵活出色地指挥战斗，通过战场上的细微的变化察觉形势的走向并做出正确的决策判断，甚至能在军队开战之前便能准确地预测到战争的结果。

施琅正是这些天生的军事天才中的一个。他凭借杰出的军事眼光看出了黄道周部队的缺陷，并想出了可行的解决方案。只可惜，他的上级是众人予以太高希望，那个绝不妥协、坚持到底的黄道周。

既然知道了这支部队将会有什么样的结果，没有实践但有远见的施琅也不傻，不愿陪着黄道周同志完蛋。于是他选择了跑路。不过这一次跑回福建免于成为炮灰的施琅也并没有气馁，而是找到了新的领导郑成功。

关于施琅与他的这位新上级郑成功间的恩恩怨怨我们后面会讲到，这里就不多说了。

我们还是要继续探究为何南明的抗战总是输。

事实上，明军失败的原因除去在实力上与清军（特别是八旗骑兵）有较大的差距这一点外，归结下来还有其他的三大原因。

排在第一位的应该是缺钱。当时的明军或多或少都存有缺饷的问题，黄道周缺钱花的情况我们已经介绍过了，所以黄圣人才不得不跑到各地讲学兼募捐以筹集军饷。其他各部明军的情况其实也不容乐观。

据曾到前线视察情况的大学士蒋德璟从前方发来的报告，形势看上去已经是十分紧急了。当时蒋德璟本来是见郑鸿逵的部队逗留不前，因此才自请出关一探究竟的。情景好的话，便相机督战；不好的话，再报上去，想办法。然而，这次出行确实使得蒋大人的心灵受到了极大的触动。

在边关走了一圈后，蒋德璟被他眼前所看到的场景彻底震撼了：明军士兵个个看上去都疲惫不堪且士气极其低落。于是，蒋大人就找了一个机会亲自走到了士兵们的中间，实地探访军中的情况。一问才知道，军营里不仅伙食条件极差，而且种类也比较单一,一日三餐基本是粥。

要知道，真正的清军士兵从小到大吃的是肉，喝的是奶。喝粥养出来的兵和喝奶吃肉养出来的兵战斗力孰强孰弱，不用想也能知道。

因为伙食是长期靠粥应付下来的，一种普遍的不满情绪渐渐地在守关的明军士兵之中暗中滋生并传播开来。

看到了士兵脸上流露出的不满，蒋德璟凭借自己在官场混了多年而练就出的察言观色的本领敏锐察觉到，倘若再不想办法改变情况，这帮大兵随时会有兵变的可能。

但是，在又扫视了几眼后，蒋大学士的这个担心立即消除了。因为此时蒋大人看到了士兵们手中的武器和他们身上穿的衣甲。

盔甲已经朽坏了，而武器则更是钝到了惊人的地步，别说是用来砍人了，就是拿上去砍树，估计砍倒一棵也得用坏若干把刀。

这些人若要闹事、搞兵变的话，一没力气，二没武器，看上去是没有什么可能的了。蒋德璟舒了一口气。

但是缺饷缺到如此地步，明军实在已经毫无能力作战了。蒋德璟向来是以善于理财治兵著称的，然而在从边关转了一圈回来后，这位专家仅得出了一个结论“一无可为”。

前文介绍过，隆武朝廷的主要开支来源于郑芝龙的海上贸易和海关税收，不过，郑先生挣到的钱却并非全部上缴中央、编入当年财政预算的。作为大明公司的大股东，郑芝龙一般要拿上其中的三成作为自己和手下人的工资，剩下的七成才会送往户部，以支撑整个国家机器的正常运作。

可是，毕竟做生意有赔有赚，特别是从事海上贸易的，虽然每次出航带来的经济效益相当可观，但花费的时间实在太长，而且风险也比较大。郑芝龙的商船队虽说不用担心有海盗来光顾（谁敢！），然而自然界的大风大浪却是无论郑先生有多牛也躲不开的。

况且台湾附近海域向来是台风、飓风、龙卷风这一类自然灾害的多发地带，保不准何时一阵大风，一个大浪，整个船队就要船毁货沉，伤心太平洋。因此隆武朝廷的经济收入一直是不稳定的。而始终无法扩宽收入来源的渠道，找到能够代替海上贸易的国家支柱型产业以解决这一财政问题，这也是后来隆武政权灭亡的重要原因之一。

隆武派出的诸路明军接连战败的第二个原因，引用当时的延平司理、后来永历朝的名臣钱澄之的话，就是：“郑氏之兵，陆战非其所长，跃马弯弓，则鸟兽散耳。”

当然，这就是之前郑芝龙所一直心存顾虑、不愿出兵的第二个原因。

参加北伐而进入江西作战的明军来源很广，有两广的、湖广的，还有江西本地的。不过其中作为主力的，其实还是来自福建。而福建的军队中被视作主体的，还是那些曾随郑芝龙当年争雄于海上的海盗转业兵。

大家在海上工作生活不少年了，突然一上岸，总感觉有些不习惯。虽然后来其中的一些人参与了明末崇祯年间被任命为广东总兵的郑芝龙组织的那场剿匪作战，但是无奈实践活动太少，打的又都是小鱼小虾。所以要想打败已经将骑兵运用得炉火纯青的清军将领和那些自小不是陪他妈而是陪他马的八旗骑士，那是相当难的。

明军诸部唯一能勉强和清军骑兵一战的，只有都督施福的那一支主要由老兵组成的部队。然而这部分明军人数也不过数千，要是遇到上万的敌人骑兵，那也是没戏唱的。

所以郑芝龙担忧的兵种问题，是制约明军北伐步伐的重要阻碍（后来隆武也清楚地认识到了这一点，所以郑成功就被他派出去练兵）。

不过，这时有的朋友也会提出这样的问题：既然闽军以水师为最强，那么何不派水师出海或进入江河配合陆上的明军作战呢？

事实上，在隆武制定的五路出兵的北伐战略计划中，的确是有两支水师的。隆武安排这两路水师分路出兵，一支北上由福宁直抵温台作为疑兵，另一支南下出惠潮，直抵南赣，配合入赣明军作战。

但是，所谓计划赶不上变化。朱聿键先生考虑得很周全，想得也很好，然而在实施起来却遇上了麻烦。

首先是北上的那一路水军。在计划中，隆武准备派出一万人去，不过后来鉴于兵力实在不足，就只好把这路人马的数量一减再减，最后降到了数百人。这支水师的将领后来也换人了，改由总兵黄斌卿率领。

这位黄总兵虽然出身武将世家，家中世袭千户，比较硬汉，也比较能打。不过只带了几百来人就去主动进攻清军的事情，相信黄总兵是不肯做的。所以这支水师只是长驻舟山，毫无作为。

北路的水军基本上已经成了摆设，南下的那路水师则更凄惨，基本上还停留在书面的阶段。

这是因为福建水师的主力其实早在弘光年间就全军覆没了！

福建水师的主力早在弘光年间即由郑鸿逵率领，来到江南作战。但在清军渡过长江那次战役中，此部分水师便全军覆没了，当时郑鸿逵等人还是从陆上逃回福建的。所以在长江陷入清军包围后，不仅是福建水师的主力全灭，而且郑鸿逵就连一艘船都没能带出来。

所以因为福建水师遭此重创，明军此时已经没有可用的大船了。若要大举出击，就得再从民间调发船只作战。不巧的是，此时福建商船都在外经商，一时无法调集。而比这点更为重要的则是风向。要知道，在马达尚未发明出来的那个年代，战船出行不是靠人力，就得靠风力。船只一定要顺风才能长途航行，但福建沿海春夏多南风，秋冬季节则是多北风。黄斌卿军人数较少，于隆武元年八月份出发，此时尚有微弱的南风，所以还比较方便。然而等到闽军大举出击的隆武元年十月，海上风向已经转为北风为主，海船只能从北向南，从南向北虽说也不是不可能，但是很难。所以，此时闽军无法从水路大举北上。隆武发动水师北伐的想法也只好作罢。

至于明军屡败的第三点原因，在当时也有人看了出来，并把它写进了自己的奏章里。

> 关外之兵，臣未尽见；关内之兵，惟施福营多旧兵，器甲粗备；郭芝英次之。余多新募乌合，不堪冲锋。

这句话的意思就是说，出关（指仙霞关）作战的士兵我没见着，但是关内的我是见到了。只有施福营中那些老兵，然而装备还不齐全。郭芝英的部队稍微比他次一点，勉强凑合。不过剩下的军队中就全都是新兵蛋子们，冲锋打仗基本用不上。所以在这些明军实际存在问题的基础上，这位大臣得出了一个惊人的结论：我们能守得住现有领土就该烧香拜佛了，还提什么北伐作战。

作为文官集团的一员，竟敢如此明目张胆地说国家的军队太差，不足以出征，这在其他人看来，是在为郑芝龙一伙说话且有否定皇帝陛下钦定的北伐计划之嫌。这在文官武将斗争极为激烈的当时，是一件极具风险的事。然而这位仁兄不仅干了，而且还在奏折上郑重地写下了自己的名字——王忠孝。

王忠孝字长孺，号愧两。崇祯元年进士，时任光禄少卿。

王忠孝敢直指明军的实力太差，是因他曾被派到浦城前线真正视察过郑鸿逵所部的军队。与同样前往前线考察军情的大学士蒋德璟不同的是，王大人不仅看到了士气低落、粮饷不济、武器太差这些表面上的东西，还发觉了问题的本质——士兵素质的问题。

其实历来的战争中，真正能够决定战争走向的并不是武器装备和后勤兵饷这些因素，虽然不可否认这些是必要的。可是，真正重要的应该是人，是使用武器、食用军粮的这些士兵们。

正如我们国家进行抗战的那段异常艰苦的岁月中，我们的武器装备不如日本，人家有飞机坦克甚至还有航空母舰，每个日军士兵至少能保证配有一把步枪、一百发子弹。而反观我们呢？只有少数正规军配有机械化交通工具，但顶多也是卡车什么的。飞机也有，只不过是木头制的外面包了一层铁皮，即便是这样数量还十分有限。中央军的士兵一般情况下是每三个人共用一把枪，且子弹的数量还是定额的。平时得省着点用，最好一个子弹消灭一个敌人，不然的话，哥几个就只能玩刀了。

当时中国待遇最好的中央军尚且这样惨，其他的地方部队、人民武装情况以此类推，也就可想而知了。

然而，我们却坚持到了最后，取得了胜利。这是为什么？战败的日本人和起初就断定中国会落败的各国军事专家一直没能想明白这个问题。

这看似很难解释，且不同的学者也给了不同答案，但在我看来无非是一个字：齐。

人心齐，上下齐，内外齐。因为不管是何人，不论他身在何处，不因他有着怎样的身份地位，他都始终坚决地相信一点：我们这个国家绝对不会灭亡，胜利终将属于我们中国人。

所以正是在这同一个信念下，整个民族团结了起来，全国人团结了起来。我们赢得了最后的胜利。

王忠孝正是看到了这一点。

隆武朝内关于北伐的种种分歧且不说，仅仅是文官集团与武将势力的内斗就已经导致了领兵将领和广大士兵心中的摇摆不定。

加紧训练新兵，整备武器，积极进取，一路凯歌猛进，这样会惹得郑芝龙大人不高兴；但是如果消极避战，不思进取，还连战连败，那皇帝陛下的脸色又该不好看了。虽然隆武不愿意跟郑氏兄弟撕破脸，不能严厉处理郑鸿逵、郑彩这些敏感人物，但收拾个把败军之将却是有理有据，想怎么弄就怎么弄。

为了在夹缝中求生存，一些官员和将领们便凑合起来，既不显示出对北伐事业的积极态度，也不让皇帝陛下觉得自己是在应付工作，分内的事该做的接着做。总之，是不表露出自己的明确态度，明哲保身。

这样一来，为什么运粮官不忙着将粮草押到已经开始喝粥的前线？为什么明军一旦受挫就会即刻撤兵转为战略防守？为什么关内的将领不着急训练新兵？所有的疑问都在此刻迎刃而解。

人心不齐，所有人不能够团结一心。这是隆武北伐失败最为重要的原因。所以渐渐想清楚了这一点的隆武，也开始尝试着为文武两派势力的和解做出自己的努力。

# 第六章　郑成功？朱成功！

此时的隆武已经清楚地意识到，没有郑氏势力支持的北伐事业是绝对不可能获得成功的，所以当务之急是获得他们的支持。

隆武的这个想法相当正确。然而这个时候，自己手边似乎已经没有什么可以令郑氏兄弟心动的东西了。

不论在哪个时期，人们熙来攘往穷尽毕生之力所追求的无非是几样东西：财富、权力、名誉和地位。

说到白花花的银子，一般情况下是个人就会心动的。可是，郑芝龙似乎不缺这玩意儿。作为垄断了东南亚海上贸易的大老板，郑家最不缺的可能就是银子了。况且，就连隆武自己的零花钱也是找郑老板要的，所以要想用钱财收买郑氏家族那是绝对不可能的。

既然钱咱出不起，那就整点别的呗！比如给他加官晋爵、赐予荫袭的职位什么的，不也是很好吗？如果你给隆武提出了这个建议，相信隆武会十分低落地叹一口气：这招早就行不通了。

因为现在的郑芝龙不仅是官职还是爵位可以说都升到头了。早在隆武元年八月郑芝龙便由平虏侯升级为平国公，算是到了明代官员可以获得的荣誉称号的最高阶（明代的爵位有伯爵、侯爵、公爵三等）。而且与此同时，当时隆武还给予了郑芝龙另一令人向往的荣誉，加封郑芝龙为太师。

太师，正一品，是明代文官中的最高职位。虽然只是名义上的皇帝的老师，没啥实权，但这也不妨碍它成为万千读书人梦寐以求的官衔。一般能获得这一官衔的人在历史上都是很牛的。只不过问题在于能获得太师头衔的人在有明一代虽不乏其人，但大多都是在这些牛人陪伴先帝之后，朝廷追赠的。真正还健在的时候就能得到这一加衔的文官只有一人，那就是在广大人民群众中享有相当声望的张居正。

所以郑芝龙在获得了太师这一头衔的同时也创造了历史——第二个在没有升天的情况下就获此殊荣的“活太师”。当然，更为人称道的还是这个：大明开国以来首位以武将身份获得太师这一文官最高荣誉称号的大活人。

随着郑芝龙一起升级换代的还有当时郑氏家族的二把手郑鸿逵由定西侯升为定国公，三号人物郑芝豹、郑彩等人。因而在隆武还想通过给郑芝龙封官晋爵时却惊讶地发现，现在要想再恩赐这些官居极品的郑家大臣什么，几乎是不可能了。

能给的都给了，能赐予的荣誉也都赐了，要是再接着这么来，恐怕隆武只能把自己屁股下面的那把椅子赏出去了。

一定还有什么可以用得上，可以用来拉拢郑氏兄弟，使他们诚心实意地听命于我。隆武的大脑开始飞速地运转，紧急思索着。

皇天不负苦心人，隆武终于还是找到了。

终于有一天，趁着郑芝龙不在场的情况下，隆武派太监拦下了前来拜见自己的定国公郑鸿逵以及他的儿子郑肇基，因为此时的隆武即将给予这对父子以更高的荣誉。

在隆武看来，郑氏兄弟并非是铁板一块。既然郑芝龙强烈反对自己的北伐计划，那么就从他的兄弟们身上找突破口，以便实现自己的复兴计划。于是几经思索，反复考虑，隆武最终锁定了那个最为合适的突破口——郑鸿逵。

郑鸿逵是郑家的二当家，不仅掌握着郑氏海贸公司的部分实权，还奉命掌管福建方面的军队，因而当时福建明军各部的将领不是郑芝龙的亲信，就是郑鸿逵的亲信。如果拿下他，不仅意味着为北伐事业取得了经济上的保证，同时还取得了军事上的支持。

再加上隆武对郑鸿逵这个人还是比较了解的。此人虽然为人脾气略显暴躁，但实际上还是比较实诚，能够知恩图报。所以在物质上已经不能予以郑氏兄弟实惠的情况下，隆武决定加强与郑鸿逵等人的情感交流。

当然，一方是堂堂天子，一方是堂堂国公，自然不能像一般人一样凑在一起吃个饭、喝杯酒，最后再顺道洗个桑拿或 K 个歌什么的。隆武只能通过最常见的但却最实用的方式与郑鸿逵进行感情交流，那就是唠嗑。

郑鸿逵父子来到了隆武面前，隆武先让二人坐了下来，然后就照计划打开了话匣子。

当年的聊天跟现在在内容上其实也差不了，比如问问你最近身体怎么样啊，工作忙不忙啊，孩子多大了书读得怎么样啊这一系列的话。

听着皇帝陛下一句接一句的嘘寒问暖，郑鸿逵起初觉得有些迷茫，不知道皇帝陛下到底在打什么主意，只是语气平静言简意赅地回答还行、不错、挺好之类的话。随着现场的氛围越来越温馨，郑鸿逵一开始便紧绷着的神经也慢慢松懈了下来。

在郑鸿逵的眼中，此时与他亲切交谈的人并非是高高在上的皇帝，而更像是一个相识并共事多年的老朋友、老熟人，总之是一个自己应该亲近的人。因此，原本不善言谈的郑鸿逵在和隆武的交谈中也逐渐变得积极主动起来。两人从家事谈到国事，由古代谈到今天，双方聊得异常起劲。

此时的隆武看似心情十分舒畅，看到郑鸿逵的长子郑肇基也在旁边，便顺道聊起了有关孩子的问题。

按理说那个时候朱聿键早就结婚很多年了，但是不知什么原因就是一直没有儿子。而皇帝没有儿子也就意味着太子没有着落，国家的根本没有着落。所以当还没有儿子的隆武看到了郑鸿逵的儿子郑肇基时，似乎显示出了异常的喜爱。

欢乐的时光总是短暂的，眼看谈话将尽，可是隆武却似乎依旧意犹未尽。郑鸿逵父子本来已经起身准备告退了，此时隆武却突然开口："朕十分喜爱令郎，今着赐予国姓！"

这句话一出口，在场包括太监、郑鸿逵父子在内的所有人全部愣住了。现场陷入了短暂的寂静之中。

最先反应过来的是郑鸿逵。他马上拉住儿子的手，父子二人干脆利落地跪下叩首谢恩。隆武这时仍面带微笑，挥挥手示意二人退下休息。

据说，在回家的路上郑鸿逵的身体始终在微微地颤抖，不是因为恐惧，而是因为极度兴奋与激动。我郑鸿逵的儿子竟然得到了皇帝陛下的赐姓，而且还是国姓！郑鸿逵有点掩饰不住自己内心的狂喜，倘若自己不是还走在禁止大声喧哗的皇宫大内之中，郑鸿逵先生真想大喊一声：今个儿真是太棒了！而且估计回家之后还打算将这个值得纪念的日子作为自家的纪念日一直传下去。

在古代社会，君主给臣子赐予姓氏是一件相当不得了的事情。除非此人曾经立过大功或者有恩于皇家（比如救过驾什么的），否则一般人是无法享受这一待遇的。赐姓这件事，历朝历代都有皇帝干过，但到了明朝，皇帝主动向臣下赐予姓氏的事就非常少了。自开国以来，只有郑和一人曾获此殊荣。众所周知，郑和是因为在靖难期间，在郑村坝战役中表现极为出色，才得到了朱棣先生赐姓的奖赏。而且也正是在这个巨大的荣耀的帮助下，明军将士才对这位出身并不十分高贵的统领恭敬有加，并使得郑和和他的远航得以更加顺利地载入历史之中。

相对于皇帝赐姓而言，得到皇帝陛下赐予国姓的待遇则属于更大的恩惠。比如杨家将的第一代杨老令公杨业就曾获得过北汉皇帝赐予国姓的荣誉，因而在宋太宗出兵北伐的过程中他舍命保卫北汉政权，甚至在北汉彻底战败宣布投降后，杨业还仍在与宋军苦战。

这也许就是因为荣誉往往能给接受者带来巨大的精神力量吧！所以赐予臣下国姓，用现在的话来说，应该是件能够实现双赢的事儿。

亲眼见证了儿子获得这个国家最高领导人的这份大礼，作为父亲的郑鸿逵自然十分自豪。自豪之余，倍感皇恩浩荡的郑鸿逵此时也在不知不觉中开始将心中情感的天平慢慢地向隆武这边倾斜。而这正是隆武想要的。

趁郑鸿逵落单的时候，采用心灵攻势，以情动人，以言感人，将郑鸿逵收为自己所用。这是隆武为了分化郑氏兄弟、化解朝内激烈斗争而采取的第一步行动。

可是，郑芝龙虽然对北伐事业不上心，对于宫廷内部的一举一动却是极为关注的。因此，隆武将郑鸿逵父子留下长谈并赐予郑肇基姓朱的消息，以极快的速度传到了郑芝龙的耳中。

不过郑芝龙听到这个消息后却没有十分激动地痛斥隆武挖自己墙脚的行径，反而打发走了传递这个情报的亲信，因为此时此刻郑芝龙已考虑好了明天自己应该怎么做。

第二天朝会结束后不久，郑芝龙就找到了隆武的贴身太监，让他帮忙传一个话，自己即将带着儿子郑森前往拜见皇帝陛下。

对于这位连皇帝都要敬畏三分的大哥级人物，这位太监自然不敢得罪，于是马上将郑芝龙父子请求参见的事转达了上去。

说实话，此时的隆武早已对郑芝龙先生深恶痛绝。因为此人不仅逼走了自己最为信任的黄道周大学士，还迫使自己不得不一再更改自己的北伐计划。而且更为重要的是，这个郑芝龙已经对自己的权力进行了制约，对自己的皇位形成了严重的威胁。

隆武想做的是东汉的中兴之主光武帝，而不是亡国之君汉献帝。但是依照眼前的状况看来，郑芝龙的种种表现怎么瞅怎么像曹操！

至于郑芝龙的儿子郑森，隆武的脑海中还是多少有些印象的：那是一个不太愿意多说话的年轻人，看起来是一个标准的书生，而且在弘光政权灭亡时，自己确实能在这个人的眼中看到些许的忧伤。或许，他的确是一个忠于大明的爱国者吧！

但是现在又会怎么样呢？所谓龙生龙，凤生凤，曹操的儿子曹丕在汉献帝眼中同样是一个彻头彻尾的奸臣。那么以此类推，飞扬跋扈的郑芝龙的儿子自然也不会是啥好鸟。所以这时的隆武对于郑森其实也是不太感冒的。

然而，隆武的想法最终还是发生了三百六十度的大转变。而这一转变就从他看到郑森的第一眼开始。

想当年周瑜同学英年早逝，鲁肃先生前去接班，恰好经由吕蒙同学的防区，便去吕蒙那里喝酒。当两个人喝到尽兴的时候，按照咱中国人的传统就要开始谈点事了。

作为孙老板的爱将，吕蒙同学是很关心国事的。于是趁此机会，他就开口询问起鲁肃先生：此行前往陆口驻军，且将要与名将关羽做邻居，不知您有没有预先做好准备，制定些可以应急的方案？

鲁肃先生虽然是远近闻名的忠厚长者，一个纯老实人，但也同样具有读书人一个普遍的毛病：平时比较轻视那些没有读过书的大老粗。特别是对于一些连兵法都没读过就敢领兵打仗、镇守一方的武将们，是一向入不了鲁肃先生的法眼的。譬如眼前的这位吕蒙同学。

凭你肚子里那点少得可怜的墨水还想问责我，所以鲁肃先生表现得十分不屑，张口就来：到时候随机应变就是了！

吕蒙听了这话不但没有丝毫生气，反而态度十分平和地劝说鲁肃要提前做好应对任何特殊情况的准备。临了，还现场为鲁肃大都督提供了五种应付策略。

吕蒙的这一举动，使得一向轻视吕粗人的鲁肃先生一下子就醒酒了。

鲁肃马上起身，向眼前这位智勇双全的将军恭敬地下拜，随即轻抚着吕蒙的脊背大加赞赏：我本以为你只不过懂得喊喊杀杀，没想到今天你的见识学问竟然达到了如此高的程度，实在不再是以前的那个吴下阿蒙了啊！于是，紧接着鲁肃跟随吕蒙一同拜见了吕母，二人结友而别。

这个故事在历史上可是大大的有名，读过《三国演义》的人都知道。“士别三日当刮目相待”“吴下阿蒙”等现今脍炙人口的成语就出自于这则故事。

我们在这里之所以要提及这个典故，就是要阐明一个亘古不变的事实：人是很善变的，天天都有新变化，日日都有新气象。

换句话说，我们每天都在不一样。

所以，虽说只有一年不到，此时的郑森已经不再是隆武脑海中的那个沉默的青年了。

当郑森向着隆武快步走来（这是面圣时的礼节要求，学名“趋步”），隆武只觉得一股逼人的英气随之而来。面前这位俊伟的年轻人身上既流露出了书生士人的儒雅风度，同时又兼具赳赳武夫的威武之姿。从进入宫门到上殿觐见的一系列表现看来，全部是按照朝廷的礼法规定来的。对于这位郑森同学的得体举止，朱聿键在心里先给打了一个很高的印象分。

隆武再次将郑森仔细端详了一番后，问了他一个问题：“现在国家的形势很危急，你看应该怎么办？”

郑森不假思索，脱口而出：“文不贪财，武不怕死，江山可保矣。”

隆武听到这个答案后，十分高兴。他把郑森召到面前，继续就国事时事与郑森探讨了起来。经过一年刻苦的学习后，郑森同学的理论修养与个人素质也已经达到了一个相当高的程度，因此隆武对郑森的回答全都十分满意。欣喜之余，隆武伸出手放到了郑森的背上，说出了发自肺腑的话：“只可惜我现在没有女儿可以许配给你。不过即便这样，你也不要忘了为国尽忠啊！”

于是隆武当即宣布，赐郑森以国姓，赐名成功。并同时任命他为御林军都督、仪同驸马都尉。自此之后，郑森在南明官兵口中也就有了新的称呼——“国姓爷”。

之所以要以“成功”为名，其实就是意寓反清复明事业必定成功。由此也可见出，隆武对大明中兴事业是寄予了极大的热忱与希望的。

不过，这里也要顺便说一句，虽然后人习惯称郑森为郑成功，但确切地讲，这样的叫法并不是很准确。因为在当时的记录中，此后但凡提到郑森，一并以他的新名“朱成功”代替。不过，为了与广大人民群众日常称呼习惯保持一致，后文中只要我们再提到郑森，也一律通通改称为郑成功。

至于那位在此之前也被隆武赐予国姓的郑鸿逵的长子郑肇基同学，由于年纪比郑森小，所以人们为了方便区别，就统一称他为“小国姓爷”，而称郑森为“国姓爷”。不过，由于郑肇基这个人能力比较有限，后来这个名字虽然也偶尔出现史书上，但也就是跑跑龙套，对历史发展没有产生过什么太大的影响，以至于后来这位小国姓爷就慢慢地消失在浩瀚的史海中，不为人知了。国姓爷这一称呼，也渐渐变成了仅属于郑成功一人的代名词。

也许在你我看来，隆武赐姓的这件事是一件小事。但事实上，这是一个影响了所有当事人一生以及我们这个国家今后历史发展进程的大事情。

郑成功同学自七岁起就开始接受中国儒家的传统教育，因此可以说是一个十分传统的中国人。与藐视礼法、喜欢随心所欲的父亲不同，郑成功更为传统，坚守孔孟忠君爱国的思想并将其作为自己生存在这个世界上的基本原则。自从隆武帝赐予自己名字的那时起，郑成功便已经知道，自己已经不再仅仅是老爹郑芝龙的儿子，同样也是朱聿键的儿子，更是这个国家和生活在这片土地上的所有老百姓的儿子。

我从今天起已经不单单属于您们了，我的父亲母亲。因为现在我又有了新的父母，名字叫大明！

虽然有人说隆武这一行径的主要目的还是为了笼络郑氏家族。但是事实上却绝非如此。

在分析隆武的这次封赏之前，我们有必要先对隆武授予郑成功的官职增加一些了解。

赐予国姓殊荣的同时，隆武给予郑成功这些加封：御营中军都督、仪同驸马都尉的官职和忠孝伯的爵位（后来还赠送了传说中的尚方宝剑）。

首先是御营中军都督，顾名思义，是指挥御营中军的最高长官。这就意味着郑成功可以名正言顺地统领负责拱卫皇宫的明军最为精锐的部队——禁军，掌握了对朝廷的临时总部福京（即福州）的控制权。虽然实际上别说是福州一地驻军的指挥权，就是福建所有明军的实质统领权都在郑氏兄弟的掌控中。隆武只是名义上的全国军队的总指挥，即便是这位最高领袖下了命令，但如果郑芝龙不点头的话，闽军是没有人会真正行动的。

通过赐姓来获得郑成功的感恩，让他成为自己人，再凭借授予郑成功职位的形式，利用郑成功将军权从郑氏家族手中一点点地夺回来。这就是所谓的空手套白狼之术。

谁说朱聿键也不过是个傀儡？每当看到这一段时，我都不得不套用一句经典的电影对白来表达下我的感受：高，实在是高！

任命郑成功为御营中军都督为的是夺回军权，而接下来的这个职位也是很有些技术含量的。

驸马都尉即是驸马的正式称谓。驸马一词，相信看过古装剧的朋友们对这一职位那是再熟悉不过了。连街头大妈都能给以极为正确的解释：就是公主她老头呗！

没错，确实可以这么说。但是，起初做驸马都尉的人并不一定是公主的丈夫，而公主的丈夫也不一定是担任驸马都尉一职的那个人。驸马都尉这一职务的设置最早可以追溯到汉武帝刘彻时期，主要工作就是掌管天子副车之马，有点类似于当年孙猴子在天庭中得到的第一份工作。

不过，后来鉴于即便是掌管副车马匹的工作同样也是很重要的，所以到了三国时期，皇帝为了防止别人在自己车马上做手脚、搞破坏，就开始找与自己关系比较亲密的人担任这一职务。魏国的何晏就是以皇帝女婿身份而授官驸马都尉的历史第一人。再往后，晋代杜预（娶晋宣帝之女安陆公主）、王济（娶晋文帝司马昭之女常山公主）也都被当时的皇帝授予驸马都尉的头衔。因而自魏晋以后，帝婿照例都加驸马都尉的称号（虽然可能不再负责管理车马），且就此成为一个传统流传了下来，直到明朝（清代改称额驸）。

可是由于朱聿键早年曾因自行在南阳招兵而触犯了国法被废为庶人，送到了凤阳吃了近十年的牢饭，所以生孩子的事儿就给耽误了。因此在隆武给郑成功赐姓的时候，皇帝陛下膝下并无子女。现在尽快努力生一个女儿看起来似乎不太靠谱，所以聪明的朱聿键想到了一个弥补的办法，那就是给予郑成功仪同驸马都尉的称号。

所谓仪同就是出行时的仪仗同于某种官职。史书读得比较多的朋友往往能看到情况与此比较类似的一个官职——开府仪同三司。开府就是建公署，自选幕僚；仪同三司则是非三公而得以享受与三公相同的待遇。那么套用这个公式，仪同驸马都尉就是可以享受与驸马一样的礼遇。

我虽然没有女儿可以许配给你，但你在我的心里就相当于我的女婿。我会将你永远看成是自己人。

这就是隆武向郑成功发出的讯息。

既然皇帝陛下都把自己看成是家里人了，那么我们作为臣子的怎么能把陛下当成外人呢？读了十多年四书五经的郑成功对隆武这一手自然是十分受用。在他看来，这真可谓是皇恩浩荡啊。

隆武陛下，我郑成功这辈子是跟定您了！

最后，隆武加封的爵位就不再是暗示，而是明示了。封郑成功为忠孝伯，摆明了就是在传达一个强烈的信息：作为臣子，你对于你的君主（即隆武皇帝）自然要忠心不二；而作为我名义上的女婿，更加要恪守孝道。

如此一来，无比精明的隆武就将自己在郑成功心目中的位置先与郑芝龙持平（都是当爹的），之后再以国君的身份，成功地占据了郑成功心里的制高点，压下了单纯是父亲身份的郑芝龙。

后来的事实也证明，隆武的这一次收买郑成功的行动，是相当成功的。

隆武的这次奖赏与封官，应该是他这辈子最为成功的一次。

不过，与其说是封赏，倒更像是在进行一次赌博。

押注的是朱聿键，坐庄的是郑芝龙，赌的是大明的国运，而决定双方胜负的则是郑成功本人。

如果隆武赢了，成功地将郑成功收为已用，他就将逐渐夺回郑芝龙手中的军权、财权，继而实现北伐中原、兴复大明的理想。如果是郑芝龙赢了，郑芝龙便可以名正言顺地控制朝廷大权，甚至可以在隆武归天之时，以隆武无子而郑成功是先帝义子的名义，进行一次针对皇位的大洗牌。

然而，谁也没有想到的是，最后的结果却是隆武押中了底牌，但赔了本金。郑芝龙则因输了赌局，恼羞成怒亲手毁了赌注，换了老板。实在是命运弄人啊！

虽然朱聿键先生的这次封赏没能帮助自己实现北伐复兴的远大理想，却为后来继承了他事业的接班人永历留下了一个靠得住的栋梁之臣。这样看来，隆武似乎也不算吃亏。

郑成功当然不是白给的。这些官职与忠孝伯的爵位中所包含着的隆武的希望，郑成功完全可以体会得到。他也很清楚，唯有将朝中文臣的谋略、郑家势力的全力支持以及作为皇帝的隆武的巨大号召力这三者结合起来，才有实现北伐成功继而完成复国大业的可能。所以已经暗中下定决心，要尽全力挽救这个日益没落的帝国的郑成功决定尝试改变眼前文武不和、上下离心的局面。

但是像我们今天的许多年轻人一样，初入社会的郑成功同样发现，面对自己眼前的这一切自己看不惯的事情，他是无能为力的。真正让郑成功开始与老爹郑芝龙走向决裂的应该是下面的这件事。

有一天，郑成功依据惯例入宫拜见皇帝陛下，便汇报工作。当他走入殿内时，却只见隆武郁郁寡欢地坐在宝座上，且看上去心情沉重。虽然当时郑成功只有二十一岁，但他对朝中的局势还是十分明了的。郑成功一见隆武闷闷不乐的样子，就猜到是自己的父亲又在北伐的事情上进行阻挠了。

深知隆武极富雄心的郑成功，虽然很同情眼前的皇帝陛下，但鉴于无论怎么说郑芝龙都是自己的父亲，所以也不好多说什么，只得上前安慰隆武。

此时的郑成功正处于“指点江山，激扬文字”的时候，正处于一个人最富激情与抱负的青年时代。因此郑成功也是一腔热血，时时刻刻渴望着报效国家，建功立业。想当年，西汉的终军不过十八岁的年纪就敢于主动请缨汉武帝，立志羁南越王于阙下；东汉末年周瑜也是年纪轻轻就指挥千军万马，火烧赤壁，大破曹军八十万。这两个人虽然只是一介书生，却都凭借着自己的勇气与努力，创造了不朽的功业，为万世传唱。因此每次读书读到这里，郑成功都会在心中为这些年少英才暗暗喝彩！

了却君王天下事，赢得生前身后名！这是那个时代几乎所有有志青年的最高理想。因此作为他们中的一员，同样的血性男儿，郑成功也不例外。他向往着驰骋于疆场之上，奋勇杀敌，无时无刻不在期望着通过自己的双手力挽狂澜，所以每当他听到隆武下达的关于北伐的谕令，体内的热血都会忍不住地沸腾起来。

而且更为重要的是，与海商（海盗）出身的父亲不同，郑成功从很小的时候便开始接受严格的教育。先是武士道精神的培训，在当时郑成功听到最多的、给他留下的印象最为深刻的，可能还是那个被武士道奉为理念核心的“忠”字。虽然当年的郑成功对于此字的意义并非十分了解，但这个字还是深深地嵌入到他的内心深处。

之后郑成功回到国内，又接着学习儒家思想，而孔孟之道更是将忠君爱国作为人的基本品格之一。因而，我们有理由相信，经过了多年的学习，为国尽忠早已成为郑成功的生存原则之一。

对于郑芝龙而言，儒学可能就是一群闲着没事的伪道学家为了沽名钓誉、混口饭吃而编造出来的一系列纯扯淡的屁话。只有足够强大的实力才是硬道理，才是至理名言，才是一切。搞那些虚的，实在是没有多少意思。可是对于郑成功来说，孔子、孟子这些往昔圣贤所讲的话却是金科玉律，而且他们在一千年前的这些教导对今天的自己成长来说依旧是受益匪浅。这是一种生命的信念，是作为生存在天地之间的男子汉所必须奉行的准则。

早年获得的强烈的武士荣誉感与后日逐渐加深的对国家的责任感，这一切使得郑成功与自己的父亲产生了观念上的分歧。当这种热情不断遭到他人的无情压制与严酷打击时，即便那人是天皇老子，郑成功都要和他翻脸。

所以当奉行实用主义的郑芝龙遭遇到了当时（注意这两个字）奉行理想主义的郑成功时，父子两代人在思想上的巨大鸿沟，必然会导致亲情的崩盘。

郑成功面对对自己有着知遇之恩的隆武，也说出了自己在心底藏了很久的话语：“陛下闷闷不乐，难不成是认为我的父亲在图谋不轨么？”

郑成功的这句话，马上把在沉思之中的朱聿键先生吓了一大跳。

他是按照他父亲的意思在试探我吗？还是这其实是他的心里话？尚不能确信自己已然搞定了郑成功的隆武，大脑立即陷入了忙乱的状态。他开始竭尽心思地思索，试图找到一句合适的话回答郑成功。

然而，在隆武找到满意的句子作为答案前，他的耳边早已响起了郑成功的第二句话。

“臣受国厚恩，义无反顾，臣以死捍陛下！”

隆武惊讶地看着眼前的这个年轻人。他似乎有点不太相信自己的耳朵。所谓疏不间亲，难道此人真的会为了一个与自己毫不相干的外人而背叛自己的父亲乃至于家族，与他们作对吗？

隆武不是不愿相信，而是根本不敢去相信。所以他定了定神，集中精神凝视着郑成功，想从他的眼中找寻到答案。

几秒短暂的注视后，隆武的心中终于有了答案。

在这位郑氏子弟的眼中，隆武看到的只有坚定与真诚，而无一丝诡诈的痕迹。因此隆武顿时感到一股温暖与欣慰，完全相信了眼前的这位政敌的儿子。此时的隆武已然认定，这个郑成功是站在自己一边的。

于是，隆武也不再隐瞒，向郑成功提出了一个困扰了自己很久的问题：“郑芝龙与郑鸿逵，朕可以依靠他们中的哪一个？”

在隆武看来，郑芝龙虽然势力强大，羽翼遍布朝野，已经对自己构成了威胁，但自从自己做了皇帝，郑芝龙却始终没有任何不敬的行为，凡是遇事也总来向自己汇报，从不专断独行，恣意妄为，所以隆武即便是感到皇权受到了郑芝龙的制约，但也不好说些什么。再有就是，郑芝龙本人与文官集团中的许多人关系十分不错，且在黄道周走后已经开始着手缓和朝内尖锐的文武矛盾，与文官集团搞好关系，有助于朝廷内部的团结。加上郑芝龙比较低调，从不惹事。因此，隆武认为郑芝龙危险性虽大，但暂时并不棘手。

而相对于哥哥郑芝龙而言，郑鸿逵手上的权力虽然并不算大，然而这家伙却是个典型的刺头儿，不守朝廷礼法，目无君主，甚至敢于暗中加害朝臣（何楷事件）。因为此人的原因，朝中的文武矛盾才日益恶化，可以算是国家的不稳定因素之一，严重威胁着北伐复兴事业的大局。不过，郑鸿逵并无太多心计，且重信义，懂得知恩图报。只要妥善对待，说不定可以收为己用，靠他实现自己中兴的理想。



隆武始终难以断定郑芝龙与郑鸿逵二者中，谁可以成为自己的依靠，谁又可能成为大明最严重的威胁，应该为了国家的利益尽早除掉谁。所以趁着今天最熟悉二人脾气秉性的郑成功在场，隆武就将这个难题抛给了郑成功，想听一听他的意见，作为自己决策的参考。

为了国家着想，是该信任你老爸郑芝龙，还是该依靠你叔叔郑鸿逵？你就给个意见吧！

郑成功没有让隆武失望，很快，他就给出了自己的回答，但却是隆武未曾想到的答复。

“我的父亲和叔父都不可靠，还是请陛下考虑别的方法吧！”郑成功的回答坚决而坚定。

隆武听到了郑成功的回答，叹了一口气。于是他将自己的打算告诉了郑成功：朕想要离开福建，御驾亲征！

没等郑成功答话，隆武紧接着又抛出了问题：“你能跟我一起走么？”

郑成功立即回答：“我跟随着陛下一起走，又能怎么样呢？臣只希望能够通过其他的方式来报答陛下，为陛下捐躯！此头此血，总之，已经交给您了。”

得到了郑成功答复，隆武非常感动。虽然他十分憎恶郑氏兄弟，但由于眼前的这个对于自己完全忠诚的年轻人的缘故，隆武心中的愤怒似乎也大大消减了。

隆武元年十二月十六日，隆武带领文武大臣与御营军队离开福州。

隆武立马城外，向着这个属于他的都城投下了最后的一瞥。然而，没有人预料到，对于他们中的大部分人而言，这是他们最后一次有机会凝视这大明最后的都城。

## 西进！

所有的鸡蛋都不要放在一个篮子里。这句听起来平白无奇的话，在很长的一段时间里被许多投资者奉为至理名言。生活在几百年前的隆武肯定没有听到过这句话，但是他却很明白这其中的道理。

从郑成功的口中得知郑芝龙根本不放心将自己庞大的私人军队完全交给儿子掌管时，隆武便决心离开福州，以御驾亲征的名义，前往投奔坐镇湖广的何腾蛟，并借此机会彻底摆脱郑芝龙兄弟的控制，成为一个真正手握大权的皇帝！

一般认为，隆武之所以会产生这一想法，是因为进攻南京的计划彻底失败后，突然发觉自己的权力早已完全被郑氏兄弟架空而导致猛然觉醒，于是乎改变想法，筹划西进战略的。照这样看来，朱聿键大致应该属于吃亏之后就能幡然醒悟的那种类型的人。

但实际上，实情并非如此。

作为一个历经沧桑且饱读群书的成熟的政治家，隆武自进入福建称帝的那一刻起，就已经感受到了郑氏家族在福建境内势力的可怕。所以隆武很早就有西进的打算，还曾经将自己的这一意图向群臣不动声色地表露过。当时朝中大臣们出于对郑氏兄弟代表的武将势力抬头的不满，也都有进入湖广依靠何腾蛟的想法。

隆武二年正月，尚在西行道路上的隆武曾派遣内阁大学士苏观生前往江西视察情况。在给苏大学士下达这一命令的诏书中，隆武将苏观生此行比作“邓禹之行”。

提到邓禹这个名字，相信大家大多是比较陌生的。不过，此人虽然不为老百姓所熟知，却有两个相当牛的称号，一个是东汉中兴名将，“云台二十八将”之首，而另一个则是东汉开国第一人。成就这位邓先生一生的荣光以及汉光武帝百年基业的，正是缘于邓禹的那次堪称不朽的出行。

想当年，汉光武帝刘秀就是因为收编了河北铜马的民军，才最终得以光复汉朝。邓禹则是刘秀遣往招抚铜马义军的先行大臣。此时，隆武拿邓禹的事迹来激励苏观生，这个意思就是想让苏观生先去与何腾蛟收编的李自成余部搞好关系，以便仿效光武帝的事业，借民军之力，恢复明朝的山河。

在苏观生动身的同时，隆武也派出使者给何腾蛟下了手谕，表明了自己西进湖广、亲征江西继而克服南京的打算，并要求何腾蛟先遣精兵一万，前往湖东迎接自己。

以天子亲征的名义出师江西，从而摆脱郑芝龙的控制，接着便西进湖南与何腾蛟合兵，最后达到克复南京的阶段性目标。这个想法是很好，只不过其中有一个小小的缺陷。而可惜的是，隆武却没有将它考虑进去。

据说隆武这辈子最佩服的人就是汉光武帝。因此正如他的祖先朱元璋起兵之时常以汉高祖刘邦作为自己为人处事的榜样一样，隆武也拿刘秀先生的事迹时刻激励自己，并立志向刘秀看齐。

况且在隆武和当时的众人看来，自己就是当代的刘秀，而且也同样遇到了有民军可以收编的好事，所以此时的隆武比任何人都要坚信这一点。

只要我能够成功离开福建境内，我就不再受到郑芝龙兄弟的束缚，真正实现我的抱负，真正成为这个时代的刘秀！

隆武始终如此认为。

数以万计的部队能够得以收编，增强自身的实力，这在那个兵荒马乱的年头，对于任何人来说都是一张泛着油光的可口大饼，人人都想要。但事实上，真的将这张饼抢到了手上，其实也不一定是什么好事。因为我们的老祖先还曾经这样告诫过我们：天下没有免费的午餐。从天而降的馅饼倘若不是不能吃，就是吃完了也就玩完了。

隆武虽然兴高采烈地派遣了他心目中的“邓禹”苏观生前去联络何腾蛟，安抚新近投降的民军，但是他还是忽略了一点，那就是当年汉光武帝确实是因为收降了在铜马的民军才得以称雄于天下的，不过在此之前，刘秀是预先派兵重创过这支农民军的。也就是先打服，再改编，先上大棒，再给胡萝卜。所以这样子一套搞下来，收编之后的民军，刘秀用得放心而且也很顺手。

不过隆武面临的情况可就与刘秀大不相同了。众所周知，大顺军余部是因李自成突然战死，领兵的将领们不愿降清，才在不得已的情况下投效何腾蛟的。即所谓的“有所逼而来，非我能降之也”，投降是被迫的。凭隆武朝廷当时的力量，很难使得这些新降之众彻底心悦诚服，甘心为隆武效命。早年曾力主隆武西行的大臣钱澄之，在历经了隆武政权失败后进入永历政权辖下的西南从事抗清工作，并对湖南的情况有了亲身的体会，到了晚年才恍然大悟：放弃福建的根据地是必须的，但当时的湖广却未必能够进去！

这就像我们平时一下子吃得太多，一时之间不好消化的情况一样，闹肚子那是必然的。

何腾蛟和隆武马上就要体验这种痛苦了。

隆武二年（1646）四月，早已到达延平（就是后来郑成功受封为王的那个地儿）数月的隆武再次派遣自己的心腹太监杨守明，协同兵部职方司官员路太平赶赴长沙，督促何腾蛟即刻派遣万余人出兵江西。

隆武这次的指令不仅是为了保障自身的安全，以何腾蛟的军队起到迎驾、护驾之用，同时也是为了帮助明军加强赣南地区的防务，可谓是一石二鸟，一举两得。

如此看来，隆武一开始大肆宣传的五路北伐、克复南京的战略其实不过是虚招。这么做不过是为了激励东南一带地方抗清武装的士气并收买民心。他出兵闽北、向浙江方面进军的许诺和他进驻建宁府向浙江金华、衢州的行动，也只是为了迷惑他的对手郑芝龙兄弟。

事实上，隆武的真实意图应该是西进湖南与何腾蛟合兵，之后再克复南京。这一招用兵法术语来讲叫声东击西，瞒天过海，在老百姓的口中则叫挂羊头卖狗肉。可见，朱聿键先生为了逃出生天、摆脱控制，确实是煞费苦心啊！

虽然客观地说，隆武这一行径的确是不怎么光彩，且难逃忽悠群众之嫌。不过看在他没有恶意的情况下，也是值得原谅的。

接到皇帝陛下命令的何腾蛟自然不敢怠慢，马上命令南安伯郝永忠带领部下兵马一万经郴州入龙泉（今江西遂川县），张先璧率部由湖南攸县出江西永新，兵分两路前往迎驾，想要大张旗鼓地将皇帝陛下从郑芝龙的魔爪中拯救出来。

然而变故还是发生了。郝永忠早在五月十七日便率军从长沙的驻地出发了，按理说就算一路上一直不顺利，成天逢山开路，遇水搭桥，走上两个月也该到了。但是，这位仁兄却以实际行动向大家证明了：没有最慢，只有更慢。

郝永忠按照何总督的要求取道衡州，前往迎接皇帝陛下，可是直到九月初二日郝将军的迎驾部队才到达郴州，而更令人不解的事情还在后面。到达郴州后，郝永忠竟私作主张，传令全军即刻停留该地，止步不前。更巧的是，身负接驾的光荣任务的张先璧部竟也几乎在同时行至与江西接境的攸县后，就屯师不进了。且在日后无论隆武几次派人前来催促，这两支“接驾团”就是雷打不动，不肯再向前进军一步。以至于到了最后，隆武在西进的途中于汀州被清军俘获，也依然没能把这支接驾的部队给盼来。

关于这二人的奇异举动，史学界历来有许多的说法。而其中占主流的大致是两种。但这两种说法却有一个共同点，那就是违命不前并非是这两个人胆大包天，敢放隆武的鸽子，而是他们的幕后有一只黑手在控制着一切的走向。

说法不同，是因为大家心目中的幕后的黑手不同。

在第一种说法中，人们认为黑手是何腾蛟。

何腾蛟与朱聿键应该是很早就认识了的，而且彼此之间还非常熟悉。早在朱聿键的身份还是唐王，每天在封地河南南阳过着波澜不惊的日子时，何腾蛟正好担任南阳知县一职。鉴于朱棣造反成功且后来的汉王朱高煦、安化王朱寘鐇、宁王朱宸濠都纷纷过了一把造反的瘾，因而从此藩王们就成了朝廷重点防备的对象。而依据惯例，对那些在辖地有藩王封地存在的地方官员来说，一般还兼具着另外一个非公开却是人尽皆知的任务：监视境内藩王的活动，并时刻将其新近动汇报朝廷。

作为南阳的知县，当时的何腾蛟便是按照上面的要求，在日常工作之余，经常关心一下唐王朱聿键的日常生活，逢年过节还不忘亲自或派人登门看望慰问一番（这是工作需要也是礼仪要求）。而在几年的交往（或者说是监视）中，何腾蛟也渐渐地发现，这位看上去貌不惊人的王爷其实是个不简单的人。

历朝历代的王爷们，日常的生活模式大致相同，无非就是吃吃喝喝玩玩乐乐，不是在长膘就是在养膘，一般没什么事可干。偶尔出几个像吴王刘濞那样想干大事的，一般不是早就开始动手干了，便是先被中央干挺了。因此这些身份高贵的囚徒们，几乎都是不务正业的。在明朝中后期，这点也不例外。

但是在何腾蛟眼中，这个朱聿键不仅很例外，还让他感到很意外。这位仁兄在吃喝穿用方面似乎没有什么特殊的要求，而且在个人生活上也出奇地检点，平时最爱干的事情就是读书。倘若不是会见宾客，在家里大多数时间都穿着普通的布袍。就那么几件衣服还缝缝补补，颇有点丐帮净衣派长老的神韵。

所以对于这位与众不同的王爷，何腾蛟是十分崇敬的。因此在何大人还是何县长的时候，两人的关系就十分不错。而也就是因为有这样一层关系，后来朱聿键一登上皇帝宝座，便视何腾蛟为南阳故人，对他青睐有加，没几个月的工夫，便把何腾蛟由湖广巡抚擢升为湖广总督并兼管湖广等七省军务，委以重任。

如此看来，对这位胸怀大志且人格高尚的朱聿键，多有接触的何腾蛟应该是有着相当程度的了解的。而且按理说，素来凭借清廉爱民、忠君爱国而享誉一时的何腾蛟应该没有理由虚与委蛇，不接受这位已经走投无路的领导外加老相识，来这么黑的一手。

但耸人听闻的却是，正是因为何腾蛟对于皇帝陛下如此熟悉，才下定决心使尽一切办法阻止隆武进入湖广，阻止他来到自己的身边。

此时的何腾蛟已经今非昔比，成了镇守一方的封疆大吏，并从隆武那里获得了便宜从事的权力。加之又得到了十多万的大顺军余部的归附，现在的何腾蛟基本上就是一年前的左良玉，在湖广当起了无冕之王，天高皇帝远，可以想怎么来就怎么来。因此持这一观点的人认为，在这种形势下，已经腐败了的何腾蛟唯恐隆武进入江西督战后，自己在湖广独断专行的时代将要终结，而自己在各方面的权力也将会受到扼制，所以他打死也要阻止皇帝陛下的大驾光临。

能够得出这样的结论其实也并非完全是无中生有，空穴来风。因为在镇守长沙的几年里，何腾蛟确实是做了些不大愿意让人宣传的事。比如说对于隆武上台后给予自己的特殊关照，何腾蛟就确实表现得有些得意忘形。他曾四处向湖南地方同僚们炫耀他和皇帝的特殊关系，甚至还在给别人的书信中公开说自己和当今圣上是多年的老朋友，二人的关系相当之密切，称“鱼水之合”。

鱼水之合，摆明了就是把自己比作一代贤相诸葛亮，而把隆武比作刘备，君臣相见，恰似鲋鱼得水，猛虎添翼，一旦风云际会，似乎地球都要抖三抖。可见他的自我感觉是相当的良好。

除了逢人便吹牛显摆外，何腾蛟以当时军饷不足为理由，增加了湖广地区的地租，并向当地的老百姓预征了两年的军粮。甚至未经朝廷的许可查抄了一些富户财产，非法开设铸局铸钱，加抽盐税。后来的一些史学家因为何腾蛟最后为大明死节，便都选择性地回避了这些事，但是有一些人还是实事求是地将这一切记录了下来。王夫之就是其中一位。

对于这位王夫之先生，不知道的人应该是比较少的。他当时又恰好在隆武年间避难于湖广地区，因此王先生的记载的可信度是比较大的。也就是在这位先生的笔下，留下了这么一段记录："顾腾蛟以便宜制楚，文武将吏皆出其门，不忍失权藉。"

这段记录翻译过来就是当年何腾蛟在湖广任总督，文武将官都是出自他的门下，是何的亲信，因此何腾蛟打心眼里不愿意隆武来到湖广，破坏了自己的好日子。

王夫之还记载了一件事，就是在得到隆武西进的消息后，何腾蛟在与自己的幕僚章旷商量应对措施时，曾私下说过这样一句话：皇上如果要到湖广来，我恐怕清军会全部聚集在湖广合力攻打我们，到时候我们很可能会支持不住。

王夫之先生记载的这件事八成是真实的，因为参与对话的章旷是何腾蛟的部下兼亲信，但与此同时他还有另一个身份：王夫之先生的老师。

所以说何腾蛟有敷衍隆武的嫌疑，这个看起来并不冤枉。

为了保证自己在湖广做大佬的局面不会被真正的老大隆武搅黄了，何腾蛟暗中给前往迎驾的郝永忠、张先璧二将下了命令，让二人故意停滞不前，尽量拖延时间，阻止皇帝西进。如此解释的话倒也是合情合理。

然而也有人认为何大人确实是冤枉的。因为根据许多史料的反映，何腾蛟在长沙镇守的三年中，虽说是贵为湖广第一号人物，却始终严格要求自己，顿顿吃的都是粗粮野菜，天天穿的也都是打了补丁的衣服。在何腾蛟的治理下，驻扎在湖广的明军各部军纪严明，兵将不敢像左良玉时期一样随意侵扰百姓，成为遵纪守法的模范军。

当时有一段时间，湖广境内瘟疫大流行，民间一度陷入极大的恐慌中。还是这位何腾蛟冒着被传染甚至一病不起、一命呜呼的危险，深入疫区"吊死问孤""博施劝谕"，这才使得湖广地区的不安定局面得到稳定与恢复。何腾蛟的支持者们也对他增加地租、预征军粮、开局铸钱等行为给出了合理的解释：资助军饷。

由于当时各地明军普遍存在着军饷不足的情况，所以何腾蛟才会委任章旷创办义饷，广开财源，以解决驻军的军费开支问题。

话是这么说，但不管怎样，迎驾军的迟到拖延问题无论怎么看都像是有意的，如果那双黑手不是何腾蛟，那到底是谁？

于是第二个嫌疑人就出现在大家的视线中。

可是，事情诡异的地方也就在这里，因为这第二位嫌犯在时人的印象里，应该早已不在人世了。

这个被人们认为已经去世却又似乎在操纵着时事的人，名叫李自成。

# 第七章　朱以海的出击

## 幕后黑手？

我们在前面提到过，隆武元年（1645）李自成率军到达湖北通山县九宫山一带后，就此神秘消失。虽然按照《清史稿》和《明史》等官修史书的记载和清朝官方的说法，李自成是在此地被当地村民围困后自杀身亡。当时清朝的靖远大将军阿济格给清廷的奏报和何腾蛟给隆武的报告在细节上虽有不同，但大致内容却是一致的。当时的许多人都已经确信，那个曾经纵横天下、称雄一时的李自成确实是在这里为自己的人生画下了句号。

但是鉴于李自成死后出现的一些反常现象，譬如几十万大顺军也随着李自成死讯的流传而像蒸发似的消失，李自成的余部没有为他们的老大报仇雪恨。那具被认定是李自成的尸体要么是“尸朽莫辨”，要么是有身无头，反正没有人亲眼看到李自成死了，也没人敢担保那具尸体就是李自成的。因此，有的人就更愿意相信李自成没有死，而是通过“诈死”来转移对手的视线，自己则躲在暗中操纵一切。

而作为被派去接驾的领军将领之一，郝永忠的身份似乎也很容易引起大家的遐想。

郝永忠原名郝摇旗，出生年月、身份籍贯、家境学历、真实姓名通通不详。后人唯一知道的是，因为此人入道之初曾在李自成军中担任大旗手一职，因而后来得到了郝摇旗这个绰号。郝永忠这个名字是在他与李锦（又名李过，李自成之侄）等人归附南明后，朝廷给改的。

所以真实的情况很可能是李自成并没有死，而是以假死作为缓兵之计，想等待时机成熟时东山再起。为了防止隆武进入湖广后执掌一切军国大权，使得自己幕后指挥大顺军余部和联明抗清的计划功亏一篑，因此才秘密派人与郝永忠通气，让他拖延时间延缓隆武西进的行动。

可是，这种说法也存有一个漏洞。那就是老部下郝永忠肯定会毫无疑问地听从闯王的吩咐按兵不前。不过，另一路前往迎驾的张先璧部，李自成先生就很难保证人家会百分之百听你的。

因此，基于这两种说法中的疑问，很快又有了第三种说法问世，而这个说法则使人更加咋舌。

因为这一种说法不仅认为李自成确实未死，而且还提出了一个更为大胆的猜测：何腾蛟同样知道此事。何腾蛟不仅知道李自成没有死于九宫山，反而选择与李自成合作，帮助大顺军大肆宣传李自成的死讯并顺道携手李自成等人掩盖了事情的真相!

通过帮助李自成并与之合作，何腾蛟也得到了不少的好处。首先是凭借着在境内击杀弑君贼首的功劳，何腾蛟获得了定兴伯的爵位和督师、东阁大学士兼兵部尚书的官职，一跃成为隆武朝中地位仅次于郑芝龙、黄道周的重臣并得到了隆武的信任。二是有了李自成数十万大军的鼎力支持，自己的声望与实力得以大大提升，过了一把“壮岁旌旗拥万夫”的瘾。

为了各自不同的利益，何腾蛟与昨日的敌人李自成走向了联合，联手瞒过了清军和全天下的人，也骗过了几百年来众多的专家学者。此次他们又因不同的原因与目的，达成了一致，成功阻止了隆武的西进行动。

当然，这三种说法到现在也只不过是一些猜测而已。因为即便是今天，史学界对于何腾蛟派出的迎驾部队何以会有如此奇怪举动的原因还是众说纷纭，莫衷一是。

催促了无数次，又被敷衍了无数次，相信即便是再不开窍的人也该清楚这事儿指定是没戏了。然而，即便如此，隆武却依旧带领着一帮大臣们朝着湖广的方向前进着。

之所以会这样，不是因为隆武太傻，而是因为这些人实在已经无家可归。

好不容易冲破了重重阻拦从福州的牢笼中走了出来，怎么能再回去继续过那样受制于人的日子？隆武知道如果就此折回，等待他的绝对将是绝望而漫长的傀儡生活，可是，如果他能坚持下来向着西方前进，也许会看到那希望的曙光。

当时江西的北方诸府县均已被清兵攻占，而郑彩又临阵退兵，奔回福建。这样一来，隆武原定从建宁进入江西的设想就无法实现了。于是隆武当即转变西进路线，下令全军向南转移到延平，并打算从延平前往汀州。

汀州（今长汀）位于福建西部，毗邻江西赣州（此时赣州仍然控制在明军手中），有河运之便。所以在隆武看来，这是实现自己进入江西进而直接坐镇指挥北伐、对清兵开展反击的最佳路线。因此，隆武开始在延平囤积粮草，打点行装，做好实现人生大变革的准备。

而与此同时，郑成功却趁着隆武亲征的这段时间，完成了由一介文臣向一员武将的转变。

隆武二年（1646）正月，郑成功率领一支军队出大定关，准备按照隆武的北伐计划进入江西增援。这大概是这位传世名将人生中第一次领军出征。

郑成功虽说是出身于武将之家，且从小学习过武艺，但是事实上，起初就从未曾有过参军为将的打算，只是以读书作为自己早年的主业，没日没夜地研习儒家经典，提高自己的作文水平。倘若没有崇祯殉国、清兵南下、南京陷落这一系列的时局巨变，郑成功本应该是顺理成章地通过读书、科举博取功名，获得一官半职，然后再由小官做起，凭借着自己的努力和父亲郑芝龙的影响一点点地得到升迁，历经官场的风雨岁月，最后在四五十岁时进入帝国的核心机构内阁，以实现自己匡世救国的理想。

然而上天似乎并不想让郑成功以这样一种方式实现自己的理想，而是期望他的人生更加引人注目，丰富多彩。这位青年似乎在上天一步步的指引、督促下，完成郑成功注定要完成的使命。

带兵出征大致不出三种结果：打了胜仗、打了败仗与打和了。首次领兵出战的郑成功却偏偏遇上了第四种情况：仗没打成。郑成功的族兄郑彩不顾隆武帝的命令，将军队从杉关一带撤回。于是，满怀壮志、一心想与号称无敌的清军奋力一战的郑成功刚走到半路，便接到了朝廷的命令，回师！

得到收兵命令的郑成功心中百感交集。这位血气方刚的年轻将军很想见识一下清军的作战能力是否像传说中的那样势不可当，但同时又为自己家里人的阳奉阴违消极避战而深感气愤。因此在回师的路上，郑成功四处收拢那些从郑彩军队中逃走的士兵并好言安抚他们。在重做了一番休整后，郑成功率领部队出屯分水关，为再次奉命进军江西做准备。

就郑成功的这次初征的表现来看，能做到这种程度已是相当不错了。不久，江西前线吃紧，何腾蛟那边派出迎接隆武的军队迟迟不到，隆武只得下令调来郑成功的军队，前来承担护驾任务。

实事求是地说，郑成功的初战扫兴或许是件好事，因为凭借当时郑成功的军事素质和他手下军队的水平，要打败如狼似虎的清军，那是比较困难的。如果这仗真的打了，郑成功多半是会输的，而一旦第一次与敌交锋便惨败而归，那说不定就没有了后来那个让清军胆寒的名将郑成功。

由于郑成功与老爹郑芝龙在抗清政策及拥护隆武帝等重大原则性问题上的态度完全相反，且裂痕日益扩大，因而虽然身为郑芝龙长子，手上却压根儿没啥兵权，而且麾下的直属部队人数也不多。



不过好在隆武对郑成功始终寄予很大希望，决定送他一份礼物。他大笔一挥，把朝廷新近在永安、沙县一带招抚的山贼寇盗等一万余人划归郑成功节制。这样一来，郑成功实际控制的兵力便大大增加了，但是随之而来的粮饷问题却成了困扰郑成功的一大难题。

要知道，隆武没有自己的军队，而且明军所有的兵饷也是依仗郑芝龙的。所以当郑成功向隆武提出“据险控扼，拣将进取，航船合攻，通洋裕国”的建议时，隆武只能报以无奈的苦笑。

“兵、饷、器这三样事物一直都需仰仗爱卿父子。你的那些建议，我虽然十分认可，但是没有实现中兴大业所必需的兵、饷、器，我也是实在没有办法啊。”

皇帝陛下既然帮不上忙，父亲大人又不愿帮忙，那就只有完全靠自己了。于是，为了解决现实问题，在征得隆武同意之后，郑成功外出筹集粮饷。但没有想到的是，隆武与郑成功的这次告别竟成了最后的永别。

## 出招

就在隆武把北伐活动搞得有声有色的时候，作为隆武天然盟友兼皇位竞争者的鲁王朱以海也渐渐无法按捺自己激动的心情了。

与隆武的情况不同，当时朱以海虽然手下有一大帮忠于他的文臣武将，且掌握着一支数量庞大的军队，以浙东为根据地自成体系，但他却并没有称帝而是自称监国，并仍旧沿用前任弘光的年号（为了保证文章前后的一致性，不至于引起混乱，在后面提及鲁王方面的事情时，本文也一律采用隆武的年号）。

眼见自己的竞争对手朱聿键先生先开了北伐誓师大会，接着又是做全军总动员，大搞舆论宣传工作，而自己治下的百姓也纷纷表现出对隆武的拥护。只要一想到这些事，朱以海的气就不打一处来。

再这样下去，用不了几天，大家就都要死心塌地跟随隆武一道北伐去也，完全忘记了这个世上还有个鲁监国存在的事儿。

真的到了那时，我朱以海将何去何从呢？残酷的现实迫使朱以海慢慢从歌舞美酒中清醒过来，思索自己的前途问题。

因此在隆武北伐的消息传入浙江不久，朱以海也开始在心中谋划着出兵的相关事宜。

虽然朱以海并没有出师北伐统一全国的雄心壮志，但因为当时完全处于鲁王控制下的只有绍兴、宁波、温州、台州等地，且不管是朱以海还是他的大臣们都一致认为长期憋在浙东这江南一隅也不是个事儿，所以在朱以海看来统一全国什么的可以先搁置不谈，不过尽快完成对浙江全境的统一却是相当必须的。

想要在威望上不输给隆武，在皇位的争夺战中不至于落于下风，朱以海终于下定了决心，准备出击，打他娘的！

既然已经定下了收复浙江全境的决心，朱以海便召集大臣们商议具体的出兵方案。

作为当年第一个提出拥立朱以海并派人奉表南下台州请鲁王监国的人，大学士钱肃乐当然是最有发言权的。于是他当仁不让地向朱以海提出了自己的意见。

钱肃乐认为，在当前的情况下，为了不失民心，出兵是必然的。如果出兵，最佳的方案应该是先克杭州，再下南京。

客观地讲，钱大人不愧是曾经担任过义军领袖的人，他的军事眼光确实是很准的，而且也比较符合鲁王方面的现实情况。

先攻杭州，不仅是因为杭州历来是浙江省首府，而且更为重要的是，杭州是一个物资丰富、人口众多的大城市。假使朱以海的部队能够攻占这座全国知名的大城市，不但可以大大激励鲁王所辖军队的士气，还能保证大军日后的粮饷供应。拿下杭州后，只要稍加休整，大军便可即日北上，乘着克复杭州的余威一举收复故都南京！

不仅如此，思维缜密的钱大学士还更近一步为收回南京之后的事做了规划，那就是请鲁王朱以海亲自率领大军进驻城中，并率领文武官员前往拜谒太祖高皇帝（朱元璋）的陵寝！

连这么远的事都考虑到了，每次当我读到这里，都会打心眼里为这位办事周全的钱先生能看得如此之远而深感佩服：真是一只老狐狸啊！

之所以要这样说，本人是全无恶意的。因为从钱嘉乐这个方案中，我确实能感受到此人的厚黑学水平之高，因而才情不自禁，大发感慨。

好，感慨过了，现在解释下原因。世界人民都知道，咱中国人是最讲究礼仪的（特别是孝道）。而尊敬祖先便是其中最为核心最为基本的要求。在当时的情况下，福建有隆武建立的朝廷，浙江有鲁王建立的政权，双方都自称是继承了祖宗基业的正统，这也是不争的事实。但所谓天无二日，民无二主，到头来带头大哥只能有一个。所以这就出问题了，唐、鲁双方都认为自己是合法的，指认对方是非法的。这么一搞，甭说是老百姓迷迷糊糊，连当大臣们也懵了：我们到底该听谁的？

因为站错队对于任何人而言都是一件比较危险的事情。这个很影响前途啊！

对这件事情，鲁王方面与隆武方面一直是有争论的。且为了此事，两边不光争论旷日持久，甚至还一度爆发了数起边境武装冲突与小规模流血事件，却也没有得出个所以然来。因此在两边大臣的集体努力，群体和稀泥的帮助下，两边最终达成了一个默认的共识，谁先收复两都，谁今后就更有资格统御天下。

其实说来，在当时尚未被清军攻占的南方数省之中，支持隆武的是占大多数的。按辈分，鲁王朱以海又是隆武的侄子，理应自动取消监国的称号，并对外宣布愿意接受隆武的统一领导。但是，当一个人一旦拥有了可以成为皇帝的机会，那么只要是个人，他就不会轻易放弃。正如几百年后，那个已然掌握了一切国家大权甚至连继承人都可以随意任命的袁世凯一样，不管怎么说，也想过上当几天皇帝的日子。

然而事实也无数次地证明，正是因为这么个想法，把这类人给害苦了。

鲁王朱以海组织的政府虽然没有得到太多的支持，而且整体实力也远远不如福建的隆武朝廷，但他同样是一个不愿意放弃登基为帝的机会的人。再加上朱以海手下的大臣诸如张国维等人也始终对隆武称帝不太服气（毕竟当时公认的皇帝弘光还活得好好的），因此他们一心期望能够通过辅佐朱以海来复兴大明，却打死也不肯买朱聿键先生的账。这些大臣们顽固地坚持着不承认、不妥协、不接受的三不原则，势必要与隆武一派较较劲。

明日之事，尚未可知。谁敢保证我们没有机会呢？

所以鲁王的大臣们也打算试一试自己的运气。因为果真一个不小心革命得以成功，那自己就真是赚大发了。即便是自己的运气不好，没押对人，到时候再改弦更张也为时不晚。

也就是说，这件事无论结果如何，大家都是稳赚不赔的。因而谁都很有兴趣试上一把，看看自己是否具备成为流芳百世的中兴功臣的命！

钱嘉乐的提议得到了在场大多数人的认可，朱以海也认为钱大人的这项计划比较靠谱。于是，浙东的鲁王系明军也全部进入了备战状态。

正如钱嘉乐所说，朱以海出兵不是迟早要做的事，而是必须去做的事。因为相对于隆武而言，朱以海的浙东政府所面临的形势其实更为严峻。

从地理位置上说，浙东已是处于抗清的前线。当时清军已在钱塘江边开始赶制渡江用的船只，并着手进一步南下，只不过因为浙西局势尚不稳定，反清运动此起彼伏，才一直没有动手。但是所有人心里都很清楚，浙西的起义是坚持不了多久的，清军一旦镇压完了浙西军民的起义，浙东迟早是要与清兵一战的。

朱以海朝中上下所有人都料到战争是在所难免的，所以与其让你打到我的地盘上，搞得我们不能正常生产生活，那倒不如趁你没准备好，打到你的地盘上，说不定这样一来还更有胜算。

于是，隆武元年（1645）八月，朱以海集结了出征的大军并派出了他手下最善战的将领带领，向着方案中的第一站杭州进发。

此次出征杭州的明军兵分两路，一支由靖夷伯方国安率领，另一支由武宁侯王之仁率领。两路明军按照部署分道出击，以混淆敌人视听，但最后务必如期会师，实现对杭州城的合围！

相比明代其他时期的名将们，方国安、王之仁这两个人确实是默默无闻，名不见经传。但事实上，这二位的确是鲁王朱以海部下将领中堪称最为豪华的组合，且都大有来头。

先说方国安。方国安，浙江诸暨人。此人是时人公认的鲁王麾下第一猛将。据说，这位仁兄也是年纪轻轻就入伍参军，还曾到山海关服过役。后来跟随着上级南征北战，打过土匪、民军、海盗、倭寇，甚至还曾一度远征过安南（越南），可谓是阅历丰富，见多识广。在与众多类型的敌人交手后，方国安也渐渐了解了战争中的一些规律，积累了足够的经验，因此到了崇祯年间，方国安累功升为总兵，成为一个还算不错的将领。

但在明末，能打的猛人实在太多了，什么洪承畴、曹文诏、孙传庭……全部都是百战名将，个顶个地能征善战。所以有这些璀璨的将星珠玉在前，方国安看上去是一点也不起眼。然而正如《木兰辞》中的那句“将军百战死，壮士十年归”所描述的，关内有高迎祥、李自成，关外有皇太极、多尔衮，大大小小的几百场战斗打下来，明军这些名将不是在与民军的作战中战死沙场，就是在和后金军的决战中被俘的被俘，投降的投降。所以几年下来，明军中再论到战功卓越的将领也就不过那么几位了，方国安也因此熬出了头。

特别是朱以海一直拒绝接受隆武的领导，因而手握十万大军的方国安也得以安全避过与隆武手下的第一号武将郑芝龙的竞争，顺理成章地成为鲁监国手下的武将之首。

相对于出名晚、进步慢的搭档方国安，王之仁似乎更惨些。

王之仁字九如，湖广巴陵（今湖南岳阳）人。这位仁兄在军中崭露头角的时间比方国安还要晚上许多年，在弘光年间才当上宁绍总兵，有幸步入明军高级将领的行列。王之仁虽说是大器晚成，却极善于用兵，特别是水师，用起来更是得心应手，是一位当时比较紧俏的水路两栖作战人才。然而就是这样有能力的一个人，鲁监国属下的大臣们却总是对他多有议论，而且在当地百姓心目中的印象也不是很好，这是为什么呢？

原来，在拥立朱以海担任监国前，这位王之仁曾经有过一段不堪回首的汉奸生涯。

当初，清兵南下浙江，原本奉命沿江设防的王总兵估摸着难以抵挡清军的攻势，便和诸位同事合计了一番，奉表投降了清廷，并以浙江防倭总兵的原职驻军于定海。随着清政府在全国范围内颁布了剃发令并强制执行，浙江各地也跟着进行了反剃发的斗争。

在接到了原太仆寺卿谢三宾的密信，本应该出兵镇压宁波府反清起义的王之仁却被沿途所见的百姓抗清义举深深感动，抵制住了谢财主提出的杀害当时义军领袖钱肃乐等人并在事成后给予千金的诱惑。王之仁反而当众揭露了谢三宾的阴谋，并向天宣誓，共树义帜。

这样，王之仁才重新回到了大明王朝的旗帜下，逃脱了汉奸的骂名。

后来的事实也证明了一点，王之仁是个言而有信的人。一年之后，清军渡过钱塘江，再次大举南下。这一回王之仁却没有投降，而是信守了他的诺言，坚守自己的气节，直到生命的最后一刻也坚决不降。这一点倒是和此次与他同行的方国安先生形成了极其鲜明的对比。不知这是否也是命运之神的有意安排。

明军此番出征出奇地顺利，是因为清朝方面做梦也没有想到，这么一个弹丸之地的待灭政权竟然胆敢主动出击，攻打浙西。所以方国安、王之仁率领的明军一下子将毫无防备的清军打了个措手不及。在当地义师配合下，明军接连收复了收复富阳、于潜两县，而且还按照原定计划成功地实现了会师，并于八月一度包围了杭州城。

此时，出征的明军再加上赶赴杭州支援的各地义师，总兵力已达十余万人，而负责守备杭州的清军总数却不过四千。其中的大部分士兵是原属黄得功、高杰的降军，真正的入关清兵倒也不是没有，但顶多不会超过二三百人。所以，在得知这一消息后，浙东的朱以海君臣完全兴奋了。

这真是天助我也！是拿下杭州的绝好时机！几乎所有人都认为这一战是稳赢的。十万打四千，甭说打了，踩都踩死他们了。一时之间，整个浙江都沉浸在即将到手的喜悦之中。

在接下来的一个月中，一份又一份的战报也照例陆续被送抵朱以海的案头。但明眼人都看得出来，朱以海日前的喜悦已经彻底烟消云散，取而代之的是一脸可怖的阴霾。

因为在这段时间里，朱以海看到的战报主要上报了这样几件事：明军围城后不久，于某日突遭清军副将张杰、王定国等人的偷袭，部队损失四千余人，总兵方国安被迫率军撤围，退守富阳。

几日之后，坚守杭州的清军竟又一反常态，以王定国为首将的清军主动出兵余杭，同明军在附近地区接连展开大战。明军不敌，再次大败。方国安二将从关头一路败到小岭，被敌人追杀了二十里，而且在战斗之中方国安之子方士衍等人不幸阵亡，士兵伤亡无算。

相信如果你是朱以海，在读了这些报告后，你也同样没有好脸色。十多万人去打四千人，还被人家先打得撤围，后打得崩溃，你们这是怎么搞的！就是十个围殴一个也不该输啊！况且你们还都是拿着刀的！

朱以海彻底愤怒了。一群无能之辈！我的脸都让你们给丢光了！

怒气填胸的朱以海本来想要把方国安、王之仁召回来好好惩戒处罚一番。看到监国身上烧得正旺的怒火，朱以海手下的大臣谁也不敢出面为二将求情。然而就在朱以海打算派人传令的时候，在前线督师的大学士张国维却凭借这一封奏疏改变了二人将受严惩的命运。

朱以海在看过张国维的奏疏后，果然怒火全消，打消了将前方将领治罪的念头。但事实上，朱以海之所以会改变主意倒并不是因为张国维先生在那份奏疏里为方国安、王之仁说了多少好话，而是因为朱以海看到了奏疏上那个守卫杭州的清军主帅的姓名——张存仁。

张存仁，辽阳人。崇祯年间为宁远副将，同总兵祖大寿镇守大凌河。后来大凌河被围，祖大寿被迫出城诈降，张存仁便随着祖大寿一同出降。当时，跟着投降的明军诸将都不清楚祖大寿纯粹是在忽悠。而皇太极就更没有这个防备，所以他相信了祖大寿的进一步忽悠并放走了他。

后面的事我们就都知道了。祖大寿回归祖国的怀抱后就权当嘛事儿没有，接着一心一意地为崇祯守城。把在外面焦急地等着好消息的皇太极又给结结实实地玩了一把。

可是，要知道祖大寿虽然跑了，但他只是带走了一部分部下与士兵，祖先生大部分的下属和亲属却还牢牢地掌握在皇太极的手里。

但是皇太极也是有脾气的。虽说当时还没有另立山头当皇帝，可毕竟也是个汗，手下也是有一帮听话的大臣服服帖帖地给办事打工的。因此一来二去老这么被明朝的人忽悠，皇太极也感觉自己在众多的属下面前，脸上有些挂不住了。

所谓杀人立威、杀鸡儆猴，一般都是这个时候挽回面子的最好方法。所以皇太极决定找出祖大寿属下的几个人教训一下，即便不杀了他们，也得好好地整治一下。

谁让你们的主将把我给耍了，你们这些人就代他受罚吧！要怪，也只能怪你们跟错了老大！

于是，按照皇太极的要求，底下的官员赶忙从祖大寿的那些部属中挑选了几个合适的，来扮演皇太极的撒气桶，带出来给大汗解气。作为祖大寿的亲信，张存仁就名列这些人之中。

这可能不是皇太极第一次见到张存仁，所以准确地说这应该算不上一见钟情。但就是这一眼，确实使得皇太极心中一凛。据说皇太极刚见到张存仁便觉得此人举止不俗，于是来了兴趣与他攀谈起来，有意招降此人。众所周知，当时祖大寿对明朝始终忠心耿耿，绝无二意，因此曾经跟随祖大寿很长时间的部将们自然也差不到哪里去。

毫无疑问，皇太极此举无疑是热脸贴上了冷屁股。而我们也有理由相信，张存仁起初也肯定是宁死不屈，口水没少用，骂人的话也没少说。但是，张存仁没有料到的是，皇太极与他爹不同，是一个懂得隐忍与克制的人。

皇太极先生虽然认不得多少汉字，看过的中原名著也仅限于《三国演义》那么几本书（还是插图本），可小不忍则乱大谋这个道理还是懂的。既然皇太极已经认定张存仁是个人才，并且诚心实意地想要体验一把策反的成就感，因此他就绝对不会轻言放弃的。

果然在手下谋士的献计献策和自己赤膊上阵、好言慰抚下，张存仁终于降了，而且是真心的！

事实证明，皇太极这回确实是捡到宝了。就这位张人质日后为清廷做出的贡献来看，张存仁的归降才该是让能皇太极偷着乐上几天的大事。因为这个张存仁着实是个人才，不但有气质，更重要的是此人文韬武略，是个打仗的好手。

后世有人认为，假使后来吴三桂没有降清或者是降清之后早死上二三十年，在后世的史书中张存仁绝对不会是与今天一样的评价。

但在本人看来，即便是没有假如的那些情况，在投降清朝的汉族将领中，若论军事才能，张存仁大致可以排在第五。

张存仁归降了清廷后，仍任他的原职为副将，且参加了包括著名的“松锦大战”在内的一系列大大小小的战斗。对于张存仁在这些战斗中的表现，新老板皇太极很是赏识。由于相信张存仁的才能，所以当皇太极一建国称帝，正式宣布单飞，就马上对张存仁予以重用。先任命他为承政，安排到新近设置的都察院工作，后来又追述前功，授予张存仁世职一等梅勒章京（即副都统，二品武官）的职位。

张存仁虽然没能坚贞到彻底、不屈到最后，成了早期的汉奸。但是平心而论，他确实是一个为官清廉、正直不阿的好官兼好人。因此皇太极也越来越器重张存仁。张存仁几乎每次上奏章，皇太极都是无一例外地予以采纳。

两年后，清廷重新制定官制，张存仁改任都察院右参政，隶镶蓝旗。张大人的工作热情就更加高昂，连续数次上疏为夺取辽西军事重镇锦州及其周边城池献计献策，并对战事中用人之道作了精辟的阐释。这些行为也同时得到了上级与同事们的一致好评和交口称赞。

然而真正使得张存仁获得清廷与多尔衮百分百信任同重视的，却并非是他的辛勤工作，积极献策。张存仁成功地拉来了一个好朋友的入伙，这件事才真正奠定了他后日得到重用的基石。

因为张存仁的这位好朋友叫吴三桂。

正是有张存仁十年如一日地以私交之情致信劝降吴三桂，后来吴三桂才会在老婆被抢走的时候想到要向清朝借兵，并最终死心塌地跟着清廷同呼吸，共命运。

所以说没有张存仁，清军虽不敢保证入不了关，但至少应该不会那样顺利。

入关之后的张存仁也充分显示出了他的强悍，屡建战功。此人就像个救火队员，哪里反清势力闹得最厉害他就会带兵到哪里，所以张存仁的官职也是一个劲地猛升：由梅勒额真到浙江总督，最后一直当上了国防部副部长（兵部右侍郎）兼检察院副院长（都察院右副都御史）。

鲁王朱以海派遣方国安、王之仁从富阳渡过钱塘江进攻杭州时，被委以总管浙江、福建两省事务的张存仁正好驻在杭州城里。

张存仁的存在，无疑是南明的不幸，方国安的噩梦。

在浙东，方国安和王之仁确实是朱以海手下最能打的名将，是出征杭州最佳的人选。然而在这位历经数次大战，跟着名将祖大寿先生学习、吴三桂同学一起成长的张存仁面前，这两个人不过还停留在小学生的水平。

你们哪里是什么名将，不过是明将而已！

更为可怜的是，他们二人即将面临的对手，实际上才是一名不折不扣的名将，只不过是后来不怎么出名罢了。

古往今来但凡是名将，无论是国内的还是国外的，都会涉及一个最擅长的兵种的问题。比如郑芝龙父子是水军的专家，吴三桂是骑兵的使用高手，戚继光对步兵用得最为得心应手。而张存仁所擅长的兵种，却是在那个年代并不多见的，应该可以划为新兴兵种的行列，因为他最善于运用的是炮兵。

在张存仁生活的时代，向前推一百五十年，再向后推一百五十年，算上张存仁，能够把炮兵作为自己的主要战力并能运用地炉火纯青的只有两个人。一个是咱国内的，叫孙承宗；而另一个是人家国外的，叫拿破仑·波拿巴。

人尽皆知，大炮这种东西虽然够猛够强悍，但由于个头大，还死沉，一旦带上了会严重影响行军速度，所以将领们固然很清楚大炮很有用，然而嫌麻烦，一般没人带。更为重要的是，咱中国土地面积很大，因此战场也大，两军作战动不动就要千里跃进、万里奔袭的，所以要是真的装上了这些个东西在军中，来回折腾，四方转战，士兵累都累死了。



尽管如此，张存仁却仍然固执地喜欢使用这些大家伙，即便是入关后也一直整天随军带着，不愿意甩手丢下。一切的一切，只因为大炮确实太好用了！而且由于数年前孔有德、尚可喜等人投靠时，捎带手的无偿转让，火炮技术已经被引入清朝很久了。再加上几代由蹩脚到熟练的军火专家的不懈鼓捣，到了十七世纪中叶，清朝好歹也宣布完全掌握了火炮技术，并进入了世界先进国家的行列。

不管怎么说，火炮部队还是折腾出来了，先凑合着用吧！

进得关来，张存仁一用，别说还真凑合。虽说没有造成炸膛、误伤之类的重大安全事故，但大忙也没有帮上。所以一向以炮兵为最爱的张存仁一时之间在军中也郁闷了很久。

可是，在张存仁随着贝勒博洛南下到浙江作战后，张存仁和他的炮兵部队竟然一炮而红！

这是因为在初战受挫后不久，张存仁就得到一个消息：清军入关之后，那些从投降的明军手中收缴来的大炮们正处于闲置状态。听到这个消息，张存仁的眼睛发出了亮光。

于是，张存仁很快请示了上级，并在得到批准后立即派人将这些大炮运来，重新装备了自己的炮兵部队。

在清军拿下浙江的大部分地区后，清廷为了巩固在浙江一带的统治，恢复战争过后的江南，便留下了拥有相关工作经验的张存仁安抚百姓，重启当地的农商活动。于是乎，要命的张存仁留在了杭州，要命的炮兵留在了杭州，当然要命的火炮同样也留在了杭州。

张存仁加大炮，再加上异常坚固的杭州城墙，攻城的明军无论再怎么不怕死，也很难以突破这道由坚城利炮构筑的难关。明军的战败，自然也不足为奇了。

所以不是明军无能，而是杭州实在难啃。

坐镇督师的张国维深知张存仁的厉害，而上阵与之交过手的方国安、王之仁也亲身领教过了张存仁的厉害。但是，此时朱以海却派人告诉他们，即便是厉害到不行，你们也得给我拿下杭州城！

作为一个当领导的，朱以海虽然资历尚浅，但也是知道好下属不是骂出来的道理。所以朱以海也十分讲究领导艺术，在简单训斥一番后，他向诸将露出了笑脸。

隆武元年（1645）十一月，鲁监国朱以海亲自当着三军将士和文武百官的面，筑起高坛拜方国安为大将，进封荆国公，节制诸军；王之仁为兴国公担任副将，统领大军，再次出征！

为了进一步鼓舞全军士气，朱以海又亲自莅临钱塘江边的军事前线西兴犒军，当场给予每名士兵赏银二钱，鼓励大家奋勇杀敌。

责限过江，攻取杭城！朱以海下达了就任监国以来最为严厉的一道命令。

二十四日，在方国安、王之仁等人的率领下，浙东精兵数万人如期过江，再次向着那个命中注定的战场开去。

一般情况下，领袖人物到前线视察，军队的士气往往大大增加，就连一向以爱好和平、百战百败而“名垂青史”的宋军，在见到宋真宗亲临阵地后，都开始超水平发挥，一举击败了南下的辽国铁骑，取得了战斗的胜利。这一次明军也不例外，朱以海慰问后明军上下一时群情激奋，无不表示将要誓死以报。每个士兵都如同打了鸡血一般。

士气高昂未尝不是件好事，但朱以海还是忽视了一点：打仗不同于打群架，并不是说哪边人多、敢玩命、不怕死就能赢。因为决定战争胜负最为关键的因素之一，还是要取决于领军将领的水平。这就是千军易得、良将难求的道理。

此次出师，明军改为兵分三路，分别从朱桥、范村、六和塔三处过江，直至张家山、五云山、八盘岭等处，进而进逼杭州。选择这一进攻方式有两个好处，一是可以做到扫清外围，使杭州陷入孤立，方便全力进攻；二是可以进行小规模的围点打援，扰乱对方的判断。

令方国安大喜过望的是，这第二次的出征竟然也出人意料地顺利。部队很快便开到了距离杭州十里的地方，并安下了五座大营。

其实方国安一路顺风并不是因为他运气好，又恰好逮到了清军毫无防备的时机。真正原因是有人在方国安率军到来之前便早早为大部队开好了路，这个开路人正是当时的督师张国维。

原来在方国安等人初攻杭州不利、撤围败走之后不久，已经与浙中义师取得联系的张国维便于十月十四日出师钱塘，会同钱肃乐等部合攻杭州。

张国维和钱肃乐吸取了方国安部战败的教训，所以这回再度围城是只围不打。二人知道守卫杭州的张存仁绝不是白给的且十分爱用火炮，于是同样十分熟悉大炮的张国维便有意将部队驻扎在城中大炮的最远射程之外，且在每个晚上派兵巡视，密切注意城中动向，防止张存仁派兵乘夜劫营。同时，为向张存仁致敬，体贴的钱肃乐先生还带领民兵四处袭击各地赶来的小股援军，劫掠送往杭州城内的粮草，务必让所有物资都无法输入杭州。

就是围不死也得把你饿死。

这么几手下来，就算张存仁很有才，那也彻底没辙了。大炮轰也轰不着，想劫营又没有机会，看样子只能坐等清军的大部队来援了。

张国维，狡猾狡猾的。相信被完全困在城中又不敢贸然领兵出战的张存仁心里没少这样暗骂张国维。

张督师的围城计划应该说是相当成功的，而且在他与钱肃乐的有力配合下，明军于城郊连战十日，均获小胜。

眼见再过上一段时日，杭州的收复工作便指日可待，然而两支大部队的到来却彻底使眼前的大好局面功亏一篑。

得知杭州被围的消息后，清廷迅速做出了反应，派遣努尔哈赤的曾孙子、礼亲王代善的孙子、颖亲王萨哈璘的儿子率领大军驰援。

请大家一定要搞清楚，上面说的是一个人，不是四个人。末了，说一下这个有着显赫家世的仁兄的名字，他叫勒克德浑。

当时，这位兄台的职务是平南大将军，正好奉命接替豫亲王多铎驻扎在江宁（南京）。听说杭州有明军来攻，这位勒贝勒就马上带着人马上路了。

当勒克德浑率军赶来时，刚好方国安部也才到。按照常理来看，一场异常激烈的遭遇战是不可避免的了。

可是，出人意料的事情却突然发生了。赶了好几天的路，壮怀激烈地来打杭州的明军，竟然在杭州城都还没看清楚的情况下，突然沿着原路返回了！

在明清时期，特别是明末清初这段特殊的阶段，战乱频发，社会动荡，加之史料众多，名目庞杂，且人为地毁弃修改也很频繁，所以这就造成了一些原本应该清楚的事情也变得各执一词，不清不楚了。但是方国安突然带领大军撤围而走的这件事却并不那么难解释，单靠我就能为大家说清楚。

因为方国安有个关系很铁的哥们此时正在军中，他看到清军援兵势大，认为即便是双方大打出手，十分顺利地攻下杭州也不再可能，反而会增加无谓的伤亡。他建议方国安立刻退兵，转攻杭州西南方的余杭、富阳两地作为军队的驻扎地后，再从长计议。

于是，方国安听从了这位哥们的意见，下令撤军。

这个方国安言听计从的好朋友，其实对于大家而言也不是什么新面孔，他就是我们的老熟人马士英。

自从弃京逃亡后，马士英才发现自己是真正无路可走了。由于平时的名声太大（当然不是啥好名声），马大人在南方跑了很多个地方也没有一处愿意收留他。听说鲁王朱以海于浙东监国后，马士英曾一度想南下绍兴投奔朱以海。谁想到，马大人的马蹄还没落到浙东的土地上，就有人站出来反对。鲁监国手下的礼部右侍郎王思任率先代表家乡人民表了态（王大人是山阴人即今浙江绍兴人）：“吾越乃报仇雪耻之国，非藏垢纳污之地！”

不仅如此，王侍郎还打算凡事做绝，所以他给期盼入伙的马士英写了一封信，主要目的竟是劝老马去死。

马士英活得好好的，既不愿早死，更不愿找死。但是迫于舆论压力，他也不敢继续前行。于是，实在是想不出其他办法的马大人只好装起了孙子，找人托关系硬要入股新公司。但马士英这么一闹，又把另一位不能惹的仁兄给惹急了。

这位“惹不得”的真名叫做张岱，与前面的王侍郎一样也是山阴（今浙江绍兴）人。此人虽然在朱以海的属下并未担任任何官职，是个彻头彻尾的平头百姓，也没啥势力。但是，他的能量却是相当的大，在当年是一个谁都要给他三分薄面的人物，且朱以海本人也不例外。

之所以敢这么牛，是因为这个张岱虽是个既无功名也无官职的人，可事实上他还真不是个普通人。用今天的话讲，这是一个含着金钥匙出生的人。

张岱先生出生于一个仕宦世家，打娘胎里出来就是位不愁吃、不愁穿的富贵公子。他的高祖张天复官至云南按察副使、甘肃行太仆卿，属于国家的高级地方干部。曾祖父张元汴那就更牛了，是隆庆五年（1571）那次科举考试中的一甲第一名，即传说中的状元。虽然没有按照今天影视剧里的俗套情节，一当上状元就被皇帝看上选为驸马，但这位状元郎也混得不错，一直做到了翰林院侍读、詹事府左谕德，每天给太子教书，日子也算滋润。张岱的爷爷张汝霖，高考成绩虽然没有他老爸那么好，但也在万历二十三年中了进士，最后终于广西参议的任上。

不过，以上的这些相对于张岱而言，都已经是陈年往事，过眼的云烟了。真正让张岱可以如此牛的，其实还是因为他的父亲。张岱的老爹张耀芳，高考的成绩也只能说是一般般，二甲出身。因此他并没有轮得上当选庶吉士，获得宝贵的留京指标，于是张爸爸只好退而求其次，跑到了地方的藩王府中找了一份差事混饭吃。

在王府中当差，虽然肯定是不会挨饿的，可这毕竟也不是什么有前途的工作。不是在造反的活动中被朝廷砍死，就是闷在那个小地方被憋屈死。反正不是那么舒服。然而张耀芳却来到了一个很有前途的地方——山东鲁王府，而且最后还成为鲁王府中的高级官员右长史。

换句话说，张耀芳是看着当时还不是鲁王的朱以海一天天地长大的。再加上张耀芳又是个多面手，不仅有文化，还兼具才艺（善歌诗，声出金石），对于声乐戏剧都多有研究。所以在小时候的朱以海眼中，张耀芳不单单是他的老师也是他的朋友，在交给自己知识的同时还带给了自己数不清的欢乐。因此，朱以海十分喜爱并尊敬这位张先生，自懂事的那天起就把他当成自己人。

既然张耀芳叔叔是自己人，那么张先生的儿子自然也不是外人了。虽然现在没有史料表明朱以海是跟着张岱一起长大的，但是，二人的关系却是毋庸置疑地比其他人好得多。

即便是不给张岱面子，怎么也得给张老爷子一个面子吧。

所以，在朱以海的政府中，张岱同学即便一没文凭，二不是官，却是当时许多人争相巴结的对象，比首辅还牛。

于是，张岱便以鲁藩旧臣的身份上疏朱以海，恳请立斩“弑君卖国第一罪臣”马士英。

奏疏被送上去后，朱以海派人将张岱召到了面前，再次与他探讨对马士英的处理问题。毕竟人命关天，马士英虽然坏了点，但好歹是个人，还曾担任过首辅，有着一定的势力，随随便便就杀掉也是不行的。

张岱，明末清初文学家、史学家，尤擅散文。古时候作为文学家，一般善于雄辩；而史学家更是通晓古今兴衰。所以当张岱见到朱以海，理论结合实际，再把历代的事拿出来作为前车之鉴时，朱以海也冲动了。恰好与此同时，张国维弹劾马士英十大罪状的奏疏也送了上来。因此朱以海当即下诏对马士英先杀后闻。在得到了领导的许可后，早就摩拳擦掌想为国除害的张岱当然不会怠慢，立即带了数百名士兵前往追杀。

事实证明，人要是没有一点本领，在这个社会上是连一天也混不下去的。马士英既然能当上首辅，甚至还曾一度掌控了朝政，这就说明老马是一个比较有能耐的人，至少在搞关系方面确实是个高手。

当时，马士英面临的形势已经绝非万分紧急，而是十万分的紧急。因为不仅仅是浙东方面下达了追杀令，远在福建的隆武君臣也觉得老马是导致弘光被俘、南京失陷等一系列事件的始作俑者，因而听到了消息也下令所辖地区捉拿马士英回福州治罪。在对待马士英的问题上，朱以海和隆武这两个在政治问题上争议不断的政权，竟然破天荒地异口同声：灭了马士英那老小子。

可见由于一年多的穷横烂横，马大人已经闹到了人神共愤的地步。

做人即便是在最得意的时期也不能过于嚣张。相信马士英这时应该一辈子都忘不了这句话。

好在过去的公关工作在此时得到凸显，马大人最终还是成功地逃出生天。

因为马士英在发达的时候，不但有恩于方国安，也曾帮另一个人的忙，而这个人刚好是郑芝龙。

现在是报恩的时候了。

# 第八章　背叛

虽然朝廷中以礼部尚书黄锦、太常寺卿曹学佺为首的诸多大臣都对马士英入仙霞关朝见隆武一事表示强烈反对，且上疏力劝皇帝尽快诛杀马士英，但在郑芝龙的影响下，隆武虽然当着全天下人的面给马士英下诏定性为“罪辅”“逆辅”，不过最终也给老马留了一条生路，允许他在江浙“图功自赎”。所以隆武的这一关，马大人算是平安度过了。

逃过了福建方面的通缉，浙东那边也有马先生的友人给透了信儿：张岱正带着一帮子人向你那赶去，要剁了你呢！

所以一得到消息，狡猾的马士英先生马上就跑了路，让风尘仆仆的张捕头扑了个空，再次实现了胜利大逃亡。可是，现在还不是兴奋地“欧耶”的时候，马先生很清醒地认识到，四处流窜总不是个办法，最要紧的是得到新政府的赦免。

江南的老百姓都把马大人恨得要死，且鲁监国的大臣们也无一例外地视马士英为士林败类、读书人的耻辱。要拿到一张免罪状，谈何容易！这是个看似不可完成的任务。

看似不可完成，实际上就很可能完成。对别人来说也许是难了点，但对于善于察言观色、分析领导的马士英而言，这件事情极其简单。

对于朱以海，作为最具发言权的鲁王府老班底，张岱曾有过一段比较公允评论：“从来求贤若渴，纳谏如流，是帝王美德。若我鲁王，则反受此二者之病。鲁王见一人，则倚为心膂；闻一言，则信若蓍龟，实意虚心，人人向用。乃其转盼则又不然，见后人则前人弃若弁毛，闻后言则前言视为冰炭。及至后来，有多人而卒不得一人之用。”

张岱的这段话，用今天的话讲就是朱以海喜新厌旧，再通俗一点，朱以海是个耳根子很软的人。

朱以海爱才到了如此饥不择食的地步，看似很好，其实很糟。正如当今社会上的某类人一样，乍一看是很上进的，四处招人才，请顾问，但事实上做的都是表面工作。招来的人才是凑够人等着裁，而所谓的顾问则更是有人雇没人问。一句话，盲人的眼睛，纯摆设。

当然以上这些对朱以海的评语绝非空穴来风，是有证据的。比如朱以海的原配、第一夫人元妃张氏有一个哥哥叫张国俊，明明是个什么都不懂的人，却凭借着老妹的狂吹枕头风得以做官，过上了招权纳贿的幸福生活。那位曾经预谋杀害钱肃乐等人、摧垮义军的败类谢三宾在当时侥幸未死，后来竟通过走张国舅的后门也参加了鲁监国的浙东政权，出演了现实版的“谢三宾升职记”，到最后出任了内阁大学士。

因此在得知了朱以海的这一性格后，一度惶惶不可终日的马士英突然有了一种拨开云雾见青天的奇妙感觉。

搞定朱以海，我能。

马士英想好了对策后，派人秘密地联络了老朋友方国安，设计巧妙地挑拨了朱以海与手下反对自己的大臣之间的关系，并暗中通过相关人士向朱以海先生屡表忠心。在马士英、方国安等人的里应外合下，朱以海终于被打动了。

无数的历史事件向我们证明，姜还是老的辣，人还是老的奸。年轻的张岱还是斗不过斗争经验丰富的马士英。所以不久之后，在马士英的操作下，朱以海下令斥逐了张岱，而马士英也得以正大光明、名正言顺地进入了新政府工作。

重归朝廷的马士英被安排的第一项工作，就是协助方国安出师杭州。

马士英也不愧是曾经领过兵、过仗的人，来到军中后，他的出谋划策确实给了方国安等人很大的帮助，使得明军一路前行的过程中并未遇到太多的麻烦，十分顺利地到达了杭州城近郊。

可问题是，马士英同时又是一个很有心计的人。他深知在这个兵荒马乱的年代，唯有军队才是最为宝贵的筹码，一旦一个人手底下的兵打光了，那么在朝廷里也就基本可以靠边站了。所以在他的建议下，方国安为了保存实力，便违背了出征前的约定，把军队撤离了杭州，静观其变。

当然，也有人说这个主意不是老马先生出的，因为此时方国安军中还有另外一个可以使方总兵言听计从的人，他的名字叫阮大铖。

不过无论明军的不战而退究竟是谁的杰作，还是导致了一个相当恶劣的结果。

但凡是大规模的战役，一旦有一路兄弟部队没有按照原定的部署行动，而是擅自转战，甚至不告而别，这都势必会导致整个军队军心的动摇，并进而使自身露出破绽，使敌人有机可乘。

杭州城内的张存仁正是这样的一个善于伺机出战、攻敌不备的优秀将领，他也确实觉察到了战场形势的这一微妙的变化。因而在方国安率领所部明军撤离的同时，张存仁与总兵田雄一起，带领着城中少量的清军向着撤退的明军发动了突袭。明军果然猝不及防，队列被清军的骑兵冲乱。不过好在混乱之中，方国安还是彰显了一下浙东第一名将的素质。在发现清军数量不多后，方国安就地带领亲兵稳定住了局势，并组织明军发起了反击。

经过一场激战，明军成功地将这队骑兵赶回了城里。但是由于起初的混乱，明军还是损失了五百余人。

被张存仁这么突袭了一回，幸好明军的元气并没有受损。不久，按照马士英的建议，方国安出兵分别攻占了杭州西南方的余杭、富阳两地作为军队的驻地，伺机再次攻城。

当方国安还在盘算着等待有利时机再次发动进攻时，却接到了出兵攻城的命令。虽说方国安极其不愿意开路，虽说这道命令还不是朱以海亲自下发的，却也不得不奉命起身行动。

因为下发这道命令的人是尚在杭州艰苦督战的大学士张国维，他的手中还有着一样特殊的东西——尚方宝剑。

尚方宝剑这玩意儿自诞生之初，其实也就是一个象征意义远大于使用意义的符号性物品。皇帝陛下一般将其赐予哪个大臣，就表示领导十分相信你，器重你。有了这把剑，就相当于皇帝给了你便宜行事的权力，也即古装剧里常说的先斩后奏的大权。

话是这样说没错，但历史上真正把这当回事、拿了剑就真敢这么干的人，除去脾气和胆量都很大的袁督师等那么少数的几个人外，还真不好找了。

所以所谓能先斩后奏的尚方宝剑，实际上和后来清朝皇帝赐予臣下的黄马褂，在意义上差不多。

得到御赐黄马褂的大臣完全有权把它拿回家，在大堂挂起来，在书房供起来，甚至干脆腾出一个箱子恭恭敬敬地收藏起来，当成传家之宝留给后世子孙，可就是别明穿。因为当时国家明文规定，在这个世界上有且只有一个人有权穿这种黄色布料制成的衣物，那就是皇帝。而对于那些未经许可授权，却随便穿着同种色系的衣服招摇过市的人，他的最终归属也只有一个——菜市口。

因此，给你一身衣服或一柄剑，只不过是皇帝陛下今个儿高兴，看你很顺眼，很不错，便乘兴赏你个物件，表彰下你的功劳苦劳。可千万不能较真，当回事。

然而见过张国维的人都十分清楚，张大人是一个特别爱较真的人。

本来约好了要合兵一处一起攻下杭州城的，可你方国安却临时变卦把兄弟部队全给甩了跑路，险些坏了国家的大事儿。那此时此刻用剑砍了你，是一点没商量。

不过张大学士还是给了方国安一个面子，没有直接来到军中砍人，而是派出使者催促方国安前来会师，可见张大人暂时还不想把事情做绝。

每当方国安想象一下不去赴会的结果，那就是一身一身的冷汗。所以方总兵一咬牙，一跺脚，再次率领部队赶来围攻杭州城。

所谓战机，真的堪称是世界上最为宝贵的东西之一。它能左右整个战局与无数人的生命，却往往只出现在一刹那，常常会在下一秒钟变得无影无踪。所以凡是军事史上的名将无不是善于抓住战机的高手，因为他们很清楚，战机永远是决定战争胜负的关键，要么是凯旋，要么是兵败身死！

当方国安带领大部队再次到达杭州战场时，明军得胜的绝佳机会恰好宣告终结，胜利的天平却在此时开始向着清军的方向倾斜。

此时的张存仁已经汇合了前来救援的勒克德浑的部队，城内的守兵也不再是区区数千人了。所以当张存仁听到方国安再次率着大队人马前来的消息时，他的脸上有的只是淡淡的微笑。

是决一胜负的时刻了，明将方国安。

以前的张存仁手里实在没那么多的兵，所以才只能耍些打个埋伏、搞点偷袭什么的小把戏。但现在杭州的清军已经等到了援兵，做好了开战的准备。所以张国维等人即将面对的是更为艰苦卓绝的大战。

早在五百多年前，天下间就流传着这样的一句话：女真不满万，满万不可敌。当时无论是北方的辽国契丹人还是南方的宋朝虽然都听到过这句类似预言的话，但往往是一笑了之。因为他们认为，同为两个膀子顶一个脑袋的人，谁比谁又能强得到哪去呢？这不过是谣传而已，不可轻信。

此后，东北的女真部落在日益壮大，可这种思想在辽和北宋的统治者之中却从未再发生丝毫改变，直到女真人的人口真的超过了一万的时候。

事实证明，那句类似预言的话，其实不是类似，而是真正的预言。当女真人真的拥有了上万的战士时，天地之间已经难逢对手。很快，军事力量最强的辽国灭亡了，经济最为发达的北宋也步了辽的后尘。南宋虽然靠着岳飞、韩世忠等名将的死撑总算是苟延残喘了下来，可在每年一度的巨额岁币和金军隔三岔五的过江侵掠下，再也不复大国的荣光，结结实实地又卑躬屈膝做了几百年的孙子加臣子，外带无限银行提款机，可谓丢尽了祖宗的面子。相信赵匡胤兄弟泉下有知，肯定会把棺材板啃穿。

五百年后，女真族虽然改名成了满族，后金的国号也欲盖弥彰地改成了大清，但是这个民族作为天生的战士所具备的强悍实力，却并没有因为时间等因素的改变而改变。在洪承畴、吴三桂、张存仁这些明朝降将加入后，清军已变得在历史上从未有过的强大。明军此次即将面对的，就是这样可怕的对手。为了确保杭州战役的完胜，勒克德浑带来的军队，主要成分是八旗兵，且满八旗占了大部分。

作为明军的前线总指挥，张国维知道通往前方胜利的道路将会异常艰险。可是既然已经集结大军来到了这里，就算明明知道会输也要打一场，不仅是因为面子，也是为了证明自己坚持到底、永不屈服的决心。

张国维眺望着远方那尚在清晨的薄雾中若隐若现的杭州城，下达了总攻的命令。

十二月十五日，按照再次亲临萧山的朱以海的规划，明军各部约定于二十四日丑时，分门会攻杭州：方国安、张国维率部攻正阳、钱塘等门；王之仁、熊汝霖、陈潜夫督兵攻太平、艮山等门；章正宸、孙嘉绩、钱肃乐、郑遵谦等诸部也各有任务。

得到命令的明军随即兵分三路，向着杭州发动了进攻。挡在他们前方的是同样严阵以待的八旗骑兵。

决定浙江乃至整个东南地区明清双方日后势力对比与攻守形势的杭州大战即将打响，为了缓解一下大家激动的心情和紧张的气氛，在这里，我们先介绍一下两边出场的阵容。因为这是在那个饰演"南明的岳飞"的演员尚未正式进入角色前，明清大战对阵之中最为普遍而经典的阵容。

清军方面

前线总指挥（名义上）：勒克德浑（实际上由张存仁先生担任）

前部先锋：季什哈（梅勒额真）、田雄（杭州总兵，劫持弘光投降的那位）

中军大将：张存仁（浙闽总督）

后军接应：朱玛喇（梅勒章京）、和托（甲喇章京）、张杰（副将）

幕后高参：张存仁（兼任）

明军方面

前线总指挥（名义上）：张国维（实际上各自为战）

前部先锋：王之仁（原杭州总兵，专长水战）、马士英（多年未上战场，但有丰富的剿匪经验）

中军大将：方国安（大将军，“名将”）

后军接应：钱肃乐（书生，有指挥义军的几个月的作战经验）

幕后高参：阮大铖



其实只看双方的将领阵容，杭州之战的结果就能很容易地猜出来了。明军将士虽然奋勇攻城，但无奈杭州的城墙实在太厚，出战的八旗骑兵实在太愣，明军的攻势很快受挫。而在明军开始露出疲态时，清军在季什哈和田雄的带领下发起了冲锋。马士英先生果然不负众望，再次率兵逃遁，一直逃到了赭山、朱桥一带才暂时停了下来。

清军的主帅张存仁在此时则用实际行动证明了一点：张存仁是个名副其实的多面手。在调动军队、部署兵力、督战指挥的间隙，张存仁竟然还亲自上阵带兵冲锋了一把，乘胜追击马士英，将马先生一路送出了杭州远郊。

与此同时，由于鲁王军队之间的配合很差，大家各打各的，张国维的命令基本没人去听，因此在很短的时间内参与围攻杭州城的明军被清军逐个击破。其中还属方国安败得最为彻底，因为被清军将领朱玛喇、田雄、张杰等人分兵合围，围住了猛打，方国安的水师一下子就损失了数万人。方国安也不得不舍命突围，才从清兵围追堵截中逃了出来。

随着马士英、方国安等部兵败的消息传来，张国维也意识到了事态的严重性，只得率领军队与钱肃乐的义军一起无奈地撤离了杭州。

如果说第一次进攻杭州的失利，对浙东的朱以海政府而言不过是一场普通到不用吃药即可痊愈的小感冒的话，那么这第二次的大败就是一次甲流的感染。虽然尚不足以致命，让鲁监国政权硬挺着扛了过去，但从根本上看，江浙一带的抗清势力却已经元气大伤。

在隆武元年十二月这次攻打杭州的战役中，鲁王的军队损失了多少暂且不提，仅浙东军队中将领的伤亡情况就足够让朱以海先生喷出一升血的。

经此一役，浙东的明军副将有十一人被俘，而诸如参将、游击、都司、守备之类的中下级军官更是高达四十八人之多。前文介绍过浙东军队的情况，朱以海手中的军队老本最多也就是十五万，这还是算上江浙一带所有打着鲁王旗号作战的义军才勉强够数的。且浙东能够带兵打仗的将领本来数量就先天不足，加之质量也不算太好，因此才会出现方国安这种水平的将领都能够号称“鲁王帐前第一名将”的事。然而，现在战败了，方国安的“名将”神话也随之破灭。

这次渡江攻杭战役失败后，鲁监国政权的将领们先前力破杭州再下南京、饮马长江的雄心壮志顿时烟消云散，浙东方面基本上全线转为划江扼险的守势。虽然后来为了鼓舞士气，朱以海在隆武二年三月还曾派王之仁率舟师于钱塘江扬帆出征，大败清军，并乘胜进围杭州，但可惜还是因为将领和军队水平差距过大，不幸再次战败而还。

兵不在多而在精，将不在勇而在谋。这或许才是战争中的不朽真谛吧。

所谓希望越大，失望也就越大。想当初，朱以海不惜郑重地筑坛拜将，临江犒师，结果等来的却是明军大败、伤亡惨重这么一个结果。因此素来好脾气的朱以海也发火了，打算着手处治领兵的大将方国安及军中的高参马士英。如无例外，等待二人的将是刑部阴暗潮湿的大牢和撤职或发配的惩戒。

可是奇怪的是，还真出了意外了。虽说朱以海很生气，但是后果却一点也不严重。

这是因为在当时浙东地界上，如果要论搞关系、找门路，马士英只能屈居第二，只因第一另有他人，他就是阮大铖。

明军的溃败在很大的程度上有阮大铖先生的功劳，而且作为导致弘光政权迅速倒台的主要责任人，阮大铖面临的舆论压力并不比马士英小，事实上反而是大大超过了前者，堪称祸国乱政的第一奸臣。所以当隆武和鲁王两方面均表示愿意让马士英戴罪立功时，马士英压根没敢提让阮大铖享受相同待遇的事。

这是因为老马也不傻，他知道只要再让阮大铖暴露在公众的视线之内（参考马士英之前入浙的遭遇），等待阮大铖和自己的无疑就是手拉手地被人民彻底抛弃，进而万劫不复，走向灭亡。

因此当时许多人只知道弘光被俘后，阮大铖自芜湖逃到了浙江一带，但是谁也没有料到的是，阮大铖早已秘密躲入了方国安的军队里，并在暗中准备东山再起。

对此时的阮大铖而言，方国安和马士英不仅是靠山，同样是重要的棋子。因而阮大铖很清楚，他有必要竭尽所能保住这两个人。

于是，为了保护自己，当然表面上还得说为了帮哥们儿一把，阮大铖在得到消息后，立马找到了一个人，一个可以改变朱以海的决定从而救命的人。

这个人就是朱以海最宠爱的张妃的哥哥张国俊。

在与张国舅进行了几次登门拜访和情感交流后，张国俊很快就与阮大铖成了朋友。

朋友的事就是我的事！这是常挂在张国俊这类人嘴边的话。既然吃了朋友的东西，收了朋友的礼，张国俊也马上行动了起来。终于，阮大铖通过张国俊递话，张国俊再通过张元妃递话，软耳根的朱以海果然改变了主意，赦免了方国安、马士英二人的罪状，并表示不再追究。马士英等人又一次化险为夷，安全过关。

然而就在朱以海君臣思索着下一步的举措时，真正的危险已然到来。

在某种意义上，朱以海的存在实质上为位于福建的隆武提供了天然的屏障与军事的缓冲空间，更何况在清廷的眼中真正能够对大清的利益构成巨大威胁的是得到南方各省普遍拥护的隆武，而绝非浙东的朱以海，所以清廷才会召多铎、博洛北返，而将清军的主力用于镇压浙西苏州、松江、嘉兴、湖州等府县的义师起义。

说句寒碜话，诸如鲁王这样的小角色，多尔衮先生从未放在眼里。

可是，十二月份的杭州一战，却开始让清廷认识到卧榻之侧，万不可容他人鼾睡！

所以很快朱以海和他的浙东政府又成了清廷的眼中一面必须要拆毁的墙，一天不把这堵墙推倒，江北的清军就一天不能窥视山川秀美家家富足的南方。在杭州的战斗中，清军又惊喜地发现，在自己的铁骑面前，鲁王手下的这支军队竟是如此地不堪一击！

因此在基本平定了浙西各地的起义之后，多尔衮正式拍板：择日攻打浙东！

隆武二年二月十九日，清廷任命多罗贝勒博洛为征南大将军，同固山额真图赖领兵南下，进攻浙江、福建，势必要将明朝百姓的最后希望——隆武和鲁王彻底消灭在摇篮里。

博洛到达南京，与勒克德浑进行了东南军务的交接后，下令调集江南所有能够调集的前明降将与他们手下的部队，开始积极准备南下进军的事宜。这一次，博洛打算经由苏州进抵杭州，并预备先取浙东，再图福建。接到命令的各路前明降军也即刻行动了起来。不到两个月内，提督曹存性，总兵李应宗、于永绶、王之纲等前明降将以及至少七千的降军就很快完成了集结，准备着对他们的老主顾和以前的战友们挥下致命的一刀。

应该说，博洛的进攻策略是十分恰当的。先弱后强，先北后南，正好可以一鼓作气地打下去。但可能是因为不太熟悉南方的情况，此时博洛先生似乎还是忽略了一点，那就是季节的问题。

博洛敲定的出征时间正好是农历五月。稍微有点地理知识的朋友就会知道，此时的南方正好是多雨的时节。每到这个时候，江南的河流便将进入汛期，河水暴涨，水流变急。这种情况是极不利于军队过江的。对于比较适应江南气候的降军来说，挺一挺也就过去了，可是对于那些北方来的清军士兵特别是出身于东北平原的满八旗和成长于蒙古高原的蒙八旗士兵而言，在风急浪高的时候乘舟横渡钱塘江，估计多半会晕船晕到吐死，这的确是个老大难的问题。

熟悉状况的浙东方面也是这么认为的。当得知清军有再次南下的可能时，负责沿江一线守备事宜的将领只是依据经验部分调整了兵力的部署情况，却并未向上面申请抽调兵力加强警戒。因为众人一致认为，在汹涌的钱塘江面前缺乏船只、运力不足的清军是很难渡过来的。即便是这帮人不识好歹，非要涉险过江，只要在江南严阵以待的守军能够适时击其半渡或向运兵船上开上几炮，这种威胁是很容易解决的。

可是，老天爷却帮了博洛一个大忙。

隆武二年的夏天不同以往，东南的大部分地区并没有像往年一样下起连绵的大雨，相反却闹起了旱灾。而浙江正好是旱灾的重灾区。

由于浙江久旱不雨，这时的钱塘江水流出奇地缓慢，而因为水流不畅，上游的泥沙很快淤积了起来。所以当浩浩荡荡的清军大部队行至江边的时候，士兵们见到了惊奇的一幕，竟有人正在江中悠闲地洗着澡。要是赶到往年的这个时候的这个地点，这位哥们可能早就被冲到海里去了。

于是有个别胆大的清兵骑着战马走入江水中试了一下。大家惊喜地发现，江水深度甚至不能没过马腹。很快，前方的将领就将这个好消息报告给了主帅博洛。博洛得知后也极为兴奋，认定这是上天要助自己建立奇功。因此他当即下令全军上马，一起过江！

五月二十五日，博洛的大军分兵两路。一路由主力的精锐马步兵组成，从杭州六和塔、富阳、严州一线涉水过江大举进攻；另一路由归降的前明水师组成，从鳖子门沿海而进。两路部队定于二十九日东西会合，全线出击浙东，兵锋直指绍兴的鲁监国朱以海。

在许多书籍的记载中，得知清军开始过江的后，部署在钱塘江防线的守军顿时瓦解溃退，各部明军损兵折将，纷纷逃窜，而清军骑兵则乘势从容渡江，一路高歌猛进，凯歌不断。

钱塘江防线的守军确实是退出了阵地，只因为在当时的环境下他们别无选择。起初，浙东的明军水师本来是想趁着清军渡江时发动突袭的。但有的守将去江边看了一圈回来，才无奈地告诉大家，我们不能打。

不是这位仁兄贪生怕死不愿效命，而是真的不能打。原因前文也说过了，江沙暴涨，江水甚浅。明军港口的战船只要一驶出基地，进入江内，必定搁浅。再加上沿江驻守的明军虽然人数众多，数以万计，可其中的大部分属于水军，不善陆战，装备上也只有船没有马。要改为步兵抵挡清军铁骑，基本上是送死行为，所以各江段的明军为保存实力，才不得不选择放弃，开始撤退。

今天的放弃，是为了明日的反击。

正确地说，江边的明军是主动撤退的，而并非像一些史料中所言是受惊后溃退的。虽说撤退与溃退在内容上都是一个“退”字，但是二者在形式上却有着本质方面的不同。撤退是有组织、有纪律、有目标地退，在退出原地后士兵们往往能在将领的带领下在新的地方继续坚持作战，以便完成他们作为军人的使命。用军事术语讲，这应该称为战略转移。而溃退就根本不是一回事儿。所谓溃退，那完全是无组织、无纪律、无目标地退，一哄而散，一溃千里。士兵们往往是盲目地四散逃命，最终的结果也不一定能跑得了，因为他们中的大部分都将会被赶上来的敌人在毫无准备的情况下杀死，白白丢了性命。

顺便提一下，后来这些从钱塘江退下来的明军的确起到了极大的作用。他们有的加入了浙东的保卫战，有的则跟随逃往海上的鲁王继续坚持抗战，更有一部分水战经验丰富的水军士兵在浙江全境失陷后撤入福建，转而成为日后令东南一带清军闻风丧胆的郑成功水师的重要组成部分。

不战而降是可耻的，充当汉奸伪军反过来攻打自己的祖国，则更会招来他人戳自己的脊梁骨。这些士兵虽然没读过什么书，没有洪承畴他们有文化，但这个道理却从来就存在他们的心中，一刻也不曾忘记过。

清军再度大举南侵且很快突破钱塘江防线的战报很快就传到了浙东政府的驻地绍兴。可在绍兴城尚未因清兵的南下而感到慌乱的时候，一场更大的慌乱却震动了朝野。

监国朱以海被人劫持了。劫持他的人正是掌握大军指挥权的大将军方国安。

当时方国安正在阮大铖的唆使下，一时冲动擅自杀害了隆武派来慰问浙东将士的使者陆清源，又劫夺了朱聿键先生准备发放的犒军饷金，所以暂时留在钱塘江的前线上，不敢回绍兴。

而恰好就在此夜，江北的博洛不知出于什么原因，在命令全军渡江的同时，竟派人提醒对面的明军，用大炮轰击了南岸的明军大营。更巧的是，在这些飞过钱塘江的炮弹中，有一发炮弹不偏不倚地击中了方国安所在大营的炊事班的营帐，把军中的内厨锅灶给炸了个粉碎。炮轰过后，受惊的炊事班负责人赶忙将受损的情况上报给了方国安，并向方将军明示军中士兵的吃饭问题可能会受到相应的影响，并请将军向全军将士解释下状况。

谁知方国安听完这番报告后，并没有答话，只是默默地感叹了一句：这是上天不想让我们吃饭啊！我们还是去投奔唐王吧。

于是在五月二十七日当夜，方国安就带领着十万人马拔营走人，一路直奔绍兴。入城见了鲁王朱以海，二话不说就把朱监国驾着走了，接着又是一直南行。

每次看到这段记载，都会觉得莫名其妙。

先说博洛渡江的事。虽然博洛贝勒率清军南下意在攻取浙东的军事行动打一开始就是大张旗鼓进行的，但我们还是有理由相信，将大军正在悄然渡江的消息传达给对岸的南明守军好让对方做好应战准备这样的事情，凭他的智商还是做不出来的。况且，还用的是大炮轰击那么高调的形式。

就算是可能为了掩护渡江的大部队顺利登岸，难道博洛就没有考虑过大炮的射程和误伤的问题么？要是一不小心把刚刚上岸的自己人给轰上了天，或者是招来了同样装配火枪火炮的明军来打截击，那该如何是好？

炮弹可能打到对岸，这点我相信。炮弹炸碎了明军的所有锅碗瓢盆，这点我也并不怀疑。唯一使我感到惊异的，只有方国安的态度。就因为自己军中盛饭吃饭的家伙让大炮炸没了，刚干掉福建派来的特使并私吞了全额饷银、犯了大错误的方国安竟突然来个一百八十度大转变，决定马上起身前去隆武那里自首，这也太超出人类的逻辑与理解能力了。

难不成方先生被刚才的炮击震伤了脑子？

话虽然这样讲，可这样的故事却一直有市场。可能是为了迎合老百姓茶余饭后的八卦需要吧。谁知道呢？

所以一些史书上就理所当然地把这段记载抄上了，作为方国安突然率军劫持朱以海逃离绍兴的原因。而其他的史书则干脆省去了这一段，取而代之的只有简单的十个字：“五月，方国安叛，劫王南奔。”

为什么会叛？打算跟谁？劫持鲁王为了什么？南奔具体是向哪奔？这些问题都没能给出一个详细的介绍，总之就是告诉你，方国安带着鲁王跑路了。

虽然记录太简略，可是从这些零碎的只言片语中，我们倒也不难推测一下当时的情况和作案主角方国安的心理。首先我们可以断定的是此时的方国安并没有降清的打算，因为假使他已经决定投降的话，那么在劫持了朱以海后要做的应该是北上而绝非南奔。十万士兵加上浙东一号人物朱以海这两份大礼，相信方国安跑到清朝方面去申请个王爵也不过分。但是，方国安却没有这样做，可见降清的这一假设并不成立。

退入福建投奔隆武这个可能性相对来说还大一点。然而，从后来方国安部的行进路线来看，方国安一行是向东南方向走的，而不是朝向西南。所以方国安真实的意图很可能是带着朱以海逃到海上避难，等清军撤退之后再说。一切正如几百年前的宋高宗面对金军大举南下所做的那样。

清军南下攻取浙东，张国维、王之仁等人必定会拼死抵抗。等到一段时间过后，无论是清军还是张国维等部一定会两败俱伤。到那时，清军必然会知难而退，暂时撤离浙东。所以这个时候，我方国安再带领着毫发无伤的十万大军与朱以海回到浙东，浙东的政府定是我说了算！

或许当时的方国安心中是这样打算的。但是我们也有理由相信如此疯狂而阴毒的计谋，应该不是方国安这种大老粗所能想得出来的。也许，方国安这一计划的幕后策划者，正是那个已经为获得权力而完全走向疯狂的政治投机家——阮大铖。

可是，不论这个计划是方国安想出来的，还是阮大铖谋划的，事实证明，这项计划并未得以顺利实现。

得到朱以海被劫持的消息后，同样手握大军的张国维立即展开了行动，率领轻兵一路猛追方国安。

等张国维率军好不容易追到了丰桥时，另一个消息却随之传来：朱以海已经成功脱逃，而且还得以从海门出海，得到了水师提督张名振的保护。

听到这个消息，一路上着急上火的张国维，此时才稍微舒展了皱了很久的眉头。

据说当时负责看守朱以海的士兵刚好生了病，朱以海便趁机从方国安军中逃了出来，并马上登船出海，以躲避追兵。不过在忙着避难的同时，朱以海也没有忘了干正事。听说张国维带着大批人马行至黄石岩，来营救自己，朱以海十分感动。因此在派人向张大人告知平安的同时，使者也传达了朱以海的命令：张国维火速回防浙东四郡。

当张国维率军返回浙东的时候，已是六月十八日，已经太迟了。早在六月初一，清军便占领了绍兴，镇守绍兴的兵部尚书余煌兵败，投河殉国，熊汝霖、郑遵谦、钱肃乐也因清兵势大，被迫引所部兵入海。张国维很清楚，凭借手中的这支军队想要收复绍兴，那是不太可能的。于是，张国维只好退而求其次，率军进入义乌固守。

六月二十五日，清兵攻破了义乌城，张国维部下此时也仅剩下了几千人。但张国维还是带领余部退到了老家东阳，在东阳的陷坑岭进行最后的抵抗。虽然在他身边的亲戚朋友纷纷力劝张国维进入山区，以图再战。可是张国维拒绝了："时至今日，唯有一死而已。"

第二天，清兵包围了城内明军最后的一个据点七里寺。守兵十分紧张，赶忙将这个消息报告给了张国维。张国维听罢，没有说话，只是先派人找来了老家的东阳县令，告诉他说："我张国维身为明朝大臣，今日以死报国，无奈天气炎热，如尸体腐烂不可辨识，清军将谓我带兵潜逃他乡，这样一来必然会贻祸于东阳，因此这次特请你来看着我死。"说完张国维站起身来，整理了一下衣冠，向着南方大海的方向拜了两拜："臣已经竭尽全力了！"

在留下了绝命词三章并将自己的遗书交给身旁的次子张世鹏后，张国维朝向园中的池塘走去。

后来，这座水塘被当地人称为“靖忠塘”，直至今日，遗迹尚存。

当家人听到声响急忙前往打捞的时候，张国维已然气绝而亡。悲痛欲绝的家人将张国维的遗体从池中捞起，放在中堂太师椅上。可还没等张家的人回过神来，一队清军的士兵却冲入了张国维的家中。原来清军在这段时间内已经迅速地击败了守军，并控制住了全城。

这队清兵肯定是来捉拿张国维的，在场包括东阳县令在内的所有人几乎全部是这样认为的，因为作为朱以海政权中的重臣，张国维对于这些清兵而言不仅是要犯，而且还同样意味着官职与赏金。

然而在张府的仆人们正在犹豫是否要为保护张督师的遗体，与这些手握着沾满鲜血的刀枪、杀气腾腾的清军士兵拼死一战时，令全场吃惊的一幕却发生了。

就在见到端坐大厅的张国维的遗体的一刹那，所有进入张家的清军士兵不约而同地扔下了手里的马刀，齐刷刷地跪了下去，有的叩头拜谢，有的痛哭不已。

虽然这些清兵与张国维应该是素未谋面，但他们还是恭敬地面对着这个已经死去的地方大臣三跪九叩。不为别的，只为谢恩。

因为这些攻打东阳的清兵大都来自一个地方：山东济宁。

当年山东曾遭受了一场特大旱灾，全省基本颗粒无收，以致民不聊生。济宁则是其中受灾最为严重的地区，当地虽有余粮却也有限，因此米价高升，涨到八两白银一担。眼看近百万的饥民即将饿死，当时以右佥都御史的身份兼任苏州、松江等十府巡抚的张国维立即行动了起来。在张国维的协调调配下，苏州的大米得以经京杭大运河源源不断地运往山东济宁，他也随之亲赴山东，广开粥厂，救活多达百万的山东百姓。

此时这些济宁藉的清军骑兵，不是当年曾因张国维的施粥而得以活命，就是有亲朋好友得到了张大人的恩惠，所以当他们见到了救命恩人为报国而死，他们那因长期冷酷无情的战争而变得麻木的心灵在此时终于得以复苏。当情感的洪流澎湃而来时，即使最为坚固的心灵堡垒也是同样不堪一击。

因而此时此刻，有的只是哽咽，只是恸哭，只是对离世恩人的无尽感慨与追思。

顺便提一下，张国维有三个儿子，其中二儿子很早就因病去世了，所以此时张家唯有两个男丁。张国维的长子张世凤和他的父亲一样坚持抗清不降，所以在被清兵俘获后遇害于钱塘江畔。只留下小儿子张世鹏被关押在清军的牢中，等待处置。

就在清军将领担心留下张世鹏会惹出不必要的麻烦，打算斩草除根时，一名清军高级将领得知此事后，立即制止了部下的这一行为。这名清军的高级将领正是张国维攻打杭州时的死对头，浙闽总督张存仁。

虽然在杭州一战中，张存仁遇上了张国维，没捡到多少便宜，可苦头却没少吃。被张国维的大军围了好几天不说，还差点战死于对方之手。所以要是张存仁此时下令处决张世鹏，断了张国维家的香火，相信别人也不会说啥闲话。

可是面对老对头的独子，张存仁却下令释放了张世鹏，并上疏清廷请求厚葬张国维。

即便之前我们是刀剑相向的敌人，必欲置对方于死地，可当战事已经结束，你却是我心中的英雄。

# 第九章　抉择、决心、决裂

张国维死后，东阳附近的各县也很快落入了清军的手中。在两个多月内，清军在攻陷绍兴后，凭借着强大的军事实力又接连拿下了台州、温州、严州、衢州等大小府县，浙江全境至此几乎全部陷落。而现在的浙东，清军面前仅有金华一城仍在顽抗。

领兵坚守金华的人，是朱大典。

朱大典，字延之，号未孩，浙江金华人是也。事实证明，金华出产的不只有全国闻名的火腿，还有天下知名的猛人。此人虽说是文官出身（万历四十四年进士），却熟读兵书，极富军事才能。

天启五年，身为福建按察副使的朱大典就为日后的郑芝龙做出了榜样，屡次抵御了荷兰人的侵扰，年年立功，年年升级，直到升为福建布政司右参政的那一年，恰好朱大人的老爹去世，朱大典按照规定必须回乡守孝三年，因此才没能趁机彻底打服荷兰人。如果朱大典一直没走，而是继续留在福建与荷军作战，不知日后还会不会有郑芝龙扬威海上的事儿。

正如一个曾经强大的民族永远不会沉沦一样，一个曾经强悍的猛人也永远不会沉默。果然没过几年，他，朱大典又回来了。

崇祯五年，作为新赴任的山东巡抚，朱大人再次打出了风头。时间是崇祯五年，地点是山东。假如你的记性不错的话，你应该会“噢”上一声。因为在此时此地有一位仁兄正带领着一大票的弟兄在闹一件大事——叛乱。说到这儿，相信你已经依稀回忆起来了，没错，闹事的哥们正是孔有德。

当时的孔有德正带着老上级的公子毛承禄，伙同老伙计耿仲明率领五万叛军横行山东半岛，沿着曲折的海岸线辛勤地在抢劫。而与此同时，说句实在话，朱大典也很忙，为了围剿孔有德的叛军，刚到青州的朱巡抚尚在调度兵粮，囤积征战的物资。

有的时候，越乱往往会越乱。就在叛军四处哄抢的时候，临近地区的民军兄弟们也打算凑回热闹趁乱抢上一把。可是当壮怀激烈的民军兄弟才踏上山东的地界，山东巡抚朱大典先生却以他的实际行动向目的朴实的武装农民证明了一点：你们不行。

朱大人很快带领着部下的明军出城作战，而入境的民军也很快在明军的追赶下丢下上千具尸体，悻悻离去。三万整装待发的明军，又内含五千特种部队——关宁铁骑。况且还有当时尚不出名的吴三桂、刘良佐这两位能打的将领做帮手，所以民军能赢那才叫怪。

优秀的统帅，善战的部将，外加精锐的关宁铁骑，孔有德自然也毫无悬念地赔光了老本，被赶出了山东半岛。明军大获全胜。

崇祯还算是个好领导，因此获胜之后，但凡参战之人无论贵贱都获得了封赏。朱大典也论功行赏，升职为兵部右侍郎（仍兼山东巡抚职）。

在此之后，由于局势的变化，朱大典又接连担任了漕运总督兼庐、凤、淮、扬四府巡抚，江北及河南湖广军务总督的职务。

朱大典虽说是个猛人，可是在当时的众人眼中，朱大人却绝对不是一个好人。朱大典有一个极为致命的性格缺陷，那就是一个字：贪。

据说他在督师凤阳的时候，就已经凭借着多年的“括取财贿”而使得“四府僚属，囊橐皆尽”，且在当地朱家已经富可敌国。严嵩严老贪之后，能做到这一点的恐怕也只有他了。

几十年后，《明史》的编撰者就在朱大典的列传中给出了这样的一个评语：“饶有才，而性奇贪，多行暴虐。”

有才，很不错；奇贪，也能凑合；可是多行暴虐，那就谁也救不了了。

众所周知，漕运总督总管南北的财货运转，是个即使不用手摁也会肥到主动出油的大肥差，也是全天下人都梦寐以求的捞钱职位，所以自然也是树大招风。再加上朱大典又很不知道检点，不注重社会影响，因此很快就有麻烦主动找上门来了。

崇祯十四年，给事中方士亮、御史郑昆贞等人就联合起来以“不能持廉”的罪名参了朱总督一把，没想到这一参还真把朱大典给弄惨了。

要知道，崇祯生平最恨的有两类大臣，一是结党营私、擅权乱政的，第二就是营私舞弊、贪污腐化的。所以朝廷不久就做出了批示：革职候审。

对于这一处罚，朱大典深感郁闷，但毕竟人家说的句句属实，自己也做得有点过分，因此朱大典只好自认倒霉，虽未被收监，却要时刻准备受审。

然而，在这个世界上，除了没有最好只有更好这一现实外，更多的情况下还是另外一个更为现实的现实，那就是没有最惨只有更惨。

就在朱大典被撤销了所有职务后，两年后的另一件事情的发生，将朱大典拖向了更为黑暗的深渊。虽然事实上这次的肇事者并非朱大典本人。

崇祯十六年，浙江东阳县一个叫许都的人聚众发动了叛乱。这在盗贼四起的崇祯末年算是件比较常见的事了。按理说，地方能管就赶紧处理，实在搞不定就即刻上报朝廷，请兵平叛得了。可是，不知是东阳县令还是平叛的明军哪个方面出了问题，许都折腾了近一年，不但没被砍了，相反还越闹越精神，终于在次年的正月冲出了东阳，走向了邻府，一举包围了朱大典的老家金华。

此时老朱家在金华也好歹是名门大户了，岂是好惹的？在家留守的朱大典的儿子朱万化便当仁不让，募人抵御叛军的进攻，并配合明军将贼人击退。

可就在明军将作乱的许都等人全部拿下后，问题却来了。东阳县的知县徐调元在查抄许都叛军的物品时，竟意外地发现了一本记录了叛军骨干及幕后相关支持者姓名的厚厚的花名册。徐知县饶有兴趣地翻看这本花名册，却有了更意外的发现：册子上面竟然有朱万化的名字！

于是吃惊的徐知县立刻将此事上报给了府里，说朱万化可能有“交贼”的嫌疑。谁知恰在此时，素来疾恶如仇的巡按左光先得知了此事，便连夜写了一个折子，以“通贼”和“贼去而兵不散”两大罪名弹劾了朱大典父子。

平日里朱大典得罪的人实在太多，所以左巡按的这封骂折一上，许多参劾朱大典的奏疏也蜂拥而至，罪名由长期拥有灰色收入到随地吐痰、欺负小朋友不一而足。反正，是足够将崇祯埋了的。

看完这些奏章后，崇祯很是愤怒，当即下令相关部门将有关人员逮捕治罪，并派人去抄了朱大典先生的家，拿去给国家充饷用。

要说这一招还真狠，朱大典辛辛苦苦大半辈子，好不容易才攒了这么些钱，现在却让皇帝陛下挥挥手就全部带走了。因此，要说到仇恨崇祯，进而仇视大明，朱大典完全具备这个理由。

然而朱大典心中却似乎并不存在这种想法。当弘光在南京登基之后，召朱大典来做新政府的国防部副部长（兵部左侍郎），朱先生二话没说就起身赴任了。后来战事吃紧，朝廷把朱大典提升为兵部尚书，派去前线总督江上军务，朱大典还是当即出发奔赴江边。

即便是受到冤枉，背负羞辱，朱大典也从未有过任何怨言。所以今天身为鲁监国亲封的文华殿大学士，隆武朝的东阁大学士，督师，掌控金华、兰溪、汤溪、浦江四县百姓命运的朱大典更加清楚，时至今日，自己要做的究竟是什么。

在清军攻破绍兴之时，浙东政府的许多文武官员便纷纷投降。以新建伯王业泰为代表的勋戚，以内阁大学士方逢年、宋之普为首的文官，以总兵陈学贯为代表的武将，可谓是降官如毛，降将如潮。仅六部尚书之中就有礼部尚书谢三宾、吏部尚书商周祚、兵部尚书邵辅忠、刑部尚书苏壮四人各自率部员归顺，其整齐划一的阵势，令前来受降的博洛先生大为惊叹。

在同事们忙着投降的同时，身在金华的朱大典却正在忙着修墙。

等清军兵临金华城下之时，呈现在他们眼前的金华已经是一座无比坚固的城池。

清军先试着对金华展开了进攻，结果失败。又试了一下，输得更惨。因此清军将领就向城中派出了使者给朱大典带话，你投降，我们给钱。

由于朱大典的老部下、老战友中有很多人在为清廷工作，深知朱大典的嗜好秉性，于是，从来不爱打攻坚战的清军提出了优厚的归降条件。只要朱大典开个价，城下的清军就能立马用现金结账。

所以此时此刻，清军将领差得只有一个答复。

朱大典是个很刚毅果断的人，具体表现为办事从不拖拖拉拉，无论是打仗还是捞钱，总是该出手时就出手，既干净且利落。因而在城外等消息的清军将领也很快就得到了答复，一如既往的干净利落：宁死不降。

一向视财如命的朱大典竟然不贪了，这可能么？清军的将领有些迷惑。看来是朱大学士嫌自己诚意不够，没有预付礼金吧。因此，这位将领又派出了一批使者，带着数量可观的白银再次进入城中谈条件。

当使者与白银一起被城中的朱大典遣返后，那位清军将领才真的确信了一点，金华城的镇守者已经不再是一个仅用金银财宝便可轻易击倒的人。朱大典业已成为一个真正意义上的钢铁战士，除非彻底粉碎他，否则清军永远别想攻入金华。

事实证明，情况确实如此。

由于马士英的诡计而被驱逐出境的张岱当时正好在金华城中。

几年前他在淮扬时，曾目睹了作为一个传统坏人的朱大典的贪横，并随之写下了“真如乳虎苍鹰”的评语；然而，在接下来的一个月内，张岱又将亲眼见证作为一个英雄的朱大典“婴城守婺，破家从忠”，并因这个异常复杂的人物而忠实记录下自己由衷的叹息。

此时清军几乎进占了浙东所有府县。当得知还有一个朱大典据守金华、誓死不降的消息后，清军的统帅博洛亲自统率满、汉籍清军，从绍兴赶到了金华。

六月二十六日，博洛下令把金华城四面包围，却并未忙着进攻。因为在博洛看来，朱大典或许还有投降的可能。

鉴于一年前在江阴城下的那段刻骨铭心的痛苦记忆，博洛极不愿意往事重温，所以面对着金华城与猛人朱大典，博洛还是希望通过非战争的手段来拿下城池，因而以政治诱降为主、军事打击为辅的策略便成为博洛的优先之选。

博洛之所以能够如此自信，还是因为此番前来金华的路上，刚刚收降了一位口才很好的人才，且在跟此人的交谈过程中，博洛先生亲自领教了什么叫语言的魅力。因此，这使得博贝勒更加相信凭借着此人的三寸不烂之舌，外加更为丰厚的招抚金，劝降朱大典、招降金华城绝对有戏。

能让这位博洛大帅如此推崇的“雄辩家”，其实也不是啥外人，而是从军中幕后走出的阮大铖。

挟天子（朱以海）以令诸侯的计划没能得逞，还让人质给跑了，阮大铖认为自己的人生十分的失败。时至今日，隆武那里肯定是不会收留自己的，而朱以海先生则更不会放过自己。所以在痛改前非、投案自首与保全性命、谋取富贵的选择之间，阮大铖毅然决然地挑中了后者。

于是接下来的事就顺理成章了。阮大铖先依靠自己的出众辩才连蒙带吓地说服了领军徘徊的方国安，鼓动方大将军放弃了洗心革面争取朝廷宽大处理的幼稚想法，并随即体贴地给他指出了一条前途无比光明的大道——降清。

要知道，方国安本是个粗人，做点“兄弟们给我上”的事儿还可以，而说到谋略那是一点也不行的。再加上劫持领导也是因为一时冲动，所以一听说朱以海逃跑了，方国安立马就傻了。

当阮大铖来找方国安时，二人一拍即合。方国安叫上了侄子、武兴侯方元科，带领马兵五百人、步兵七千名投降了博洛。

这里顺便郑重声明一下，降清的这队人马中并没有马士英。

为了获得新主顾的认可，阮大铖毛遂自荐，承担了劝降朱大典的任务。可是，一向狡诈精明的阮大铖这次也未能料到，这一行动其实在某种意义上为他自己打开了通往地狱的大门。

收到阮大铖的劝降信后，朱大典只做了两件事权作回应：毁书，斩使（不知看了没有）。

惨淡经营、绞尽脑汁才写好的一封招降信，没过多久就变为一堆废纸，一个活生生的大活人也随之变为一具冰冷的尸体。阮大铖愤怒了。

然而，比阮大铖更加愤怒的是博洛。

说什么不消大兵攻城，只需一信一使便可轻松搞定。这个阮大铖也不过如此，只懂得扯淡吹牛，到头来还不是要靠我率兵攻城来解决？

博洛自此对阮大铖完全失去了信任，虽然表面上并没有表示出来，可是明眼人都是心知肚明。

当汉奸都当到了这个分上，可见阮大铖的运气也确实到头了。至于这位仁兄的最后结局，我们后面再说。

当博洛彻底明确了金华城只可力攻、不可招降的情况后，也不愿再在这座城池上耗费太多的时间了，当天就下达了攻城的命令。

征战经验丰富的上万清军士兵马上就转入了战斗状态，向着金华发动了一波又一波猛烈的进攻。

若论两军对阵打野战，明军之中除了关宁铁骑外没人能是满蒙骑兵的对手。但是，凭城固守却是几乎所有正规明军的专长。骑兵的机动性与冲击力即便是再强，也不可能一口气冲上城墙，所以明军的将士们很有信心，要让这群来犯之敌好好地喝上一壶苦酒再回家。

砍不过你，我还轰不死你么！

在朱大典的部署下，城上明军纷纷使用火枪弓箭对着爬墙的清兵进行反击。如果距离实在太远就用大炮轰，如果距离实在太近就用长矛戳。反正，务必要严防死守，一刻也不得松懈。

因为所有的守军都十分清楚，一旦城池失守，一场浩劫在所难免。

清兵围攻金华城的战役一连打了两旬，却丝毫没有取得任何进展。反而是时间越拖越久，伤亡日益严重。

再如此耗下去，何年何月才能进军福建啊。

主帅博洛终于失去了耐心。在一个寂静的夜里，他向杭州派出了使者，请求火力支援。

张存仁此时的官职是浙闽总督，所以按理说，但凡是浙江、福建两省的地方军政大事，他都有必要过问。更何况是这种由清廷宗室亲自坐镇指挥的大规模征战，张存仁必定是要竭尽一切所能以助其一臂之力的。

于是，在得到博洛的亲笔信后，张存仁就率领着他的炮兵部队上了路，虽然走得慢了点，可张存仁也并不担心这会严重影响战局，因为他这次带上的是杭州城中所有的红衣大炮，当然，还有极为充足的弹药。

风风火火地前往金华的张存仁十分自信，自己的炮兵到达之日，便是金华城破之时。在这个世界上，没有什么事物是坚不可摧的，滴水可以洞穿岩石，岁月可以击败强者。即便朱大典把城墙修得再好再厚，也会在红衣大炮的轰鸣声中轰然倒塌。

事实证明，张存仁预想的很对，可惜并不全对。

经过十多天的辛勤赶路，张存仁、炮兵、红衣大炮接踵而至。此时的清军虽然业已以绝对优势的兵力猛攻了近二十天，可是除了城外的大坑中多了不少尸体、军营里的病床上新添了更多的伤员外，依旧别无所获。当博洛先生将自己的脑门拂拭得日益锃光瓦亮，只等着晚上看书要靠它来照明的时候，终于听到了张存仁熟悉的声音。

就在此时，博洛以近乎光速的速度朝着张存仁的方向泪奔了出去：给我开炮，轰死可恶的朱大典！

看来真是被逼急了。

既然来了，博洛贝勒又当即提出了请求，张存仁自然不好拒绝。于是他马上带领手下的炮兵部队来到了金华城下。

张存仁很早的时候就投降了清朝，所以对于朱大典这个人，他应该是比较陌生的。可是，实际上却不是这样。

张存仁虽然身在辽东，可他对关内的动静确实十分关注。因为这不仅是作为一名负责任的将领应该关注的，而且还是为清廷进行宣传统战工作所不可或缺的重要内容。

张存仁的主要宣传鼓动对象前文也提到过，是吴三桂。明清双方虽然是死对头，但在当时两边的将领互相通个信，忽悠对方倒戈，以聊家常的方式打听些对方的情报，顺便交流下感情，这些都是合情合理且合法的，而且还是家常便饭。

在与好友吴三桂的通信交流中，张存仁依稀记得吴三桂提到过那次身赴山东半岛的平叛作战，也还能想起那个让当时的吴三桂赞不绝口的名字——朱大典。

张存仁十分了解吴三桂，这个初生牛犊不怕虎、自视甚高的年轻人，除了自己的老爹吴襄和舅舅祖大寿外，是很少把天下间的将领放入自己的眼中的，然而朱大典确实其中少有的例外。而后来从前来归降的孔有德、耿仲明等人的口中，吴三桂的话再次得到了验证，朱大典是个猛人。

所以当张存仁亲自领兵来到了金华城下，将要与传闻中的猛人朱大典一对一地正式交锋时，张存仁有点难掩内心的兴奋与激动。

张存仁在选定了合适的攻击地点后，在城下将红衣大炮一字排开，下达了开火的命令。

众炮齐鸣，一阵硝烟散去，张存仁的嘴角微微扬起。

一切都结束了，张存仁心想。

先用大炮在城墙上炸开缺口，满蒙骑兵后继冲上杀出一条血路，最后派遣以汉族为主的步兵扫清残敌，这是张存仁作战中最常用的方法。凭借着这一整套前后衔接紧密的战法，张存仁曾经战胜了许多敌人，并以此得到了名将的称号。

然而这个看似完美的战法如要得以实施，却必须要有一个前提条件，那就是一定要把对方坚守的城墙轰塌，即使塌得不彻底，至少也要炸开一个能过人的大口子才行。

可是当一轮炮击过后，张存仁惊奇地发现城墙竟然还稳稳地立在那里，且连一个可以利用的缺口都没有。也就是说，红衣大炮打过去，只轰下来了几块砖头而已。金华的城墙明显要比大炮来得强悍。

拜已故的登莱巡抚孙元化所赐，曾在山东当过巡抚的朱大典来到登州才见识到了什么叫真正的铜墙铁壁。崇祯年间的登州城绝对堪称十七世纪的中国乃至世界最为坚固的建筑物之一，比起今天某些城市中的“楼脆脆”不知要硬上多少倍。由于当年的孙巡抚是理工科毕业，搞大炮的出身，所以在他监工下修筑的登州城墙抗击打能力极强，每平方米的土方量不是按照普通的攻击来计算的，而是按照炮弹的破坏力来计算的，实在是当之无愧的第一坚城。

孔有德虽然在崇祯五年发动的那次叛乱中占据了登州，却并没能好好利用，而使得朱大典捡到了便宜，既不必打持久战，也不必打攻坚战。但登州那厚到实在的城墙还是给朱大典留下了极为深刻的印象。

要修，就要修成登州那样的墙。所以在朱大典得知清军来攻浙东之时，正是本着这一标准来整修自己的家乡金华城的。更为难能可贵的是，在此期间作为施工方的首席包工头，一向喜欢捞上一把的朱大典竟然十分廉洁自律。在他的监工下，不仅每一笔的工程款项都被切实地落到了实处，确保了施工的质量，而且朱工还自掏腰包，毁家纾难，补贴工程资金中出现的不足。

在朱大典的严格把关和施工人员的集体努力下，此时的金华城绝对称得上是“小登州”。其具体表现是，随便挨上几炮，嘛事没有；一轮炮击下来，也只不过是简单地修缮一下就可以了。

第一次遇到这样的城池，张存仁一时间也没了办法。在紧接着指挥发动了几次普通的攻城行动后，只好退了下来。

难道连大炮这样厉害的撒手锏都拿金华没办法了吗？一路南来，一直没有遇到类似难题的博洛不禁开始急躁了起来。可恶的朱大典和同样可恶的金华城，就如同两座横亘的大山，挡在了博洛原本平坦无阻的胜利大道之上。

时至今日，已经别无他法，唯有以兵强攻。最为原始的勇猛拼杀的血液又在博洛的血管里燃烧了起来，他要与朱大典来个硬碰硬。

正当博洛撸起了袖子，磨好马刀，准备亲率敢死队冒着矢石登城的时候，张存仁拦住了他。

事实证明，在遇到难题的时候还是多读了几本书的人更能沉住气，能隐忍而后发。

张存仁阻止住了冲动的博洛，冷静地向他分析了形势：清军是在当年的二月决定再次南下进攻浙东的，而浙东方面如果得到了消息并开始进行防御工事的修筑，大致也应该是三月份的事了。此次大军进军神速，在六月便已经将金华城团团围住了，所以这之中只有短短的三个月左右的时间。

“三个月，这又如何？”博洛不解地望着张存仁。

“据我所知，要在三个月内把金华修筑成登州那样的坚城，这绝对是不够的。”

看着做恍然大悟状的博洛，张存仁说出了他的最终看法：金华城必有薄弱之处，得而击之，可获全胜。

张存仁说的确实不错，仅凭三个月就想将一座普通的城池改造成类似于登州一样的坚城，那是远远不够的。所以虽然金华军民日夜抢修，紧赶慢赶，到了清军兵临城下的那天，城池的加固工作的确尚未完成。因而，这一段相对薄弱的城墙，就此成为决定这场战争胜负的关键。

封锁了这个消息，搞好了保密工作，守城的明军就能坚持下去，争取那一线的生机。而一旦清军得到了这个情报，一切的抵抗便将在一瞬间化为乌有。

七月十五日，博洛与张存仁得到了确切的情报：“西门新筑，土未坚。”

世间确实没有不透风的墙，更没有轰不塌的墙。

次日，清军调集了所有的红衣大炮，运至西门，并将炮口集中对准了几个薄弱处，发炮，城陷。

当朱大典知道清军在西门大量集结的时候，他很清楚，金华已经保不住了。可是，与史可法、阎应元不同的是，朱大典并没有组织军队准备与入城的清军进行巷战。因为他不想增加乡亲们的伤亡。所以他选择了另外一种坚持到底的形式，一种更为壮烈的形式，来表达一个大明臣子在生命中最后时刻的最后的决心与抉择。

在听到清兵的嘈杂叫喊与脚步声近在咫尺时，已经带领家属和亲信将校来到火药局并用绳索将自己捆在火药桶上的朱督师从容地点燃了引线。

一声巨响之后，朱大典与子孙、宾客数十人，附近清兵数百人，一起消失在了滚滚的浓烟之中。

朱大典，浙江金华人，在明末官场上素以贪婪著称，时人皆目之为严嵩再世。然此人颇为勇猛果敢，转战福建、山东数地，连败荷军、民军、叛军，多有建树。后因东林党弹劾，官职尽革，家产全失。但终不愿有负朝廷，坚守金华，抗战二十余日。城池失守，为保乡民安全，退据火药局，引爆殉国，阖家随之，无一畏死，可谓壮矣。

盖浙东死事之烈，未有如大典者。

或许他确实不是一个好人，但在最后，由于他的抉择，人们还是给出了在他们心中，那个最高的评价。

巨大的爆炸声和庞大的蘑菇烟云，震撼了不止一个人的心灵，吸引了不止一个人的目光。在听说了朱大典一家人的结局后，金华城中的百姓并没有像朱大典希望的那样就此缴械投降，从此成为清朝的良民顺民。相反是有更多的人自发地拿起了武器，为了保卫这片他们祖祖辈辈生活过的土地做最后的抗争与努力。

至于最后的结果，在此只引用书上记录这段历史的七个字来作为这个故事的结局："民不顺命，因屠之。"

因为你们进行了强烈的反抗，所以我们要杀掉你们所有的人。正如几百年后在南京发生的事件所给出的借口一样。

强盗之于屠杀，向来都能讲出冠冕堂皇的大道理。

就在朱大典阵亡后不久，在距离金华并不太遥远的南京城内，洪承畴也刚刚下令处决了浙东的一员大将，他就是和方国安齐名的兴国公王之仁。

关于这个王之仁，前文介绍过，是南方人，先降清后反正，因为积极拥立鲁王朱以海为监国，且善水战，因而得到了鲁监国的重用，一直做到了国公一级的高官。但事实上，对于王之仁的身份，史书上一直还存在着另外一种说法。

按这种说法，王之仁并非巴陵人，而是直隶保定人氏，膀大腰圆的纯北方大汉。他之所以会对人谎称自己是巴陵人，且在各类史籍中我们找不到对他早期经历的介绍。在看到这段史料后，这些问题似乎也能给出解释。因为这位王之仁先生有一个哥哥，一个在当时很出名的哥哥（不过是恶名）——崇祯朝的大太监、东厂提督王之心。

有一个在东厂混的臭名昭著的太监哥哥，换成是我，我也不说。

而王之仁能在短短的几年的时间内就坐上了定海总兵的高位，据说也是因为身后有着这样的一位哥哥在朝中找了人、帮了忙的缘故。

每天看到那些在他面前无比恭敬却在背后立马转为鄙夷的目光，听到那些低声的悄悄议论与窃窃私语，王之仁几乎快要发疯了。

所以，当王之仁的心理防线在众人的鄙视与白眼中行将崩溃的时候，他才会想要通过降清来隐藏自己的过去。这点很容易理解。

应该说，对于这个国家，这个朝廷，王之仁的感情是相当复杂的。但当他遇到了那个每日咯血不止却依旧抱病出山、领导义军的前刑部员外郎钱肃乐时，王之仁的灵魂还是受到了极大的震撼。

区区一个从五品的小官，竟然在国难之时主动出山，凭借着多病的孱弱身体撑起了抗清救国的大业。每每一想到这里，王之仁便会因为自己之前的所作所为深感羞愧。

我一定要像钱肃乐那样，不再辜负我身上的这身官服，更不再遗忘这身官服所蕴含的责任与使命。

因而当五月二十八日清军抢渡钱塘江，江上诸师随着方国安部纷纷退走的时候，唯有王之仁一军尚在守备，并坚守到了最后，才有序撤退。

王之仁在撤退的路上遇见了张国维。张国维本来计划要与王之仁商量抽兵五千分守各营，可是对清军实力十分了解的王之仁却似乎更加清楚当前的形势。此时，这位在众人面前一向坚强的大汉竟然在默默流泪。他告诉张国维，由于方国安主动撤防，浙东的陷落已然不可避免。清朝大军有数十万屯于北岸，而刚刚渡江的这一批人马只不过是先遣队。兵力严重不足的浙东四郡是无论如何都不可能抵挡住勇猛善战的八旗兵的。

此时的王之仁只有叹息："我两人心血，今日尽付东流。"

王之仁的军中有舟，可以由江入海，避开清军的锋芒，再做计议。所以王之仁奉劝没有战船可用的张国维，赶快想办法自保。

然而，出乎王之仁意料的是，张国维先生似乎并不太在意自己的生死，因此他拒绝了王之仁征集民间船只出海避难的建议，而是率军南下，寻城坚守。

对于张国维的选择，王之仁明显很不理解，但当他看到张国维说话时坚毅的眼神，就已意识到再加苦劝也是毫无效果的了。于是，王之仁告别了张国维，率领军扬帆出海。

明知已经无能为力，为何还要拼上自己的性命？明知前方是条绝路，为何他还能义无反顾？当时的王之仁极不理解，可他却很想把这日夜困扰着他的问题弄个清清楚楚。

但已经率领士兵们成功乘船出海的王之仁，所亟待解决的问题倒还不是这个，当务之急是给这支拥有数百艘船的大舰队寻找到一个适合的归宿。

虽然王之仁的水师中携带着大批的粮草辎重，在海上漂泊个几个月也不会有问题，但让王之仁心有疑虑的是，几个月之后，又该如何是好？船上的食物淡水完全耗尽之时，自己和自己的军队将何去何从？作为全军的最高统帅，王之仁必须将眼光放得长远些，他很清楚这上万人的性命与前途就掌握在自己的手中。

浙东是回不去了，清军正在四处出击，大举进攻，自己就算率军杀回，登陆作战也只是白白送死，所以可以直接否掉。沿着海岸线一路南下，避开战火，在福建沿海一带登陆，投奔隆武。

这条道路看似可行，但也只限于看似而已。

要知道，中国的沿海一向是波涛汹涌的。今天我们还可以常常在天气预报中听到这样的播报：渤海浪高二点二米，风力五到六级。渤海还只是内海呢，就有如此强的风，如此大的浪，时不时还会传来几条货轮沉没的消息。那么在四百前科技远不及今天发达的明代，要进行长途的远航，在东海之上乘风破浪，其凶险的程度更是可想而知。

能不能平安到达是一个问题，能不能在到达之后就立即得到福建方面的认可与接受，这又是一个问题。

王之仁不是一个敢拿弟兄们的生命随意冒险的不负责任的将领，所以几乎所有的可能他都要计算和考虑。毕竟，在士兵们的眼中，将领就是他们心目中神明，他们能否活下去，就看这位仁兄的水平了。

因此只要是为将之人，必定要承受这种巨大的心理压力，虽然俗话告诉我们说胜败乃兵家常事，但由于你的一时疏忽而导致成千上万的士兵一下子失去生命，这个债你倒说说该怎样还？

带兵打仗指挥千军万马，看上去确实很威风，可是当你真正身临其境，坐到那个位置上时，你才会发现这简直不是人干的事儿。

在连续几天的思前想后、参照对比后，王之仁和他部下的将领们终于达成了初步的共识，到舟山去。

舟山，全称舟山群岛，位于杭州湾外缘的东海洋面上。港湾众多，航道纵横，水深浪平，是长江流域和长江三角洲海上门户和通道，战略位置极其重要。

更为讨巧的是，当时的清军并未拥有成规模的水师。所以能够占据这里，就如同在清军的背后横上了一把刀，进可威慑杭州，退可搞点突袭，打打游击，在敌人的后院放火，潇洒地走上一回。

这样看来，这时的舟山之于清朝，就很类似于皮岛之于后金，是个可以让满洲贵族们极为痛苦的地方，是一个很折磨人的地方，但更是一个有心去搞却总是无力搞定的伤心地。

而镇守在这里的，就是隆武亲封的肃虏伯黄斌卿。

黄斌卿出身卫所军人世家，历经多次大战洗礼，作战经验丰富。再加上他本来就是从海岛带兵起家，熟悉海上作战，称得上是隆武手下除去郑氏兄弟外最优秀的海军将领。所以让黄斌卿镇守舟山，无论从哪个角度来看都是再合适不过的了。

可惜的是，黄斌卿身上也是有问题的，具体说来，是人品问题。

如同当年的毛文龙一样，朝廷对这样重要的人物自然是力捧的。隆武一登基就加封黄斌卿为水陆官义兵马招讨总兵官，名字虽然长，但职责很明确，能量很大。也就是说，黄斌卿在名义上拥有节制江浙一带抗清义师的权力，并可以在岛上任意招兵买马，做生意做买卖。不过，前提只有一个，就是不时出兵骚扰一下沿海的清军，在他们背后适当地打打黑枪。

这一点黄斌卿做得是相当出色的。因此在不久之后，黄斌卿又因功受封为伯爵，太子太师，赐尚方剑。十多年前毛岛主能得到的荣誉，此时的黄岛主几乎也一个不落地得到了。

黄斌卿虽然人品并不好，但对隆武是绝对忠心的。当时在隆武朝中担任左都御史、掌都察院事的张肯堂曾经担任过福建巡按，与黄斌卿本人的关系很好。黄斌卿本人也极为敬重张肯堂，以至于后来张肯堂入舟山领兵时，黄斌卿亲自带队隆重欢迎张肯堂，并把自己的住所、舟山参将府让给张大人住。再加上曾经提拔过黄斌卿的路振飞同时也在隆武手下工作，深得隆武的器重，身居太子太保、吏部尚书、文渊阁大学士的要职。因此在张肯堂和路振飞的影响下，黄斌卿是百分之百地忠于隆武，从来都是服从命令听指挥的好干部，所以也深得隆武的喜爱。

然而问题却恰好出在这里。

黄斌卿是绝对拥护隆武的，所以除了隆武之外的领导从来不予认可。面对日益升级的唐鲁派系之争，始终坚定地站在隆武一边的黄斌卿，无论是对鲁王朱以海还是浙东系的将领们从来是怀有警惕之心的（这也是后来导致其人生悲剧的原因之一）。

因而当他收到了王之仁的信件，得知王之仁先生正率领着数百条战船向舟山开进的时候，黄斌卿的心理活动就可想而知了。

王之仁打算同会师舟山，共举大事，所以他向舟山预先派遣了信使传达此事，并焦急地等待着对方的答复。

黄斌卿似乎对于王之仁的到来深感欢迎，他反复向那位信使表示，当前自己也正打算出兵讨伐劫掠了鲁王家眷的叛将张国柱，因而对于和浙东水战名将王之仁兄的联手讨逆，自己是很期待的。

王之仁的使者听到黄总兵这么说，心里也很是高兴，于是赶紧返回，将黄斌卿的话全部复述给了王之仁。

得知黄斌卿如此给面子，王之仁不禁大喜。他更加相信自己的决断是完全正确的，并随即下达了全军加速前进的命令。

然而，谁也不知道，前方正有一个巨大的阴谋在等待着他们。

王之仁的船队很快便驶进了舟山群岛的近海。远远地向前眺望，王之仁可以依稀看到前来迎接的黄斌卿的船只。

黄斌卿果然没有忽悠我啊。王之仁依旧心情十分舒畅，在等待着与黄斌卿本人的亲切会面与友好交谈。

可是，王之仁等到的却是一声炮响。

那个年头，世界各国还没有放礼炮迎宾的习惯。突如其来的炮声，顿时搞得王之仁如坠云里雾里。

炮响之后，紧接着响起的就是喊杀声。王之仁的前队当即有几艘战船负伤起火。随后是部下惊慌失措的报告：黄斌卿派出大批战船包围了我军。

这下事情就很清楚了。黄斌卿并不是真心要接收王之仁部入驻舟山，只不过听说王之仁军中携带着大量的物资辎重，所以打算假意答应先把人忽悠过来，进而派兵攻杀，掳掠其财物，收编其军队罢了。

全军受到攻击的王之仁也很快明白了过来，黄斌卿是在耍诈，而他的真实目的是要将自己的军队彻底兼并。

回过味来的王之仁立刻率领身边尚未被分割包围的战船，进行破围战。但由于王之仁的船队一开始就缺乏防范，遭遇的又是前所未料的突然打击，全军早已完全陷入了混乱的状态。当王之仁寄希望再次组织船队进行反击时，时间已经太晚了。

王之仁只能带领有限的几艘小船逃离舟山。换句话说，王之仁的船队几乎全军覆没。

逃出包围圈的王之仁对黄斌卿背信弃义的行为真是痛恨不已，可现在的自己又能如何呢？军队尽失，船只尽失，粮草尽失，这意味着王之仁再也无可作为。

一个失去了大军的将军，就如同丧失了爪牙的猛虎，有的时候连病猫都不如。

就在跟随着王之仁的部分将领和士兵思索着自己的出路时，他们却接到了一个惊人的命令。

凿沉满载着王之仁家属的船！

将士们之所以会吃惊，那是因为下达这道命令的人正是王之仁本人！

您莫不是受刺激过度了吧！怎么向自己的家里人下手出气？

在场的人都想询问其中的缘由，却没有一个人敢去。这样倒是苦了接到凿船命令的士兵，这项命令是执行不行，不执行也不行。没有人知道王之仁葫芦里卖的是什么药，所以一时间竟没有一个人敢擅自行动。

不久，王之仁那里果然又下达了第二道命令，比第一道在语气上更加严厉：凿沉那艘船，违令者军法从事！

哥几个都听见了啊，这可是王总兵自己坚决要求的。倘若哪天他突然翻了脸，大家可要为我们几个出面作证啊！

怀着忐忑不安的心情，几名士兵执行了王之仁的命令，承载着王总兵家属老幼共计九十三人的大船，就此永远地沉入了海底。

眼睁睁地注视着那艘大船沉没了的王之仁，招来了手下剩余的士兵，指着船队里仅有的那些银两，低声说：“我王之仁从今日起与诸位分道扬镳，大家取了银两后，各自谋生去吧。”说罢，他将鲁监国颁发的敕印投进了波涛汹涌的大海。

见证了这一幕的人，无一例外地当场愣住了。可王之仁却依旧没有出声，而是带着几个仆人登上了另外一艘大船，扬帆而去。

“我们要驶向哪里？”

“去吴淞。”王之仁答。

于是除了王之仁外，几个仆人都傻了。

吴淞，那里明显是清军的后方且有重兵驻守。您没事往那跑个啥劲？大家都有疑问，可依然无人敢去向王之仁询问其中的原因。

一路上，王之仁很少言语。可就在船只即将驶进吴淞江口的时候，王之仁突然又下达了一个让人抓狂的命令：高竖旗帜，鼓吹前行。

听到这个命令后，几个仆人先互相看了看，又一起看了看下命令的王之仁。看王之仁的样子并不像是去拼命（就这么几个人），也不像是有病（饮食方面一切正常），所以很快一个共同的答案就在众人的心中生成了——投降。

在猜测到了王之仁此行的目的后，众人相视一笑，敲锣打鼓地驶入了吴淞的江面。

忽然望见这么一条奇怪的船，高悬明军旗帜，锣鼓喧天急驶而来，当地驻守的清兵马上进入了备战的状态。

别开炮，我们不是来作战的。

听到这句话，江口的清军才长长地舒了一口气。

得知这条船上是前来投降的明朝高官，国公级别的人物，当地守将便马上派人将王之仁送到了松江府。

六月二十八日，王之仁一行抵达松江，前往迎接的正是后来那个极富争议的人物，吴淞总兵李成栋。关于这位仁兄的事情，后文还会详细讲述，这里就不多说了。

李成栋虽说是个泥腿子出身，却也极为精明。他十分清楚凭借自己当前的身份地位，陪王国公喝喝酒还行，谈条件、给予承诺什么的还不够格。因此没过两天，李成栋就派人将王之仁恭恭敬敬地送到了可以全权代理、执行这些工作的那个人的所在地。

在南京，王之仁终于见到了他想要见的那个人——洪承畴。与此同时，戏剧性的一幕也即将上演。

对于这位浙东鲁王政权中的武将二把手，洪承畴当然有必要亲自接见一下。

然而就在洪承畴面带微笑，准备邀请王之仁入座用餐时，自上岸以来就一直谦恭待人、笑脸迎人的王之仁突然间态度全变，慷慨陈词：我本是明朝的主将，值此国家覆亡之际，本应以身殉国，但是我担心飘荡于大海之上，多半将葬身海底，使得后世之人认为我生死不明，所以我才就此上岸来见你，只求死于明处！

到了这时，包括王之仁随从在内的所有人才恍然大悟，王之仁压根儿就不是来投降的，而是来舍身取义的。

饭局是不能开了。洪承畴当即下令将王之仁一行收押起来。

听完王之仁的话，洪承畴也并不感到吃惊，毕竟自从来到江南从事招抚工作后，这种情形见得多了，所以并不在意。特别是当他得知王之仁的早年经历后，更是一声冷笑：一个先降后叛的反复小人，有什么资格在我面前自作清高？

在洪承畴看来，眼前的这个王之仁的所有言行不过是为了减轻自身的舆论压力，并借此提高自己投降后的价码。一句话，作秀而已。

所以自以为准确剖析了王之仁心理的洪承畴对王总兵依旧以礼相待，并且亲自婉言劝对方剃发投降。

令洪承畴没有预料到的是，王之仁先生这次可是来真的。王之仁不仅断然拒绝了洪承畴剃发的要求，还义正词严地送了洪先生几句话：

> 反面事仇，先帝赠若官，立庙祠若、祭若，荫若子；若背义亡恩，操戈入室，平夷我陵寝，焚毁我宗庙，若通天之罪，过李陵、卫律远矣。昔先帝设三坛祭汝，殆祭狗！

王之仁的这段骂词，言语流畅，思维严密，通俗易懂，还朗朗上口。相信不用我翻译大家也看得懂。由于王先生以古喻今，借用了两个汉代人物来骂洪承畴。

李陵的故事相信大家都熟悉，因此跳过。这里只说一下这位卫律。

卫律，汉人，也是汉朝人，和李陵处于同一个时期，而且还彼此认识。因为在国内犯了事怕被株连，便投降了匈奴。匈奴的单于特别看好他，便封他为丁零王。后来就这样开始为匈奴打工，发愤卖命，做了不少有损汉朝利益的事儿，算是一个骨灰级的汉奸。

平心而论，李陵虽然投降了匈奴，做了王爷，但他却不同于卫律，危害故国的事情是从来不去参与的，是典型的身在匈奴心在汉。如果真要拿李陵来对照降清的明朝将领，最像李陵的人还应该是祖大寿。顺便提一下，根据史料记载，祖大寿降清后并没为清军出过力打过仗，所以在《清史稿》中祖大寿的个人传记共有四千余字，但其中祖大寿降清后六年内的事迹记载仅寥寥三十二字而已。可见，王之仁这番措词中还是有些不准确的地方。

然而被狗血淋头地骂了一顿的洪承畴却没有琢磨王之仁骂词的心情。特别是王之仁最后一句话真是太有杀伤力了，深深刺痛了洪承畴的心。因此，洪承畴也暗中下定决心，遂了王之仁的愿，让他死去。

八月二十四日，王之仁终究还是没有投降，而是如愿就义于南京，被葬在雨花台僧舍中。

两年前，他选择了抛弃过去，投降，可得到的却仅仅是良心的不安和知情者的鄙夷。

两年后，他选择了抛弃未来，不降，但得到的却不仅是良心的安稳，还有世人的景仰。

王之仁没念过几年书，但他应该不是一个纯粹的粗人。因为在整理有关他的史料时，发现了一首诗，据说是王之仁临刑前作的：

> 黄沙白浪起狂飙，力尽钱塘志未消。半世功名垂马革，全家骨肉付江潮。
> 诗题四壁生如在，大笑秋空死亦骄。三百年来文字重，只今惟有霍骠姚！

同月，清征南大将军博洛攻下衢州，总兵张鹏翼战死，奉隆武之命率军来援的兵部侍郎杨文骢被清军击败后俘获，不降被杀；城中乐安王、楚王、晋平王皆随之遇害。至此，浙东全境尽失。

浙东鲁监国政权的事情虽然就此告一段落，其中的主角也就此得到了属于各自的结局。

鲁王朱以海在富平侯张名振的护卫下漂流海上，后来辗转于沿海各地，坚持抗清作战。而至于后来在舟山发生的那些事儿，我们后面会提到。

浙东的一系列大战后，不肯投降的礼部侍郎陈函辉、大理寺少卿陈潜夫等人纷纷自杀报国。虽然他们之中的许多人（如杨文骢）先前的名声并不太好，不是和阉党、马阮关系密切，就是曾与东林党对着干，整过人下过套，但最终面对投降得生、不降必死的抉择时，他们都无一例外地选择了不屈，杀身成仁。

即便是坏人，多少也是讲点原则的。

而作为直接搞垮了弘光政权又间接毁掉了浙东政权的马士英与阮大铖，这两位当世公认的权奸各自的结局却是大不相同。

先说降清的阮大铖。这位仁兄因为金华城下的劝降失败，所以开始在清军中备受冷落。但阮大铖从来都不是一个愿意默默无闻的人。所谓树不要皮必死无疑，人不要脸天下无敌。事实证明，阮大铖的脸是比金华的城墙还厚的。由于阮大铖率先剃发的行为得到了当局的赞许，阮大铖先得到了一个内院办事的虚职。可是阮大铖也很清楚这个职位实在是太虚了，与自己的追求相当不符。因而当清军完全征服了浙东，准备南下攻取福建的时候，阮大铖跳了出来，主动请缨当向导。

要说阮大铖还真是个能人。当时的浙东已是兵荒马乱，物价飞涨，就在连清军本身都供应匮乏的时候，阮大铖竟然可以拿出珍馐美味来招待清军的高级将领们，因此使得清将们对阮大铖的本领大感惊叹。

更为难能可贵的是，在关注清军将领物质生活情况的同时，阮大铖还注意关心这些大老粗们的精神生活，时不时亲身下基层进行文艺慰问演出，手执竹板，为清军官兵演唱北方的戏剧，以改善清军的业余文化生活。所以当阮大铖请求充任入闽的向导时，清军的主将很爽快地答应了下来。

在阮大铖看来，随军入闽的路换个角度讲也是凭借积累军功而升官发财的成功之路。不过，这条道路还通往另一个地方——地狱。

启程之初，据闻阮大铖精神状态极佳。具体表现是在前行的道路上经常跑去和清军将领们探讨军事作战指挥方面的问题，不仅白天流连于军营之中，就连晚上也是如此。阮大铖从不愿放过任何一个展示自己才华的机会。

每天一大早，清军高级将领们还在熟睡中，他就来了，絮絮叨叨不止，等他说完，大家才能洗脸穿衣，继续赶路。到夜间清军将领们刚吃晚饭，碗筷还没时间收拾的工夫，人又来了，紧接着又是一番唠叨。令清军将官们深感痛苦的是，每次闲聊，阮大铖都要自然而然地成为主角，滔滔不绝，且往往要说到听者疲倦不堪、昏昏欲睡时，他才走人，实在是太过讨厌。

天天如此，周而复始，是个人都要崩溃。可清军将官们大都受过阮大铖的小恩小惠，吃过人家的，喝过人家的，不好意思明说，只能转上七八个弯委婉地劝道："阮先生您的精神头大，确实是超乎常人。不过，一路上鞍马劳累，您还是好好休息一下，不要太过费神了。"

但阮大铖的回答差点没把这位好心的仁兄气死。

"我平生从不知倦，六十年来一直如此。"说罢，还捋了捋他引以为傲的美髯，笑了笑。

后来这件事传了出去，清军将领们都有拔刀剁了阮大铖的冲动。可是看在每天不断的酒肉供应上，众将还是忍了。

也许是天可怜这些倒了血霉的清将们，没几天，阮大铖病倒了。

当清军行至五通岭上时，不知是因为水土不服还是什么其他的原因，阮大铖突然头面肿胀，像被人揍过一顿似的。

领军主帅博洛见状，便劝阮大铖留下养病。谁知，阮大铖闻讯后当即大惊，连忙面见博洛。

我没有病！

博洛一指阮大铖的脸：先生都成这样了，怎么可能没病？

阮大铖马上回答：我年虽六十，能骑生马，挽强弓，还壮得很！

紧接着是辟谣：我的仇人很多，这些想必是东林、复社的奸邪之徒潜伏在我军中，想要中伤我，希望大家千万不要相信！

而且就在此时，阮大铖突然向博洛爆料，说是福建巡抚已在自己的掌握中，有人散布假消息是为了破坏清军内部的团结。

见到阮先生如此坚决，博洛同意让阮大铖继续留在军中，随军往仙霞岭开进。

仙霞岭，顾名思义，是座山岭。而既然是山岭，就是要翻越的。

当时的清军上至将官下到小兵多是青壮年，身体素质极好且受过严格的训练（这也是明军为何总打败仗的原因），因此到了仙霞岭，清军个个都不下马而是直接骑马上山，缓行而上。

跟在后面的人中，唯独阮大铖是下马步行的。可是在见到这一场景后，估计是为了证明自己虽年过花甲，但依旧老当益壮，没啥病。于是，阮大铖突然对他身边的人说了一句："我精力百倍于后生！"随即上马前驱，扬鞭而去。

在这高高的山岭上，即便是马术再好的清军骑手也不敢这么狂奔啊。果然没过多久，阮大铖与他的马就消失在众人的视线之中，跑到了队伍的最前方。

然而，当后面的清军士兵赶上来时，却只发现阮大铖的马停在了路口处，再也见不到人了。前方的清兵随即开始四处巡视。

终于有一个士兵见到了端坐在一块大石之上的阮大铖，连呼数声也不回应。等到他走近一看，才惊讶地发现这人已经死了。

南明第一权奸就此丧命，死因不明。继而被清军草草收殓，埋葬了事。

俗话说善恶到头终有报，看来阮大铖的时候到了。

# 第十章 起兵

后世对阮大铖的评价一直是一边倒，几百年过去了也很少有人出来为他翻案。甚至在为一个名人的籍贯问题总要争上一争的今天，阮的安徽怀宁老乡们也对当地有过一个阮大铖的事不予认账。做人做到这个份上，说句实话，很失败。

相对于阮大铖而言，经常被拿来并称的马士英的情况就好得多了。至少马士英还没有沦落到要被家乡人开除乡籍的地步，而且随着时间的推移，越来越多的人似乎对马士英更多了一份宽恕和理解。

之所以会有这样的不同，是因为马阮之间确实存在着本质上的区别。

关于马士英的结局，不同版本的史书记载差异极大。有的史书上说他是同阮大铖一道投降了清朝，后来清军追杀隆武时，从缴获的文书中发现了他降清后给明方的表文，因此被清军处斩。有的是说马士英降清后，因为名声实在太坏就被清贝勒博洛下令在福建延平黯淡滩与阮大铖、方国安一道处决了，并美其名曰“为天下诛贼臣”。

纵观两种说法，相同之处都是共同的前提马士英降了，一致的结果是被清军所杀。但实际上，与事实唯一相同的只有结局而已。

换句话说，真实的历史是马士英并没有降清。根据《清实录》和当时清初大臣给清廷的奏报，大致可以梳理出钱塘防线失守后马士英的真正动向。

真实的情况应该是这样：当阮大铖与方国安合计着投降清军的时候，从来对阮大铖言听计从的马士英却就此与这位老搭档产生了分歧，进而彻底决裂。所以事情发展到最后，方国安和阮大铖率领着一部分明军北上投降，与此同时马士英则带领着剩下的士兵，与昔日的盟友走上了截然不同的两条路。

当马士英听说长兴伯吴易（字日生）正在太湖地区与清军作战时，便率军西进，前往投奔。

一个月后，浙闽总督张存仁派遣副将张国勋等围剿太湖地区的义军，义师战败，全军覆没。马士英、长兴伯吴日生、主事倪曼青等义师主要领导均被清军俘获，继而为清廷下令处决。也许有的人并不相信，然而据我所知，他始终没有投降，哪怕是在生命的最后一刻。

清军渡过钱塘江并攻占浙东四府的消息很快就传到了隆武的暂住地延平。浙东已失，如此一来福建的门户大开，陷于极度的危险之中。可是此时的隆武看似却并没有一点的忧愁，相反倒是很高兴，整日忙着给官员们加级封赏，以示喜庆。

以隆武的人品，应该不会是能干出这种幸灾乐祸的事的人，事实上也确实如此。隆武之所以大肆进行庆祝活动，并不是因为他的竞争者朱以海倒了台，而是因为隆武终于有了接班人。

隆武二年六月二十八日，曾皇后为已经四十五岁的隆武生下了长子朱琳源。虽然此时正值清军南下，浙东烽烟四起，然而对于隆武而言，自己中年得子，国家后继有人，值得庆贺。所以隆武想将自己的喜悦传达给每一个人。

我朱聿键终于有后了！

就在朝廷上下处于一片喜庆气氛中时，有一个人却并不怎么高兴，因为在此人看来，朱琳源的降生彻底打乱了他的计划，所以这使他相当不爽。

这位看到皇帝陛下有了儿子却郁郁不乐的人，不用我说，大家也能猜到，就是郑芝龙。

按照之前的状况看，隆武已经是快到五十的人，应该没有几年可蹦跶了，而且还膝下无子，所以唐王一脉的皇位传承看似到此为止。而自己的儿子郑成功却是隆武的义子，因此假如隆武真的突然挂掉，郑芝龙完全可以凭借自己的权势以先帝义子的名义，把郑成功扶上大明皇帝的宝座，从而让郑家名正言顺地取代老朱家，成为第一家族进而千秋万载地传承下去。

这个计划看似很扯，其实却是极有可行性的。前任皇帝归天后，让义子继位的事这在中国历史上也不是没有，譬如后周的世宗柴荣就是周太祖郭威的养子。

因而在郑芝龙看来，只要这事有前人办过，我也成。

然而皇子的降生却无情地击碎了郑芝龙的美梦。

梦碎后，惆怅无限。于是，愤怒不已的郑芝龙暗自下定了决心，要亲手毁灭眼前的一切。

不让我得偿所愿，老子就不陪你们玩了！

在郑芝龙的授意下，仙霞关守将武毅伯施福放弃了仙霞天险，主动撤退。与此同时，郑芝龙借口海盗进犯其家乡安平，抛下了隆武和其他大臣，径自带领军队返回安平。

这也在某种意义上帮了清军一个大忙。自八月十三日贝勒博洛、闽浙总督张存仁、巡抚佟国鼎等带领满、汉籍清军从衢州出发以来，一路之上清军未遇任何抵抗。所以五天之后，全部清军就从容地翻越了险峻的仙霞关，兵锋直指福建。

当年无论是由浙入闽抑或是由赣入闽，都必须经过三个关隘，即仙霞关、杉关、分水关。其中尤以仙霞最险。所谓“两崖斗绝，中通鸟道，仰高俯下，因险设关，裁容一夫”绝对不是开玩笑的。后来连清军的统帅博洛在回忆这段岁月的时候都曾对人说过，假使当时不是明军过于“配合”，相信征服福建肯定不会如此轻松。

不过，现在仙霞关已如通衢大道般顺利通过，展现在博洛等人眼前的只有一片秀美的山河。清军过岭之后，很快占领了浦城，明巡按御史郑为虹不屈被杀。随即博洛部下的护军统领杜尔德、前锋参领拜尹岱等又接连攻下建宁（今福建建瓯）、延平（今福建南平）两府，福建的局势已经万分危急。

在如此危急的形势下，隆武却并没有选择固守延平，召集各地军队入闽勤王，而是在八月二十一日，率领大臣从延平行在起程前往江西赣州。后世的许多人都无一例外地认为，这糊涂到极致。但实情并非如此。

隆武很清楚，福建的局势已到了火烧眉毛的关头，但是他更清楚的是，手握重兵的郑芝龙很可能已经在全军贯彻了不抵抗的思想，所以即便是在延平坚守也是毫无意义的。郑芝龙摆明了不会出兵帮忙，其他各省派出的勤王部队也不知何时才能赶到。因此与其坐以待毙，不如占据主动，全速向赣州转移。以赣州当时的军队数量和城池状况，保护自己肯定是没有问题的。因而在当时的情况下，唯有北上江西才可能有一线的生机。隆武君臣就这样上路了。

可是随军携带的大量书籍和随行的大批宗室、随驾官员严重影响了行军速度，一行人走了六天才走到汀州（今福建长汀），而危险也早已悄然迫近。

二十八日凌晨，有大队身穿明军军服的人急叩汀州城门，声言护驾。这对于只有忠诚伯周之藩、给事中熊伟带领的五百多名士卒随行的隆武来说确实是一个相当好的消息，守城的士兵没有多想，当即开城放行。

城门一开，这队明军却以迅雷不及掩耳之势控制了城门并立刻冲向府衙，寻找隆武。如此可疑的行动，无疑证明了一点这批人绝非明军。

事实也确实如此。这队化装成明军的清军，当明军那是一年前的事情了，而现在他们的身份是名副其实的清兵。领头的正是总兵李成栋。

李成栋的士兵很快就冲进了府衙，忠诚伯周之藩率兵护驾，被杀。隆武和曾皇后均被清军俘获。

清军将领一致认为，将隆武带在身边，很难保证附近地区的明军不来救驾，而事实上南明的总兵姜正希也确实率兵两万日夜兼程地赶赴汀州。为了断绝各地明军和拥护明朝的百姓们的念想，经博洛批准，清军就地将隆武、曾皇后、未满月的皇子以及随行的阳曲王朱盛渡、西河王朱盛洤、松滋王朱演汉、西城王朱通简等一同秘密处决。隆武政权就此灭亡。

除掉了隆武这个心腹大患，清廷官员们无不弹冠相庆。然而他们没有想到的是，也正是在这个时候，就在东南的沿海，一个人的怒火已经被彻底地点燃并将在未来的几十年中成为他们最为致命的威胁。

## 分道扬镳

隆武帝朱聿键的一生无疑是颇有传奇色彩的，由王爷到囚犯，再由草根当皇帝。可是一手造就这一传奇并结束它的却也是同一个人，比隆武更加草根的传奇——郑芝龙。

这样看来，也算是成也郑芝龙，败也郑芝龙了。

一旦领略到权力带来的好处后，任何人都无法避免对权力的追求。谋取至高的权力，这可比嗑药要带劲得多。因此当郑芝龙感到隆武已经不能够满足他对权力的渴望和对利益的需求时，商人出身的郑芝龙便毫不犹豫地抛下了那位皇帝陛下，自己跑了路。

隆武二年（1646）九月十九日，清征南大将军多罗贝勒博洛统兵攻占福州，隆武的礼部尚书曹学佺自缢殉国。但与其说是清军攻占福州，倒不如说是接手的。因为当清军进入福州时，这座城市几乎已经空了，城中百姓很早便纷纷忙着逃亡，而部分选择留下的人则开始忙着剃发留辫。所以基本上是不存在抵抗这回事儿的。

因此几十年后，清代的明史大家杨凤苞在评论这件事时就说了一句话："福京之亡，亡于郑芝龙之通款。"虽然这句话和与之结构类似的"明之亡，实亡于万历"等批语一样，尚且有待论证。但是就当时的情况来看，这句话还是很靠谱的。

当时汀州、漳州都已经投降，可郑芝龙却坐拥大军守御安平。事实证明，所谓的博洛平福建之战之所以如此顺利，其实并非因为清军太猛，明军太弱，而是作战能力强的那些明军基本上按照郑芝龙的要求实行不抵抗政策。因为在史书中对安平城中的明军是用这样的四个字描述的——"军容烜赫"。

郑芝龙手下的直属部队不仅装备精良，战舰齐备，而且用的都是西洋的进口大炮，一打起来就是“炮声不绝，响震天地”。那可真不是闹着玩的。

所以在前期作战中早已看出郑芝龙另有所图的博洛，先是命令清军退后数十里以示诚意，随后很快就向城内派出了使者。

担任清朝招抚使的御史黄熙胤是福建晋江人，郑芝龙的老乡。这位清军统帅博洛的代言人所开出的价码，使得郑芝龙怦然心动。

依据《清史稿》的记载，博洛方面开出的条件是，许诺郑芝龙在归降之后做闽粤总督，所以郑芝龙就很爽快地答应了投降，当汉奸。这是很谦虚的说法。

为什么这么说呢？大家可以想想看。想当初，郑芝龙还老老实实地做首席武将、平国公时，福建实质上就已经是郑芝龙说了算了。而且加之当时有隆武在手，郑芝龙完全可以效法曹操挟天子以令诸侯。换句话说，有隆武在台前做皇帝，郑芝龙就是名副其实的太上皇，南方各省只要是服从隆武号令的，就也得服从郑芝龙。

所以别说是给郑芝龙一个闽粤总督的职位做，就是南方七省的总理，郑芝龙也不会眨一下眼的。

然而，史料上却同时记录了郑芝龙在听到博洛开出的价码并阅读了博洛亲笔劝降书后的真实情形：芝龙得书，大悦。

能让郑芝龙先生高兴到这种程度，自然不会是小小的总督可以达成的效果。

因而真实的情况很可能是，博洛答应在郑芝龙投降之后封其为王，将福建和广东两省交由郑王爷管辖。一切正如后来清廷设立的三藩一样，郑芝龙将享有高度的地方自治权，可掌控当地军队、税赋等事务，便宜行事。

当两省总督自然不如当实质上的太上皇，而当实质上的太上皇自然又不如当有名又有实的清朝藩王。

虽然郑芝龙没怎么读过史书，但他应该还是多少了解历史的。权臣，不过是权倾一时，而现实也证明了郑芝龙不可能成为明代的曹操。所以唯有降清之后，成为闽粤王，并就此以福建、广东两个沿海大省作为基地，世代经营郑家已有的海上事业，天下大势尚未可知。

郑芝龙是个商人，在骨子里有着商人特有的精明，而同时他又是东方海域霸业缔造者，因此他的胃口绝对不仅仅是总督之类的封疆大吏而已。

退，可割据一方，世代为王；进，可问鼎天下，建立郑氏王朝！

我想，这或许才是这位绝顶海商的真实意图。就永历遇害后郑氏家族的表现来看，这也不是没有可能。

在经过一番讨价还价，感到自己的条件大致都得到了博洛先生的满足时，郑芝龙当即答应择日归降。

主帅郑芝龙准备投降的消息，很快便在城内与军中传开，并随即掀起了轩然大波。

包括郑氏家族的人在内，表示反对的人很多，就连与郑芝龙一起出生入死的弟弟郑鸿逵、郑芝豹也明确反对郑芝龙的这一决定。

其实具体说来，赞成的人只有一个，那就是郑芝龙本人。

在众多的反对者中，反应最为激烈的当然还是郑成功。于是，一场决定父子二人命运的谈话就此开始。

隆武二年九月，某夜。父子二人开始了最为重要的一次谈话。

郑成功本来就对父亲自清军南下以来的所作所为十分不满，而当他看望完母亲翁氏（此时已由郑芝龙遣使从日本接回），在追随隆武的途中听到了汀州之变的消息时，顿时痛哭不已，直至哭昏了过去。

隆武在郑成功心目中不仅仅是君主，是皇帝，有时更像是父亲。所以当隆武遇难的消息传来，这位后世公认的大英雄才会如此痛苦与失态。此时的郑成功十分清楚，造成这一切的罪魁祸首，除了清军还有自己的父亲。

因而即便没有听到郑芝龙打算降清的传闻，返回安平的郑成功也本想与父亲郑芝龙好好地谈一谈。

谈话伊始，知道父亲有降清之意的郑成功首先发言。

“父亲大人为明朝重臣，不可轻易转念！”

为什么这么说呢？郑成功继续分析：闽粤之地不比北方能任意驰驱，清军铁骑难以纵横。如果我们凭高恃险，设伏防御，清军虽有百万，也难一时能过。相持之余，我们收拾人心，以固根本；大开海道，兴贩各港，以足兵饷。此后，再选将练兵，可号召天下，渐图进取。

由此可见，郑成功对于老爹郑芝龙内心的打算是相当清楚的，所以没有说我们都是大明臣子要为国尽忠之类的话，而是从家族的整体利益方面来为商人身份的郑芝龙分析现状，指出抵御清军的可能性和日后发展事业的可操作性。

可是，郑芝龙对儿子的分析却不以为然，打算用一句话挡住郑成功的劝谏：“小孩子什么都不知道，就不要乱说话！想当年弘光有四镇精兵，长江之险，尚且不能抵拒清军，而我等占据一隅之地，怎么能与如狼似虎的清军相抗衡！”

如果是两年前的郑森，听到郑芝龙这番呵斥绝对会乖乖地闭上嘴，听候老爹的吩咐。但此时站在郑芝龙面前的已经不再是郑森，而是那个永不放弃的郑成功。

郑芝龙话音刚落，郑成功的声音随即响起：“父亲大人只见表面，而未审其详。现在的情况已经不同了。清军兵马虽盛，可在闽粤之地绝不能长驱直入。况且当年崇祯朝的失败是因为文臣弄权，将略乏人，一旦冰裂瓦解，方才酿成煤山之惨。至于南京的失利也并非是长江天险在清军面前不起作用，实质上是因为弘光处事不当，臣下又多是马阮一党奸邪之徒，所以才使得南都沦陷，江淮尽失。”

接下来该是再次鼓励一下的时候了。“不过，如果父亲大人如今能依仗粤闽地利，凭借崎岖险隘，扼险据守，大可收拾人心，渐图复明大业！”

然而郑芝龙只是摇头冷笑：“识时务者为俊杰！今天清廷招降并答应厚待我，是很不容易的。如果我贸然与之争锋抗衡，万一失利，到那时再摇尾乞怜，就来不及了。”谈话进行到这个时候，郑芝龙似乎也开始渐渐失去了耐心。于是他用对亲人少有的严厉语气说出了这样的一句话：竖子渺视，慎毋多谈！

竖子，是古人常用的骂词，通常用于长辈教训晚辈，使用的年限很长，当年范增老爷子骂楚霸王项羽时就率先运用过这个词汇。所以郑芝龙突然使用这个词并要求郑成功闭嘴，可见真的是急眼了。

郑成功见到老爹生气了，马上跪了下来。但他并没有马上低头认错，让郑芝龙消消火，而是牵住郑芝龙衣服的下摆，跪地哭谏。

此时望着怒气冲天的父亲，郑成功说出了他一生中最为准确的判断：“虎不可离山，鱼不可脱渊；离山则失其威，脱渊则登时困杀。吾父当三思而行。”

可惜的是，此时的郑芝龙对这个总是站在自己对立面的儿子已经失去了继续交谈的兴致。从他后来的遭遇来看，郑芝龙并没有听进去儿子的最后一句忠告，便拂袖而去。

悲剧已然不可避免。

十一月，也就是谈话破裂两个月后，郑芝龙本想派郑成功代表自己前往清营商谈投降的相关事宜，可是郑成功得知这个消息后，便在同样反对降清的叔叔郑鸿逵的暗中帮助下，带着部分军队出走金门。郑芝龙只好训斥了弟弟一番后，恨恨作罢。这也是郑家军内部的第一次分裂。

郑芝龙的志向简单说来是称雄一方，继续保有和经营自己的海上霸业，向来对所谓的中兴大明、抗清复明没有什么兴趣。

因为依据朱元璋立下的规矩，大明的功臣可以得到的最高爵位就是公爵，大臣可获得的最高官衔就是太师。而这两项殊荣郑芝龙先生早在一年前就已然获得。因此明朝对于郑芝龙来说，也早就没有任何吸引力了。

这就如同改革开放前的大多数企业，无论是以何等文凭学历进入的工厂，或者是已经为厂子工作服务了多少年，这些员工的待遇自入厂以来压根就没变过，年复一年还是领着那点一成不变的死工资。所以但凡是个稍微有点追求的正常人都不会再有很高的工作热情与生产积极性。

当时的郑芝龙其实就是这种状况。为大明公司服务了多年，职位也做到了头，先进工作者、生产标兵、劳模，但凡能加的荣誉称号都加上了。但是现实却告诉他，你能得到的只有这么多，即便之后你再做出什么突出的成就，你也不可能再升官进步了，因为厂长一定要保证姓朱！

凭什么！我为了大明的发展做出了如此卓越的贡献，又出钱，又出力。临了，告诉我都是白干，我向谁说理去！

郑芝龙当时的心理状态大致如此，所以他选择降清。

十一月十五日，郑芝龙拒绝了入海的主张，不顾众人的反对，亲身前往福州谒见清军统帅博洛。郑芝龙认为自己在闽粤地区拥有强大的势力，且满洲骑兵只善骑射，不善舟楫，清廷倘若想征服南方，必然要借重自己的水师，所以此行郑芝龙只带了五百卫士。

相信后来的郑芝龙在回想起这一点时，一定也是很后悔的吧。

不过，双方见面的情况还是比较不错的。博洛贝勒亲自出去迎接郑芝龙一行，随后宾主双方进行了亲切友好的会谈。会谈期间，两军领导人言谈甚欢，最终就郑芝龙率部投降问题达成了几点共识并折箭为誓。会后，郑芝龙出席了由清方代表博洛准备的晚宴。这样白天谈条件、晚上开宴会的情况，一直持续了整整三天。

见到郑芝龙北上投降后，清军不仅没有将人劫持起来，反而是好吃好喝地招待着，全城欢饮三日。之前犹豫不决的武毅伯施福（施琅的族叔）、澄济伯郑芝豹和施琅、梁立、黄廷等将领也放下了武器，率部队向当地的清军投降。一时间兵力高达十一万三千人的庞大的郑家军全部归降。博洛这回可真是赚大发了。

然而，即便如此，博洛依旧并不满意。因为在随郑芝龙归降的人员名单上少了两个关键人物的名字。一个是郑成功，另一个是郑鸿逵。

郑芝龙的直属部队与其他明军不同，以海军为主。这一点虽然在隆武组织北伐之时明显是一大弱点，可到了这个时候却转变成了郑芝龙军队的优势。一旦郑芝龙军在陆上打不赢清军，这支数量庞大且训练有素的军队仍然可以凭借善驾舟船的优势，退守于海上，并对东南沿海各地的清军构成很大的威胁。所以这是博洛下定决心要招降郑芝龙的根本原因，同样也是郑芝龙手中最大的资本。

现在郑军大部归降，可和郑芝龙拥有相似地位及军中影响力的郑鸿逵、郑成功却拒不降清。这使得博洛开始对郑芝龙有所怀疑。

而且除了这两个人之外，踞守中左所（厦门）的郑彩和镇守南澳的郑军部将陈豹等人也同样拒绝执行郑芝龙投降清军的命令。

在历史上，即便是一起出来打拼事业的死党、铁哥们，往往也难以逃脱同舟共济、同床异梦、同室操戈、同归于尽的四同命运，那么更何况双方是投降者和受降者的关系。因此博洛决定向郑芝龙下手。

下手之前，博洛还是准备再努力挽回一次。他找到郑芝龙，要他给在金门的郑鸿逵和郑成功写一封信，劝他们投降，可是郑芝龙却拒绝了。

郑芝龙拒绝的理由很简单明了：要是能劝得动，我早就劝来了，还用你来说？

可得到这一答复的博洛却并不这么想。他就此断定，其中必有阴谋。

事实上，郑芝龙并没有忽悠博洛的意思。因为在郑芝龙决定启程前往福州时，确实曾派人到金门岛，要求郑成功立即返回安平，和自己一同前往福州。

令郑芝龙没有想到的是，这个儿子也确实不像以前那样听话了。跟着使者从金门回来的只有一封回信。

不读还好，一读之后，郑芝龙气得几乎当场喷出血来。因为在这封回信上，郑芝龙看到了这样的一句话：

从来父教子以忠，未闻教子以贰。今父不听儿言，后倘有不测，儿只有缟素而已。

用今天的话来说就是，从古至今父亲教导孩子，只听说要孩子当忠臣的，却没有听到有教导孩子当叛徒的。今天做父亲的不听当儿子的话，之后倘若您遇到了什么不测，我能做的也只有为您戴孝罢了。

看完之后，郑芝龙当即昏倒，倒前留言："这个混小子……"

其实，从众多的史料中可以看得出来，郑芝龙是个极为爱面子的人。因此当着博洛的面，郑芝龙不好意思提这件不光彩的往事，更不想让外人知道自己父子二人已经为降清一事彻底闹翻，所以唯有拒绝博洛的要求。而与此同时，博洛也决定动手了。

十一月十八日，郑芝龙降清后的第四天。当夜，尚在睡梦中的郑芝龙被博洛派人叫醒，原因是贝勒有要事相商。

什么要紧的事非要在这么晚的时候商量？睡眼惺忪的郑芝龙骂着娘出来了。但当郑芝龙到达大厅并看到厅里的景象时，他马上清醒了。

包括自己的弟弟郑芝豹在内的降清的明军高级将领都被聚集在一起，周围侍立的是一圈手持马刀、长矛的健壮清兵。

情况极其不妙。这是郑芝龙脑海里的第一个反应。

然而在郑芝龙询问缘由之前，博洛贝勒却率先对在场的诸位降将宣布了一件大事：全军即刻拔营北上，朝见清帝。

谁说北边的那群扎小辫的老实厚道，到头来不是也玩阴的么。

虽说博洛的这一手玩得够狠够绝，郑芝龙却早已想好了要回答的话。

郑芝龙很清楚，只要一离开福建，完全丧失了对军队的指挥权，自己就一文不值了。所以精明的郑芝龙当即表示北上朝见皇帝本来就是自己的愿望，只不过现在自己的子弟很不听话，拥兵海上，对东南构成了威胁。因而为了防止意外，自己还不能走。

博洛看了郑芝龙一眼，用冷冷的声音说道：这件事与你没有关系，同样也不是该我考虑的。

随即清军全部收拾好了行装，带上沿途抢掠的金银和郑芝龙等降臣拔营北返。

不过，既然郑芝龙主动提出了要着手处理郑家的那些“不肖”子弟，博洛也很愿意顺水推舟。他派人拿来纸笔，让郑芝龙给郑军中不愿投降的主要将领写了几封劝降信，并派使者送了出去。

即便已是废物，能利用的时候也要尽量发挥下可能用得上的功效。博洛先生虽说没有从事过商业活动，但也很明白物尽其用的道理。

到达北京后，别说是闽粤王了，清廷连个总督的官衔都没给，而是授予了郑芝龙一等精奇尼哈番的爵位，划归汉军正黄旗旗籍。从此，郑芝龙过上了长达十五年的软禁加圈养的生活。

满语的一等精奇尼哈番翻译成汉语就是一等子爵的意思。顺便一提，清朝的爵位制度又恢复了公、侯、伯、子、男五等，这五等中又从高到低分了一至三等。郑芝龙本想要的是一个拥有实权的王爵，这才放着好好的国公不当去与清廷合作。没想到刚一投降，人家就翻脸了，自己也被打折贱卖，随便给了个子爵的虚位就打发了，还就此彻底失去了人身自由。郑芝龙真是悔不当初，苦不堪言。

然而，或许我们该说郑芝龙还是幸运的。假使郑氏一族当初都跟着郑芝龙降清，依着多尔衮猜忌多疑的性格，早就全家拉出去剁了。最终让郑芝龙等人暂时保住性命的，还是郑成功那封决绝的回信。

> 今既不能匡君于难，致宗社堕地，何忍背恩求生，反颜他事乎？大人不顾大义，不念宗祠，投身虎口，事未可知。赵武、伍员之事，古人每图其大者，唯大人努力自爱，勿以成功为念。

在这几句话中，我们看到的不仅是一个无奈的儿子对糊涂的父亲的批评，更多的可能还是悲痛与惋惜。

在郑成功看来，老爸郑芝龙被清廷扣为人质，只不过是自家老爸自以为是而导致的必然结局，是无可挽回的，因此对清廷的仇恨还没有达到刻骨铭心的地步。可是紧接着一个事件的发生，却使得郑成功的这种心理发生了彻底的改变。

郑芝龙和明军诸将被博洛挟持北上后，福建各地的明军失去了统一领导，纷纷自动离散。特别是安平守军在得到这一消息后，更是军心大乱。

十一月三十日，清军趁乱攻入了这个由郑芝龙苦心经营了多年的城市。

安平是明军水师最为重要的基地之一，也是郑氏家族的大本营。郑芝龙老板将他一生积累的财富都存在了这里，并始终设置重兵保护。

可是现在郑芝龙本人被抓了，明军的高级将领们也降的降，走的走。各路清军早已对安平城内的郑家财宝垂涎三尺，这正是一个千载难逢的好机会。用今天流行的话讲，一旦错过，那就是一辈子的过错了。

所以谁也不再遵守郑芝龙投降时清方曾屡次允诺保证的不攻安平的协议，清军士兵放心大胆地洗劫了这座热闹繁荣的城市，并毫不客气地将郑芝龙多年积累的财富劫掠一空。

时在金门的郑成功不久也听到了这一消息。但是家财是否尽失对于郑成功而言并非是最为要紧的。相反，郑成功最关心的还是城里家人的安全。具体说来，是他的母亲翁氏的安危。

隆武元年十月，经过与日本当局长期的谈判与协商，本来严禁日本人出国的幕府迫于郑芝龙方面的压力，答应放翁氏前往中国。事实再次证明，日本人向来是有着欺软怕硬的光荣传统的。当时清军虽已入关，但日本幕府却仍然视隆武朝廷为中国的合法政府，因为在他们看来，东北那旮旯的满族人虽很能打，可充其量也不过是蛮夷而已，经济文化如此落后的民族是不配与日本人打交道的。

因而面对着已经成为隆武朝廷中最有实力的一号人物郑芝龙，幕府方面可不愿得罪这位大哥，当即给郑夫人办好了相关手续，敲锣打鼓、恭恭敬敬地将人送了出去。

与丈夫远隔重洋长达二十余年的翁氏，终于要见到她日思夜想的夫君，还有那个应该由少年成长为一个俊伟青年的儿子，并与他们团聚，就此永远生活在一起了。

对于一个妻子和一个母亲来说，这一天，她等得太久了。

然而上天似乎要让这位含辛茹苦的母亲承受更多的苦难，以坚定那位后来成为举世闻名的大英雄的儿子绝不归降的决心。

清军攻入安平洗劫郑家的时候，翁氏受辱，继而悲愤自尽。这个日本女性以自己最后的倔强捍卫了自己最后的尊严。

郑成功闻讯后，痛不欲生。清兵退去后，他回到了安平，含泪亲手埋葬了母亲。也正是在此时，那个后来为人熟知的郑成功也就此彻底觉醒。

国仇家恨，不可不报！

昔日喧嚣繁华的城镇，现在只剩下残垣断壁和四处横陈的尸体，高墙大院的郑府也已化为一片瓦砾。郑成功站在这片曾经熟悉的废墟里，久久不语。

十四年的分别，十四年的思念，十四年的等待。好不容易得以全家团圆，同享天伦，可郑成功等来却是生离还有死别。我宁愿您不曾回来。多年未曾哭泣的郑成功不禁哽咽了起来。

无论何时，哭是解决不了问题的，郑成功，此时的你要坚强，因为未来的路更加凶险，也更加艰难。

是时势造英雄，抑或是英雄造时势，是很难回答的。有的时候是英雄占据了主动，他们选择了自己的命运，譬如弃笔从戎的班超、高卧隆中的诸葛亮，都是凭借着自己的勇气与智慧创造了一个时代，改变了天下的格局。但有些时候，却是时代影响了英雄的成长，例如那个“治世之能臣，乱世之奸雄”的曹操，便是在时局的推动下被送上了一代奸雄的道路。

一旦命运的齿轮高速运转，任何人也无法挡住它前进的车轮。这时的郑成功就是一个被所处时代造就的英雄。虽然这条英雄之路在外人看来是无比的荣耀与辉煌，但其中的苦涩与悲哀却仅有英雄本人才能深切地体会到。

> 故天将降大任于是人也，必先苦其心志，劳其筋骨，饿其体肤，空乏其身，行拂乱其所为，所以动心忍性，曾益其所不能。

传说中的英雄并不是那么好当的。看来孟子老先生对英雄这类人确实很有研究。

亲手埋葬了母亲，郑成功来到了南安的文庙（孔庙）。在这里，他望着高坐于大殿之中的孔子像，默默地跪拜叩首，随后他取出了自己曾经穿戴过的儒服和青巾，就地在孔庙内焚烧了起来。

看着这些衣物慢慢在火盆中化为灰烬，同时郑成功也在与自己的过去告别。从今天起，我已经不再是一个一心只读圣贤书的书生，而是一名领兵征战、一心雪耻报国的将领。

面向先师孔子，郑成功再次立誓：“昔为孺子，今为孤臣，谨谢儒服，惟先师昭鉴！”

这一幕即是后世许多史书上都大书特书的一段经历，史称“孔庙焚衣”。

这件事是郑成功正式走上武将道路的标志。自此之后，郑成功永远告别了他的儒生生涯，并开始以崭新的面貌出现在世人面前。

不是名儒，是名将。郑成功，你的精彩人生即将正式开场。

# 第十一章 初绽头角

隆武二年（1647）十二月，郑成功在烈屿（小金门）召集隆武朝内未降的诸将，宣誓起兵，旗帜上的称号是“忠孝伯招讨大将军罪臣朱成功”。他在竖起招兵旗抗清的同时，还树起了新的旗帜，上书四个大字“杀父报国”。

在郑成功的号召下，郑芝龙的旧将陈辉、洪旭以及隆武朝的内阁大学士路振飞、曾樱等九十多人，都纷纷聚集在这个刚刚年满二十二岁的年轻人麾下，听从他的指挥与调遣。

遥祭先帝隆武与皇后曾氏后，顶盔贯甲的郑成功出现在将士们的面前。他用自己那坚定且极富穿透力的声音宣读了起兵誓词：“本藩乃明朝之臣子，缟素应然，实中兴之将佐，披肝无地，冀诸英杰共伸大义。”

事实上，郑成功虽然宣布了起兵抗清，可就当时的局势看来，郑成功等人的处境是非常困难的。具体说来是三大难题：缺兵、少银、没地盘。

由于郑芝龙突然被挟，郑氏势力群龙无首，一时间出现了崩溃的局面。之前英勇善战、装备精良的郑家军除去一大批随将领降清外，大致还有三个去向。

一是跟随郑成功、郑鸿逵出走，后来聚集在了金门，可是这部分的军队数量很少，仅有数千人，而且其中的大部分还是后来由隆武委派、郑成功招募的新军，虽和郑成功本人关系很好，但缺乏训练，作战经验也极为不足。

二是在郑芝龙降清前后，因为将领不愿降清或是在之后遭到清军突袭而自动解散的那部分。这些士兵中既有新兵也有老兵，成分比较复杂，相对于郑成功手下的部队数量算是不少，可是要与最后一大去向的郑家军相比，他们似乎可以忽略不计。

郑家军流向的第三种情况，是在那些不愿降清的郑军原有将领带领下散布各地，各自为战。郑成功虽说是郑芝龙的长子（还有一种说法是郑芝龙的第四子），不过由于郑芝龙认为他和隆武走得很近且向来支持抗清北伐，站在文官集团的一边，因此一直不放心将郑家军的兵权交给他，反而更加倚重另一个年轻将领——郑芝龙的侄子郑彩。

郑彩是明末清初闽海一带非常有名的人物。可是他是哪里人，和郑成功到底是什么关系，史学界一直莫衷一是。但后人普遍认同一点，那就是郑彩肯定与郑芝龙是一族的，且很早便加入了郑芝龙的海商（海盗）集团，协助郑芝龙工作，所以应该算是郑氏企业的早期创始人之一兼老股东。从现有史料来看，此人不但是郑芝龙极为得力的助手，深得郑芝龙的信赖，会讨老板的欢心，更为重要的是，这是个很有野心的人。

早在郑芝龙接受大明朝廷的招抚并一手缔造了"海舶不得郑氏令旗不能往来"的时代时，郑彩就已经开始暗中发展自己的势力。他用来扩大自己势力的招数也很值得一提，因为这一方法对于今天公关课题的研究也具有一定的借鉴意义。

郑彩常用的拉人手段被称为联谱认宗。简单说来，就是见到姓郑的就走上去和人家套近乎，先一起聊天再一块儿喝酒，等到酒足饭饱的时候，便充满深情地拉起对方的手说：五百年前是一家啊！当然，这时候如果能流下几滴恰到好处的泪水以烘托出类似于久别亲人重逢的气氛就更好了。

这时候，对方往往已经被郑先生的言行所打动，当即下拜：哥哥，兄弟从今往后就跟您混了！

最后，双方赶紧回家翻族谱，然后找到一个合适的人作为两人共同的祖先，并把家谱经整理后合并在一起。拉人工作就此成功完成。

正是凭借着十几年如一日的拉人，到了弘光一朝时，郑彩已有足够的实力和名气，可以和郑鸿逵同为总兵，分守前沿防御重地长江口两岸。郑彩俨然成为郑氏集团的三号人物和在闽南地区仅次于郑芝龙的海商势力。

因此，在郑芝龙投降后，不愿降清的郑彩便成为掌握郑军剩余军事力量中实力最强的那个人。

郑彩，今天的亲人，明天的敌人。

所谓竖起招兵旗，自有吃粮人。在参军光荣这一观念并不深入人心的明代，要想招人来给你当兵，前提之一就是你必须让他能吃饱饭。虽说前文曾用许多史实来证明隆武时期明军严重缺饷的情况，但在这里不得不说明的一点是，存在那种状况的是明军而并非郑家军。

事实上，福建境内存在两种武装势力。一个是属于国家的正规军，明军；另一个则是属于郑芝龙的私人武装，郑家军。这两大武装虽然在某些时候存在着交集，可大部分情况下，是明军还是郑军是有着明显的区别的。

郑家军的主要工作不是保家卫国，而是保证郑氏海上集团正常运营，为出行于亚洲东部各国海上的郑氏商船保驾护航。所以这样看来，郑家军的性质更加类似于我们今天的保安或武侠小说中常见的镖局。不过论起实力的话，郑家军要比保安镖师强悍得太多。

郑家军主要由和郑芝龙一起纵横海上的海盗兄弟组成。这批人在随郑芝龙接受招安后，曾一度成为大明福建水师的重要组成部分。后来随着郑芝龙海上霸业的初创和进一步发展，郑芝龙需要更多信得过的海上专门人才，所以便将这些老伙计们又从明军中挖了出来，让他们主动复员再转业到自己的海商集团中办事，并就此创建了一支战斗力极强、作战经验丰富、配备了先进武器装备且享受高薪待遇的郑氏集团附属军队。

郑家军就是这样的一支存在于国家控制范围之外的武装：为郑老板办事，每月领郑氏集团的工资，负责保障海上的安全。那个时候，只要肯搞海上贸易，中国方面通常都是稳赚不赔的，所以郑家军自然也不会存在所谓缺饷问题。士兵个个吃得饱，穿得暖，每月还能领取补贴零花钱，日子过得实在是惬意。

不过，对于此时的郑成功而言，那已经是过去的事情了。自从安平遇劫之后，银子全部进了清兵们的腰包，而郑成功率部出走时也没来得及带钱，因此郑成功等人和手下的部队时刻有着面临财务危机被迫遣散的危险。

即便是国姓爷的旗号极具影响力与号召力，抗清复国的口号也足够激励人心，而领兵的郑成功更是没得说，很有领袖气质。但这些毕竟不能当饭吃。

无饷，这是郑成功为增强自身实力、实现反清复明大业所必须突破的第一个瓶颈。

如果要解决上述缺兵、少银这两大问题，最好的方式当然是取得一定的地盘，创建自己的根据地，之后再借此一步步做大做强。可虽是这样说，实际上却很难完成。

当时福建全境基本已被清军占据。郑鸿逵占据金门岛，陈豹占据南澳岛，郑彩据守厦门岛。充其量不过是一群岛主罢了。郑成功本人先是固守小金门，后又移兵安平港，没跟着做岛主，多少算是有些进步。可是此时的安平基本上是一片较大的废墟，本来就无险可守，很容易受到清军攻击，反而倒不如像郑鸿逵他们那样退守海上，充分发挥海战优势，据岛固守来得安全。再加上国姓爷这个称号除了对广大反清志士极有吸引力外，对于更为广大的清军也极富号召力。这样，武装力量尚且薄弱、战船数量严重不足的郑成功很容易成为众矢之的，被从四面包围而来的清军一口吃掉。

险境，这是名副其实的险境。要想一举解决这相互关联的三大难题，在乱世之中求得生存，并寻求机会发展壮大，对年轻的郑成功而言无疑是一个巨大的考验。

所谓英雄，就是那些在困境中能有所突破的人，就是那些能不畏艰险取得成功的人，更是那些乱世之中坚强地活下来的人。郑成功即将通过出色的表现来证明一点：郑成功不愧英雄之名。

为了闯过这三大难关，郑成功第一个考虑解决的就是兵力不足的问题。在强敌环伺的情况下，首要的任务是扩充自己的军队，这是存活下来的唯一方法。既然没有足够的粮饷支持自己大举招兵，那么就通过别的手段来补充兵员。

招人不行的话，完全可以通过拉人解决。换句话说，可以靠兼并。

郑成功的第一个目标是驻守南澳的明军。南澳位于福建最南部，一直以来都是郑芝龙与朝廷十分看重的一个重要海军基地。由于南澳岛的战略重要性，负责守卫这座岛的明军便拥有着双重身份：明军兼郑家军。也就是说，岛上的驻军是郑芝龙起家时的老班底，除了能从兵部那里拿军饷，还享受着郑家军的待遇，忠于隆武但同样也忠于郑芝龙本人。鉴于这是郑军余部中最好处理的一支，郑成功决定先拿下这部分人再说。

郑成功亲身行动，离开安平，前往南澳，开始进行兼并工作。以郑芝龙长子的身份招集父亲的旧部，收回本属于自己的军队占有权与使用权，于情于理都没有任何不妥的地方。况且，郑成功还有另外一个身份，先帝（隆武）嗣子，国姓爷。凭这层身份去接掌地方明军，也是理所应当。

面对着公子爷兼国姓爷的郑成功，带领着无论是明军还是郑家军的陈豹都完全没有拒绝的理由。但是，事情并没有郑成功当初设想的那样困难，因为领兵的陈豹是个老实人。

一听说郑成功到了南澳，陈豹二话没说就赶忙出去迎接。当郑成功说明来意后，陈豹更是没有丝毫犹豫，立刻就将自己的兵权交了出来。

本来就是您的东西，我怎敢据为己有？陈豹真是个实诚人啊。

郑成功顺利掌控南澳驻军后，感到自己的底气稍微足了点。虽然以自己的力量仍不足以威慑清军，甚至连族兄郑彩都比不上，可郑成功还是无比兴奋。

陈豹在归附郑成功后也发挥了不小的作用。他不仅带头表示效忠郑成功并从此接受这个不知比他小上几轮的年轻人的领导，而且还协助郑成功在当地招募到了数千新兵，这些人将成为郑成功进行早期抗清武装斗争时最初的战力。

从隆武二年十二月宣布起兵到永历元年（1647）上半年，七个月内除了去了趟南澳，郑成功一直在忙一件事——练兵。因为曾经参加过隆武组织的北伐，并亲自率领新军出征过，郑成功十分清楚地意识到，一支军事素质过硬的军队才是取得战斗胜利的关键，当年黄道周部屡战屡败就因为军队缺乏训练。

因此郑成功将主要精力放在训练军队上。加强原有明军水师的锻炼，补充战船等水战装备，这叫增强；组织新军进行陆战的必要训练，掌握对付敌人骑兵步兵的基本战法，这叫补弱。优势与劣势，两手都要抓，两手都要硬。在这一指导思想的影响下，经过半年的艰苦操练，郑成功的部队很快就有了明显的成长，军队的战斗力大大增强。所以不到一年，东南沿海的清军就惊喜地发现，原来他们并不孤独。

原本波涛万顷空空荡荡的海面上，现在竟变戏法似的出现了诸多船只，而且还都是战船！这些讨厌的舰队常常时不时地攻击清军的巡航哨船，或向近海的岗哨发动突袭，还他娘的不分早晚说来就来，严重地影响了当地清军的休息，并给广大官兵带来了巨大的心理阴影，使之不能安心地生活工作。可是由于清军向来缺失水军这一兵种，所以对频繁赶来打招呼的船只只能干瞪眼。因而每当提到这一支支游弋于鼓浪屿、海澄、镇海卫一带的舰队，清军将领无一不恨得牙痒痒。

这一系列的事件很快就上报给了南方事务总指挥洪承畴，又经过洪承畴传达给了清廷。但清廷方面也实在没有什么办法，总不能在几天的工夫内就拼凑起一支海军吧？所以清廷能做的只有通令沿海各部清军加强警戒，提高警惕，时刻防范郑成功小股舰队来袭。再有就是继续试图通过郑芝龙劝降郑成功。

郑成功依旧是那个态度，拒不投降。回绝之余还以诗明志，明确表达了自己的坚定立场和不变决心。

不过在郑成功看来，只靠口头上的这些似乎还不足以证明自己的志向与坚持。永历元年七月，郑成功认为时机已到，决定小试身手，打上一仗。

在时机的选择上，郑成功确实已经开始显露出名将特质了。因为这一年的七月，是一个极好的机会。当时清军正挟攻陷浙闽两省余威，大举入粤作战，福建的防卫相对空虚。而且在进入永历元年后，之前漂泊海上的鲁监国朱以海得到了福建各路抗清力量中实力最强的郑彩的支持，就从当年的正月到六月再度主动出击，频频在浙江、福建沿海地区发动进攻。虽然这些进攻对清军威胁并不大，却产生了意想不到的效果。福建各地义军随之纷起，严重地扰乱了清军的后方，并使驻守福建的清军主将亲率主力四处救火，疲于奔命。

到了七月，用我们今天的话来讲，福建地区更是掀起了一股抗清运动的高潮。抗清义师先于七月四日攻克了重镇建宁府，之后又马不停蹄地接连收复了建阳、崇安、松溪、政和等地。一连串丢城失地的战报令清军将领大为恐慌，头痛不已。

福建的抗清形势一片大好，这使得郑成功感到是时候采取行动了。他派人联络了已经转投鲁王门下的族兄郑彩一起出兵，郑彩方面也很快答应了下来。

七月，郑成功军与郑彩的部队成功地实现了会师，他们选定的出击目标是海澄（今龙海市海澄镇）。

海澄是福建历史上四大商港之一，因其形如月，又有“月港”之称。郑氏联军选择攻打这里，不仅是因为这里水域条件好，可以充分发挥郑家水师的威力，更重要的是如果能够攻占海澄，无疑将极大地有利于抗清大业。

海澄在明代是我国对外贸易的著名港口、闽南的大都会之一，素有“小苏杭”的美誉。要是郑成功能够拿下此处，以后的军费问题就不用再发愁了。

然而上天似乎并不想让年轻的郑成功事事顺心，要不断地磨砺这个年轻人，以便让他能够挑起更加沉重的担子。

郑成功与郑彩的联合舰队最初驻扎在祖山头，仗打得也比较顺利，眼见海澄内的清军坚持不了几天，快要撑不住时，清军的援军突然赶到。清军是以骑兵为先锋，而南方本来少马，郑成功的部队还是以步兵为主，所以骑兵一冲上来，郑成功军很快就被冲成了两截。海澄城内的清军乘势杀出，明军大败。郑成功不得已带领余部退往海上，这才摆脱了清军骑兵的追击。

在战斗中，郑成功的监军杨期潢战死、先锋洪政重伤，军队的损失也相对比较严重。更为重要的是，郑成功在这次战役中真正见识到了传闻中的清军骑兵的厉害，清骑的机动迅猛给郑成功留下了相当深刻的印象。也就是在此时，如何在缺少马匹的情况下战胜骑兵就此成为郑成功今后很长一段时间都在苦思冥想的一大课题。

首战失利使得包括郑成功在内的许多明军将士都深感沮丧，不过就在这种情况下，一封信的寄来，却让郑成功重新振作了起来。

给郑成功写这封信的是他的叔叔郑鸿逵。

对于郑成功主动出击、攻打海澄的行动，屯兵金门的郑鸿逵一直十分担心。得知郑成功攻城受挫时，郑鸿逵就更加忧虑了。他既担心年轻气盛的郑成功会变得极不冷静，带领余部和清军死磕，又唯恐郑成功会因出师大败而就此一蹶不振。于是担忧之余，郑鸿逵选择提笔给小伙子写上一封信。

在信中，郑鸿逵叔叔告诫爱侄，战败之后的当务之急并非是重振士气、救死扶伤，而是要提防敌人的乘胜来袭，保证自己后方基地的安全。这一点具体到郑成功身上，就是要时刻保障安平的平安。客观地说，安平的确是个弹丸之地，而且还是一个极不适合作为基地的地方。因为安平周边地势较为平缓，几乎无险可守，无论是谁，只要敢拼命想打进去就一定会得偿所愿，所以当时清军才可以那样顺利地就攻破了这座郑氏家族引以为豪的水军基地。

因而郑鸿逵向郑成功明确指出，如果清军真的要大举进攻，那么安平八成是很难守住的。这情况就如同当年北宋都城开封一样，四周开阔且地位显眼，本来就不耐打还总诱惑着敌人来打打试一试，这样不倒霉那才怪。更何况开封还比安平有优势，经过宋王朝近百年的经营不仅人口军队众多，城墙也贼厚，抗风险能力自然也就比刚受劫难的安平要强得多。

针对这一现实，郑鸿逵给出的建议是：郑成功应尽快回师安平，防止清军来袭，并在修缮城内防御设施的同时，等待清军露出破绽。趁其不备之际，进攻泉州，打回老家去。

只要夺取泉州，利用郑氏家族在当地的影响力与号召力，就可以筹饷、募兵、训练，把战略地位远胜于安平的泉州作为自身长期的发展基地，养精蓄锐，以便从清廷的手上夺回福建，给家乡父老一个交代。郑鸿逵也在此许诺，会在郑成功出兵的同时派遣一支军队，协助郑成功发动攻打泉州的战役。

信读到这里，郑成功顿感心潮澎湃，他的热血再次沸腾了。想到能与叔叔郑鸿逵并肩作战，回到家乡开展复国大业，郑成功便觉得斗志无比高昂。

但是，郑鸿逵写这封信的目的并不仅限于此。在准确分析了福建境内抗清运动有所转机和郑成功后方基地不稳这两大现状的同时，郑鸿逵还语重心长地告诫郑成功：要小心郑彩。

既然你能以郑芝龙长子的身份兼并南澳的陈豹，那么作为公认的郑氏集团的三号人物且已与鲁监国政权实现联合的郑彩就完全有可能以家族兄长和朱以海的名义吃掉你。也就是说，倘若郑成功不积极主动出击，取得在福建抗清运动中的领导地位，那么郑成功的军队、地盘乃至郑成功本人都将成为郑彩盘中的饭后甜点，等着想吃的时候就毫不犹豫地吃掉。所谓逆水行舟，不进则退，就是这个道理。要想在这个乱世之中生活下去且不被身边的虎狼弱肉强食，唯一的办法就是把自己也变成虎狼中的一只。

看来郑鸿逵几年的学并没有白上，朝廷中激烈的政治斗争也没有白白磨砺他。事实证明，在郑成功事业的初级起步阶段，郑鸿逵将作为侄子的导师和引路人，努力指引着郑成功走向成功。

这样，郑成功终于可以做出决定了。原本郑成功虽未能攻破海澄，却占领了海澄外围的石尾港、九都等地并打算就此常驻再图进取的，但看了郑鸿逵来信后，他最终还是下定了放弃的决心，并很快率部从海澄返回安平驻守。实际上，当时清廷也正有以海澄为诱饵引蛇出洞并趁机拖住郑成功部，拿下安平，继而全歼郑成功的打算。可是郑成功却选择了主动撤走，这就使得清廷的计划无法施行，也就此逃过一劫。

所以说，放弃有时并不意味着畏葸退缩，往往是为了更好地发展或开辟一条生路。

回到安平的郑成功按照郑鸿逵的建议，继续练兵修城，同时也暗中加强了对于鲁王方面可能到来的威胁的防备，并耐心等待攻打泉州的时机的到来。

一个月后，时机来临。

八月二十二日，郑成功与郑鸿逵叔侄二人在泉州南的桃花山会师。此时泉州虽然落到清军手中，但清廷诸如剃发、清乡（防止沿海居民对海上抗清武装进行援助）等高压政策激起了当地百姓的不满，在当地乡绅策划下响应明军的起义时有发生，所以现在正是攻打泉州的绝好时机！

与郑鸿逵的军队会合后，这支曾经称雄一时却又一度溃散的郑家军终于要再次走向它阔别多年的战争舞台，并作为南明与清朝长达数十年之久的战争中的主角，继续活跃在这一舞台上。

我们又回来了，泉州，我的故土。

泉州之战即将打响。

泉州守将、福建提督赵国祚得到明军在郑成功的带领下进攻城池的消息后，已然做好了出城迎战的准备。这也是他与未来的老对手郑成功的首次交锋。

在赵国祚看来，郑成功不过是个毛头小子，没啥能力，一直以来只是靠着他老爹的郑芝龙的余威才得到一些无知者的响应，他手下也不过是一群海盗，只需一战便可轻松将其击溃，实在没有什么好怕的。于是赵国祚决定亲自带领骑兵五百人，步兵一千五百人，分两队前往桃花山迎战。

赵国祚的自信是很有理由的。一来是论起素质与战斗力，常年东征西讨的清军本就远胜于疏于战阵的郑家军，更何况眼前的这支郑军还是残部加新兵的混合部队，是真正意义上的乌合之众，这样必胜的战斗不打真是说不过去。二来是赵国祚个人的家事原因。赵国祚不是普通的汉人而是汉军镶红旗人，他的老爹赵一鹤在努尔哈赤时代就入了伙，跟着努尔哈赤、皇太极两代人四处奔波，没有功劳也有苦劳，所以当皇太极把以抢劫为主的后金部落改组为以种地兼抢劫为主要经济支柱的国家时，赵一鹤就此得到了一个三等甲喇章京的官职。赵国祚作为赵章京的次子，向来以将门虎子自诩，因此当他遇见了同样出身将门却比自己更为有名的郑成功时，气就不打一处来：你不就是一个徒有其名的小丑么？我赵国祚今天就要打败你，打破郑军无敌的神话。

在赵国祚的安排下，两千清军分为两队，一队人马从涂门出发，一队人马从东门出发，准备夹击郑成功军，造成明军的混乱，进而取胜。所以两队军马直冲郑成功的营垒而来。

合兵之后的明军兵力大约有一万左右，可是郑成功却不想凭借人数的优势取胜。面对赵国祚和他的骑兵，郑成功只是派出了部将张进、杨才出战拖住敌人，而把军中的主力水师舰队调去攻打泉州城旁的溜石炮城。

溜石寨是泉州城外清军的重要据点，一旦有失，泉州必将难保。因此得知消息后，包括赵国祚在内的清军上下全部慌乱了起来。自己的全家老小现在都在城里，要是城池被明军攻破，不但自己的老婆孩子有麻烦，丢城失地的黑锅大家也要一起背。

一股普遍不安的情绪就这样在清军中蔓延开来。两军对抗相持，最先发生动摇的一方一定会马上溃败。战场经验十分丰富的郑鸿逵率先发觉了清军阵势的微妙变化，于是命部将林顺从侧翼夹攻清军，而同时发现问题的郑成功也派余宽出兵截杀。

果然赵国祚军再也经受不住这心理战加肉搏战的双重考验，阵势大乱。郑成功和郑鸿逵乘机挥军追杀，清军大败，一口气逃回了泉州城，任凭城外的明军骂遍三代祖宗也不肯再出城拼命。

赵国祚似乎也被郑成功打怕了，每天晚上做梦耳边总会响起明军的追杀声，所以他也决定改变策略，凭借泉州坚固的城防工事转攻为守。众所周知，郑军最擅长海战，在陆地上的战斗力远逊于海上，在攻城拔寨方面的能力则更是不如陆战，是弱项之中的弱项。因而赵国祚打算与明军打消耗战，等到郑成功粮草耗尽之时再乘势发动进攻，打他个措手不及。

对于赵国祚的算盘，城外的郑成功也是很清楚的。尽管清楚也没有办法，城还是得照样围，墙也得照样爬。因为不这样做，一辈子也甭想进入泉州城。

接下来的几天里，战场陷入了胶着状态，每一天总是以天一亮明军就蜂拥而上奋勇攻城开始，城上清军强打精神拼命守城直至傍晚结束，如此循环着。说实话，这样攻城的累，守城的累，相信连看的人都会觉得累。

眼见日子一天天地过，粮草一天天地少。郑成功认为，是该做点改变的时候了。

经过多日观察，郑成功发现，泉州城之所以久攻不破，虽然与自己军队的攻城技术尚不完善、清军防守比较严密和泉州的城墙确实很坚固这三点有着必然的联系，但每次攻城时溜石寨内清军对攻城部队的背后骚扰才是士兵们不能全力攻城的根源。

据说要制服一条毒蛇，最为重要的一件事就是拔掉它的毒牙。所以郑成功决定先把这个麻烦的溜石寨拿下。

等到再次对泉州发动攻势前，郑成功预先派出一支部队埋伏在溜石寨附近。当明军士兵猛攻城池而驻守溜石炮城的参将解应龙照例出兵救援时，原本专心攻城的明军暂缓了攻势，出其不意地围住了解应龙并断了他的后路。埋伏已久的明军也趁解应龙军走远，转而向溜石寨大举进攻。

溜石寨，也就是座寨子。郑成功的明军虽然攻城的技术尚不熟练更谈不上专业，然而要攻破一座寨子却是没什么大问题的。在士兵们的集体努力下，一直作为泉州壁垒的溜石炮城很快告破，解应龙本人也被明军做掉。泉州城终于赤裸裸地暴露在郑成功与将士们面前。

攻克溜石寨后，明军上下士气大振。看似无懈可击的泉州也开始露出了它的疲态，溜石寨的失守也更加坚定了赵国祚固守的信念。

在赵国祚的拼死守卫下，明军发起的攻势虽然从九月初三日攻克溜石寨那天起就没有停过，摆大炮、架云梯一直打了将近二十天，可是明清两军士兵素质的巨大差异在此时明显地显露了出来。连续作战后，两边的将士都已十分疲惫，然而明军情况更甚。即便是郑成功亲自督阵以鼓舞士气，士兵们四面齐攻，大军还是没能打下泉州城。

郑成功的攻城战斗再次陷入僵持时，清军方面却已经有所动作。

赵国祚出战败退后不久，曾派人前往邻近的漳州请求援兵，此时正是得到了回应的时刻。漳州副将王进在与总兵杨佑商量后，决定出兵救援。不过为了防止郑彩军乘虚攻击漳州，王进此行只带了不到两千人。

这位王进虽然没当过八十万禁军教头，也没收过九纹龙史进那样有名的徒弟，但事实证明这个王进同样是个很有水平的人。因为这位仁兄有一个很吓人的绰号——王老虎。单从这一称号来看，应该是个相当能打的将领。

身在泉州的郑鸿逵与郑成功很快得知了漳州方面的动静，只不过与事实有些出入。原本只有骑兵五百人、步兵一千人驰援泉州的王进，在郑鸿逵得到的情报中却变成了带领漳州、潮州两地共计数万人的军队来援的王进。一时间王团长竟一下子成了王司令员，这其中一定有问题。

没错，历史再次向我们证明了一点，眼见为实，耳听为虚。王进虽叫王老虎，作战很勇猛，可是要知道老虎有时也是很有智商、讲究谋略的。郑成功的情报部门在工作上之所以会出现了如此重大的误报，其实都是拜王进所赐。

王进自从出兵那天起，就四处派人宣传，虚张声势，说是此回清军要趁郑成功等人围攻泉州之机出动大军一举全歼且不日即将抵达泉州城下。然而事实上，他却选择避开已被郑军封锁的主要交通线，由一条从南安通往泉州的小路出其不意地袭击郑成功。

但让王进没有料到的是，在得到清军即将大举来援的假消息后，郑鸿逵虽然召集郑成功及军中的高级将领们商议御敌对策，可最终商讨的结果却并不是乘机撤退，而是围城打援！

大军来援又怎么样，主将是只虎又怎么样，郑成功并不打算退兵。因为假使对方真的是虎，郑成功这只初生的牛犊也要先摸上一把这只猛虎的屁股。

来吧，王老虎，让我见识一下你到底能有多凶猛。

然而王进却知道自己真正有几斤几两，要是贸然带着这千把来人冲上去，很可能还没摸到城边就全部死光光了。因此王进决定再说一个谎话。虽然王进本人生平可能说过无数的谎话，但是这一个他认为是最完美的。

就在郑成功说服叔叔郑鸿逵驻军城下围点打援的几天后，又得到了一个新的惊人情报：救援泉州的同时，清军的一部分已于同日南下袭取安平。

一旦安平有失，明军撤往海上的交通线将被就此切断，而岸上的郑军势必在兵粮断绝之时走向全灭。郑鸿逵听到这个消息后，不禁冷汗直流。

本来郑成功与郑鸿逵商量后决定分兵回救安平，并带领余部继续进攻泉州城。但不久两个令众人震惊的消息的接踵而来，使得二人最终下定了撤退的决心。

第一条消息是一路清兵不知道从何而来，突然闯入了先锋洪政的防地，洪政猝不及防被清军击退，前沿阵地已失。

第二条消息则是泉州乡绅郭必昌一家和前大学士黄景昉被赵国祚抓捕后遇害。

郭必昌是泉州城的大户之一，他的儿子郭显一忠于明朝，本想伺机准备在城内发动起义，以策应郑军的攻城，恢复大明江山，但是郭家的计划不幸走漏风声，被人告发。赵国祚也迅速做出反应，派人前往捉拿。郭显一家十三口全部遇害，这次泉州举义的计划也就此宣告流产。

里应外合攻破泉州已经没有可能，而王进的援军业已压境。城内的清军得知援军到来的消息后，更是敲锣打鼓，声势大振。无奈的郑成功只好下达了撤退的命令。

临行前，郑成功依依不舍地眺望着泉州城。我不知何时再能回到这里，更不知是否还能进入城中，抚摸我那当年读书时的桌椅。或许这一眼已是永别，或许我还有回家的机会，但无论何时我是不会忘记这里，无论如何我都会尽力再来。

郑成功满怀着无比的遗憾离开了泉州。然而正如他离开之前所认定的那样，他还会回来的。

撤回安平的郑成功很快就发现自己被王进忽悠了。安平其实并未受到什么大举进攻，只是王进派来的小股部队在附近转了两圈。清军的援兵总数也不过只有区区一千五百人而已。

知道自己受骗的郑成功立即派出军队，在泉州通往漳州的各个路口设伏。然而这场伏击战也没有照计划打响，因为狡猾的王进早就预料到了气愤不已的郑成功肯定会找自己玩命，便在郑军设伏的前两天马不停蹄地返回了漳州。

第一次泉州战役就此结束。此战表明，作为一个刚出道的将领郑成功还不够成熟，他的力量同样尚不够强大。但即使如此，郑成功还是有很大的发展空间。

郑成功，你还可以变得更强。

# 第十二章　不为人知的皇帝

按理说隆武之后，是该介绍南明诸帝中在位最长的永历帝的事迹了。然而在此之前，我们却有必要先了解另外一个人，即是在明代历史上被奉为明文宗的绍武帝。

绍武帝的真实姓名叫朱聿鐭，看名字就知道，他和不久前在汀州遇难的隆武帝应该颇有渊源。事实正是如此，因为这个朱聿鐭就是朱聿键的亲弟弟。不过要论知名度的话，朱聿鐭明显没有隆武高。

其实客观地讲，朱聿鐭实际上是个连专业人士也不太关注的皇帝，备受世人冷落。究其原因，是这位明文宗作为皇帝只存在了一个月，是个名副其实的“一月天子”。与另外一位享有同样称号的明光宗朱常洛比起来，他只多做了十一天而已。明代要搞个在位时间最短的皇帝排名，朱聿鐭稳居第二位。

所谓兄弟，通常多少会有些相似之处。朱聿鐭与哥哥朱聿键的相似之处则更多是在成为皇帝的过程之中。换句话说，朱聿鐭也是被人推上皇帝宝座的。推送他登基的人叫苏观生。

苏观生原名时泽，字宇霖，广东东莞人。和当时的朝中许多同事比起来，他应该算是一个大器晚成的人。苏观生生于万历二十七年（1599），到了三十岁时才开始成为生员进入县学学习。之后又过了五年的时间才被选送进入国子监继续深造。真可谓耐得住寂寞。

不过值得一提的是，长年的苦读生活并没有使苏观生出现一些严重的心理问题，做出一些离经叛道的事情来。相反，由于长期诵读孔孟圣贤们的著作，苏先生的人品倒是相当的高尚。

在无极县知县任上时，苏观生因平反冤假错案得罪了上面的官员，上头放话要好好收拾一下这个芝麻大小的县官。有人好心透露了风声，劝苏观生稍微收敛一点，谁知得到消息的苏知县却拿出了“当官不为民做主，不如回家卖红薯”的海瑞精神，当众回话说：“我不要官，不要钱，不要命。看你们能将我怎么样！”从此苏观生在当地被人们称为“三不要老爷”。在他离职之日，当地百姓们更是为他立碑以示纪念。

后来苏观生担任户部主事，却依旧为官清廉，为人耿直。在户部八年而“囊金不满百”，需要依靠亲戚朋友们资助才能勉强维持生活并供养年迈的老母。

正直廉洁的人向来还是有人欣赏的。特别是对于一上台就将整顿吏治、严惩贪污作为施政重点并相应制定了自朱元璋时代以来最为严厉的“小贪必杖，大贪必杀”的反腐规定的隆武而言，苏观生是一个非常值得重用的人才，堪为官员们的楷模。

因而没过多久，隆武就将苏观生提拔为礼部右侍郎兼东阁大学士，一年后又提升为吏部尚书、太子太保、武英殿大学士，让他负责选拔那些既有才能又能廉洁自律的官员来改变自崇祯朝便开始形成的做官不做事、天天搞党争的不正之风。上任后的苏观生果然不负众望，各级监察官员在他的领导下纷纷行动，使得邵武通判陈主谟、古田知县吴士燿、汀州知府王国冕等一批大贪污犯接连落马，一时间民心大快。

和隆武朝的其他大臣一样，在黄道周与郑芝龙的斗争中，苏观生选择坚定地站在文官集团一边。所以他在给皇帝陛下的上疏中明确指出，郑芝龙虽然已经是朝中大臣，可事实上却仍旧难脱海盗的本性，以自己的利益为重，不会真心实意地支持北伐中兴的大业，因而苏观生力劝隆武亲征江西，以摆脱郑芝龙的控制，真正掌握作为天子的主动权。

要知道，在当时遍布郑芝龙眼线的宫廷中，敢上如此言辞激烈的奏疏，这是需要莫大勇气的。一旦触痛了郑氏兄弟的神经，苏观生很有可能成为第二个何楷。

隆武虽然并未当即采纳苏观生的意见，可对这一建议的赞许成分还是比较多的。就在隆武二年二月，苏观生以兵部尚书的身份受隆武帝之命，先到江西招募甲兵，进而出兵江西，为接下来的更大规模的北伐做准备。

于是身负重任的苏观生就这样告别了隆武，前往江西履行使命。

我们以前多次提到过，隆武一朝的财政状况本来就不怎么好，又加上苏观生本来就不具备黄道周那样的影响力，还像何楷一样曾经得罪过郑氏兄弟，因此苏观生的工作就可想而知了。

然而在苏观生尚且没有因为眼前的工作不顺而灰心丧气的时候，福建方面的噩耗已然传来。

先帝避兵祸于汀州，不幸罹难。当听到这一报告时，苏观生觉得眼前一黑。那么锐意进取、勤政爱民的好皇帝就这样离开了这个世界了么？苏观生不敢相信，更不愿相信。在他看来，隆武是眼下最合适中兴大明的领导人选，也是最有人气最得人心的不世出的明君。

先帝就这样不在了，真是天不假年啊。苏观生叹息着。

但是，理想还要承继，生活也要继续。

汀州之变后，苏观生率军南返，到了广州。当时由于通信条件尚不发达，虽然大家都听说了隆武遇难的信儿，但因为谁也没有亲眼所见，亦无相关人士出面认证，没有人敢保证这条消息的真实性。所以就连已经开始讨论拥立桂王的两广总督丁魁楚和广西巡抚瞿式耜等人一时间也不敢擅自行动。只怕隆武只是短时间的与外界失去了联系，不久还会出现在众人的面前。要是贸然拥立新帝，到时候可不是一个惨字能够概括得了的。

两广的大臣们都在等待消息的最终确认，以便做出最合适的选择。

然而丁魁楚、吕大器等人先等到的不是前方知情大臣的回信，而是后方知情大臣的来信。派人送来这封信的人正是苏观生。

苏观生是一路上由江西来的，对于隆武遇害的事虽不是亲眼所见，但综合沿途的各种情报，已然做出了正确的判断：皇帝陛下一家三口确实在汀州遇难了。

因此当苏观生偶然得知丁魁楚和诸位两广大臣正时刻准备拥戴桂王即位时，苏大人便主动派人前往联络，表示自己十分乐于参与拥戴的相关工作。

看了苏大人的来信，丁总督气得跳脚：我们好不容易揽到了这样一个好活儿，有机会求一次进步，凭啥要分你一杯羹？

丁魁楚认为自己就算再惨，好歹也是个进士出身，比起连举人也没考上的大龄连续落榜考生苏观生不知要强上多少倍，所以打心眼里就看不起姓苏的。再加上丁总督起初就想以拥立新帝的头号功臣的名义进入内阁，考虑到苏观生的身份地位本来就在自己之上，因而对苏大学士的诚恳表态，丁魁楚很快就谢绝了，并明确表示自己不会与前朝遗臣苏观生谈。

想抢我的饭碗，你苏观生还嫩了点。

隆武二年十月初十，桂王于肇庆正式宣布就任监国，拥立有功的丁魁楚、吕大器、瞿式耜等人都由此入阁办事。此时，几个弹冠相庆的大臣的背后，是双无比愤怒的眼睛。

就在那个被冷落的黑夜，苏观生没有用他那双黑色的眼睛来寻找光明，而是用它来寻找一个可以与桂王分庭抗礼的新皇帝人选。

从“三不要”事件中，我们可以看出苏观生的性格属于刚强耿直的类型，换句话说就是比较强硬，不服输，爱钻牛角尖。这类人一旦和别人较上了劲，势必要拼个你死我活才肯罢休。

这种性格也就注定了苏观生在遭丁魁楚羞辱后不会主动遣散兵马，回乡隐居，忍气吞声地过日子，更不可能干脆降清当汉奸。此时苏观生唯一要做且能做的，就是另立一个新朝廷与拥立桂王的丁总督等人对抗到底。

不带我玩，就跟你们玩到底！

我们不难想象到，当时的苏大人是咬牙切齿地反复对自己说着这句话的。

不过此时摆在苏观生面前的首要问题是，自己到底要支持谁。

是鲁王监国吗？虽然他在隆武遇难前两个月就已经丢失了浙东的根据地，直到现在可能还漂泊海上，无处容身，但是他毕竟受认同的程度相对较高，且有了一定的处理军国大事的经验，应该是一个不错的选择。

不，不行。我苏观生本来就是隆武最为信赖重用的臣子之一，现在前去投奔故主的政敌，是无论如何也说不过去的。更何况远赴海上寻找四处漂泊的鲁王政府，然后再重新开辟抗清基地，夺取天下，这个希望看似十分之渺茫。苏观生很快放弃了这一想法。

既然拥桂不成，投鲁不行，那么就只好看看眼前有什么好的人选了。苏观生就这样将目光聚焦在自己周围，经历一番思索与对比后，终于找到了他心目中理想的新皇人选。于是，他来到了同样跑到广州避难的朱聿𨮁面前，向对方下拜：能够继承先帝事业的就只有您了。

苏观生的这一选择就当时的环境而言，应该说是相当准确的。隆武称帝后，便把唐王的位置传给了自己仅存的这个弟弟。隆武元年十二月初六日，隆武从福京出发御驾亲征之前，也明确发布诏书任命这个弟弟作为监国（皇帝代理），便宜处置国家各类事务。因而让本来就是代理皇帝的朱聿𨮁在先帝离世后继承一切，承继大统，去掉代理二字名正言顺地做皇帝，不仅合情合理，而且还是合法的。

况且，太祖皇帝的遗训里也明确说了，大明的皇位是父死子继、兄终弟及。现在先帝与太子同时归天，你就勉为其难地答应了吧。

哦，如果情况真是这样，那本王也就只好答应了。

于是，在桂王宣布监国的十八天后，朱聿𨮁在隆武朝大学士苏观生、广东布政使顾元镜和郑芝龙旧将林察等人的拥戴下，郑重宣誓就任为监国。为了争取获得各地对于朱聿𨮁皇位正统性的认可，在朱聿𨮁宣布监国仅三天后，苏观生就为朱聿𨮁安排了盛大的继位大典。

隆武二年十一月初五，朱聿鐭正式称帝，改元绍武。不过谁也没曾料到，这是明代历史上第二个没来得及挂上的招牌。

隆武与绍武兄弟俩的关系有点类似于天启与崇祯，同样是一开始兄弟很多，到了后来活下的仅有两个。所以无论是朱聿键之于朱聿鐭，还是朱由校之于朱由检，兄弟间的感情都是相当深厚的。不过这两对兄弟之间却有一个极大的不同，那就是兄弟二人性格的差异。



我们知道朱由校是一个杰出的木匠、机械设计师、工程师，唯一不擅长的就是当皇帝，相反作为弟弟的朱由检却很勤政，很劳模，在皇帝的岗位上始终兢兢业业，从不像老哥那样胡搞乱搞，而是把一生的精力都充分地投入到了治理国家之上，是个难得一见的优秀帝王。

有意思的是，朱聿键和朱聿鐭兄弟俩的情况却正好与上面的二位倒了过来。当哥哥的很优秀很敬业，是个不错的皇帝，可是做弟弟的朱聿鐭就差得很多了。

就拿登基的那天说起，朱聿鐭为了营造出自己登基大典的喜庆气氛，早早地就下令当地官员四处准备，置办宫殿、衣冠、卤簿，并下令家家都要张灯结彩，夜如白昼，弄得上至官员下到百姓个个都忙得四脚朝天，不得休息。也许是为了保证上朝之际的排场，在即位后的十天内这位新皇帝陛下竟一下子就任命了几千个大小官员，其办事效率那真是相当的高。

可问题是按照礼法要求，官员们每次上朝都要身着朝服，不能穿便服。这就如同今天的各大公司硬性规定职员上班要穿西装打领带或是换上企业统一配发的制服一样。不信的人可以留意下，光天化日之下随意套上个背心睡衣就敢在办公室里四处晃悠的，只要不是这个公司的老板就会被当成是来砸场子的，被随后赶来的保安七手八脚地架走。

现在问题就在这里，新皇帝任命的官员太多，然而相对的官服却明显不足。即便是各大纺织机构加班加点地连夜赶制，也不能满足广大新任官员的迫切需求。因而当供需严重不平衡时，混乱就出现了。要是当时你正好站在当地的街上，你很可能会看见如此奇特的一幕：

数十个红着眼的人挤在一家地方不大的布庄内，每人都把手里的银子举得老高，争相呼喊，踊跃上前，颇有今时今日某些大城市公交站牌前争着上车的气概与神韵。湮没了数百年的士人的尚武精神，就在此时得到了完美的再现。

你小子别插队，后面的不要挤了，嘿，说你呢。

个别体质较弱或家境不太富裕的兄弟，此时望着那令人绝望的长队，往往会在长叹数声之后，一脸无奈地离去。

这也是个体力活啊。

咱中国人之所以是世界上公认的聪明的人，并非是因为我们像犹太人一样善于计算经商做买卖，像日耳曼人一样精细逻辑思维强大，我们的智慧往往在于善于变通，能够创造性地解决眼前的问题。套用鲁迅先生的名言，就是能够在没有路的地方走出路来，继而让它成为一条有许多人走的坦途。

好不容易得到一个官位，万不可因为次日上朝时缺少官服而丢了。

于是那些抢购不到官服的人也充分发挥了主观能动性。不知哪位有才的仁兄先想出了一个点子，去戏班里弄了一套戏服出来暂时应急。其他人一看，马上跟着去借，所以搞得几个戏班连戏都唱不了了，天天只能挑没有官员角色的戏来勉强撑一下场。

戏服虽然在制作方面差了一点，但多少还能应付一下，先凑合着吧。有的穿总比没有要好啊。

朱聿鐭对官员的任命态度之随意，还有一个故事可以表明。

由于苏观生与丁魁楚之前有过那样一段不愉快的经历，所以绍武政权自建立之初就一直与位于广东肇庆的永历政权处于对抗状态。为了增强自身势力，免受南下清军和桂王方面的威胁，绍武非常注重增强自己的军事实力。他扩充军备的方式也十分与众不同，别人招兵，绍武采用的则是招安。

闽粤沿海的各路海盗在绍武给出的诸如高官、土地等优厚待遇的许诺之下，纷纷涌向了这根并不怎么葱翠的橄榄枝。不到十天，绍武朝廷就收编了众多海盗，并将他们统一整编成明军。有个叫杨明亮的人就乘此机会，闪亮登场。

杨明亮，名字很明亮，但见不得光的坏事肯定没有少干，因为这位仁兄是潮州地区一个非著名的混混。在现在人看来，也应该算是社会闲散人员兼社会不安定因素。不过他接下来要做的这件事却将使得他在短短的几天里由非著名变得有名（不然史书上不会记下他的名字了），由混混升格为超级大混混。

一般说来，混混基本上拥有四大基本能力，即所谓的坑、蒙、拐、骗四招，且久经流传，闻名遐迩。当然，这四种能力只是作为一个普通混混最基本的能力。要想混得特好，还需要在精通这四招外修炼其他特殊技艺。不过为了避免教坏好孩子，这里就不展开了。

当一个混混能将坑蒙拐骗这四招熟练地杂糅应用并且具备了一定的经验与胆识时，这些基本技能就会升华萃取，最终变为一项绝技——忽悠。基于以上诸多条件，这位混混就可以由普通混混蜕变成为大混混了。与此同时，他的工作对象也可以相应地从糊弄街头大妈升级到糊弄更高等级的人，譬如说封建社会的等级最高的人物，英明神武的皇帝陛下。

这位杨明亮恰好就是一个处于由混混向大混混转型阶段的人，因此当他听说绍武正在以优厚的条件招降沿海海盗时，就打算前往验证一下自己的能力。

不久，广州城内出现了一个自称手握重兵并表示愿意归降的杨头领。是不是真的头领不知道，有没有那么多的手下也不知道。反正这位杨混混就这样大摇大摆地进入宫殿，见到了身为最高领袖的朱聿𨮁。

虽说皇帝也是人，但他却不是一般人。换句话说，如果谎话说得不够圆满，那么谎言破裂的同时也就意味着死亡。然而杨明亮在接受绍武召见时却表现出了惊人的心理素质。什么自己忠心爱国打过许多胜仗，在潮州、惠州一带有部众十万人，部下多精兵强将，个个英勇善战，说得自己比宋江还牛。

难能可贵的是，在说这些不着边际的话时，杨明亮真的做到了脸不红心不跳，即使被问到了一时难以回答的问题，也都凭借着自己的狡猾头脑，轻松地忽悠了过去。所谓庖丁解牛游刃有余的表演大概也不过如此吧，虽然二人使用的工具不同（丁大厨用的是刀，杨忽悠用的是嘴）。

从国际形势到国内政局，天南海北一阵忽悠下来，宝座上的朱聿𨮁拍案而起，大喝一声：兄弟，你太有才了！

被蒙得一愣一愣的绍武连派人前去潮州验证真伪的工作都省去了，当即下发任命书，封杨忽悠为潮惠巡抚（有官印为证），并将当地全部官吏的任免权都授予了他，以便妥善安排杨头领的那些身负奇才的手下们。

所谓的天子，智商不过如此，跟那些街头的大妈大婶几乎没啥本质上的区别。杨明亮带着一脸得意的笑容和一张委任状，就这样衣锦还乡。

据说这位仁兄回乡后，就开始做起了大买卖。只是他卖的商品比较特殊——官位。虽然向来是口无二价，但依旧十分抢手，而且能够保证一手收钱，一手交货，童叟无欺。

按理说，当皇帝的如此低能，手下干活的又所用非人，这样的政权应该很难得到众人的支持与拥护。可是事实上比起海上漂的鲁监国和新成立的桂王政府，绍武的认可度却是远远高于这两大竞争对手。究其原因，不仅是因为他哥哥隆武工作做得太好，深受南方老百姓的支持与爱戴，更为重要的原因是，绍武获得了一个当时各方都在尽力争取却谁也难以得手的关键人物的衷心拥护。而正是此人，让摇摇晃晃成立起来的绍武政权逐渐趋于稳定，堪称绍武朝廷的支柱。

这个人就是郑成功。

出于对隆武帝的深厚感情，郑成功并没有选择归附身份更为正统的桂王一系，而是始终坚持效忠于唐王这一脉。虽然众所周知郑成功最后还是成为永历的臣子并接受了延平郡王的册封，但那也是绍武政权灭亡两周年后的事了。而且在此期间，郑成功还曾在南澳拥立过淮王朱常清为监国，即后世所说的明敬宗东武帝，继续与桂王一系保持距离。不过这段故事后文还会专题介绍，这里就不多说了。

郑成功的承认对于绍武朝廷的生存发展具有极为重要的意义。前文讲过的东南沿海大批海盗纷纷归附，从某种程度上说也是看在郑老大的公子的面子上才来的。

在军事和社会舆论上有国姓爷撑腰，主持朝中日常工作的苏观生这才觉得安心了不少。此时的绍武政权中，有建明伯苏观生担任东阁大学士主管兵部，前大学士何吾驺、布政使顾元镜、侍郎王应华、曾道唯等人入阁辅政，分掌诸部。这一新建的政府班子虽然没有隆武时庞大，但也不乏人才。这之中何吾驺和顾元镜就是老相识，为万历四十七年的同榜进士。在这一年的科举榜单上，相信你会十分惊喜地看到许多熟悉的名字，譬如袁崇焕、孙传庭、姜曰广、倪文焕、陈子壮（当年的探花，抗清名将）、丁启睿（丁魁楚的侄子、崇祯年间的陕西三边军务总督）、吴阿衡（那位喝高了后主动出击攻打清军而后阵亡的总督）。

何、顾二人即便不如他们这些同学有才华或者有个性，但能力多少还是有的。因此朱聿𨮁虽爱折腾，政府机构的正常运转还不大受影响。再加上有郑芝龙的旧将林察也很能打，是水战方面的专家，所以不论是继续南下的清军还是永历方面，都不敢贸然打广州的主意。

可是绍武与永历两个政权的战争依旧不可避免的爆发了。

战争的导火线是所谓的斩使事件。

去过肇庆的朋友都知道，肇庆距离广州是相当的近。具体有多近呢？答案是一百公里左右，今天到汽车站坐车两个小时就能到，自己开车则更快了，走广肇高速大约一个多小时便可到达。在交通条件尚不十分发达的明末，一百公里打马狂奔个一天半天也就到了。在这么近的距离内并立着两个号称正统的政权，这无疑比当年的唐鲁争立还要麻烦得多。

不过起初，双方同样是想通过和平的手段结束这种一天二日、一山二虎、一国二主的不和谐的局面，首先做出表示的是永历方面。

朱聿𨮁称帝后不久，永历就向广州派出了使臣兵科给事中彭燿和兵部主事陈嘉谟进行和谈。

来到广州见到了绍武，彭燿便开门见山地提出了永历方面的谈判条件。与两年前隆武给浙东的条件大致相同：承认永历的正统地位，当众宣读肇庆方面颁布的诏书，削号归藩，谨遵臣节。

其实所谓谈判，就是互相敌对的双方坐在一起讨价还价，互相妥协，一进门就态度强硬地逼人家签字同意的，那不是城下之盟就是慕尼黑阴谋。

所以如果谈判宣告失败，那么这一定是彭燿的责任，回去找他算账准没有错。

可是事实上彭燿这样做并没有错，因为他有着强大的立论基础。

在彭使者看来，只要把这个根据拿出来，绍武势必要乖乖地撤销帝号，俯首称臣。

> 先帝（指隆武）曾亲口承诺，百年之后，即将帝位传于桂王。当日群臣俱在，皆可为证。



作为一个旨在完成使命的使臣彭燿从不忽悠，况且这还是军国大事，彭大人即便天生的熊心豹子胆也不敢随意信口开河。事实证明，彭燿所言非虚。

提到隆武指明要传位给永历的这件事，那还得从一年前说起。

一次隆武召集群臣朝会商讨政事，不知谁先提到了当今圣上还没有儿子这一敏感问题。在那个年代，皇帝如果已过中年却还没有生出儿子，这就是一个非常严重的问题了。这不仅意味着皇位的传承没有着落，皇室内部之间可能会潜伏着内讧的危机，更有可能对整个国家的生存发展产生极其不利的影响。

然而为没有儿子继承皇位发愁的并非只有皇帝一人，底下的大臣们似乎对于这件事更为忧心。所谓家无长男，国无储君，这不止是陛下的家事更是国事啊。一旦您哪天不幸突发急病过去了，各地藩王们为了争夺皇位而大打出手，那就实在不好了。

但让大臣们感到难办的还不是这一点。这件事之所以难以解决主要还是由于大家难以启齿。毕竟就算是观念比较开放的今天，诸如谁谁家现在还没有孩子之类的话题，还会经常成为街头巷尾大爷大妈经常窃窃私语的主要话题之一。

"陛下现在还没有儿子啊。"这句话无论在哪朝哪代都绝对应该被列为大臣们绝对不能说的十大禁语之一，以免热心肠却缺乏政治敏感性的官员们惹祸上身。

不过遗憾的是，这样的官员几乎每个时代都有那么几个。

大庭广众之下，突然听到了这么一句最令自己难堪的话，估计换成爱面子的嘉靖，早就命令锦衣卫把此人拖出去打了。

还好这位大臣此刻面对的是好好先生隆武。虽说隆武本人对于此事也十分敏感，不愿提及，但因言降罪就地杀人的事儿，素来做事正派的隆武还是不会做的。

听到这一声音后，隆武稍微尴尬了一下那是必然的。可是一个成熟的政治家的机智，却将在这短暂的沉寂后表露无疑。只见隆武微微一笑，继而说道：

> 此永明王之天下也。永明，神宗嫡孙，正统所系。朕无子，后当属诸永明。

隆武的这句话的意思是：这个天下是属于永明王的。他是神宗皇帝的嫡孙，是皇室的正统。我既然没有儿子，之后当然要将皇位传给他。

这里的神宗皇帝就是我们熟知的万历皇帝朱翊钧，而永明王正是当时朱由榔的封号，即现在的永历。

值得注意的是，当时隆武唯一的儿子尚未出生，而且劝说鲁监国朱以海接受皇太侄名号的事业已告吹。因此借此机会许诺要将皇位日后传给和正统皇族血缘更近的永明王，一来可以减少自己以远藩子孙入继大统而惹来的非议，团结更多的人支持自己。二来可以展现自己的大度，以衬托出朱以海的心胸狭小，孤立竞争对手。可见，隆武的厚黑学功底也是相当深厚的啊。

既然您的哥哥当日都亲自当众承诺要将皇位传给永明王，您现在自己还要保留帝号，是不是就不太合适了呢？

彭大使的这一问句看似平淡无奇，实际上却是暗藏杀机。因为无论朱聿鐭怎样回答，结果都会有利于永历一方。

如果绍武做出肯定的回答。啥也不用再说，您就赶紧老老实实地宣布退位去帝号，然后北面称臣就可以了。倘若绍武的回答是否定的，那情况就更加危险了。彭大使接着肯定会说绍武连自己兄长的话都不遵从，这样忤逆的人是没有资格承继隆武的事业的，或者将这件事就此捅出去，让绍武全权承担挑起内战的责任，利用舆论的无形利刃彻底摧垮绍武政权的人心基础，使之陷入崩溃。

朱聿鐭的政治斗争水平本来就不如这些在政府中摸爬滚打数十年的老狐狸、老油条，更何况就绍武即位前后做出的那些光辉事迹来看，他的智商与情商真是相当的一般。所以一旦绍武张口，败局就已然确定。

在此关键时刻，好在有一个厚黑水平也不差的人有幸陪同接见了彭大使。这个人正好是苏观生。

作为绍武朝廷中央办事机构内阁的一号人物，苏观生的斗争经验明显要比绍武丰富得多。想当年，崇祯年间的温体仁，弘光年间的马士英、阮大铖，隆武年间的郑氏兄弟，多少厚黑老字号兄弟都有所接触，什么腥风血雨阴谋诡计没有见识过！因而在苏观生看来，用这点手段就想办挺绍武政权，永历的智囊团还差得远呢。

一听到彭大使的质问，苏观生就敏锐地察觉到大事不好。这是一个比较明显的陷阱却又是一个不得不跃过去的槛，一个不小心就会栽大跟头。

绍武是必然会被这个槛所绊倒的人，因而此时的苏观生也顾不得什么礼法了，只能当即代领导抢答。

事实证明，苏观生也不愧是有资格当大学士的人才，因为他只用一句话就化解了这一危机。

如阁下所述属实，可有诏书容苏某人一阅？

当时的隆武只不过是偶然遇到此事，不得不当众表态顺便拉拢一下桂王及其支持者，并没有今后真的将皇位传给桂王的意思，更不用说当场立下字据，将此事写入圣旨了，所以诏书这东西是没有的。而关于这件事，在场的人也都十分清楚。

可惜的是，鉴于当年彭大人级别不够，他并不太清楚此事。

于是事情一时间就变成了这个样子：明知道没有诏书的苏观生坚持要看到诏书后再退位奉永历为正朔，否则的话就实在对不起了，对于永历的皇位合法性我们拒不承认。另一边，不知道没有诏书的彭燿也没有办法，只能眼睁睁地看着苏观生洋洋得意地朝着自己微笑。

在兵荒马乱的年代，别说是隆武一年前的诏书，就连隆武本人都不在了，让我们上哪找去？再者说了，苏观生坚持只要诏书不要人证，这摆明是有问题的。

久在官场的彭燿、陈嘉谟很可能在思索了片刻后，便已猜出了苏观生在玩死无对证的把戏。残酷的现实也告诉他们，自己无法满足苏观生提出的要求。

但即便如此，强烈的使命感还是使得这两位使者并未后退，而是据理力争。

从事情的发展看来，苏观生有些太小看他眼前的这两位对手了。不过为了我们能够更好地理解后来发生的那些事情，我们有必要先了解下使臣这批特殊人群的养成之路。

## 使臣是怎样炼成的

所谓使臣，如果不是只干一些传话跑腿工作的话，一般来讲都不是一般人。那些进城送信下战书、只要对方将领一个不高兴就叫人拖出去砍掉的人，只可以被称为使者而不能称为使节或使臣。

能够充当一个集团、一股势力乃至一个国家的使臣的人，差不多应该是这个集团、势力或国家内部综合素质最高的人。因为这不仅是一个极为光荣的职业也是一个相当高风险的职业，可以说是荣耀与危险并存。

要成为一位合格且出色的使臣，大致要通过三大难关。为方便说明，在这里我们就以高中阶段的三个年级比拟。高一年级，作为新的层次的开始，往往是比较轻松的，是三大难关中较简单的第一项。其具体要求就是使臣的外貌要端正，举止要得体。虽然没有明文规定要是帅哥，但至少要长得顺眼，能看得过去。因为过去的使臣往往还肩负着一种类似于今天产品形象代言人的职责，可以说是一个窗口，是向外界展现自己所代表的利益集团的魅力的标杆，因此其选择一定马虎不得。特别是一个国家派出的外交人员通常就代表着该国的国体，倘若长得太有创意，吓坏了国际友人、贵客外宾，那就罪过了。虽然形象不佳却把外交工作搞得有声有色的人，在我们这个人才辈出的国家的历史上并非没有，譬如我们小学课本上就隆重介绍过的晏子，个矮、不帅可特有才，连不可一世的楚王都拿这个小个子的晏婴大使没辙。

等待我们的第二项考验就开始转为内在素质了。正如进入高二，熟悉了高中阶段生活学习的节奏并隐约感受到高考压力的同学们一样。这个阶段要注重的是积累，是将大量知识内化的一个过程。作为一个使臣，一定要金玉其外，不得败絮其中。这也就是说，为了完成上级交付的使命，使臣的自身素质是很重要的。不但要熟读诸子百家经典著作，上知天文，下晓地理，中通人和，还要练就一张巧嘴，能言善辩，讲话利落。平时勤念“吃葡萄不吐葡萄皮”这类顺口溜，保持口腔细胞的活跃性。最后更要提升自己的反应能力，保证遇到困难或受到质问之后，能迅速做出合适的行动或是回答，务必做到临危不乱，镇定自如。

总而言之，归结起来就是做到三大保证：保证自己有一肚子的书，诗词歌赋、名言警句能够信手拈来，对方句句用典骂人不带脏字的长篇大论自己能够全部听懂；保证自己有一利索的嘴，当把三个字压缩成一个字的时间脱口而出时，对方听得清清楚楚，且自己的舌头不会就此打结；保证自己有一个敏锐的大脑，谈笑风生的同时能够及时有效地组织出合适的外交词汇，巧妙得体地应答对方的或好或坏的诘问。

虽然这第二关要顺利完成十分困难，且不付出相当大的努力耗费巨大的精力与相当的时间是不行的，可更为令人痛苦的是，即便有人的确非常刻苦地学习锻炼，但终其一生因某一方面的能力缺失而最终不能合格。就像学生们的偏科现象一样，一旦过了高二还没能矫正过来，到了高三虽然不是没有再矫正的机会，但相对来说要困难得多。

成功完成这一修业的同学，可以说已经到达了一个相当的高度。其中功课做得最足最好的大致可以算是诸葛亮先生了。虽然他老人家只是在关键时刻偶尔客串一下使臣的角色，但从出使东吴时舌战群儒、智激周瑜等表现上来看，孔明这方面的训练显然是有过的。

即使大家不一定比得上诸葛亮，但也有理由相信，积累了很长时间后，现在的自己已经相当地非同凡响。

经过形象上的塑造、知识的积累，进入高三临毕业阶段的同学将要面临的是最后的一项考验。在这个时候，要锻炼的是胆识。

也许这个时候的你已经练就了像张仪、苏秦那样的弹簧舌；也许这个时候的你已经连《论语》《诗经》的注释都背得滚瓜烂熟，但是这里要说的是，如果你不把培养胆识这件事当回事儿，你之前的努力其实也基本等于白费。

譬如有些高三的尖子生，平时成绩那是超好，每次模拟考试都在全年级名列前茅，然而一旦等到真正上了高考考场，战果却往往不尽如人意，有的甚至会出人意料地落榜。这并非危言耸听，这样的例子在现实的生活中不在少数。

好不容易肚子里有点东西了又很能言善辩，一见到对方的阵势就立马怂了，吓得一句话也说不出来。这种人即便是口才再好，知识再丰富，也是不能做使者的。

如果不是把自己的使命看得比自己的生命还重要，没有拼了命也要完成任务的觉悟，那么像蔺相如、苏武这样的人物就不会直到今天还被后人敬仰与传唱了。

彭燿之所以能够被永历方面选为出使的使者，至少能证明一点，他确实具有作为一位使者的素质。

听到苏观生的回答，彭燿很巧妙地揭穿了苏大学士的诡计，指出时至今日不管那份诏书存在与否均已无法找回的现状并暗讽苏先生在拖延时间搞分裂。

可令彭燿没想到的是，苏大人竟继续装疯卖傻，顾左右而言他，对撤销帝号等敏感话题更是只字不提。

此时的彭燿忍无可忍，用尽全身的气力大声说道："今上（指永历）神宗嫡胤，奕然灵光，大统已定，谁敢复争！现在福建地区刚刚沦陷，清军蠢蠢欲动，形势已经极其危急。您苏大人不为国家着想，协心戮力，为保全社稷出谋画策，却反而同室操戈，这也太不应该了。"

彭大使说出这番话的时候，情绪应该是相当激动的。因为在史书上留下了这样的两个字：泣谕（就是哭着说）。

彭燿认为当时天下已经处于分崩离析的状态，而且形势极不乐观，所以在这种情况下苏观生还"置王自擅"，使得"百里之内，二君抗拒"，而让清廷坐收渔人之利，是极度错误的。因而，悲愤之余彭燿说出了下面的话：

> 此谭、尚所以卒于曹瞒也。公受国厚恩，乃贪一时之利，不顾天下大计。后世其以公为何如人？

谭、尚就是袁谭和袁尚。看过《三国演义》的朋友都知道，袁绍在官渡打了个大败仗，回去不久便憋屈死了。剩下的哥俩因在老爹的遗产分配问题上存在争议，始终谈不拢，最后就只好操起板砖互拍。

在袁谭一方吃不消找外援的情况下，便让曹操钻了空子，将二袁一起灭掉了。

彭燿不想让这一幕重演，所以他当众质问苏观生，倘若事情真的如此，就是因为你苏观生的一时利欲熏心，不为全天下的黎民百姓着想而使得内战再起，这个责任你承担得起吗?

就算苏先生再怎么天不怕地不怕，可有四个字他还是很清楚的：人言可畏。

没有人想被当世的唾沫淹死，更没有人愿意在后世背上罪臣的骂名。彭燿的话深深地刺痛了苏先生的神经，于是苏观生当即大怒，下令将彭燿和副使陈嘉谟一起关了起来，不久又下令处决，以期泄愤。

据说彭燿在来广州之前就已经做好了最坏的打算，临行前曾前往家庙对先祖进行了最后一次祭拜，接着又将家人托付给了亲戚朋友。所以在得知自己将被处死时，彭燿完全是视死如归，毫无畏惧。他知道自己虽然没能完成君主交代的任务，可至少切实部分履行了自身的使命，哪怕这个代价便是付出自己的生命。

两国相争还讲究个不斩来使，可本是同根生的绍武政府竟然擅自杀害了永历方面派出的使臣，这就摆明了这次和平化解纠纷的努力就此宣告破裂，而在这之后，肯定也不可能再有续集。

然而彭燿二人的牺牲并没有换来苏观生的反省，彭燿担心的事终于变为现实。

内战的战火即将燃起。

己方派出的使者无辜被杀，只要是个政府就不会接受这样的结果。苏观生知道永历方面绝对不会就此善罢甘休，而与其处于被动，倒不如先下手为强。

苏观生随即调动军队，派番禺人陈际泰率师讨伐永历，向肇庆进军。相应的，得到使臣遇害、绍武军出兵的消息后，永历极为愤慨。在与群臣商量后，肇庆方面决定派兵部右侍郎林佳鼎为主将、佥事夏四敷为监军，会同从韶州调来的武靖伯李明忠带领的一万多名士卒，同样以讨伐军为名号，出师迎击。

由于接下来的战争纯属自己人打自己人，无论谁赢得了胜利，到头来也不过是一场悲剧。所以，有鉴于此，我并不太想多讲，就说得简单点。

隆武二年十一月二十九日，两支军队相遇于广东三水，并紧接着展开了遭遇战。一场厮杀之后，绍武军大败，主将陈际泰狼狈逃回，绍武方面损失较为惨重。

永历方面是因为谈不拢被迫迎敌开战，这肯定属于迫不得已。但是既然已经挫败了绍武军队的进攻，应该再努力谈一把才是最好的解决办法。可是军事上的胜利似乎冲昏了所有人的头脑，永历和大臣们一致认为，绍武等人如此顽固不化，何必再多费口舌，搭上几个使臣，干脆一举灭掉，一了百了。因此永历派人传话给前方的军队统帅林佳鼎，让他兵锋直指广州，彻底清除绍武的势力。

玩命没玩过人家，反而快要把自己玩完了。得到军报的绍武十分着急，然而就在朱聿鐭为战事苦恼不已的时候，苏观生却平静地告诉朱先生，我们还有戏。

苏观生说得没有错，初次交锋绍武军虽说战败了，实际上绍武政权并没有伤到元气。苏观生的撒手锏更是尚未出鞘。但时至此刻，面对乘胜追击的林佳鼎军，也该是出鞘的时候了。

苏大人的撒手锏其实是一个人，即前文提到过的郑芝龙旧将，现任广州总兵林察。

在纠合了广州沿海的石壁、马玄生、徐贵相、郑廷球四大海盗头目的数万人马后，林察也就此登上了内战的战场。



林察是位很有能力的将领，从后来郑成功在众多随自己出生入死的将领之中选择他出任水陆师正提督一事上就可见一斑。所以当林察率军在三山口与永历军碰面的时候，他并没有选择和对手死磕，而是采取了一个出人意料的举动。

不久，在永历军主将林佳鼎的营帐外面，来了两个求见的人。他们自称是广州沿海四大海盗的心腹，此行是要归降永历，而广州则将作为朝见皇帝陛下的见面礼一同奉上。

听到这些海盗的心腹的话后，林佳鼎激动不已。在内心的兴奋达到难以抑制的情况下，一向冷静的林侍郎终于犯下了他这一生中最为致命的错误。

在没有布置充足的兵力护卫侧翼的情况下，林佳鼎亲率主力舰队追击那些心腹口中正在向海口方向窜逃的绍武残余部队。然而就在追击途中，林佳鼎军却突然遭到了攻击。

大事不好！我们中埋伏了！

当主将林佳鼎反应过来并喊出这句台词时，一切都已经太晚了。

林察手下的这帮士兵的前身本来就是海盗，水上伏击战这样的战术正是这伙人平时工作中最常采用的形式，再加上当时风向突变，绍武军的统帅林察趁机下令士兵们乘风放火，因此永历军的战船在转眼之间就被吞没在了熊熊火焰之中。

林佳鼎本意是要打一回绍武军的散兵游勇，以扩大战果，打击对方的士气，所以出兵之时林佳鼎特意选择了速度快且相对灵活的小船，以方便分头追人、抓俘虏。没想到这反而帮了绍武军的大忙。由于是处于内河之中，永历军的小船无法发挥灵活性强的优势，通通被林察手下的大船给堵死在一起了。当这些小船进入林察的伏击圈后，以林察的性格就绝对不会让其中有一只漏网之鱼。

随着自己身边的小船被一一撞沉或烧毁，林佳鼎只好下达了登陆迎敌的命令。可是当永历军的士兵们纷纷跳船逃生、准备游到岸上再继续打时，他们才明白了一件事情。那就是当初林察为何要把伏击的地点选择在这里。

因为这附近有许多三尺多深的泥淖，人一旦跳下去，只要不是超人或蜘蛛侠这样的特殊人才或没有这些乐于助人的超级英雄来伸手，基本上是要没命的。林佳鼎全军很快都陷入了泥潭之中，是真的不能自拔了。而中计之后导致全军覆没的悲惨下场的林佳鼎，上天似乎也没有给他再来一次的机会。林佳鼎本人中炮身亡，尸骨难存，连担任监军的夏四敷也溺死水中。最初奉命出征的永历军的高级负责人中，只有李明忠等三十余人骑马逃出，其他部下的兵员几乎全部覆没。

三山口的大胜无疑给一直担心自己兵少将寡的绍武打了一针强心剂。臣下们更是欢喜鼓舞，认为桂王等人一定不敢再争帝位，这个皇帝的宝座总算是保住了。

战争取得了如此辉煌的胜利，无论如何总要庆祝一下。礼部的大臣们随即为绍武制定了郊天、祭地、幸学、阅兵等一连串集政治宣传性与庆贺性于一体的大型活动，整个广州内外都沉浸在表面上的祥和平静中。

当然在这种情况下，封赏有功之臣的事情自然也必不可少。在拿到了由有关部门递交的功臣名单后，绍武开始逐一奖赏诸位功臣。击败桂王军队的第一功臣理所当然应该得到最高等的奖励。

第一功臣就是苏观生苏大学士。

对桂王作战的胜利使得苏观生在绍武政权中的地位更加稳固，虽说在名义上苏观生还不是首辅，但实际上他要比首辅何吾驺要厉害得多，吏部、兵部等政府关键部门中几乎全是苏观生的人。

名誉、权力、胜利接踵而来，使得苏观生终于不再理智。为了抓紧手中的军政大权，开创像高拱、张居正那样的一个几乎不受皇权制约的名臣时代，属于苏观生的名臣时代，苏先生在这一理想的引导下终于干了一件不道德的事：结党营私，聚众糊弄老板。

为了控制朝政，苏观生四处安插自己的亲信，并对那些自己中意的人大开方便之门。南海进士关捷先有点文采，很能写，又因为率先表示支持苏观生拥立绍武的决策，所以很快被提拔到有“天官”之称的吏部尚书的位置上，最后还得以入阁办事，进入权力核心。兵科给事中洪朝钟的升迁更是令人惊叹。这位仁兄“善谈论”，特能侃，因而深受苏观生青睐，在十天内竟连升三级，一直到做到了中央大学的校长（国子监祭酒）。

笔下文章好的关捷先、嘴上功夫强的洪朝钟外加上艺高人胆大的混神杨明亮三人成为苏观生在朝中最为得力的助手，苏大人一有事就会和他们商量。

对了，还有一个人不得不提。这就是时任吏科都给事中的梁鋆，也是很得苏观生器重和信任的人之一。不过这个人却很特别，至于为什么这么说，很快你就会知道的。

打完胜仗之后，苏观生每次受到接见只是向绍武描绘美好的未来或尽力放大自己一方的有利机遇与美好前景，但对清军的威胁和政权中存在的种种腐败现象却只字不提。

如果你一生下来，就被灌输希特勒是个好人的这一观念，那么你长大后肯定也会对这一点坚信不疑，当听到别人说希特勒是坏蛋时，说不定你还会有撸袖子找人干仗的冲动。

所以有些时候谎话听得太多，也就会自然而然把它当成了真的。

客观地讲，朱聿鐭的脑子本来就不大好使，又很容易轻信他人，因此对这位率先拥护自己登基的有功之臣的所有话语，绍武基本上没有一点怀疑。

当一个人暂时忘却了危机而专注于安乐，等到他再次想起关注此事的时候，他往往会惊喜地发现，危险早已来到了自己的跟前。

隆武二年十一月，清廷派遣总督佟养甲、总兵李成栋统兵六万，自福建南下进入广东，以图彻底平定南方。经过十几天的翻山越岭后，清军以极快的速度攻取漳州，接着又袭取潮州（今广东潮安），并诱降了当地的大盗陈耀。由于当时绍武的大部分兵力被用去打内战了，因此清军几乎没费什么劲就很快又攻下了惠州。

不过为了达到出人意料、防不胜防的效果，李成栋等清军将领决定采取麻痹对方的手段对付绍武政权。虽然潮州、惠州两府已成为清朝属地，但李成栋依旧命令那些通过卖官得以上台的降官们仍然按时向广州方面汇报民情，好像清军南下的这一切都没有发生过一样。

事实证明，这一招确实奏效了。直到清军打到广州城下时，朱聿鐭君臣还不知潮、惠地区已经落入清军之手，所以绍武和苏观生自然也都“泰然不为备”。

这正是清军主将李成栋最想要的结果。

# 第十三章　命途多舛的王爷

对于李成栋这个人，有的人应该听过这个名字，因为无论从哪个角度来看这都是一个极富争议性的悲剧人物，其受关注的程度似乎可以和吴三桂有一拼了。不过，关于这位仁兄的前世今生，后文中会有专题介绍，这里就不多说了。

这里要说的只有一点，那就是李成栋的用兵特点。在明末清初的乱世中，没有一点能力的人是根本不可能生存下来的，当然，更不可能出名。李成栋之所以能在历史上留下他的姓名与事迹，原因只有一个：他是一位很有能力的将领。

李成栋的本领主要体现在对骑兵的运用上，虽说略逊于出身名门的吴三桂，可在即便囊括了满蒙籍诸将的众多将领中，李成栋也是出类拔萃的一个。他的脾气与作战风格极为类似于明初的常遇春，以小股骑兵突袭为主，注重充分利用骑兵机动性强的优势，出其不意打击敌人。

因而在十二月十四日，李成栋就带领了一支仅有三百精骑兵的小部队从惠州出发，连夜西行，以迅雷不及掩耳之势直扑广州！

进军途中，李成栋依然十分重视保密工作，因此每到一地就立即派人四处捕杀传递军情的南明塘兵，封锁消息，并继续用缴获的地方官印向广州发出太平无事的塘报，以混淆视听。

果然不出李成栋所料，在这支奔袭了一天的小部队进入广州城北花山的同时，毫不知情的绍武正准备在苏观生和群臣的陪同下去演武场检阅军队的训练。

不过，始终保持警惕的人倒不是没有，负责巡视的官员注意到了远方突起的尘烟。他们很快就向上反映了这一情况，认为可能是清军来袭，希望引起上级的注意并采取相应的防范措施。

然而拿到这份报告的苏观生却哈哈大笑："潮州昨天还有发来平安无事的报告，怎么可能会有这种事情？"

基于极度的自信，苏观生信心十足地告诉上报此事的官员，这一定是永历方面派进城的细作想扰乱我方的军心。对于这些细作，苏大人也吩咐了处理的方法：抓到后，就砍了。

就在守城官兵排查永历间谍的时候，广州城内最为热闹的紫薇牌坊下，十余个艄公打扮的人忽然在众人面前掀掉了头上包布，露出了额头倍儿亮的满人发式，当街挥刀乱砍。一边疯狂砍人还一边大声呼喊同样的一句话："大清兵到了！"

大街上的无辜百姓当即大惊，广州城内顿时陷入了极度的恐怖与混乱之中。

得到消息的苏观生紧急下令关闭城门，并调兵作战。可是，因为绍武方面的精兵都被派去与永历军作战，大部分还在回广州的路上，因此广州的城门守军很快就被清兵杀散。

广州城门大开，后续的数百清兵趁机策马冲入，一时间满城尽是红顶笠。一场浩劫已经不可避免地来临。

清军骑兵满街驰奔，见到明军就一刀砍去，往来冲突，如入无人之境。广州城内虽有明军上万，但由于分布在全城各处守备，加之此时的广州已是"满城奔溃""红笠载道"，在这样一片混乱当中，自然是"仓促不及集"。南明军队还来不及组织起像样的抵抗，广州城就已经陷落了。

朱聿鐭得知城陷，逃到大臣王应华家中躲避。城中战火突起，无论是官员还是百姓都忙着逃命。但在一片混乱之中，执掌兵部的苏观生却没有擅离职守。他急忙找到了自己的亲信梁鋆，商讨应急的策略。

谁知面对苏大人的询问，梁鋆只淡淡地说了一句话："一死罢了，还多说什么！"

是啊，无兵可用，城池不守，事情发展到了这个地步已经没有什么好说的了。于是苏观生与梁鋆相约以身殉国。

按照约定，苏观生进入东房，梁鋆进入了西房，准备自缢。然而，出于对这个亲信的了解，苏观生却没忙着上吊，直到他听到隔壁椅子倒地的声音和梁鋆发出的痛苦的挣扎之声逐渐归于沉寂，苏观生才在墙壁上写下了最后的遗言，然后悬梁自尽。

"大明忠臣士义，固当死。"虽然苏观生并不是个完全意义上的好人，而史书上也指出苏先生性格特点是"矢清操、寡远略"。本来就缺乏远略，只可为清官很难成能臣。所以当他兼管绍武政权的内外诸事后，随着权力欲望的日益膨胀，苏观生也只能变得日益昏庸，刚愎自用。这个责任虽不能完全归咎于苏观生，但至少苏大人要负上一定的责任，想必这也是本有机会趁乱逃生或是降清自保的苏大人最终选择一死的原因吧。

苏观生死了，可是梁鍙先生却还活着。不过要说明的是，梁鍙并非是想死没死成或者被人发现后抢救了回来，而是一开始就没有打算去死。他打算去投降，而苏观生的尸体在他的眼中就是最好的见面礼。所以当焦急的苏观生来找他时，梁鍙突发奇想准备演一场戏，殉国戏。

从约定自缢到做好自缢的必须准备，一切都按照梁编剧的剧本正常上演了。然而到了真要投缳的时候，在房中等了有一段时间的梁鍙却没有听到他想要听到的声音。要知道，梁鍙虽说是编剧，但并非是导演，他不能上去让苏观生赶紧完成戏份，不然的话，苏大牌很可能会罢演的。

好在梁鍙也不傻，很快便察觉到苏观生之所以不动手，其实是在与自己一样，等着相同的事。

到了这个时候还害怕会上当受骗，着了别人的道儿。苏观生真是个老狐狸啊！

可是作为后起之狐，梁鍙则更为狡猾。为了让自己的剧本得以完全成为现实，他决定将这出戏演到底。

梁鍙毫不犹豫地掐住了自己的脖子，模仿出了上吊者的濒死挣扎，又踢翻凳子给自己增加音响效果。

旁边的苏观生果然被这真实性极强的演出骗过了，认定这位部下已死，不一会儿果然投缳自尽，自杀殉国。第二天，梁鍙进入房中，确认苏观生已死后，马上叫来仆人将苏观生尸体带到了清营前，向清军投降，以献“伪大学士”之功成功转投清廷门下。据说后来还主动担任了修纂明史的史官。

但梁鍙不知道的是，其实在每个人的心中都有一部历史，而且它们往往并不属于当时的胜利者。

苏观生看错了梁鍙，然而他却没有看错所有的人，至少洪朝钟是其中的一个。这位善辩的洪校长在最后的时刻并未多说废话，先是投池赴死，被邻居救下后又很快自经明志。

纵观历史，国破家亡之时，那些有气节的读书人往往在最后关头知道要做什么。当然更为重要的是，他们也知道自己为何而死。

随着绍武手下如忠惠伯王之臣，大学士何吾驺、顾元镜、王应华等重臣纷纷降清，绍武的下落自然也不再是秘密。城破后不久，朱聿鐭即被顾元镜的家仆抓获，送到了李成栋处。

相对于隆武而言，李成栋对朱聿鐭算是比较好的。他没有立刻杀掉绍武，而是把这位前朝皇帝关押在都察院并每日派专人送给饭食。然而李成栋先生似乎还是忽略了一点，那就是朱聿鐭本人。

朱聿鐭被囚禁后不仅拒绝了所有的食物，甚至连一滴水也不肯喝。对此，朱聿鐭也给出了自己的答复："我若饮汝一勺水，何以见先人于地下？"

一夜，趁守兵不备，朱聿鐭解衣带自缢，享年四十二岁。



在被世人公认的南明五位皇帝中，有四位皇帝死于清军之手。其中的弘光、永历之死并没有什么可说之处，而以隆武之死最为惨烈。不过作为隆武帝的弟弟，到了下面绍武帝却完全可以自豪地说：我没有给哥哥丢脸！

虽然朱聿鐭本人胸无大志，庸懦无能，却也像哥哥一样"从容遇难"，做到了"国君死社稷"。面对即将到来的死亡，这位本来没有一处像个皇帝的平凡人，表现出了不平凡的气节。不认命（例如弘光），不求饶（例如永历），借用水泊梁山好汉们常说的一句话：也端的算得上一条好汉。

一年后，当郑成功拥立东武帝即监国位时，给绍武上的谥号恰好是节皇帝，或许是一个巧合，也或许是一种认可。

当时广州府的百姓们听说此事后，深为感动，自发地将朱聿鐭、苏观生等殉节诸臣总计十五人（一说是五十人）的遗体赎了出来，葬于广州城大北门外流花桥南畔象岗山北麓，以资纪念。不过鉴于此事的敏感性，为了避免不必要的麻烦，人们仅在那里堆起了一个高高的土丘而已。从此之后，当地居民的口中多出了一个地方，名叫君臣冢。

时隔近百年，沧海桑田，旧日的土丘已因风化而变得低矮了许多，周围的土地业已荒芜，可是那座并不高大的君臣冢依旧屹立在已经变为菜地的田野间。百年来，过往的耕人却没有人打算将这座碍事的土丘铲平。直到乾隆年间，才有人在这里修墓立碑，改称"绍武君臣冢"。其后又过了两百多年，绍武君臣冢成为广州市政府公布的市级文物保护单位之一，至今遗迹尚存（现位于广州越秀公园内）。

绍武政权从建立到灭亡只有一个月时间，而且对于挑起明军之间的自相残杀负有很大的责任，但它却仍被人们所同情所纪念。我想，除去简单的同情弱者外，可能还有点别的什么吧。

绍武自缢后，佟养甲随即下令处决了城内周王、益王、辽王等所有的宗室藩属。明朝皇室诸王孙几乎被屠戮殆尽。据《庐山天然禅师语录》记载，这二十四位王爷就这样被杀掉，并被随手抛尸荒野之上。这位禅师不忍看见这尸横于野的惨状，便将这些藩王们的骸骨一一收葬。

想当年，在安史之乱的血雨腥风中侥幸脱难的大诗人杜甫曾有感于唐玄宗西逃后来不及随行的宗室王孙、公主或被叛军杀戮，或流离乞食为生的惨状，挥就一首长诗并名之为《哀王孙》。后世的许多读者都为诗中描述的颠沛流离的景象唏嘘不已，发出了多少“何苦生在帝王家”的感慨。

和诗人一样，我们虽不希望这样的事情发生，却也无法阻止这一场景的再现。因为在人类历史这部长篇巨制中，我们既不是能改剧本的编剧也不是可以随时叫停的导演。

不过这个故事还有下半段。后来有人听说了这件事，打算为这位禅师向永历帝请功。禅师得到消息后，却出人意料地制止了他。在众人不解的目光中，禅师也给出了他的解释：吾尽吾心耳，复何图哉。

无论做了什么，只求无愧于心！除此之外，别无所图。

相信后来的清朝统治者如果能够真正明白这个道理，也不会整天绞尽脑汁修改史料，并借用残酷的文字狱镇压汉族百姓的反抗情绪了吧。

清军占领广州的消息以很快的速度传到了肇庆。不过有趣的是，永历君臣闻讯后，大家无一例外均持怀疑的态度。

刚刚还全城张灯结彩地大肆庆祝，怎么这么快就被清军消灭了呢？莫不是又在耍诈搞些阴谋诡计吧？

然而接踵而来的报告却打消了这一猜测。广州的的确确是失陷了，包括绍武在内的多人死难，其余官员纷纷投降，清军的势力确已渗入了广东地区！

是战？是降？这在当时的永历君臣面前是一个极为重要的问题。前文也介绍过，肇庆与广州间距离很近，只有百余里。清军很有可能在永历军新败的情况下乘胜奔袭肇庆，让永历能赶上去和他的亲戚们做伴。所以从隆武二年十二月到永历元年正月，肇庆的诸位都是在惊慌之中度过的，连新年都没能过好。

虽说没能过个好年，但幸好还是有点收获的。经过近一个月的讨论，众人一致决定，选择折中的第三个选项，撤到梧州去！

这个决定说得好听点叫保护自身有生力量，实行战略大转移，说得不好听点就是跑路。不过就本质上而言，其实还是逃跑。

得出这一结论的朝中大臣们是这样分析的：清军初入两广，对地形肯定不如自己熟悉（永历手下的大臣和士兵多数是两广人），而清军之所以能够如此神速地侵入并占领广州，是因为他们主要依靠两种军队的典型配合：一支是可靠顺手、有纪律的八旗兵小部队，他们数量有限，但战斗力强且以骑兵为主，速度快，是作战的前锋和主力，主要用于运动战。另一支则是虽不太可靠、纪律也较差却人数众多的前明降军。这支部队打仗不怎么样，可守城攻坚却绰绰有余，可以用来守备那些新取得的城池，防止南明部队来攻。因此掠地的和守地的两者一结合，清军才会变得看似无懈可击。

既然如此，那就跑吧。就算八旗铁骑的精力再旺盛，也总会觉得累的。到时候再凭借几倍于敌的兵力，在后续的汉族步兵赶上之前歼灭这支小部队，这还是很容易的嘛。所以在大臣们的劝导下，永历终于下达了旨意：去梧州！

事实上，这不是永历第一次跑路，当然，也绝不是最后一次。

永历元年正月初一日，永历一行顺利到达梧州。作为南明政权中称帝最晚、坚持抗清时间最久的皇帝，同样也是明代历史上最后一位皇帝，永历这一辈子其实并不容易。如果非要用一个词来形容的话，那就是命途多舛。

唐高宗上元三年（676）春天，有着“文学神童”才名的王勃从龙门老家南下，前往交趾（今越南北部）看望父亲。他一路上经过了洛阳、扬州、江宁等许许多多的大城市，在九月的初秋来到了那个让他名扬千古的地方——洪州（今南昌）。

宴会上，登上滕王阁的高楼举目远眺，秀美的山色和壮阔的洞庭湖水使得这位恃才傲物狂放不羁的年轻人热血澎湃，回想着自己的少年得志，愤慨于时人的嫉妒中伤，经过诸多荣耀与打击的王勃于是乎应邀提笔，即兴完成了一篇堪称不朽的作品。

在这篇惊世骇俗的《滕王阁序》中，作者将自己的满腔豪情和那对世俗的愤激不平全部揉碎了升华了凝结在了这篇名文之中。

这篇文章中，有的句子成为文学鉴赏类文章中的“常客”，而“落霞与孤鹜齐飞，秋水共长天一色”一句更是成为世人公认的千古绝唱。

然而这一年的秋天似乎即是这位天才的人生最高点，也是他人生的终点。

滕王阁的大宴后，王勃继续南下，于当年十一月初七到达了岭南都督府的所在地南海，不久由广州乘船渡海前赴交趾，不幸溺水而卒，年仅二十七岁。一代英才，就此殒命。正如他在滕王阁上挥就的千古名篇中写到的那句一样：嗟乎！时运不齐，命途多舛。

在我看来，这位身兼“三宗最”的永历帝是一位悲剧性的人物。

在成为一个命途多舛的皇帝之前，他是一个王爷。不，准确地说，他是一个命途多舛的王爷。

而准确地说，所谓的命途多舛的王爷，指的并非只是一个人。

我们有必要先从永历的老爹说起。

永历的老爸名叫朱常瀛，朱常瀛的老爸则是明神宗万历皇帝。别看朱翊钧长年待在宫里，可是论儿子的数量却没有后来的康熙、乾隆多，况且万历的私生活虽然较乱但绝对可以保证绝无私生子，不像弘历哪儿曾有他的影子，哪儿就有他的儿子。

万历共有过八个儿子，但老二、老四、老八都在一两岁时就夭折了。所以第七个儿子朱常瀛就成了万历最小的儿子。

家中的老小往往是父母最疼爱的那一个，这似乎是许多家庭中客观存在的普遍现象。可是众所周知，万历最喜欢的老婆是郑贵妃，而很不幸的是，朱常瀛的母亲虽然也是个贵妃，但她姓李。因而即便是家里最小的孩子，做父亲的朱翊钧似乎也并不喜欢他，更不注意他。如果说在万历的儿子中，太子朱常洛感受更多的是担惊受怕，福王朱常洵得到的多是溺爱的话，那么朱常瀛则是典型的没人疼。

年少缺乏父爱的朱常瀛既可以说是不幸的，又可以说是幸福的。由于不受重视，他可以安然避过从万历年间就开始的不少政治大地震，并在自己的封地安安静静地过日子。然而，也许是上天嫌这位王爷太过于安逸了，从崇祯十六年那一年开始桂王一系就被不自觉地卷入了政治的漩涡，且从此不能自拔。

命运的转变缘于崇祯十六年。这一年，张献忠来了。因为张先生的老相识李自成兄已经混出了气候，就在这一年在襄阳称“新顺王”，建立了属于自己的政权并准备终结崇祯的统治，所以这边的张献忠也终于坐不住了。他带队进入了湖广，不久就攻陷了衡州。朱常瀛没有办法，只好告别昔日的安逸生活，带领全家南下广西避难。没办法，不告别衡州的话，就该告别人世了。当桂王一大家子走到永州时，事故却发生了。由于当时兵荒马乱，朱由榔很不幸地与父亲走散了，朱常瀛也只好带着第三子朱由楥成功逃到了广西梧州，一家人就此离散。

朱由榔与家人失散后，辗转来到了道州，在这里遇见了一些不想见到的老熟人——张献忠的部队。朱由榔先生就这样毫无疑问地成了大西军的座上客。被张献忠的将领俘获后，朱由榔有幸得到投降了张献忠的明朝官吏的暗中保护，才得以幸免于难。最后朱由榔又在这些人的帮助下得以脱逃，并平安来到了梧州与家里人团聚。

对刚满二十岁的朱由榔而言，崇祯十六年的那次逃难经历无疑是十分惊险且记忆犹新的。这件事对于永历朝后来的发展来说，也埋下了两颗不为人知的定时炸弹。至于对这些炸弹日后所产生的深远影响，还是放到后文中再说。

好，继续回看朱常瀛。逃到广西梧州的朱常瀛很清楚衡州是回不去了，即便回去了也人是物非，所以他干脆打算在梧州常住，就上表朝廷，要求在梧州继续避难。

史料上用八个字概括朱常瀛的性格特征：“敦厚慈易，为诸王最。”也就是说，这位桂王并不像今天电视剧中演的那些王爷一样整天游手好闲、作威作福，在当时众多藩王中是个出名的老实人，从不惹是生非，更不无事生非。崇祯对这位为人厚道且和父亲同病相怜的叔叔，态度还是比较温和的。看完了桂王的请愿书后，崇祯当即给予批准，并指示当地的官员好生照顾这位可怜的叔叔。

朝廷批准外地的藩王留住避难地点，享受当地政府的照顾，这种情况在当时是非常少见的。特别是当这个地点位于两广地区时。有明一代，两广地区一直是一个问题多发地带，每隔上几十年就会爆发一次较大规模的叛乱，这也几乎成了朝野间一个人尽皆知的规律。正是基于这个原因，朝廷每次派到这里坐镇的官员也都绝非等闲之辈，如成化年间的韩雍、弘治年间的刘大夏、嘉靖年间的谭纶，除去崇祯年间的熊文灿有点熊之外，其余担任两广总督的都堪称当时的俊杰英才。而当两广地区发生叛乱时，就连像王守仁、殷正茂这样非常特殊的人才都被请出山了。由此可见，朝廷对两广地区的治安状况和统治秩序还是相当看重的。

在明代，各地的藩王们常常是造反这项事业的潜在发起者。所以倘若有皇帝敢于将一个容易造反的人放在特爱造反的地方，如果不是皇帝的脑子坏了，就是他能百分之百地认定这个人绝对不会反。

朱常瀛就是这样一个能让崇祯百分百放心的人，他也由此享受到了相对于其他藩王的优待。桂王一家人从此落户梧州。

可是不到一年，风云再次突变，崇祯在煤山殉国，太子大人又失去了踪影，天下已然无主。南京方面为了皇位继承人的问题，以钱谦益等东林党人为首的“拥潞派”和以马士英等军功贵戚为首的“拥福派”正陷入激烈的斗争之中。当时的史可法为了缓解双方的矛盾，曾提出了一个和稀泥的方案：拥立桂王。桂王就是朱常瀛。虽然后来由于去广西接人时间长、路程远，加之马士英等人搞了暗箱操作，史大人的“拥桂”方案半途而废，但从这件事情中我们不难看出，当时的许多人对于桂王一家是很有好感的。

崇祯十七年的机会虽说错过了，不过也不用太伤心，因为后面还有机会。

在各种因素的共同作用下，弘光的时代很快就结束了，这下子皇帝的宝座又空了出来。

所谓国不可一日无君，人不可整宿不睡，这些事情的危害性都是非常之大的。当时在家闲住的弘光朝太子太保、礼部尚书陈子壮等人就准备拥立朱常瀛称帝，好继承当年朱元璋好不容易才打下来的天下，恢复旧日山河。可不巧的是，在众人做好了所有准备正打算对外宣布这一喜讯时，唐王朱聿键在福州称帝的消息却传来了，陈子壮等人只得将此事作罢。

而就在当年十一月初四，桂王朱常瀛病故于梧州。

此生注定与皇帝二字无缘！

虽然这位“垂颐丰背，日角修耳”，据说论相貌最为神似神宗的第一代桂王可能从来就对皇位没有什么非分之想，也从来就与世无争，但由于血缘的羁绊，就算桂王一家不去主动惹麻烦，麻烦的事儿也会接连不断地找上他们。

除了长得像之外，朱常瀛和他的老爸还有一样共同点，那就是他们都有八个儿子。不过不同的是朱常瀛的这一脉中，长子和次子最先去世，所以等到朱常瀛病逝之后，桂王的位置就由他的第三子安仁王朱由楥承继了下来。朱常瀛就是后来史书上所说的桂端王（当然后来又被追封为端皇帝），而朱由楥则是桂恭王。

一提到“恭”这个谥号，我们很容易联想到晋恭帝、西魏恭帝、隋恭帝、宋恭帝这些一连串的皇帝。这些以“恭”字为谥号的皇帝都有一个共同点，那就是都是末代皇帝。说得不好听点，司马德文、拓跋廓、杨侑、赵㬎这哥几个都是真正意义上的难兄难弟，亡国之君。虽然他们之中有的一开始就是被想篡位的权臣搬出来当傀儡，有的则是因为国运实在到头了，不幸碰上了一个亡国之君的黑锅，然而他们都眼睁睁地目睹了自己先祖披荆斩棘历尽苦难才开创的王朝在自己的手中走向了灭亡，那份痛苦与愧疚应该不是一般人能承受得了的。所以说这些恭皇帝真是一群可怜人啊！

桂恭王之所以有了一个这样的谥号，肯定不是因为大明在他的眼前亡国了，因为在他去世后的十多年里，大明虽然艰难却始终在坚强地生存着。所以会称为恭王，其实是暗示了这样的一点，朱由楥先生很可能属于非正常死亡。

本人不是阴谋论者，对皇室的纷争内斗也并不那么津津乐道。不过对于朱由楥先生的突然离世，历来就有诸多历史学家认为其中定有隐情。因为在史料中有这样的记录：未几，桂恭王暴薨。也就是说，在朱常瀛病逝后不久，做儿子的朱由楥就向老爹报告去了。

当时的医疗保健水平虽不能和现在相比，但想来也不差，王爷们的身体至少要比普通百姓要壮实得多，怎么一个正值英年的小伙子说没就没了呢？这是一个不得不让人生疑的问题。

史书上并没有明确记录桂恭王病逝的具体时间，史学界也尚无定论，一般认为是在隆武二年（1646）前后。那么，我们就以此为线索，看看这段时间内究竟出现了那些大事，其中又有哪一件会对隆武在处理与藩王的关系上产生触动或影响。

经过仔细的排查与分析，我相信自己找到了答案。

隆武元年（1645）八月初三日，世代藩守桂林的靖江王朱亨嘉在广西总兵杨国威的拥戴之下，自称监国，公然发动叛乱。正如前文介绍过的那样，虽然这次叛乱在广西巡抚瞿式耜和两广总督丁魁楚合力下很快就被平定，主犯朱亨嘉也在第二年被押送到福建，两个月后被缢杀，可是这次变故却使隆武的内心受到了极大的震动。

就在靖藩之变发生的同时，还有一个自称受慈禧（即弘光太后邹氏）之命监国的益阳王在浙江龙游、遂昌一带活动。隆武二年二月，朱聿键为此特地下发诏令，禁止益阳王私授知县的行为。

靖江王、益阳王这些宗室的藩王竟敢如此明目张胆地行动，显然是没有把以太祖远系子孙身份继承地位的隆武放在眼里。

更有甚者，一个叫王期升的小小的兵部郎中（正五品）也敢在太湖公开奉一个叫朱盛溦的楚藩宗室称王、行大将军事，真是好大的狗胆！

面对这些潜在的皇位危机，隆武不得不考虑采取一些极端的手段。

隆武是个好皇帝，这点是绝对毋庸置疑的。不过，隆武同样是一个普通人。但凡是个人，他就一定会竭力维护自己的利益，就必然会有私心，特别是像朱聿键这种从事皇帝这种高危职业的人。

权位面前从来没有兄弟的份儿，更何况还是堂兄弟。为了国家的长治久安，你不下地狱，谁下地狱？

身在福州的隆武总觉得出身比自己更加正统的桂王可能会在不久的将来成为自己皇位的威胁，而经过锦衣卫的明察暗访，隆武也发现了一些对自己继位颇有微词的官员，譬如后文的主要人物之一的瞿式耜。因为这位在靖江王之乱中被叛军俘获几乎被杀的大臣曾在事后说过一句非常要命的话：我不屈服于靖江王而甘受他的逼辱，并非是为了唐王，而是为了安仁王啊！

这在当时的隆武听来，无疑是一句相当刺耳相当反对的话。而且可能就是因为瞿式耜的这句要命的话，最终让隆武动了杀机。

对于这些有意拥立桂藩的官员，隆武还是保持着比较清醒的认识的。他一律采用了明升暗降的方式进行冷处理，比如解除瞿式耜广西巡抚的职务，转调为行在兵部添注左侍郎（相当于国防部挂职副部长，基本没啥实权），而将广西巡抚的位置交由自己的亲信晏日曙接替。加封平叛有功的两广总督丁魁楚为平粤伯，思恩参将陈邦傅为富川伯挂征蛮将军印，来笼络两广官员，以达到分化瓦解桂王一系的支持者的目的。

你拥护桂王，不就是为了得到一个好前程么？现在这些我都给你们，所以你们就不要再跟着桂王厮混了。客观地说，隆武这一举措是相当得当的，因为得到好处的丁魁楚自此确实开始老老实实地为隆武办事，并且接受了秘密指令，担负起了监视迁往肇庆居住的桂王兄弟的任务。

据现有资料来看，桂恭王暴薨之前，隆武曾密诏丁魁楚并允许老丁“相动静处分”。

这里的“上”指的不是当时的皇帝隆武，而是后来的皇帝永历。这句话用现代汉语来讲就是，当年的永历因为为人老实处事低调深得丁魁楚的信任，因此才得以安然无恙。

所以这样看来，夺去朱由楥性命的应该有可能并非疾病。

综合前后文，我们不难还原出这样的情景：当了皇帝的隆武本来就对与皇室血缘更近的桂王一脉不太放心，所以暗中命人将桂王一家迎接到肇庆居住，名为保护，实则监视。后来靖江王案发，隆武的猜疑之心更重，于是密令当地官员加强了对桂王及其支持者的监控。再后来，朱由楥和他的支持者的一些言行引起了隆武的警惕。为了排除这一巨大的隐患，在隆武的默许下，丁魁楚暗杀了朱由楥，朱由榔则因并不引人注目而侥幸存活了下来。

如果这一结论确实能够成立的话，那么永历年间的一些疑团倒也好解释了。可是问题在于这些史料同出于一本书，而且并没有同时期相关的其他资料进行佐证，只能算是孤证。

好了，老爸和老哥都介绍完了，在后台等了很久的朱由榔先生可能也有点不耐烦了。

嘿，朱先生，现在你可以出场了！

朱由榔，明熹宗天启三年生人，汉族。作为明神宗的孙子，明思宗的堂弟，桂王的第四子，朱由榔并非嫡出。这在当年那个非常讲究血统关系的时代，如果说让他继承王位甚至日后当上皇帝，这确实是有点问题的。但不知是什么原因，朱常瀛的头两个儿子都没能活到很大就去拜见列祖列宗了，而他的正妻王氏也一直没能生育。因此马贵人所生的两个儿子朱由楥和朱由榔就理所当然成为王位的第一、第二继承人。

崇祯六年（一说是崇祯十五年），朝廷派遣编修闵仲俨册立朱由楥为安仁王，朱由榔为永明王。自此，朱由榔好歹也是个大王了。

朱由榔虽然在身份上有了明显的变化，不过似乎更多地继承了老爹的性格，生性淳厚老实，没啥更多的追求。也就是因为这一点，使得朱由榔最终在权力斗争、斧声烛影之中存活了下来。

这个世界有时很奇妙，一些拼死拼活想要有所作为获得荣誉的人可能终其一生也难以实现自己的梦想，而像朱由榔这样并不太在乎权力与地位的人，命运之神却又坚持着要把这些东西赠给他。所以说，所谓的造化弄人看来也确实有这么一回事儿。

父亲与哥哥的相继离世使得朱由榔被推上了桂王的宝座。这时二十三岁的朱由榔在经历了从湖广到两广的惊险的千里大逃亡、兄长的暴病而亡等一系列事情后，已经不再是当年那个只要无忧无虑的生活就可以了的小王子，也不再是那个不会为自己的人生做过多考虑的小少爷了。

朱由榔十分清楚地意识到，想要在这个世界上生存下去，是要有点本领的。换句话说，长肉长身体的同时也要多少长点心眼儿。以朱由榔的身份的特殊性，想要不成为一个新的政治牺牲品，他唯一的选择就只有主动了解政治并从此成为一个真正意义上的政治家。

逆水行舟，不进则退。为人立世，亦如斯言。

隆武二年（1646），见习政治家朱由榔终于即将走上他命中注定的历史舞台。清兵突袭汀州，隆武遇难，郑芝龙降清，福建全陷。一个个坏消息传来，两广官员们都陷入了极大惊恐之中。这种情形下，我们要忠于明朝坚持抵抗还是归顺清朝，这是当时两广境内的所有人都必须要做的一道选择题。

不过，为了安全起见，避免站错队成为众矢之的，大家都不愿率先给出自己的答案。于是我们中国人严密的组织纪律性就该体现出来了。

这个时候，广大老百姓们会成群结队地围住村长大人七嘴八舌地问：清军就要打过来了，咱们该怎么办啊？

村长此时往往会从袖里拿出旱烟，使劲地吸上两口，在皱了皱眉头吐出几个大大的烟圈后，缓缓站起：乡亲们哪！先别慌，待俺问问乡长去！

随即村长大人就会在村口向大家挥挥手，在众人期待的目光下往乡里走去。

当这位村长来到乡长家的门口时，他很可能会很惊讶地发现，原来乡长的家门口早已聚满了人，而且他们都是为了同一个目的，背负着同样的使命而来的其他村长们。

哟，这不是邻村的老赵吗？哎，老刘！你怎么也在啊！

刚一来就别嚷嚷了，不知道就等你们村的了么？这是乡长的声音。

各位村长（或里长）与乡长碰面后，各村的村长和村代表们此时就会将各自村中的情况向乡长反映。大家依次发言完毕后，随即安静了下来，等待乡长大人的表态。

这位乡长显然比较有水平，知道类似这样的国家大事，一个小小的一乡之长是很难拍板的。于是他将手中的烟杆在地上敲了敲，把里面的烟灰磕了出来：此事事关重大，你们先回去等消息，我要去县里走一趟。

就这样，诸位村长挥挥手告别了乡长，而乡长大人则踏上了漫长的行程。

乡长来到县衙，看到的景象大致与自己家门口的相同，他和得到同一消息的其他乡长见了面，并一起来求见知县大人。

既然已是在吏部花名册中可以找到姓名的级别，知县大人的表现自然较之前的村长乡长们会有不同。他不用把一干人等让进自己家里，并吩咐自己的老婆赶紧做点饭菜招待一下来人。知县大人只是把各位乡长召进了公堂，询问他们的来意并要求自己的主簿做好笔录，最后再派一个衙役将所有的乡长们领到县里的招待所等消息，这样就算完成了第一步。

接下来，知县大人会将他得到的消息汇总成一份详细的报告，让人叫来县里的驿卒，骑上匹快马赶紧去知府那里报信儿。

打马快走，别耽误了事儿。

接到命令的驿卒这时就会拼尽全力，夜以继日地赶路去也。

这就是做知县的好处。凡事不用亲力亲为，至少省去了跑腿的工夫。

再接下来的情节就十分雷同了。知府大人得到各位知县的报告后，会综合起来分析处理下，然后再在此基础上写出一份新报告，派人送给巡抚大人。最后巡抚大人们的报告书就又纷纷到达一个人的手中。这个人自然就是两广地区的最高领导，两广总督丁魁楚。

丁魁楚，字中翘，号光三,万历四十四年进士，河南永城人。此人出生年月不详，早年曾历任户部主事、保定巡抚、户部侍郎等职。丁魁楚任职期间"善事权要"，很得朝廷的赏识，吏部的领导也给了小丁极高的评价，说他有吏才。

这位领导在看人方面的确是很有眼光的。因为他一语道破了丁魁楚先生的本质——"吏"。也就是说，丁魁楚先生身上很有吏的特征。

为了说明吏的特征，我们先要了解一下被称为吏的这些人。

## 一入"吏"门深似海

在生活中，我们常常将官吏两个词合称，但实际上，官与吏其实是两个完全不同的概念。二者虽说都属于政府的公职人员，在本质上却存在着极大的差异。

官不用多说了，就是官员，是通过层层选拔（主要是考试）进入政府机关工作的人。即便当年的考试过程中，脑子再乱，手再抖，只要能够勉强入围那也算是终于熬出头来了。因为即使是像水平较低的举人，也可以捞到一个教谕（县教育局局长）之类的小官来当当。要知道在一个正规的县政府中，每天来来往往的工作人员是很多的，但在这些工作人员中，只有诸如有品级的知县、县丞和没品级的主簿、典史等少数几个人才是按月从国家那里领工资的真正意义上的公务员，剩下那些给县太爷端茶递水、四处跑腿的人则是我们常说的吏（全名胥吏）。

一个胥吏，由于手上握有权力，又在政府机关工作，按理说应该是众人艳羡的榜样，但事实上情况并非如此。作为由长官自己"辟召"且自古以来就被称为"不入流"的胥吏们，其社会地位是很低下的，别人是看不起的。

这些胥吏们表面上整天出入政府与官老爷们一起工作，但就身份而言其实依旧是民。

鉴于大多数胥吏从事的是针对县太爷的特殊服务性行业，与给地主家当仆人在本质上没有太大的区别，且经常被呼来喝去，因此民间便又给这些已经很惨的胥吏们一个极具侮辱性的称呼——“狗吏”。

莫名其妙的人身侮辱和攻击就不提了，让胥吏们最为气愤的其实还是这样一条规定：成为胥吏后，这就意味着你从此注定只能为吏，今后不得参加科举考进士！

这样的规定大致相当于某天国家突然下发明文强制规定，但凡参加工作的人就不能考大学、考研究生一样，是一个能让人抓狂的规定。

同样是为国家办事的，为什么我们的待遇就如此之低？为什么生活对我们是如此的不公？于是胥吏们集体悲愤了，爆发了，变态了。

在正常情况下，一个县的知县、县丞往往是朝廷派下来的，身份说不准，能力说不准，就连任期也说不准。干得好的也许过两年就升官了，干得不好的也没准过两年就得回家种田，即便是那些水平一般般的，朝廷也不会让他一辈子都在同一个地方当知县父母官。朝廷之所以这么做，当然还是基于一个目的：防止地方割据造反。因此在减少由当地人做当地的官的这一基本统治理念的基础上，所谓的流动官员即“流官”就这样出现了。

然而掌握大政方针的可以是外地人，不过要说到处理地方具体事务，那还必须得找熟悉本地区情况的当地人来帮手，做“苦”吏。

在处理地方行政工作方面，胥吏们往往更加内行，因而这些深受不平等对待的人们自然就从工作之中找平衡。找平衡的手段当然就是贪污受贿搞点计划外的收入，或者敲诈勒索，结识一些黑道人物提升自己的地区知名度。具体的操作手法可以参考《水浒》里胥吏出身的宋江等人的事迹，我们这里就不过多地介绍了。

因此在众人的眼中，胥吏应该无一例外具有以下特征：狡猾敏感、会来事儿、重利重名、很现实，很“邪恶”。

虽然在现有资料中，没有确凿记录可以反映出丁魁楚这种性格到底是如何造就的，可事实证明丁魁楚大致就是这样一个人。

朝中的那位大人发觉丁大人的这一性格，或许是从崇祯九年的那件事开始的。

# 第十四章　时来运转的政客

崇祯九年（1636）四月，清廷宣布建国自立，做的第一件大事就是委派当时清军第一猛将阿济格为统帅，率师十万入关，强行索要贺礼。经过两个月的长途跋涉，清军从独石口突破了明军的重重防线，接连袭击了延庆、昌平等地，侵掠京城达数十日之久，并最终带着一路抢掠来的人畜近十八万满载而归。

深入京畿重地的清军之所以能够如此大摇大摆，猖狂至极，除去清军兵多且强、明军主力未到这两大客观因素外，最主要的原因还有一个，那就是面对着阿济格的大军，有的地方政府选择了明哲保身，各扫门前雪。

不过众所周知，崇祯是一个十分想有一番作为的君主，因此听说地方政府有不作为现象时，便下令严查。一查不要紧，时任河北巡抚的丁魁楚就被查了出来。

不作为不要紧，但是很要命。被查出的官员们很快就进了监狱，继而进了军营（充军）。丁魁楚也不例外，他被崇祯一笔带过，罚去戍边。一般被发配充军的有罪官员，最有可能的结局无非三种，一是在某一次进行的边界保卫战中英勇阵亡，一是侥幸从残酷的战争中存活下来后以一个老兵的身份光荣退伍，抑或是因为作战有功成功从小兵升为把总、游击而从此改行做武将（难度系数极大，成功案例极少）。但无论是走哪条路，此人的政治生涯都基本上可以视为已经结束了。

要说丁魁楚还能够回归朝廷并且在日后做到帝国首辅，此时就算是丁魁楚自己大概也不敢相信。

然而事情的发展往往就是这样出人意料。丁魁楚的大兵生涯并没有持续太久，两年之后，他终于得以脱掉了那身穿上去并不很帅的军装。

在当年那批因抵抗不力而获罪的官员中，丁魁楚最后得以安然返乡的最主要的原因，就是他有着许多十分关心他的家人。就在丁魁楚在边境提刀巡逻的同时，他的家里人也在忙着凑钱。

崇祯十一年，在经过两年的努力后，钱齐了，交纳了，丁魁楚获释了。

丁魁楚在回到家乡永城后，过上了十分平静的生活。虽然没有了做官时的威风权力，但也少了官场上的明争暗斗、尔虞我诈。或许对于当时由生入死又由死还生的丁魁楚来说，这样的生活也是很不错的选择。

只可惜这样平静的生活只维持了不到五年。

崇祯十五年（1642），李自成率领大军第二次包围了开封城。时任兵部尚书，总督湖广、河南、四川及长江南北诸军和陕西三边军务的丁启睿正在调集当时驻兵附近的左玉良、方国安诸军及保定总督杨文岳的军队去解开封之围。虽说这位官衔极长的丁启睿大人的另一个身份正是丁魁楚的侄子，然而事实上打破丁魁楚的安宁生活并使得丁大人走向权臣之路的却并非此人。

改变丁魁楚人生的第一个人叫刘超。

刘超，永城人，丁魁楚先生的纯老乡。这位仁兄很有来头，是万历四十年和万历四十六年两年河南武举的第一名，原为贵州总兵，后因获罪免职被遣返故里。

刘武举在回家闲住的这段时间内，还曾干过一件大事，那就是在崇祯八年（1635）李自成首次率军进入河南围攻开封，并逼近永城的时候，刘超曾经招募壮士固守城池。因此当李自成兄带领军队重游故地时，蓟辽总督范志完想起了还有这么一位勇将，随即向朝廷推荐了刘超。

刘闲人也就此被起用为保定总兵，前往援助开封的守军。然而就在刘超高高兴兴准备赴任之时，意外发生了。同样家住永城且与刘超素有嫌隙的前御史魏景琦联合举人乔明旃向朝廷告了刘总兵的黑状，指责刘超私通民军，打假仗。

更为不巧的是，刘超偶然得知了此事，于是在一怒之下带兵杀死了魏景琦和乔明旃，并宣布据永城叛明。永城附近的各部民军闻讯后，更是喜出望外，纷前来投奔刘超。

刘超是不是真的与民军有过私下交易，这一点并不知道。但可以肯定的是，这么一搞，即便真是假的此时也成为真的了。

得到刘超造反的消息后，朝廷也立即采取了相应的措施，密令河南巡抚王汉进兵平叛。

不过事实再次向我们证明这样一件事：除去洪承畴那样的军事天才外，一般玩枪杆子的确实要比玩笔杆子的在打仗方面更具优势。王汉出兵后不久就被刘超军击败，王巡抚本人也战死沙场。

击败了前来平叛的王汉部队后，叛军势力大振。而此时刘超又与河南境内的民军将领张献策实现了联合作战，声势较以前更为壮大。

眼见刘超越闹越凶，崇祯终于坐不住了。在大臣们的推荐下，皇帝陛下重新选定了实施平叛工作的人选。这个人就是改变丁魁楚人生轨迹的第二位重要人物。不过，事实上其实此人也绝非有意，因为在此人看来，这次平叛的成功与否也正是改变自己人生的极为重要的机遇。

不久，在永城秘密从事着平叛事业的丁魁楚也终于知道了此人的名字——马士英。

刘超本来是一时冲动被迫叛乱的，因此在据城反叛后的某一天，他私下找到了丁魁楚。

刘超虽说是个粗人，书读得不多，可他对满腹经纶的读书人却是十分尊敬的，而他去找丁魁楚为的就是请教这位读书人一个极为关键的问题。

只不过刘超的请教方式有些特殊罢了，别人顶多拿上一杆笔、一个本，而刘同学顺手带的是一把刀。

昔日杨时同学为了请教问题而成就了程门立雪的史上佳话，可今天前来求教的刘超同学的求知欲望却似乎更为强烈，他也没顾得上问丁老师有没有睡觉，就直接闯进了丁家的大门。

手持明晃晃的大刀，睁着凶狠的眼睛，刘超同学此行颇有不问明白就不罢休的意思。然而令刘同学没有想到的是，丁老师其实也不是好惹的。

见到来人，丁魁楚当即大喝一声："别看你是大明的高级将领，难道你一家子都不想活了么！"

听到这句话，原本想要继续发威的刘超竟然出人意料地熊了，站在原地不敢再擅自向前走动一步。他已经被彻底吓住了。

其实，令刘超感到恐惧继而不敢贸然行动的并不是手无缚鸡之力的丁魁楚，而是丁魁楚的话中提到的那件事物——大明。

本来是想威胁人的，现在反而先被受胁迫者的威胁震慑住了。这个时候，刘超感觉自己的人生真的很失败。

在历史上，武将能凭借一个县城便造反成功的事例那真是相当少，大致用指头就能数得出来，估计还用不上脚趾。所以只要是精神还算正常的，一般即便是受了天大的委屈，也最多是上访告御状，敢于拿起武器真和政府对着干的还真不常见。况且，孔有德等人的例子还活生生地摆在刘超眼前，这就使得因一时冲动宣布造反的刘超心里经常敲起鼓来。

是啊，谁会真的想要造反呢？还是请先生救我啊！面对着眼前这个柔弱的读书人，膀大腰圆的刘超先生第一次说了软话。



说实话，在对刘超发出呵斥的同时，丁魁楚自己的心跳速度也明显加快了。对于刘超的来意，丁魁楚其实并不十分清楚。倘若刘超已经横下了造反的心，此行是逼自己入伙的，那么结局大致有两个：一个是同意，那么从此自己的脑袋在脖子上的日期就要按天算了；而若是不同意，明年的今天肯定就会成为自己的忌日。

不过还好，也许还有另一种可能：刘超害怕了，此行是来找自己向朝廷求情的。

局势紧迫，只好豁出性命押上一回了。于是就出现了上文描述的那个场景。

而从后来的事情发展来看，像这样将自己的身家性命全部赌上的押宝游戏，丁魁楚还能再玩上个三回。

见刘超呆立原地不动，丁魁楚意识到自己这回押对了宝。他慢慢地走近刘超，以一种令人感到十分温和的语气继续说道："我知道你是因为被逼得太急，没办法才据城造反的。不过你可以放心，我与练司马（练国事）正要为你向朝廷申雪洗冤。"

听完了这句话，刘超惊喜地抬起头来望了望眼前的丁魁楚，映入眼帘的是一个标准的丁氏微笑。这下终于可以放心了啊！没想到丁大人是这样一个好人！刘超同学热泪盈眶，紧紧握住了丁大人那不算有力的双手。在叩谢了好心的丁魁楚后，刘超带着一脸满意的微笑，高高兴兴回家去了。可他没有注意到的是自己背后的丁魁楚那诡异的表情。

崇祯十六年四月六日，明军的平叛部队集结完毕，并向叛军发动了主动进攻。一向彪悍的刘超军却出人意料地连战失利，被迫后退数十里。

十七日，凤阳总督马士英率领大军从宿州出发直抵永城城下，但他并未忙着组织进攻，而是向城内派出了使者。

几天后，城内传来消息，叛军首领刘超同意交出武器，无条件投降。投降仪式可在近日内举行，不过唯一的要求是要与明军的主帅马士英见上一面。

马士英同意了。

第二天，刘超单骑出城。马士英率领诸将与刘超进行了亲切而友好的交谈，双方兴尽而散。

次日，刘超按照约定缴械，带领叛军出降。在前往举行归降仪式的路上，骑马走在前面的刘超被总兵黄得功从背后突然袭击，当场死亡，历时近一年的永城叛乱就此宣告结束。

或许你会觉得事情的发展很顺利，马士英做得很省力，结局上虽有些突然但也不算太突然。

但我要告诉你的是，在这个世界上只有必然的偶然，绝无偶然的必然。

在这个谋反必挂的故事的背后，是一个被他人愚弄而失去所有的不算太坏的人和三个因愚弄他人而获得许多的不算太好的人。

事情实际上应该是这样：自那次登门拜访之后，丁魁楚轻而易举地取得了刘超的信任。此时的刘超也已认定作为同在一块土地上长大的乡里乡亲、整日饱读“仁者爱人”的圣贤书的丁魁楚与练国事是绝对不会说瞎话的。

因此在二位“好心”老乡的无私指导与帮助下，刘超假装打不过马士英，故意后撤，让马士英率大军将自己困在城里，以展现自己归降朝廷的诚意。

令刘超深感欣喜的是，两位老乡果然没有忽悠自己。当马士英兵临城下时，大军果然没有攻城，马士英也果然像二人说的那样，向城内派出了使者劝降。

这实在是太好了。刘超再一次对丁魁楚与练国事的教导感到无须怀疑。

等到刘超把归降的戏份全部演完，不愿发工资的欺诈三人组也就此露出了獠牙。

投降是可以的，免罪是没门的。

要是让朝廷知道了有这么一回事，估计自己的脑袋也准保不住。所以为了大我就只有牺牲小我了。刘超就这样怀着美好的梦想，莫名其妙地见了阎王。

刘超的死也成了丁魁楚等人日后升迁的资本。

马士英就不用多说了。永城平叛成为马士英军旅生涯中最为辉煌的一笔，为老马在朝中再次站稳脚跟起到了至关重要的作用。更为重要的是，经过这次堪称三赢的出色合作，马士英、丁魁楚与练国事三人结成了深厚的革命友谊。他们将继续通过这种互帮互助、共同进步的组合方式，来为自己人服务并同时影响着南明的历史。

丁魁楚由于在平叛工作中贡献突出，经吏部、兵部等相关部门的商讨，同意恢复丁魁楚的职务并予以重用。

脱离政坛长达七年的丁魁楚做梦也没有想到，自己居然还能等到被起复的这一天。当吏部下发的河南湖广总督加兵部尚书衔的委任状真真正正地到达了丁魁楚的手中，他这才敢相信，美梦已然成真。

崇祯十七年七月，福王在南京继位。此时已经进入内阁工作的马士英还算不错，没有忘记当年的承诺，马上拉了兄弟们一把。

那位早年曾经作为著名东林党人赵南星的亲信的练国事，竟然就在阮大铖先生的眼皮底下，大摇大摆地先进入了中央财政部做副部长（户部左侍郎），不久又调职国防部工作，改任兵部左侍郎，最后直到转正当上了尚书，于次年（1645）因病去职，次月因病去世，这才算完。

对“蒙人铁三角”的另一位战友丁魁楚，发达了的马士英也是出手很大方的。一上台就先给了丁魁楚总督河南、湖广，兼巡抚承天、德安、襄阳三地的职位。虽然当时这些地方因战火与天灾的共同作用已远不如万历年间富庶繁华，但不可不谓位不高权不重。不过还没有等到丁魁楚收拾好包裹前往当地上任，马士英就又给兄弟送来了一份更大的惊喜。

适逢两广总督沈犹龙入朝担任侍郎，两广总督的位子就空了下来。与其便宜了高弘图等东林党人，倒不如送给自己人一个人情。马士英是这么想的，当然也是这么做的。在朝中讨论两广总督的新人选时，马士英推荐了丁魁楚。高弘图等人也许并不清楚老马与老丁的密切关系，或者是尚不想得罪马士英。于是，马士英的建议很快就得到了弘光的认可，丁魁楚就此被任命为两广总督。

事实上，就当时两广与湖广、河南的发展程度来看，两广地区是远远比不上后者的，再加上那个时候大家还不知道广西的湖光山色是那样秀美，更难以预料到几百年后广东将会变得那样发达，所以在大部分人的眼中这里只是一片蛮荒烟瘴之地。别说没人愿意来，就连当地人也受不了平均几年一度的武装叛乱。

不过从这件事中我们却也能够发现这样一点，在某些时候，马士英是个极有远见的人。对于两广一穷二白经常闹事的上述的事实，老马是很清楚。然而马士英更加明白的是，相对于两广频发的少数民族叛乱，还是骁勇善战的八旗劲旅更为可怕。

就那会儿的局势看，如果做不到与清朝划江而治的话，清军迟早是要打过江来的。四镇的军队很有可能抵挡不住，所以逃跑的几率是极大的。向南跑是肯定的，而逃到两广是很安全的。因此为了给以后的跑路打好基础，马士英认为派个自己人先去经营下，是十分有必要的。

马士英把丁魁楚当自己人，于是丁魁楚就这样把行程从北上改为南下，并开始迎接自己的新生活。

因平刘超之乱得以和马士英共事，这为日后丁魁楚踏上永历朝首位权臣奠下了第一块坚实的砖头。

一年后，弘光政权灭亡。远在岭南的丁魁楚虽不曾受到军事上的波及，然而在政治上，他却不得不有所选择。

此时上天给了丁魁楚同学三个选项。选项 A：宣誓效忠在福州新建立的隆武政权，立即举行开诏宣读仪式并上疏祝贺。选项 B：起兵响应在桂林自称监国的靖江王朱亨嘉或暗中予以支持（只停留在精神和言语方面），坐等朱亨嘉成功。当然除此之外，丁魁楚还具有当时其他人所不具有的第三个选项：广西巡抚瞿式耜提出奉桂藩安仁王为帝，自成一派，与唐王、靖江分庭抗礼。

如果论难度的话，这道选择题应该算作甲等的题目。因为就当时的状况来看，无论丁魁楚选择了哪个选项似乎都不吃亏，而且每个选项看上去都是那么具有诱惑性，前途无比光明。可问题的关键在于，一旦选错了选项，走错了路，自己手中的一切都将不复存在，这其中当然也包括丁大人的这条老命。

机会只有一次，而且必须要做，还是单选。丁魁楚表示，自己的压力很大。

即便是压力再大，该做的还得做，该来的也总会来。这就是所谓的人在江湖，身不由己，但能真正做到退隐江湖或笑傲江湖的却真的很难。因为按照《东邪西毒》里的说法：有人的地方就是江湖。

丁魁楚不打算做东方不败，但此间不败还是要的。因此对这道题目，丁魁楚的态度是极为端正的，考虑是极为仔细的。不久之后，因一个消息的传来，丁魁楚终于知道了要选择哪项。

宦海之中，丁大人不是白漂的。在向各地派出了探子广泛收集情报后，丁魁楚已然获悉了很重要的一点。隆武宣布即位后，除了在浙东监国的鲁王不予承认外，江南的明朝各个地方政权都表示了拥戴，而且隆武已经给自己加衔为大学士，颁旨的哥们现在正在路上呢。

自己的势力太弱，不足以拥戴桂王一系登基，而各地又已经摆明了支持隆武。所以选择隆武绝对是没错的。

至于那个朱亨嘉，势力还不如自己呢。因而此时丁魁楚暗中下定了决心，灭了他。

隆武元年（1645）八月二十二日夜，与朱亨嘉本有密约的丁魁楚突然在梧州发难，率军进攻朱亨嘉。丁魁楚派出的这支明军是绝对的精兵而朱亨嘉的兵马却是绝对的杂牌，所以朱亨嘉军很快被打得落花流水，朱亨嘉本人则狼狈不堪地由永安一直马不停蹄地逃回了自己的封地桂林，跑得差点连肠子都吐了出来。

在丁魁楚的加入下，靖江王的叛乱很快就被平定了下去。丁魁楚也因平乱有功受封为平粤伯。在给丁魁楚的诰敕中，皇帝陛下将丁魁楚比作了当年以一己之力孤身平叛的王守仁，这一高度的赞许使得丁大人的虚荣心得到了极大的满足。可是与此同时，丁魁楚的内心深处却有一种东西开始渐渐突破束缚，随之疯长。

这个东西叫野心。

丁魁楚于弘光到隆武年间始终任职两广，因此久而久之，丁大人也慢慢地习惯了将两广地区当成自己的私人物品。其具体表现是，“怙安不修戎备”，整天吃喝玩乐不务正业，不干正事；在行政用人方面，则是以财不以才，“将吏以贿为进退”，送礼成风。

毕竟天高皇帝远，自己在两广基本上就是最大的，所以老丁也不去在乎清军日益加快的南下步伐和日渐紧张的时局，每天得过且过。甚至为了满足个人私欲，不惜滥用军力。

一次，丁魁楚听说今天肇庆附近的羚羊峡下的岩石是做砚台的好材料（即著名的端砚的主要原料，有“端石一斤，价值千金”之说）。在未经有关部门的允许下，丁总督就擅自动用了广东水师前往当地进行大规模的水利工程，将峡底的河水放干，以便在斧柯山下的老坑取石做砚。当地群众本以为是政府派人来改善这里的水利灌溉条件的，纷纷主动前来帮手。可直到最后发现情况不对，才得知了官府的真实意图，不过是为了一个砚台而已！



就在丁魁楚继续做他的土皇帝时，一个人却走过来对他说，国不可一日无君，现在我们要做的是立一个新皇帝。

时值隆武二年（1646）秋。对丁魁楚说这句话的人不是别人，是他的老部下瞿式耜。

两广地处大陆的最南端，通航条件非常好，但是唯一不好的一点就是信息比较闭塞。虽然当时民间已经广泛流传着隆武遇难的消息，可作为两广地区的最高官员，丁魁楚却从来不敢相信这种由“路边社”传来的消息。

还是等一等前方的探马来报吧，那个比较准。

长期的安逸享乐已使此时的丁魁楚失去了对政治的高度敏感性。在这方面，瞿式耜由于始终处于隆武的敲打之中，已经不知不觉地超过了他的这位老领导。

二十一世纪的信息社会，事物瞬息万变，这点相信大家都十分赞同并多有体会。十七世纪虽说通信条件是相对差了点，但有个千变、百变、七十二变什么的还是错不了。

对于这一点，瞿式耜有着清醒的认识。

福建已失，隆武已亡。如果不立即拥立与皇家血缘最近的桂王朱由榔，瞿式耜等人担心各地又不知道会再出现几个朱以海、几个朱亨嘉。拥立皇帝毕竟是件大事，两广的官员们虽然就此事私下商议了多次并达成了多点共识，不过要把此事办成功，还是务必要征求丁魁楚的意见。

于是作为两广大臣们的“官意”代表，平民身份的瞿式耜拜见了丁魁楚。

瞿式耜说明来意后，这回丁魁楚却没有迟疑，干净利落地否决了瞿式耜等人的提议。

在丁魁楚看来，隆武的生死还尚未可知，况且当时桂王既无兵更无饷，不如继续等待消息，等到隆武殉国已经确定是事实无误的时候，再行拥立不迟。

瞿式耜先生虽说身后有广大官员撑腰，可是毕竟没有实权。面对大权在握的老上级，瞿式耜也不好意思折了对方的面子。所以两难之下，瞿式耜只能选择再等几天。

除了考虑到隆武死无确信、擅自行动可能会惹祸临头外，影响丁魁楚决策的其实还有另外的一件事情。

因为清军南下的同时，一个身负使命的人也在南下。这个人的目的地正是两广总督丁魁楚的家。

这个人姓甚名谁已经不得而知，不过他所办的事却是很清楚的。此人此行的主要任务是交给丁魁楚一封信，一封来自丁魁楚的早年好友的信。这位早年好友名叫洪承畴。

根据洪承畴的身份和近年来主要负责的工作，就算我不说大家想必也能将此信的内容猜个八九不离十。因此手里捏着洪老友的劝降信，耳边听着瞿式耜的拥桂学说，丁魁楚势必要再赌上一把。

在这第三次的押宝游戏中，丁魁楚最终将筹码押在了桂王的身上。

虽然从事情的后续发展来看，丁魁楚并不能算是押错了宝，但他的运气大不如前却是事实。

## 最后的天子

明末的宗室中，同崇祯帝朱由检关系最亲的自然要数和他同出神宗一脉的四大藩王，即福王、瑞王、惠王、桂王这四家。福王这一支就是万历最中意的儿子朱常洵及其后代。这一支也是我们最先叙述的，是前文的主角。其中老福王朱常洵被李自成和兄弟们煮了，而他的儿子朱由崧侥幸逃了出来，即弘光帝。后来弘光用人不当，被马阮架空，自己也让清军俘获，最后被清廷以“谋逆”的罪名杀害于北京。福王的这一支也就算是彻底走到头了。

按照礼法的规定来看，福王之后最有资格继承皇位的应该是万历的第五子，瑞王朱常浩。但很不幸，瑞王这一支的命运实际上更为悲惨。

瑞王朱常浩原封陕西汉中。对于汉中这个地名相信大家不会太陌生，因为《三国演义》的缘故，汉中的曝光率那是相当的高。汉中不仅有名又有历史，应该算是个不错的去处。但问题似乎也出在了这里，那就是这座城市实在太有名了。

李自成先生据说是上过小学（私塾）的，所以应该认字，而鉴于《三国演义》这部书过多地涉及了行军布阵、用计打埋伏等军事内容，因此这本书就隆重地成为那个年头关内民军和关外清军高级将领们几乎人手一本的普及型军事教材。全篇白话，易懂易用，即便实在不认字，还可以看插图。

因而在《三国》的影响下，民军将领们对于汉中这个传说中的兵家必争之地，无一不是悠然神往。所以当崇祯十六年（1643）李自成率军由湖北、河南进入陕西时，便有人提议去汉中见识下，即使不打进去，逛一圈看看也成。

这时朱常浩才第一次感到，原来住在一个非常受人关注的城市有时也不是啥好事。于是当李自成在打另一个兵家必争之地潼关的时候，朱常浩便趁机带领家人入川，逃到了重庆。

当朱常浩为成功躲过了李自成而暗自庆幸并准备向崇祯申请暂住证的时候，另一位与李自成齐名的人物的到来，却帮助相关部门解决了办手续的麻烦。

崇祯十七年，张献忠军攻陷重庆府，朱常浩全家被杀。瑞王一脉也宣告终结。

相对于前两位，朱由榔的父亲朱常瀛和他的亲哥哥惠王朱常润就成了万历诸子中硕果仅存的两位，至少都活到了弘光年间。惠王朱常润原封荆州，当民军风暴席卷湖广时，他和老弟一样也是一路由湖广逃到了两广，虽然也因此颠沛流离了一番，可至少还是保住了性命。

崇祯殉国后，江南的部分官员曾有拥立朱常润为监国的意思，可是朱常润已皈依佛门，整日除了礼佛就是参禅，对“俗事”并不关心，众人也只好作罢。弘光年间朱常润移住浙江绍兴，随后与在杭州监国的潞王朱常淓等宗室王爷一起被清将博洛招降，一起被押送到北京，一起被集体处决。这样，到隆武二年六月以后，神宗的子孙就只剩下桂王一系，而桂王一系中作为年长者的即是朱由榔本人。

轮也轮到朱由榔了。

随着隆武旧臣相继逃到了广东，隆武的死讯已经得到了确认。曾经追随隆武逃往汀州的大臣何吾驺寄送两广官员们的书信也再次印证了这一消息的真实性。

丁魁楚前脚刚得到了确认，瞿式耜同志后脚就来了。瞿式耜再次搬出了“同仇恢复”和“立贤立亲”两大理由来游说丁魁楚。然而这次丁总督却没有拒绝。

隆武二年九月，两广总督兵部尚书丁魁楚联名前广西巡抚佥都御史瞿式耜、大学士吕大器、兵部尚书李永茂等大小官员五十余人，请求桂王朱由榔于即日就任监国。

然而令众人没有想到的是，就在此时，有一个人却公然出面阻止。

一般来说，如果遇到这种不开窍的家伙敢这么做，也不用跟他废话，直接拖下去收拾一顿就成。但具体到这个人，却是无论谁也不敢下手的。

这位反对者的名字我们不太清楚，但她的姓氏还是知道的，姓王。这位王女士的身份自然也很不一般，具体说来，她是朱常瀛的大老婆，当今的桂太妃，朱由榔他妈（非亲妈）。

得知粤中的大臣们想要拥立朱由榔为皇帝代理，王太妃就将丁魁楚、瞿式耜等干大臣召集起来，并派人传话：各位大人害怕没有皇帝吗？我的这个孩子仁弱，并非能够做大事的人，希望你们去找别人吧！

后世的许多人在看到这一段记载时，都认为王太妃之所以会表示反对，是因为她没有子女，她很担心朱由榔当皇帝后会只注意敬养自己的生母马氏而冷落了自己，所以才坚决不愿让朱由榔继位。

这个说法看似很有道理，但是这句反对声中似乎也包含了一些可称为关爱的东西。因为作为少数的几个看着朱由榔长大的人，王太妃对朱由榔的性格特征应该是非常了解的。就朱由榔日后的表现来看，仁弱这一评价是比较中肯的。朱由榔确实并非一个像隆武那样拥有雄心壮志、能够拨乱反正的中兴之主。

不过，王太妃虽这么说，大臣们却很坚持，纷纷表示大明的皇帝非朱由榔不可胜任。王太妃自然拗不过这么一班认死理的大臣们，最终也只好勉强同意了众人的请求。

朱由榔从此开始走上了这条冥冥中好像注定的道路。不过，和之前的情形一样：一旦走上了这条路，就不能再回头了。

隆武二年十月初十日（一说十四日），朱由榔于肇庆正式就任监国，丁魁楚也如愿以偿地坐上了首辅的宝座。

所谓一个政权，并不等同于一个公司或组织，只要有几个人开个会规划一下未来，任命一下负责人，最后去注册一下就算完了（碰到天地会那样的地下组织连去相关部门注册登记都免了）。一个政权不仅要对内履行治理的职责，对外也得彰显主权，维护国家与生活在这一国土之上的人们的根本利益。

不过，对于当时的朱由榔政权来说，提这些还未免过早，因为新政府的第一件要紧事是要生存下去。

凭借两广总督的地位和能量，丁魁楚无疑是拥立朱由榔建立政权这一重大事件中最为关键的人物之一。可是，从事情的发展来看，最终完成这一任务使这个新政权得以延续下去的人却绝非丁魁楚。

乱世之中能够以一己之力挽救局势的人，我们称之为英雄。

面对繁重的军政要务，能帮助皇帝处理得一丝不苟、井井有条的人，我们称之为能臣。

在敌人的威逼利诱之下可以始终坚持原则，坚守道统，不变节、不背叛的人，我们称之为义士。

那这样看来，在关键时刻帮助朱由榔走过最初这段困难时期的人应该不愧于上述的所有称号。

他们是真正意义上的一时俊杰。

好了，是英雄们登场的时候了。不因使命的召唤，不因皇帝的需要，只为了那个在早年便植根于心中的担当：为国为民，所求无他。

虽然就现实情况看来，能够终其一生都坚持这一理念的人从来是开始不少，最后不多。但事实也证明了一点，能经受住时间与世俗的历练，留下来的只有金子，没有沙子。

三个人，不算是多，但也够了。

对于这三位堪称是永历一朝的"奠基三杰"的能人，赞誉的话就不多说了。还是老样子，希望大家能通过我的介绍，自己去体会这些青史留名者的魅力所在。

# 第十五章　无所畏惧的大臣

## 第一个人：浩然正气瞿式耜

嘉靖年间，一个叫瞿景淳的人意气风发地回到了故乡。虽说已年近不惑，但是人逢喜事精神爽，他看上去较实际年龄要年轻许多。

对于那个时代的人而言，可以称得上喜事的不外乎四件，也即传说中的“久旱逢甘霖，他乡遇故知，洞房花烛夜，金榜题名时”。这位瞿先生之所以如此兴奋，是因为他遇到了当时很少人能够遇到的第四重境界的惊喜，金榜题名。

准确说来，这个金榜是嘉靖二十三年的殿试榜单，而且此人的名次还相当的好，从上向下数排在第二的就是他了。换句话说，瞿先生正是当年的榜眼。而在此之前他的身份也很特殊，江苏省高考第一名（会元）。

会试第一，殿试第二，能有如此好的成绩其实也并非巧合。据说这个瞿景淳自幼聪慧，八岁能文，基本属于神童的水平。

瞿景淳是一个很受上天眷顾的人，悟性极佳，脑子也好使。但如果你认为如此聪明的人在快四十时才中进士是因为八股取士过于黑暗，科举制度过于混蛋，从而做好了痛斥的准备的话，我还是得劝你先等等。这是因为在瞿景淳赴京赶考前，他一直在忙着一件事，教书凑钱。

原因很简单，瞿景淳这个人虽聪明，但家里很穷。去省城、京城考试是要花钱的，所以在有足够资金能支持自己的考试大业前，瞿景淳必须先攒钱。于是这一攒就拖到了二十多年后。

当瞿景淳得以入选翰林院，成为庶吉士时，他的确切年龄已经是三十七岁。

然而，考中进士对当时许多仍在孤灯下苦读的书生而言，是永远也不嫌晚的。当选庶吉士的瞿景淳没几年就顺利地从翰林院的诸多抄书员中被挑选了出来，历任翰林院侍读学士、太常卿、吏部右侍郎等职，并在隆庆元年以礼部左侍郎兼翰林院学士，领二品工资待遇的情况下光荣退休，仕途可谓一帆风顺。

任官期间，瞿景淳也干了一件极为不同寻常的大事——总校《永乐大典》。《永乐大典》这部宏伟巨作自从一百多年前好不容易修订下来后，很少有人翻阅过，但是由于时间的流逝，谁也保不准会有所缺损，所以嘉靖出于对保护文化典籍的高度责任感，下达了校订《永乐大典》的命令。瞿景淳凭借他的渊博知识和出色的文采得到了皇帝陛下的认可，因此以总校官的身份加入到这项重要工作中来。最后瞿景淳圆满完成了组织交给的任务，并使得连当时牛到不行的严嵩、陆炳也对他恭敬有加。这件事再次为我们印证了知识就是力量的这句名言的分量。

当然除了校对《永乐大典》外，这位仁兄还参与了另外一项政府组织的重要文献的编修工作，那就是记录前任老板嘉靖生平事迹的《世宗实录》。

所谓老子英雄儿好汉，瞿景淳的儿子们也很是争气。长子瞿汝稷凭着老爹的功劳步入仕途（荫职），先后担任了刑部主事、黄州知府、长芦盐运使（肥差）等职，后来以太仆少卿的身份致仕，日子过得很滋润。

次子瞿汝说虽说五岁就看不到了老爹，倒也不差。万历年间自食其力，中举当了进士，最后官至湖广提学佥事。此人不但文风正，人品也很正，在朝野间颇具清誉。下文要讲到的瞿式耜就是这位为人正直且为官清廉的瞿汝说之子。

瞿式耜，字起田，号伯略，别号稼轩，江苏常熟人。

由于瞿式耜的老爹瞿汝说当过湖南学政，在当时的教育界有许多朋友、熟人。于是望子成龙的瞿汝说便为儿子请了一位很有名的学者作为老师。

这个老师名叫钱谦益。

钱先生的人品虽然不敢叫人恭维，但单从教书育人这方面来看，钱谦益的业务素质那真是没得挑。在他的悉心指导下，瞿式耜在万历四十四年（1616）的那次科举中光荣上榜，成为进士。此时的瞿式耜也不过只有二十七岁，算得上是少年得志。

不知道考中进士后的瞿式耜有没有预料到，在他完成了进入仕途的第一步跨越的同时，他也完成了另外的一项壮举，那就是使得瞿家成为少数几个祖孙三代人都留名明史并各有传记的家族之一。

按照国家的相关政策，瞿式耜考中后的第二年，吏部就为这位瞿进士分配了第一份工作——江西吉安府永丰县知县（七品）。

这位新任县太爷在这个并不是很高的职位上政绩卓著。在具体的施政活动中，他灵活运用读书时学到的传统儒家仁政理论，将之充分付诸实践，造福一方百姓。在四年知县任满即将调职江陵时，永丰百姓自发地聚集起来，向朝廷上疏乞求瞿知县留任。

遗憾的是，瞿式耜的第二个四年任期却没能做满。

天启三年（1623），瞿式耜的老爹病故，按例，官员应主动卸职，回家丁忧三年。

不过，所谓祸兮福之所倚，福兮祸之所伏。事实证明，这对当时的瞿式耜来说或许并不完全算是一件坏事。因为自天启三年开始，一场看不到硝烟的战争正在酝酿之中，无数的人头即将落地，无数的大臣即将挨整。这场在一定程度上改变明朝命运的大战的两大主角是东林党与阉党。

谁都知道瞿式耜的老师是钱谦益，而钱谦益是当时东林党风头正劲的后起之秀之一，且一直被诸如赵南星等东林党老一辈领导人作为接班人来培养的。有了这层关系，瞿式耜可以说是毋庸置疑的东林党人。换句话说，也就可能是当时的魏太监即将赶尽杀绝的目标之一，时刻处在有一天没一天的危险之中。

但有的史书上说瞿式耜有感于魏忠贤掌控朝政、官场黑暗腐败之风日盛一日，才毅然辞官的。他辞官后还公开专门去做一些事情，周济援助被魏忠贤一伙打击迫害的人及其家属，以示对恶势力的反抗和蔑视。

这个说法有欠考虑。在当时的环境下，瞿式耜家里的事情还没处理完，应该不会有这样的时间与精力，即便做了也不可能以此为业甚至大张旗鼓。因为结合同一时期的周顺昌的经历，这样做的结果我们不难预料。

所以说瞿式耜是因为回家丁忧而有幸完全躲过了天启年间的那场腥风血雨，似乎这一答案更为可靠。不然，以瞿大人疾恶如仇的性格恐怕早就被魏人妖给收拾掉了。

事实上，在天启三年至崇祯元年，瞿式耜的主要精力除了在守孝上，还用在了另一项活动中，那就是入教。

瞿式耜回到故乡常熟时，正巧遇到了一个来到常熟执行任务的人。由于此人的身份、形象都比较特殊，且见多识广、学识渊博，瞿式耜出于好奇便和他交往了起来。

这位仁兄名叫艾儒略，字思及，是一个地地道道的外国人。倘若你要问他的家乡在哪里，他不会告诉你，他的家乡在远方，而是会直截了当地告诉你，在意大利。

也许说到这里，有的好奇的朋友会问了，一个外国人不远万里来到中国，这是什么原因？其实这个答案也很简单，用两个字即可把这个问题说得清清楚楚明明白白真真切切。

就两个字：传教。

自万历年间起，大批西方传教士陆续长途跋涉来到中国，只为了同一个目标、同一个理想：传教。说来你也许会觉得十分可笑。在西方人眼里，那些不信基督、不拜上帝、不说阿门的人是很可怜的，因为这些人在死后无法登上天堂，只能进入地狱受苦，只是源于他们不知道这个世界上有着伟大的耶稣的存在，实在是过于悲惨。

于是，为了拯救这些堕落的灵魂们，远在欧洲的教会便向东方派出了这些使者来传播福音，劝人入教。在那个年头拥有众多“异教徒”的中国自然就顺理成章地成为西方传教士最主要的目的地之一。

其实除了这一单纯的信仰因素外，促使耶稣教会向东方传播天主教当然还有其他一些原因，譬如受到新教势力的冲击、在一些国家遭受到了迫害，等等等等。鉴于这些与本文并无太多的联系，这里就不多说了。

天主教东传的具体原因可以不讲，但其引发的效应却不得不谈，因为这一行动所导致的最直接的后果，就是引起了中外交流史上最为重要的一件大事：西学东渐。

由于世界航海事业的整体进步和伟大的郑和七次出海的影响，当时耶稣教会派来的传教士成功到达中国已不再是什么难事了。但是等到这些传教士真的登陆上了岸，他们才发现，真正的难题才出现。

因为就中国人而言，大家对于总督的兴趣是要远远大于基督的。有文化的知识分子阶层不用说，向来奉儒教为正统，而将包括诸子百家的学说一概视为杂学，并不十分感冒。那些相对文化水平有限的中国普通老百姓也是有着自己的信仰的，比如有的信佛教，有的是道教徒，即便是个别特立独行思想过激的也大不了信个明教什么的，所以这些神父们遗憾地发现，天主教在中国基本上没有什么市场。

老百姓们除了对自己的蓝眼睛、黄头发的外貌比较感兴趣外，对自己所宣传的天主、耶稣几乎是漠不关心的。个别没听过的还把耶稣先生错划入了桃酥、杏仁酥的行列，实在让这些洋神父们哭笑不得。

语言交流方面的障碍、思想文化上的差异，使得传教士们的在华传教工作并没有起初预想的那样轻松。因为要向那些有主流思想和信仰的人灌输一种全新的理论，是很难的。

因而在最初几年里，成功来华的传教士们的工作那是相当不成功。眼看主教大人的脸色一年比一年难看，而天主教也即将面临着从哪儿来就到哪儿去的窘境。一个意大利传教士的到来，改变了这即将发生的一切。

万历十年（1582），一位年仅三十岁的传教士奉耶稣会东方总巡察使范礼安的命令，前往中国传教。后人一致认为这个人的到来，才真正标志着西学东渐的开始。

这个年轻的神父名叫玛提欧·利奇，相信你不太熟悉。但要是说到此人日后的名字，相信你肯定是听过的。来到中国后，他给自己取了一个中文名字——利玛窦。

初来乍到的利玛窦在中国的传教情况相对好点，但只是相对好点而已。他虽然可以发展一些教徒，但大部分都是文化水平很低的人。对那些乡里有名望、有身份的人，利玛窦即便是有着丰富的传教经验与学识，也只能望门兴叹了。

要知道，一个宗教要想在一片新的土地上立足，最重要的是取得当地上层社会的认可与支持。一旦被上面否定掉，那一切也就完了。其实早在唐朝，基督教中的聂斯托里教派就传入过中国（中国称景教），并曾在当时的帝国都城长安兴盛一时，可由于当时的传教者并不注重和朝中官员们搞好关系，因此在唐武宗会昌年间开展的轰轰烈烈的灭佛运动中，景教就在同时被顺道一块灭掉了。

利玛窦很清楚同各地士绅建立良好关系的重要性。与其他传教士不同的是，利玛窦是一个很善于应变与思考的人，在积累了中国传教的经验教训后，利玛窦开始尝试着以一种全新的方式来传播天主教。

利玛窦传播天主教的新型式，在旅行家口中叫“到什么山头，唱什么歌”；在哲学学者口中叫“实现基督教义的中国化”；在街头大妈口中叫“挂羊头卖狗肉”；在姑苏慕容口中叫“以彼之道，还施彼身”。用利玛窦自己的话讲则是“练习用他们的语言写作，作为一种吸引捕捉他们心灵的手段”。

这些话听起来确实有点玄，但实际上做起来却并不那么抽象。利玛窦等人要做的就是脱下神父们的传统黑袍，改穿儒服，努力学习汉语和中国的礼节习俗。当这些洋神父们见面不再拥抱而改为拱手，不说“hello”而改问“吃了吗”时，利玛窦敏锐地觉察到，周围的中国人似乎要比之前容易接近得多。

利玛窦一行的努力终于得到了中国人尤其是官员们的认可。他带来的各种西方的新事物也成功引发了众人的好奇。凭借着自身的博闻强识和过硬的交际本领，利玛窦不仅与李贽、章潢这样的名士有了频繁的往来，就连像江西巡抚陆万垓、南京礼部尚书王忠铭、南京礼部侍郎叶向高这样的高级官员也成了他的朋友。更令人赞叹的是，利玛窦甚至还打入了皇族的内部，与被分封在南昌的建安王和乐安王两位明朝藩王建立了非常友好的关系。

由于这些成绩大部分都是利玛窦在南昌三年的传教实践中取得的，因此这套成功的传教方式被命名为“南昌传教模式”或“利玛窦模式”。

万历二十八年（1600），在中国南方辗转度过了十八个年头的利玛窦终于得以受到万历皇帝的接见，利玛窦等人也借此机会获得了长居北京的机会。当然，利玛窦长住北京的最主要的目的还是为了传教。

十年后，利玛窦病逝于北京。依照朝廷的惯例，客死中国的传教士必须迁回澳门的神学院墓地统一安葬。不过在利玛窦的老朋友、内阁大学士叶向高等人的多方努力下，万历破例批准了赐地埋葬利玛窦的请求。利玛窦也就此成为第一个长眠于北京的外国传教士。

顺便一提，后来利玛窦的墓旁又多了两个邻居，且也是从事相同职业的著名国际友人。左边的那个叫汤若望，右边的那个叫南怀仁。

和利玛窦一样，艾儒略神父也是一个通汉学、会来事的人，被认为是自利玛窦以来耶稣会传教士中最为精通汉语的一位。

事实也再次证明了，长江后浪推前浪，前浪趴在沙滩上的这句话确实绝非完全无厘头。在与明朝知识分子接触过程中，这位艾神父得到了一个前无古人后无来者的称号：“西来孔子”。

从一生下来就开始阅读孔圣人的书直至长大成人的读书人，竟然将这样一个称号给予了一个无论从长相还是气质上都与孔夫子大相径庭的外国人，这只能说明一点，那就是艾儒略的文化素养确实已经达到了一个相当的高度。不知艾神父听到这个称呼时会不会高兴到晕倒。

或许是命运的安排，万历三十八年（1610）艾儒略来华的那一年，正好是利玛窦去世的那年。利玛窦神父如果在通往天堂的路上看到有这样一个出色的后辈来继续自己未竟的事业，相信也会很放心吧。

艾儒略来到中国后，曾先后在上海、扬州、开封、杭州等地传教，常熟正是这位艾神父的环中国大型传教活动讲座的站地之一。

艾儒略在常熟的那场讲座，回到家乡的瞿式耜不仅去了，而且信了。中国的儒家思想在与西方的天主教教义融合后所产生的强大的吸引力，使得瞿式耜不久便诚心实意地接受了洗礼，成为一个真真正正的天主教徒，正式归入了主的名下。在入教的同时，瞿式耜按照惯例也取了个圣名：多默，虽然这个名字听来多少有些搞笑，但当时的瞿式耜对于此事却是相当严肃的。因为他听说东林党的老前辈、时任内阁首辅的叶向高与利玛窦便是很好的朋友，且对天主教深感兴趣。所以有了叶前辈的开路，瞿式耜加入天主教就更加没有什么顾虑了。

应该说瞿式耜得到的消息是很准确的。瞿式耜入教一年后，退职归里的叶向高途经杭州，在朋友杨廷筠寓所与艾儒略结识。面对叶向高的诚挚邀请，艾儒略便随之一同南下入闽传教。这位“西来孔子”也由此开始了长达二十五年的福建传教生涯，直至历经了崇祯殉国、隆武遇难等大事件，于永历三年（1649）在延平去世。

事实上，仅在永历一朝便有许多官员乃至皇族内部成员与天主教颇有渊源，他们之中还有些人是影响着时代走向的关键性人物，所以瞿式耜的天主教徒身份对于他日后的人生有着极为重要的影响。

崇祯元年（1628），朱由检历经长期的艰苦奋战，终于彻底打倒了明代历史上最为邪恶的组织阉党。随着改弦更张的春风吹遍神州大地，被整得够呛的东林党也终于恢复了往日的精神，掩埋好战友们的尸体，擦干脸上的眼泪，重新走上那个曾经使他们痛和快乐过的舞台。

在老乡、老师兼老大的东林党新一代领导人钱谦益的召唤下，告别政坛许多年的瞿式耜再次回到了朝中。这一次，他被任命为户科给事中。

户科给事中虽然只是个从七品的位子，却是官很小、能量很大的典型例子。当年朱元璋设立此职的用意，就是要拿它来制约六部的权力，以达到大臣之间互相牵制、实权统归皇帝的效果。

举个例子来说，比如户部尚书发现今年的财政赤字太高了，想要增加赋税，多收点商税。但他要完成这一事情，首先要做的不是找皇帝商量，而是征求户科给事中们的意见。如果这些小官们不同意，即便是部长大人亲自出面求情，这一命令也不得落实施行。

真正骇人听闻的还不是这一点，有时甚至是皇帝陛下下发的旨意，这些给事中们也可以指手画脚、七嘴八舌一番，且每每在这个时候，受到这些芝麻官指责的皇帝还往往连大气都不敢喘一声，更别说拉出去打屁股了。因为各科的给事中虽说是与六部的名称对应命名的，但从性质上讲，他们基本属于言官。要是一不小心惹上了，紧跟而来的必定是连篇的口水和长达数月的不得安宁。遇到这种情况，多数聪明的皇帝都会做出一致的正确选择：忍了。否则，昏君的帽子可要就此戴在自己的头上了。

而那些被打的给事中反而可以落得一个犯颜直谏的美名，名留青史。所以一般这样赔本的买卖皇帝是不会干的。

但是这个世界上确实存在着个别做得过分的。他们把皇帝陛下的隐忍当成让步，得理不饶人，非要让皇帝低头认错不可。而且在折子上的话和面见圣上时的表情还很有点“你能把我怎么着”的意思在里面，实在是让人恨得牙痒痒。

当然对于这种货色，皇帝们也是有办法的。一旦发现这种欠揍的人，皇帝的脑海中首先闪现的念头就是改明儿给这位升个职，把他调离了言官的岗位再慢慢收拾。

所以说，钱谦益将自己的学生瞿式耜安放在这个户科给事中的位置上，是有着很深的用意的。

上任后的瞿式耜也果然没有辜负钱老师的厚望，在短短的七个月内充分展现了他的“干将”本色，连上二十多封奏疏，竭力主张要挽回危局，必须“回本清源”。而要回本清源，当然就要彻底根除所谓的阉党余孽，于是乎在瞿式耜及东林系言官的集体努力下，许多东林党之前的敌人和潜在的敌人纷纷都被打扫了出去，被阉党迫害致死的“六君子”“七君子”的冤案得到昭雪，而杨涟、左光斗等人的忠臣义士的光辉形象也得以竖起。

由于给事中是一般官员不敢惹的角色，因此瞿式耜在这个位置上也深感如鱼得水。随着“瞿户科”的名号越叫越响，被瞿式耜弹劾下去的官员越来越多，瞿式耜也逐渐成为朝中东林派的狠角色之一。但凡有些问题的大臣看到老瞿的那张嘴心里就发怵，生怕瞿大人把自己的那点破事知道后抖搂出去。

其实，那些大臣们真正畏惧的并非完全是瞿式耜本人，而是瞿式耜背后那巨大的身影，他的老师钱谦益，以及钱老师背后更为巨大的身影，满朝的东林党人。

当然有害怕的，自然也有不怕的。不惧瞿式耜和钱谦益的人也不可能是一般人。他们就是由周延儒和温体仁组合而成的“砸钱”二人组。

在崇祯元年十一月的那次决定新一届内阁人选的抓阄仪式中，瞿式耜就是那个奉命前去暗示吏部在候选人名单上删去周延儒名字的人。因而当钱谦益被二人设计干掉回家闲住的时候，瞿式耜也遭到牵连，受到贬谪。

鉴于瞿式耜当初表现确实太过积极，在刚受到降职处分没几天就再次被揪了出来弹劾。原因也很简单，之前瞿式耜曾为一个叫胡平表的官员表过功，谁想到后来此人却不太争气，在贵州布政使的位置上犯了事，所以追究连带责任，瞿式耜又被降了两级。

本来不过就是一个七品官，先遭贬职后被降级，基本上也可以看成是废了。与其拿那点可怜的工资，倒不如回家种田致富！于是瞿式耜又一次回到了自己的故乡，与钱老师做伴去了。这一年，瞿式耜刚好是三十七八岁左右。遥想几十年前，自己的祖父高中榜眼、风光返乡时也差不多是这个年纪，但此时自己却是这般落魄凄凉，悲伤不由得涌上了心头。

难道我错了吗？为了自己的老师，为了自己的组织，我努力奋战着，坚持着，只为换得一个读书人心中向往的太平盛世。最终沦落到了这样的地步，仕途尽毁。我所做的一切难道不是正确的吗？瞿式耜第一次对劫后重生的东林党所贯彻的原则产生了怀疑。

可还没有等瞿式耜将所有的问题都思考清楚，更大的灾难已然来临。

合谋砸下了想出头的钱谦益后，温体仁又撸走了搭档周延儒，独掌内阁大权。然而，对于东林党这个即便是在野也能够左右朝政的厉害组织，温体仁始终还是放心不下。温体仁认为只要钱谦益一日不彻底完蛋，他就总会有反攻倒算的可能。基于这一认识，温体仁决定亲手再挖个坑，送钱谦益归西。而在选定钱谦益的陪葬人选时（即钱谦益犯罪集团的同谋者），竟然又把瞿式耜扯了进去。

这可真是太冤了。虽说二人是同乡且关系异常密切，但由于瞿式耜已经开始对当时东林党某些人的某些做法有所反思，因而即便是师生关系也不过是在逢年过节才见一面而已。现在竟然凭空出来了一堆贪污受贿、控制朝政的罪名，闹得瞿式耜也深感措手不及，当场崩溃。

这两年真不知是倒了哪门子的血霉了！瞿式耜就这样莫名其妙地被逮到了北京，进了天牢，吃起了牢饭。

之后，温体仁因搞钱谦益的事儿搞到了曹化淳的头上。老曹一生气，联合太监兄弟东厂提督王之心，抓了原告张汉儒，收录了一份相关的黑材料，使得温体仁的阴谋完全曝光在了崇祯面前，这才将温首辅给收服，顺便救了钱谦益与瞿式耜的命。

但由于查明了钱谦益确有地方恶霸性质的言行，因此死罪可免，活罪难饶，两个人还是受到了相应的处罚。主犯钱谦益被削籍为民，疑似从犯的瞿式耜则是被判交纳钱物以减免徒刑。这一次，瞿式耜是真切体会到了什么叫没有最惨，只有更惨。

原来的那位常以仁义二字教导自己的老师，竟然如此不堪。经过了这次有惊无险的牢狱之灾，瞿式耜对现实有了更为清醒的认识。

世上的事物都是会变的，现在的这个依旧打着清流与正气旗号的东林党已经不完全是之前的那个了。如果不再想办法纠正东林党内部日渐衰败的风气，这个组织注定会朝着灭亡的方向一路狂奔。所以，瞿式耜在心中与自己做好了约定，无论东林党最终能否坚持正义，自己都要将正气坚持到底。不为别的，只为良心。

光阴似箭，日月如梭。转眼间瞿式耜已经昂首阔步跨越了不惑之年。此时清军入关，弘光政权在南京建立，瞿式耜终于得以再次被招入朝中为官，担任应天府丞。

朱由崧对瞿式耜的能力还是比较认可的，不久就将瞿式耜升为右佥都御史，并让瞿大人巡抚广西。我们前面讲过广西虽僻处西南一角，但由于那里山重水复，地形多样，因而进可以攻，退可以守，是块举足轻重的战略要地。只要妥善经营，今后必能大为可用。弘光是这样认为的，同时也认定凭借瞿式耜的为政能力，可以出色地完成这项任务。事实再次证明，弘光的眼光还是不错的。

得到新的任命的瞿式耜马上回家收拾了行李，随即启程赶路。之所以这么匆忙，倒绝非是广西发生了什么大事。只因为南京距离广西实在是很远，不早点开路不行啊。

从南京到广西，在今天乘飞机可能才几个小时，但在那个时候没有一年半载的工夫是不行的。瞿式耜向来是一个十分尽责的人，所以说走就走，一点也不敢耽误公事。

然而，所谓突变就是在极短的时间内发生的极大的变化。就在瞿式耜走了一年即将进入广西境内时，一个惊人的消息传来了。清军突破长江天险，南京城陷落，弘光被俘北上。任命的人都自身不保了，自己手中的这张任命书也变成了废纸一张，此时的自己该何去何从呢？命运自此又给瞿式耜开了一个大大的玩笑。

这就好比今天你进了一家总部在北京的大公司并被任命为海南地区的经理，就在你乘着飞机兴高采烈地前去上任的时候，突然接到消息说这家公司因资金问题突然宣布破产申请保护一样。一下子就悲剧了，估计你会有打开机舱门跳出去的冲动。天降横祸，向谁说理去？当时的瞿式耜大致就是类似的心情，那叫一个郁闷。

可是面对这种情况，瞿式耜却做出了一个谁都没有想到的决定：继续前往梧州上任！

根据瞿式耜后来的言行表现，我们知道瞿大人并不是一个十分看重官职的人。他坚持前去上任的原因只有一个，他知道，那里需要他。

弘光政权的突然灭亡对于任何一个地区而言都无疑是一个晴天霹雳。其他地方还好说，各级建制基本上比较完整，不会出什么大乱。可梧州就说不准了，因为巡抚尚未到任，会发生什么事情实在不好说。因此还是上任去吧，不论那张委任状是否还有效，稳定住当地的局势才是当务之急。

于是瞿式耜命令车夫继续向梧州进发。到了梧州一看，果然不出所料，随着南京陷落的消息传来并得到证实，广西各地到处人心惶惶。面对这个情况，当地的官员们也早已为了安抚人心而焦头烂额，所以一见瞿式耜到任，就马上把担子托付给了这位巡抚大人。

瞿巡抚此来就是为了稳定大局的。因而他一办完交接手续，就立马展开了安抚民心的相关工作，召集知情官员了解情况，深入乡间督促生产，劝告百姓安心耕种。一面招募士兵，加强训练，修筑城堡，以备不虞。

瞿大人这几招下来，广西各地浮动的人心终于逐渐安定下来。虽然瞿式耜预先担心的动乱并未发生，然而令他没有想到的是，自己整修战备的工作却在后来起到了极为重要的作用。

对于唐王朱聿键在福州继承大统，广西官员们的态度一直很暧昧。正是因为两广高级官员这种游移的态度，最终导致了靖江王朱亨嘉的误判，靖藩之乱就此开始。

叛乱伊始，朱亨嘉深知广西巡抚的态度对自己造反事业的成功与否起着极为关键的作用。所以他先派出自己的亲信顾奕为使者，携带着任命瞿式耜为刑部尚书的诏令，前往拉拢瞿式耜，却遭到了瞿式耜的严词拒绝。看到瞿式耜态度强硬，朱亨嘉便亲自统兵来到了梧州。

朱亨嘉的指挥水平虽说不高，但他手下的部队大多是作战异常勇猛的土狼兵，因而城内守军的抵抗很快瓦解，瞿式耜本人也被抓了起来，押回朱亨嘉的根据地桂林软禁。

后来朱亨嘉的军队实在是抵挡不住丁魁楚大军的围攻，而且就连自己的大本营桂林也被平叛部队团团包围。朱亨嘉没有办法，只好派人放出瞿式耜协助守城。可是，朱亨嘉实在低估了瞿式耜的智商与能力。

朱亨嘉在负隅顽抗，表面上答应了合作的瞿大人却在暗中拆台。他说服了朱亨嘉的中军官焦琏，并与城外的平叛军队取得了联系，里应外合，一举粉碎了朱亨嘉最后的奢望。

虽然在之后的报功名单上，焦琏被评为第一功臣，不过瞿式耜所起到的关键性作用却是谁也不能否认的。焦琏从此也与瞿式耜结下了深厚的情谊，他们即将一起在未来的日子里继续着类似的合作，为了共同的利益，共同的理想，直至生命的最后一刻。

隆武二年十月，五十六岁的瞿式耜成为永历朝首届内阁中的大学士之一，而他即将在这个位置上，起到对这个新生政权来说最为重要的保持内部稳定和积聚力量的作用。

以自己的努力勤勉和从父亲身上承袭下来的正直、清廉的品德来支撑起这个朝廷，勇敢面对那吉凶难测的未来。

所以无畏，只因传承。

## 第二个人：胆识无双陈子壮

如果说在朝中处理政务的瞿式耜相当于为高楼奠基的总工程师兼总监的话，那么接下来要介绍的陈子壮就是保证工程得以平安完工、禁止闲杂人等干扰施工进度的保安处处长。他虽不如瞿式耜经历曲折，有着过硬的后台和出色的应急能力，但他的集聚组织能力却是超出常人的。也就是说，此人身上无时无刻不在散发着一种让人难以抗拒的魅力，无论这种魅力是才华上的还是人格上，都促使着旁人主动地聚拢到他的身边来，让人愿意听从他的安排。

这样看来，陈子壮真的很神。这位很神的仁兄其实在还小的时候就已经很受人重视了，因为在此之前这位“神人”是“神童”。

陈子壮，字集生，号秋涛，南海沙贝村（今广州白云区金沙街沙贝社区）人。其父陈熙昌是万历二十五年进士，在朝中历任高官，伯父陈熙韶则是广西思恩府的知府。可谓出身于典型的官宦人家。

神童大多是指那些一出生就显露出惊人才华的人，比如说瞿式耜的祖父八岁就能写出一篇篇好文章。但这些相对于陈子壮而言却只能算是小菜。因为陈神童是“四岁能文、七岁能诗”，不但能创作大长篇还能顺口吟诗，真是羡煞旁人。

据说有一年过中秋节，陈老爹正好在官邸花园内宴请宾客顺便赏月。其时天色朦胧，薄云遮月，虽说看不到皎洁的月光却别有一番意境。来宾之中有一位客人触景生情，进而情不自禁地作起诗来：“天公今夜意如何？不放银蟾照碧波。”

此人正在揣摩下一句时，站在一旁年仅七岁的陈子壮竟当即脱口接道：“待我明年览上苑，探花因便问嫦娥。”

在场众人一听此句，先是静了一下随即满堂沸腾，无不喝彩赞叹。大家都纷纷向陈熙昌祝贺他能有这么一个聪敏异常、志气非凡的儿子。而前途无可限量也成了人们对陈神童的一致评语。

不过，依我看来，这句评语或许是错误的。因为就后来的事态发展来看，陈子壮绝对应该属于限量版。

当时的陈神童做到了一件许多和他差不多年纪和水平的神童都做不到的事，这也是我们之所以称他为“神人”的原因。那就是他一语成谶，成功地预测了自己十多年后的命运。

万历四十七年（1619），凭借着全省统考（乡试）第八名的好成绩到北京参加了会试的陈子壮高中进士，他的名次是第三，换句话说是探花。

这个消息一经传回，不仅当年曾赴陈家中秋宴会的人轰动了，就连整个两广也轰动了。之所以有如此效果，除了陈神童的预测奇准外，还由于陈子壮这一成绩完全有进入明代两广地区科举成绩最好的十大人物名单之列。所以当时陈子壮不仅成为陈家人的骄傲，更成为南海乃至两广的明星。那件往事也就此成为岭南传诵一时的佳话。

这位二十四岁的年轻人也凭借这一优异成绩，轻松地获得了宝贵的留京指标，被任命为翰林院编修，进入翰林院工作。

对于陈子壮来说，能够从当时欠发达的两广来到这座闻名遐迩的伟大首都看一看，已经够让他精神激奋的了。现在又如愿以偿地能在这里继续深造，则更令陈子壮心潮澎湃。然而没过几年，陈子壮的这番激情就很快地消退了，只因一个人的到来，一个他极为厌恶的人的出现。

天启四年（1624），陈子壮受命出任浙江省乡试主考官，并负责具体的出题工作。得到这一任命的陈子壮觉得是个好机会，打算通过这场考试将自己这几年来积压的愤懑与不满都发泄出来。

于是，当年的乡试试题就此应运而生。此题一出，惊世骇俗。不仅答卷的考生看完后心中打鼓，就连部分考官在看了这个题目之后也是不禁脊背发凉，冷汗直流。

那么到底陈主考官出了怎样一个超难的题目呢？相信大家对此都很好奇吧。

好了，现在我们就来揭晓答案。这一策论的题干很简单，只有“论历代宦官之祸”七个字。

这题目不偏、不怪、不雷人，看上去本不像是一道难题。或许大家大多是这样认为的吧。事实也正是如此。但如果你联系一下此题的出题背景，相信你就能理解考生、考官们流冷汗甚至提起笔来却不知如何下笔的原因了。

友情提示下，在天启四年前后，发生了这么几件大事：魏忠贤受命提督东厂，其亲信顾秉谦、魏广微等人选入内阁。该年四月，吏科给事中阮大铖上疏弹劾左光斗、汪文言结党乱政，阉党群攻东林，结果内阁中书汪文言被免职、首辅叶向高被迫申请辞职。六月，左副都御史杨涟疏劾魏忠贤二十四条大罪，其他大臣也纷纷弹劾，不下百余疏，但魏太监嘛事没有。十月，皇帝下旨斥责东林党主将赵南星、左光斗、高攀龙等人，东林党人相继递交辞呈，组织瓦解。几天后，内阁首辅叶向高不堪骚扰请求退休，获准。大学士韩爌辞职，顾秉谦升任首辅，内阁全陷，东林完败。

相信看到这里，你已经明白了。这个年头正是魏太监的事业上升期，而且还没升到头，而那些拦路挡道、不听话的已经基本上被一扫而空。

陈子壮的这一举动既可以看作是一种无畏的反抗，也可以视为顶风作案。

然而，在考试中出了这样的一个极为敏感的题目还不算完。在乡试监考工作结束、返回朝中复命时，陈子壮又做了一件更为让人惊异的事。他亲自为这次策论撰写了一份标准答案，拟文论证了历朝历代宦官之祸给国家带来的严重危害，并呈给了皇帝。

这样的举动在当时许多人眼中无异于火上浇油，嫌自己活得太长。可陈子壮不仅这样干了而且还干得明目张胆。

就在众人将要为这位陈愤青接下来的悲惨遭遇哀叹扼腕时，大家却惊异地发现事发都几个月了，陈子壮那里竟然风平浪静，而他本人也毫发无伤。

难道陈子壮有连魏太监也不敢惹的过硬的后台？或是魏忠贤根本不知道这件事情？抑或是有好心人替陈子壮送了礼，说了情？就在众人纷纷议论猜测魏忠贤放过陈子壮的原因时，终于有知情人士透了风声出来，解开了大家的疑惑。

魏公公是很爱才的。他对于这位才华卓绝的新晋探花更是欣赏有加，一直想收为己用。所以魏太监虽说听闻了那件事也不生气。但接下来发生的事情，却使得魏忠贤终于下定决心要对陈子壮痛下杀手。

一次，魏忠贤斥巨资翻修了一下自己的府第，想请写得一手好字的陈子壮为自己题写一块匾额且点明只要两个字“元勋”。没想到他派手下人找到陈子壮时，却被对方婉言谢绝了。手下人只好将情况如实回报给了魏太监。

热脸碰到了冷屁股的魏太监终于怒不可遏，拍案大叫一声：“何物陈子壮，竟敢逆我意！”

何物的意思大致有以下几种理解：什么东西、什么玩意儿、不知好歹的家伙。大家可以根据具体的语境和自己的习惯随意挑选组合完成此句。

在魏忠贤的指示下，阉党中人搜集了陈子壮的平日言行资料，并从中摘取了陈子壮在浙江主持乡试时所说的“庸主失权，英主揽权”等语，以诽谤皇帝的罪名参了陈子壮一本。

天启本来就是那种指着字说“它认识我，可我不认识它”的纯正文盲，更何况皇帝陛下每天要做木匠活，很忙。所以这一套手段到底是怎么个情况，大家都是心知肚明的。

很快，上面给出了答复：着罢陈子壮官，发配汀漳。

同样受到此事牵连的还有陈子壮的父亲、时任吏科都给事中的陈熙昌。陈老爹不仅被免去了职务，而且还被打了屁股（廷杖），只能一瘸一拐地踏上前往发配地的路途。

其实即使没有陈子壮惹出这档子事来，陈熙昌会受到如此严酷的刑罚也是必然的。这是因为陈熙昌除了为皇帝办事外，还给组织办事。他的另外的一个身份正是东林党人。

所以，无论是早是晚，陈熙昌的这场劫难注定是躲不过的。

虽然陈子壮清楚父亲的这层身份，但对于眼前发生的这件事，陈子壮还是认为父亲是受到了自己的连累。他走到了父亲面前向他赔罪，谁知陈熙昌只是笑着拍了拍他的肩膀，只说了一句话，而这句话让陈子壮铭记终生：为国为民，虽蹈死不顾，何言拖累二字！

陈子壮看着父亲坚定的目光，终于明白了东林二字背后的真谛。为国为民，至死不悔。是啊，这才是我一生要做的。在这一刻，陈子壮真正走向了成熟。

崇祯即位后，陈子壮被起用，出任左春坊左谕德。虽然只是一个从五品的职位，但这一任命却使陈子壮兴奋不已。因为这个职务的唯一工作就是教导太子读书！也就是说，在某种意义上，这个国家的未来就掌握在自己的手中！

将太子殿下培养成为一个有道明君，这是在担任太子讲师期间陈子壮一直未曾放弃过的梦想。事实上他也确实是这么做的。

陈子壮当年在贬所连城县有着数年的任教经历，且他本人学识本就十分丰富，因此崇祯对于这位太子老师的工作极为认可。得到领导赏识的陈子壮自然很快就升了官，成为礼部右侍郎兼侍读学士充任经筵日讲官。

每当在群臣满座的殿堂中开始自己的讲座，陈子壮总感到一股豪迈之气凝聚在自己的心头。指点江山，激扬文字，就在此时！

但这次陈子壮没有预料到，一桩大案的发生即将使自己的梦想再次化为乌有。

崇祯九年，为了防止再次出现类似魏忠贤那样的死太监擅权的情况，皇帝陛下打算网罗天下英才，并进一步巩固老朱家的统治势力，所以就下了一道诏令，规定但凡是宗室之中在文武才智方面具有一定才能之人，可以允许他们改秩授职。所谓“改秩授职”，就是说允许这些人不经过正当的科举考试便可直接做官。要知道，当官就意味着一个人会获得相应的权力，并可以享受由这个职位带来的种种好处。因此当这道命令颁布时，各地的藩王都跃跃欲试，争相想把自己的亲戚通过这条捷径送入朝中。可与此同时，这一命令也在朝廷内部掀起了轩然大波。

要知道，明代的藩王、宗室虽然不掌握地方的行政权，原有的护卫职责也基本上成为历史，但是这些王子皇孙在身份地位上却是相当崇高的。按照朱元璋的规定，这些人大多一生下来就可以享受俸禄（由国家拨款，专款专用），而且论等级还是无数人梦寐以求的一、二品！而仅凭这一点就可以让底下的大臣们怨声载道了。

当时能做上官的人，试问哪一个不是经过至少十多年的寒窗苦读，参加过几十场的考试，挤下了众多的同学同仁，才挣得头顶上的乌纱帽，有了今天这样的权力？况且即便是自己兢兢业业、日夜操劳、宵衣旰食地在工作岗位上工作，不贪污、不受贿、少犯错、只玩命，假使有幸没有过劳死的话，到头来混得一个二品的职位退休就已经是烧高香了，而从一品只能做梦，正一品更是连想都不敢去想。开国至此，生前或身后能够得到一品殊荣的人数都数得过来。

勤勤恳恳地干了一辈子，最后竟还是比不了那些生得好或长得好的人（驸马），每当论及此处，广大读书人无不愤慨不已。

难道只因为你爹比我爹出身好，你就永远要比我强，且站在我的头上指手画脚、作威作福么？实在是岂有此理！

所以这件事也就成了那时官员心中永远的痛，而且是一处一定不能触及的伤处。然而，崇祯却突然将他那只手放在了那里，接着又好奇地捅了几下。

朝中官员们一致认为，中央到地方各级部门的官员总数本来就有着严格的限定，增加宗室出身之人的做官机会也就意味着同时会减少像自己一样通过层层选拔上来的平民官员的数量，进而削弱整个文官集团的势力。那些皇帝的远房亲戚们注定是和自己尿不到一个壶里去的。因此，通盘考虑之后，大臣们得出一致结论就是，绝对要阻止这一切的发生！

于是，一向胆子壮的陈子壮主动承担了这个打头阵的使命。

针对此事，陈子壮向崇祯递交了一份奏折。他向皇帝陛下明确指出，这样做至少有两大弊端。其一是选拔藩王亲属入朝为官会增加地方藩王们谋反的风险，严重影响到各级机构的行政效率和监督效果。其二是给予宗室官职就意味着要增加他们的俸禄给他们多发一份工资，而这样做无疑会增加财政开支和政府的经济负担，最终造成入不敷出、大明从此倒闭关门的恶果。因而综上所述，这一做法是极不明智的，更是绝对不可取的。

从陈子壮的分析来看，他说的确实是很有道理的。藩王们造反几率的增加与由此可能产生的严重的财务危机，这两点都是客观存在的，且对帝国的长治久安绝无任何的好处。所以在看到陈子壮的这封奏疏后，崇祯有些犹豫了。

可是，对于陈子壮而言，问题才刚刚出现。

本来即将实施的政策突然间戛然而止，各地的藩王们通过不同的渠道纷纷进行了打探，并最终都得到了同一个答案。

好你个陈子壮，竟然敢坏了我们的好事！诸位藩王集体愤怒了。他们决定采取集体行动，对阻碍自己亲戚进步的陈子壮进行坚决的回击。

很快，各地藩王们的奏疏陆续到达了崇祯的案头。这些奏折的形式比较单一，内容也大致雷同，但目的却只有一个，灭掉陈子壮。

面对这些爷爷、叔叔、哥哥辈分的亲戚们对陈子壮离间皇族的指责，崇祯虽然很清楚这其中的真实用意，却不得不向他很重视的陈子壮开刀。因为如果为了一个陈子壮连这些“本是同根生”的人都得罪光了，崇祯的皇帝也该做到头了。

想要挽救这个日渐衰微的帝国，必须要镇得住手下的那帮大臣，可下面的那些老狐狸、老油条们却向来是阳奉阴违，私下搞帮派斗争，实在很烦，搞不定。要倚重各地的亲戚，却又要担心他们乘势做大，危害中央。因此到最后崇祯也只能失望地发现，还是只能靠自己。

这就是所谓的皇帝吧，朱由检，你是真正的孤家寡人。

藩王们联合声讨陈子壮。这声势其实和逼宫也没啥本质上的差别了。所以崇祯只好下旨刑部处理此案。刑部的官员十分了解皇帝的处境，当然更不愿意向自己人下狠手。于是，刑部的几位领导商量来商量去，最终只给陈子壮敲定了一个“非祖间亲”的罪名，将他投入监狱。但关进去不到半年，就给放了。陈子壮虽然出了狱重获了自由，然而朝廷已经很明显不适合他待下去了，所以只得辞职，再次黯然回乡。

回到家乡的陈子壮并不甘寂寞，他或许想到了几十年前同样被打发回家的那个人的事迹，即使下野却决不下台，以另一种方式继续影响着朝政和整个时代。当年那个同样失意的人，正是“风声雨声读书声声声入耳；家事国事天下事事事关心”这一人尽皆知的名联的题写者、东林书院的开办者，东林党的创始人兼精神领袖，有“东林先生”之称的顾宪成。

不久之后，在广州白云山九龙泉上，出现了一座宏伟壮观的别墅，名为云淙书院。此后不久，在广州城的城南，原创设于元末的南园诗社也在陈子壮与其弟陈子升等人的资助下得以修复。重结后的南园诗社每隔一段时间就举行文酒聚会，参与其中的陈氏兄弟和黎遂球、区怀瑞等人被后世统称为南园十二子。顺便一提，后来黎遂球也与陈子壮一样在国家危难之时弃笔从戎，出任兵部职方司主事，率兵数千前往参加赣州保卫战，最后在此战中壮烈殉国。

云淙书院固然没有东林书院有名，而且更不曾搞出一个所谓“云淙党”的副产物来，但它对发展当地教育事业并为后来的永历政权输送人才起到了一定的积极作用。陈子壮也借着讲学过程中逐渐积累起来的名望，获得了重归朝廷的机会。

福王朱由崧在南京称帝后，特意任命了一些与东林党有着密切关系的人进入朝廷，以缓和东林党人的不安情绪，陈子壮正是其中之一。弘光给陈子壮留下的职务是礼部尚书兼太子太保（从一品）。可当陈子壮满怀壮志地前往赴任时，也遇到了和瞿式耜一样尴尬的事——皇帝被清军抓走了。事实上当时北上的陈子壮并非独自一人，而是带着一支队伍的。

早在陈子壮得知崇祯以身殉社稷的消息后，便在家乡招募了一些人马，日夜操练，准备打到北京去。后来陈子壮的想法变成了率师赴任保卫福王。可遗憾的是他最终还是没能赶上，在部队行至芜湖时，南京失陷，弘光被俘的消息便接踵而至，陈子壮只好退兵回广州。

说来大家也许会觉得不可思议。与当时南明的许多部队不同，陈子壮的这支队伍实际上是很有战斗力的，而且或许比四镇中的某些人的军队还要能打。这是因为陈子壮在招兵买马、扩大抗清力量时十分重视士兵的选拔。他的队伍主要由两种人组成，因而极为强悍。其中之一就是船民，指的是那些靠海吃饭、以船为家的渔民。这类人出于工作需要，一般不上岸，吃住全在船上，虽然身上的味儿肯定不太好闻，却完全习惯于水上的颠簸，即便遇到狂风大浪也可以安之若素，不晕也不吐。这些人一经系统训练，必将是极为出色的水手，可以组建出一支无比强悍的水师。所以，陈子壮的水上武装用的就是这样的一群人。

至于陆上的作战力量，陈子壮先生也是很注重质量的，为此他体贴地召集了许多少数民族出身的青壮年来组成步兵武装。这些少数民族兄弟从来比较实诚，向来以不畏强敌、英勇善战而著称。所以有了他们的加入，陈子壮部队的陆上部分也堪称是强悍之极。

仅有素质好的士兵，对于一支好的部队来说还是远远不够的。因为相对而言，将领的素质在战斗之中似乎起着更为重要的作用。也就是说，即便上阵的都是身怀绝技的特种兵，然而一旦将这支部队的指挥权交给赵括那样照本宣科的将领，等待着这些士兵的也只有跟着被敌人随意宰割的命运。

那么对于将领的问题，陈子壮到底是怎样解决的呢？这点相信陈子壮会告诉你不用太过担心，因为这支军队的将领的人选他早已确定了下来。正是陈子壮兄本人。

陈子壮虽说是书生出身，可在家赋闲的这几年里却并没有闲着。在书院中教书的同时也在读书。或许是有感于北方各地兵戈四起，在这一阶段陈子壮读的已不再是经史子集，而是通通改为兵法。在对历代将领多年带兵经验总结进行深入学习和系统领悟后，陈子壮逐渐找到了行军布阵的奥妙，并初步了解了战争的规律。当年学到的那些东西，即将在不久的将来发挥出作用。

与瞿式耜相同，陈子壮也是桂王一系的坚定支持者，且曾经有过拥立朱由榔的老爹朱常瀛的想法与相关行动。因此朱由榔就任监国后，曾一度考虑过请陈子壮担任内阁首任首辅。可是，在具体的操作过程中，陈子壮却被丁魁楚摆了一道，不幸与此职失之交臂。

后来，无论是永历还是内阁向陈子壮发出入朝入阁的邀请，但都被他拒绝了。永历没有办法，只好遥授陈子壮为东阁大学士兼兵、礼二部尚书，并派使臣钦赐尚方宝剑一把，以示倚重。

负责总督广东、福建、江西、湖广四省军务的陈子壮也就此开始了他人生中并非最精彩却是最壮烈的篇章，承担起了正面抵抗清军的重任。

然而即便对手是横扫江南百万兵的清军，陈子壮手下的将士们看到的却依旧是那个豪情万丈充满自信的陈子壮，他的眼睛中依旧是毫无畏惧。眼前的敌人是魏忠贤时如此，是藩王们时如此，是满洲兵时还是如此。

陈大人，难道您就从未有过畏惧的事物么？

不，我有的。我害怕辜负了当年父亲的嘱托。

所以无畏，只因畏惧。

## 第三个人：处乱不惊陈邦彦

在奠基三人组之中，陈邦彦应该算是比较特殊的一个人了。论成绩，前面的两位很早就成了进士，而陈邦彦年届四十还只是秀才，混得连当年同龄时的海瑞还不如；论官职，前面的两位都是大学士一级的高官，而陈邦彦直到最后也只不过是一个正六品的兵部职方司主事（相当于国防部机要参谋），处级干部而已；论背景，前面的两位或多或少均与东林党有着密切的联系，认识许多大人物，并和当时炙手可热的权监或权奸叫过板，因而名噪一时，而陈邦彦当时别说是权臣的面了，他见过的地位最高的人估计也就是他们县的知县大人，所谓面圣则基本是在梦里。

然而即便如此，这些也丝毫不能否定此人的伟大，遮盖他身上的光芒。而且最后出场的陈邦彦其实才是三人之中最为重要的人物，因为真正帮助朱由榔由代理皇帝（监国）转正为皇帝的正是此人。

陈邦彦字令斌，号岩野，广东顺德人，祖籍安徽铜陵。

其实陈邦彦小的时候也很聪明勤学，虽然达不到陈子壮出口成章的地步，但想来也不差，因为陈邦彦十八岁就考中了秀才。于是趁着年轻，陈邦彦决定一鼓作气，顺便把什么举人、进士的头衔一并拿下。所以在成为秀才的两年后，自信满满的陈邦彦来到了广州城，在这里他即将参加由省里主持的乡试，并借由这条路直达全天下读书人最后的目的地——北京。

陈邦彦就这样昂首阔步地走进了考场。他相信以自己的深刻见解与优美文笔，一定是可以打动考官们的，而他所要纳入考虑范围的只是名次的问题而已。

不久，成绩下来了。陈邦彦和其他参加考试的考生一样挤进熙熙攘攘的看榜人群去查看自己的名字。从上往下看了一遍，没有。陈邦彦对自己说，不要太着急，要看仔细些。于是就凑近了去看。还是没有！陈邦彦接着安慰自己，不要太注重名次，考上了就好。于是接着看，不过这次是从下往上。又看了一遍，陈邦彦流汗了，怎么还是没有呢？查榜的人已经陆续散去，榜单上的名字也都浏览到快背过的地步了，可陈邦彦依旧没能发现自己的名字。

落榜了。陈邦彦不愿相信，却不得不相信。

没关系，咱还年轻，接着考呗。三年后，我一定会上榜的。怀着这样的信念，陈邦彦再次投入了紧张的复习之中。

第二次，陈邦彦又来了，不久又回去了，而且他知道自己还得来，因为又没考中。

第三次，陈邦彦接着来，当然，又得接着再来。

就这样，相同的事情反反复复地发生了多次，陈邦彦也从天启年初一直考到了崇祯年末，可是情况仍旧没有丝毫改变。这下子陈邦彦可真的感到莫名其妙了。陈邦彦自小就在当了一辈子老师的父亲的指导下攻读诗书，且尤其精通《毛诗》《周易》。在陈邦彦看来，自己的学问虽说不算是世间少有天下无双，但考得一个举人还是没有太大问题的。更何况，许多水平明显不如自己的人都已经中了举，为何自己就死活考不上呢？这应该不是文笔的问题。

陈邦彦的情况与后来同样学富五车却同样屡试不中的康有为、龚自珍还是有所不同的。康、龚二位是由于字写得太差，因而总是不受主考官的待见，不过众所周知，陈邦彦的字那是相当的好，且“颇有刚健之气”，以至于后来陈邦彦抗清战败被俘，狱中看守们争相带着纸笔来向他求字。所以也应该不是字的问题。

这就奇怪了，到底是哪里出了差错呢？陈邦彦想了很长时间也想不通。

眼看着自己的儿子都已经开始帮着家里打酱油了，陈邦彦决定，不考了。

毕竟将有限的精力全部投入到那看似无限的考试之中的同时，孩他娘用来下锅的米可是越来越少了。再这样考下去，全家人都得陪着自己一起喝西北风。

在生活的压力下，陈邦彦不得不先考虑生存的问题。对于陈邦彦来说，最好的选择是在家乡开学堂讲学，做一名老师。这样不仅可以为家里挣来钱，还可以保证自己不荒废了学业。教授别人知识的同时顺便复习，这绝对是一举两得的好办法，所以这也是许多和陈邦彦有着相似考试经历的高龄考生的共同选择。

但是，事实证明，陈邦彦并没有像其他那些年年落榜年年考的人一样从此过着边教书边自学的生活，并这样终了一生。

在他成为老师后没几年，就创办了属于自己的锦岩书院，且开馆二十年，所授门徒已经超过千人，成为当时南粤最有名的老师。由于陈邦彦满腹经纶，大名鼎鼎，就连当地地方政府的官员遇到难以决断的政事，都要特地拜访陈邦彦征询意见。

在陈邦彦教过的一批又一批的学生中，有的像老师一样年纪轻轻就中了秀才，有的甚至中了举人，可考场上的陈邦彦还是不得志，虽然人们深为陈邦彦感到不平，但每次有人对他提及此事，陈邦彦却总是不以为意或是一笑了之。

屡战屡败却又屡败屡战的陈邦彦依旧按部就班地教书、备考、考试、落榜，过着这样循环往复但又无比安定的生活。

然而一件事情的突然发生，却使得陈邦彦主动告别了这种生活。

崇祯十七年，甲申之变、清兵入关的消息相继传到了两广。国难当头，陈邦彦终于坐不住了。书生的血性此时在他的胸中燃烧了起来！

“此时不思报国者，非丈夫也！”这是陈邦彦得到消息后说的第一句话，也是他那一天所说的唯一一句话。

第二天，沉默了一整天的陈邦彦在学堂向学生们宣布，从此结束讲学。在场的众人都很吃惊，好好的书不教了，您打算干吗去？

陈邦彦笑了笑：我要去南京。

弘光元年（1645）秋，陈邦彦告别家人北上，临行前写下了一首诗赋别：

> 扬尘伐鼓发江干，变徵声高七月寒。夜渡可能知大漠？日边何处是长安！
>
> 杯因惜别兼贤圣，策为忧时杂管韩。燕石自惭仍跃冶，归来休笑旧儒冠。

只身赴京，仅为了实现最初匡扶社稷的理想。

一介平民想要见到九五之尊的皇帝，在当时不是一件难事，而是一件很难的事。如果在朝中没有认识的人引见，或者没有带够打通关节的银子，面圣是不太可能的。

在没有择校费、不评特级教师职称也没人特意参加课外辅导班的那个年头，要通过兴办教育事业发家致富还是不太可能的。所以陈邦彦虽然在当地是很有名的老师，且有自己的学校，可收入却很一般，荷包自然也不丰满。

陈老师拿不出除路费以外的钱来，那么不知陈邦彦在朝中有熟人没？

答案还是没有。陈邦彦这辈子出远门，最远到的大致是广州（参加乡试），见到的最高等级的官员大致是知县（来征求建议的）。所以朝廷里基本没有陈邦彦熟识的人，官员之中更是很少有人听过这个来自穷乡僻壤的陈秀才的大名。

没钱也没人，陈邦彦这次北上之旅看来似乎是白跑一趟了。可是陈邦彦自己却不这么认为。此来南京他虽然身无长物，但他坚信有一样东西应该可以帮助自己顺利地见到弘光。

这件可能创造奇迹的物品，名叫《中兴政要》。

《中兴政要》全文长达万余字，其中具体开列阐述了三十二条抗敌救国方略，是一篇真正意义上的万言书。这正是在上京前陈邦彦殚思竭虑、苦思冥想创作出的一份施政纲领。

到达南京后，陈邦彦辗转托人，将这封上疏呈交了上去。可是不知道是传送的中间出了什么差错导致弘光没能收到，还是弘光虽然看到了却不符合他的心意（陈邦彦提出的关键工作是抗清，而弘光年间君臣上下力主“联清灭寇”），反正最终的结果是奏章如泥牛入海，一去就再无影踪。

可怜万字平戎策，换得东家种树书！

事实上，相对于辛弃疾，身在异乡的陈邦彦更为可怜。辛先生写的东西好歹还可以跟人家以物换物，陈邦彦的心血之作却连那些心血来潮的人都懒得去读。

眼见食宿费已然不多，陈邦彦只好无奈返乡。但连陈邦彦自己也没有料到的是，他这一趟并没有白跑，且自己的万言书也绝非空费笔墨。很快，陈邦彦即将因为这篇策论而得到他人的认可。

事实再次向我们证明了这样的一件事，一个国家大政方针的正确与否，直接影响着这个政权的生存与发展。残酷的现实告诉了弘光君臣，清军是联合不了的，因为他们的目标不仅同样是灭寇，更为主要的是灭掉自己！正如几百年前的北宋联金灭辽结果灭于金、南宋联蒙灭金结果灭于蒙一样。在只追求力量与征服的掠食者面前，一切比其弱小的生物最终都难逃成为其盘中餐的命运。因此当历史再次重演时，弘光政权成为又一个牺牲品。

弘光朝覆亡后，唐王朱聿键在福州称帝，建立了隆武政权。这个政权一经建立，官员的名单之上本来默默无闻的陈邦彦竟然名列其中，被任命为监纪推官。这实在是太让人感到匪夷所思了。

但凡是这个世界上发生的事情，从来就没有即兴产生的，而是无一例外都有其发生的必然原因。陈邦彦之所以会被隆武知晓并委以官职，当然也是事出有因。

前文说过，陈邦彦的南京之行其实并未白跑一趟。虽然他没能如愿以偿地见到弘光，得到重用，自己的上书也不知被谁拿去垫了桌角。可陈邦彦多少还是有些收获的，比如认识了一位在当时和后来对他影响极大的老乡。

所谓在家靠父母，出门靠朋友。在人生地不熟的环境下，大多数人会选择靠老乡。毕竟大家都是在一方水土上长大的，见了面听到了乡音自然是倍感亲切。陈邦彦也正是在这位热心老乡的帮助下，才得以在南京留宿了很长一段时间并有机会让自己的言论上达天听的。后来这位老乡虽也尽了全力，但依旧无法改变陈邦彦无人问津的现实，才只得目送陈邦彦失落地返回家乡。

不过在分别之前，他向陈邦彦提出了一个十分宝贵的建议。正是这个建议，使得陈邦彦终于实现了自己人生的突破。

“以君之才，决不在鄙人之下。但如今卿尚为秀才，实在可惜。依我之见，你应该再考一次举人为好。”

本已灰心丧气不想再考的陈邦彦听从这位广东同乡的指点，在返回家乡的当年就参加了广东省的乡试。令陈邦彦做梦也没想到的事情竟然发生了，陈邦彦中举了！

已经四十多岁的自己在有生之年还能中举，没想到，实在是太出乎意料了。

那年六月举行的乡试本身就比较特别，是隆武朝唯一的一次乡试。而就在这次特殊的乡试中，陈邦彦终于实现了多年的夙愿，而且名次还不差，是举人中的第七名。

所以每当陈邦彦想起当初在南京遇到的那位广东老乡，心中就充满了感激。多亏听了你老兄的话啊，兄弟我翻身了。

其实，这个时候说感谢还为时过早，因为这个同乡充分发扬了帮人帮到底的风格。他将陈邦彦写就的《中兴政要》推荐给了自己的领导看。这位领导在读完了策论后的反应，竟与沉默的弘光大不相同。

领导读完之后爱不释手，甚至当即大呼数语：奇才！奇才啊！

随之，他马上命人前去广东请陈邦彦为自己工作。陈邦彦的人生也正是在这一刻才开始显露出他应有的光芒。

这位热心帮助了陈邦彦的广东同乡，在前文中已经出现过且完成了他的演出任务。这次借着陈邦彦的光，再次出来秀了一把。他就是时任弘光朝吏部郎中，后来成为隆武朝大学士的苏观生先生。

苏大学士的领导，有且只可能有一个人，那就是当时的皇帝陛下隆武。

隆武是一个求贤若渴励精图治的君主，自他当上皇帝接过中兴大明的重担以来，便四处访求贤能之人来加入自己的事业。在通过苏观生拜读了陈邦彦先生的大作《中兴政要》之后，隆武对陈秀才的见识与策略倍加赞赏，认为这个陈邦彦就是自己一直在苦苦寻找的那个人。后来事实也证明了这一点，隆武看人的眼光绝对应该属于专家级别的。

在当年的乡试榜单发布的三天前，隆武就用御笔在官员名册上写下了陈邦彦的名字。

监纪推官不过是个七品的官职，可是在当时来看，隆武的这一任命却已经是打破常规了。

在十分注重学历的明代，只有考中举人的人才是有资格做官的。所谓的有资格也只能说是有做官的可能性，具体到某个人的身上那还得看他的造化。所以对于一些总也考不上进士的举人而言，或许终其一生也很难实现当官的梦想。当然更为悲剧的是，当朝廷的官员中终于出现缺额而这位举人仁兄也有幸被选中补官的那一天，恰好赶上了他家正在为他举行追悼会，这也不是不可能的。

陈邦彦的学历不过是个秀才，连举人都没有考上，他的命运本来注定要比苦大仇深的举人更加悲惨。可是，陈邦彦却是幸运的，因为他赶上的这届皇帝刚刚好是隆武。众所周知，隆武是一个典型的只认能力、不重学历的伯乐型好领导。

顺便说一句，假如后来清朝的皇帝们都是像传闻中那样通情达理的“明君圣主”，那么因怀才不遇而抑郁终生的龚自珍就不会发出“我愿天公重抖擞，不拘一格降人才”的悲叹了吧。因为就算这个世界上存在这些不拘一格的人才，也必须需要那些敢于不拘一格用人才的上级出现才行。

得到了隆武的赏识，刚刚中举的陈邦彦就马上进入了福建，开始了监纪推官的生涯。

第二年，在苏观生的举荐下，陈邦彦又很快升任为兵部职方司主事，并主要负责监督粤兵入赣作战和协助苏观生防守北部防线的工作。

在陈邦彦的有序协调和统领下，广西的土狼兵万余人按照战略的要求如期到达江西南安。陈邦彦也自此着手协同大学士苏观生组织防务，抗击清兵。在清兵压境并猛攻赣州的情况下，陈邦彦一再向苏大学士请求出战，却始终未获批准。因为在苏观生看来，参与赣州保卫战的各地军队奋战了数月都没能击退清兵，可见实在是太过强悍了，即便是自己把手中的军队全部派到前线也是起不到任何积极作用的。所以苏观生选择按兵不动，先观望一下。

与此同时，清军已大举进入福建地区并以迅雷不及掩耳之势攻下了隆武朝的首都福州，就连皇帝陛下也在战乱中下落不明。陈邦彦虽然心里很为隆武的安危着急，可是急也没有办法，在当时的情况下，陈邦彦能做的只有跟随苏观生和大部队一起暂时退保广州，从长计议。

起初，陈邦彦本来打算凭借五岭和韩江天险来抵挡北、东两面的来袭清军，以图保住广东，建立巩固的抗清根据地。可是苏大人却在这风云突变的关键时刻显示出了致命弱点：不够冷静，自以为是。他拒绝了陈邦彦的正确建议，下令全军全线撤防，彻底放弃了尚在赣州苦苦支撑的明军兄弟。在经由福建的时刻，苏大人又再次否决了陈邦彦火速率主力取道惠州和潮州以救援在泉州、漳州前线苦撑的守军的意见，致使两地的明军寡不敌众，全军覆没。

既然苏观生不愿意亲自上阵拼命，那我自己去总可以了吧？于是在两次遭到苏观生回绝后，陈邦彦向苏大人提出了最后的请求：分出一部分的兵力交给自己率领以扼守南安，抵抗从北路赶来的清朝援军。

可是，此时的陈邦彦似乎也忽略了一点，那就是有些事情一旦开了头就会接二连三地发生。苏观生毫不犹豫地第三次否定了这位老乡的苦苦哀求，并以不愿意陈邦彦前去送死为由将其强行留在自己的身边，一同南撤。陈邦彦在混乱之中企图力挽狂澜保住福建半壁领土的三次尝试也就此付之东流。

陈邦彦的建议虽然没能得到实际掌握军权的苏观生的采纳，但从中我们也可以看出，陈邦彦在纷繁错杂的变化中对战局的判断和决策确实是相当了得的。而这一点，苏观生也认识到了。

回到广州后不久，苏观生就得到了丁魁楚、瞿式耜等两广官员已在肇庆奉桂王朱由榔监国的消息。所以作为前任皇帝的重臣，苏观生也打算去凑个热闹，求个进步。

为了能够成功地成为拥立新帝的功臣，苏观生很有必要派人去与并不太熟的丁魁楚等人打好交道，而遍观身边的随行人员，只有陈邦彦最适合去执行这个任务了。

所以苏观生找来了陈邦彦，并派他前去肇庆奉表劝朱由榔进位为帝。陈邦彦对这类的事情并不像苏观生那样热衷，可是面对这位曾经数次帮助过自己的老乡，他也不好拒绝。于是陈邦彦就以苏观生个人代表的身份踏上了前往肇庆的路。

不过陈邦彦并不知道，这次出行虽然没有完成苏观生交给他的使命，却改变了自己乃至更多人的命运。

而以这件事作为契机，陈邦彦将会成为一位改写明末清初历史的人。

战乱之中，奉命出使肇庆，向着那前途未卜的道路行进的陈邦彦同样是无所畏惧的。

所以无畏，只因沉着。

# 第十六章　精神奋发的太监

## 丁魁楚的野心

朱由榔虽然不同意直接就任皇帝，但好歹同意了先出任代理皇帝。在这种情况下，两广官员们组织起一个政府也就算是名正言顺了。不过在此之前，有一个问题却摆在了众人的面前，那就是这新政府的第一任首辅到底该由谁出任。大家一致推崇的首辅人选主要有三个。这时丁魁楚才发现，本来以为自己可以顺利登上首辅宝座的，现在却要面对两个十分棘手的超强竞争者。

丁魁楚的第一个有力竞争者就是吕大器。前文提到过，他是崇祯元年（1628）的进士，为官清廉，疾恶如仇，气节甚高，在普通民众中间极具人气和威望。再加上他又与史可法、钱谦益、瞿式耜等相交甚笃，是明末东林党中历经弘光、隆武两朝后仅存的几个德才兼备的前骨干人员之一，所以两广官员中的许多东林党仰慕者都很支持这位偶像级的人物。

对于这个新建立的政权而言，吕大器还具备其他两位候选者所不具备的优势，即在内阁工作的宝贵经验。弘光年间，吕大器虽未入阁办事，但经常给内阁中的高弘图、史可法等人打下手，耳濡目染，学到了许多。后来隆武即位，召吕大器为兵部尚书兼东阁大学士，从此正式进入内阁工作。所以经验足且人气旺的吕大器是一个让丁魁楚十分头痛的对手。

不过，第二个人也不是好惹的。这位仁兄正是我们的陈子壮同志。陈子壮不但资历比吕大器更老，且同样是与东林党深有渊源。在丁魁楚看来，陈子壮虽没有吕大器那样高的人气，那么丰富的从政经验，却有着吕大器所没有的撒手锏，那就是他手下的军队。即便是掌握着两广军队的丁魁楚也实在不敢小觑陈子壮手中这支部队的实力，因而就算再借给丁魁楚几个胆子，丁总督也不敢凭借自己掌握武装的这一点作为噱头去搞什么阴谋诡计。

既然不能力敌，就只能选择智取了。

于是丁魁楚开始在朝中寻找自己的同盟者，并力求以此占得首辅争夺战的先机。这件事情说起来简单，等到做起来才发现，要找到一个令自己满意的盟友真的很难。

茫茫宦海中，大家都是来混口饭吃的，而要保证自己的饭碗不因政局变动而轻易被砸，所有的官员在平时都是小心翼翼的。不该说的话绝不出口，不该管的事绝不搭理。即便真要拉帮结伙形成一个利益同盟，也通常是在私底下秘密进行的，生怕一不小心走漏风声成了他人攻击的对象。而且就算是这样的同盟已然结成，几个人在日常生活中也要尽量装作不是很熟的模样，以免惊动最讨厌帮派的皇帝陛下而被一起扫地出门。因此，一般情况下这些官员们是不会像武侠小说里那样一见面就先自报家门，而是始终潜伏在朝廷中，暗中互相帮助互相配合。所以即便是丁魁楚这种老奸巨猾的人，也很难一眼就看出众多官员里到底有谁是支持自己的，谁是反对自己的。

就在丁魁楚找得头晕眼花、坚持不住即将放弃的时候，还是有一个人进入了他的视野，这个人叫王坤。

王坤，本名王弘祖，顺天大兴（今属北京市）人。与曾经出产过魏忠贤这样的极品太监的河北肃宁县一样，当年的大兴也是盛产太监的地方。所以这位丁魁楚好不容易找到的帮手并不意外，是个太监。

和明代历史上许多出名的太监前辈相同的是，王坤也是出身于宫内二十四个太监部门中最为出监才的两大衙门中的御马监。王坤可能在挨刀之前普及过基础教育，因此他是当时后宫众多太监中少数几个认字的太监之一。加之此人生性“阴鸷便巧”，在掌管后宫杂务工作中业绩很突出，很快便从众多打杂的公公中脱颖而出，得到崇祯重用，成为真正的太监（注意：刚净身入宫的通称为奉御或长随，高级别的才有资格称太监），宦官中的领导者。

崇祯五年，王太监被崇祯派到宣府公干。没想到刚到地方，王坤就与当地官员起了龃龉，且随便找了一个由头把对方给废掉了。后来此事被御史魏呈润发现，随后予以揭发。但魏御史也未曾料到，王坤除了自己颇具头脑外，还十分擅长结交朋友，他与当时另一名实权派名监曹化淳的关系很好，能量极大。结果魏御史不但没能把王太监搞定，反而由此被降了职。

实在是看轻了对手，失策了啊。

击败了地方官员和负责监察的御史后，王坤终于意识到了自己的力量有多么强大，于是日益肆无忌惮的王坤开始把手伸向了另一个人——周延儒。

崇祯五年正是周延儒与温体仁二位绝顶厚黑学高手为了争夺内阁首辅宝座而激烈斗法之际。王坤似乎对温体仁更有好感，于是决定帮温老兄一把，以便日后温体仁当了首辅能给自己一些好处，所以他趁着一次有利时机狠狠参了周延儒一把。

周大人被人从背后捅了刀子，他的亲信、副都御史王志道便马上出来救场，为周首辅说好话。但此时的崇祯对周延儒的不满似乎已经积聚了很久，所以他马上召见并怒斥了王志道，最终将王大人撵回了家。可怜的周延儒也在不久被温体仁彻底灭掉，干净利落地将首辅的宝座让了出来，回乡养老去也。

帮助温体仁收拾掉了首辅，温大人自然不会怠慢了王公公。有了温体仁在外廷照应，王坤就更加骄横起来，与司礼监太监张彝宪、曹化淳联合起来发展太监势力，朝中群臣对此则是无能为力。不久，王坤就被分配了一个极好的差事，奉敕前往淮、扬公干。要知道，淮、扬一带一直是明代最为富庶的地区之一。王太监到了当地后自是狠狠发了一笔横财，等到钵满瓢盈才收工回京。

王太监的这些事情都是光天化日之下，明目张胆地干的，可即便当地官员都看在眼里，却没有一个人敢出面抗争的。可见王坤的势力已经非同一般。

纵观天下，除了崇祯，谁还能成为王太监的敌手！王坤得意地笑了起来，他坚定地相信自己即将成为新一代的权监，并一举超越王振、刘瑾、冯保这些老前辈，创造出属于他王坤的时代。

眼看王坤几乎要成了朝中的东方不败，但就在此时，王不败的敌人还是恰到好处地出现了。他将粉碎王坤的权监梦想，夺走他的一切。

能打败王太监的人，当然也只能是个太监，这位太监公公就是大名鼎鼎的高起潜。

高起潜虽然没有王坤那样狡诈机灵、善于揣摩崇祯的心理，也不像曹化淳那样是信王府的旧人，伺候了崇祯许多年，但高起潜之所以会成为崇祯年间最受皇帝重用的大太监，自然是有理由的。因为高起潜有一项普通宦官没有的特长，那就是他是个懂军事的宦官。

一个从小就没读过什么书（有钱读书的就不会去当太监了），年纪不大就被送进宫中咔嚓了，整天干的都是诸如扫地打水、洗衣叠被之类活儿的太监，竟然会懂军事，相信无论你把这件事告诉谁，谁也是不会相信的。

可是，不管你信不信，这一切都是事实。高起潜就是这样一个初为内侍却“以知兵称”的奇人。不，纠正一下，奇太监。

也就是凭借这个特殊优势，高起潜很快同曹化淳、王德化（后来的司礼监掌印太监）等一起成为深受崇祯器重的内侍。

得到皇帝陛下看重的高起潜确实是不负厚望，他用自己的骄人业绩向崇祯传达了这样的一个信息：相信我，没错的。

崇祯年间，高公公的战绩大致如下：崇祯五年，督诸将远征孔有德，得胜。崇祯七年，督关宁军入关打张献忠、高迎祥，再胜。崇祯九年，任总监，参加京城保卫战，领诸路勤王军队抵御清军，没被打败（当然也不可能打赢），挺住了。所以种种的成功（或是侥幸），使得崇祯以为高起潜是个军事天才。当高起潜在进一步巩固自己地位并攫取更大权力的途中与从事同样工作的王坤碰了车时，崇祯毫不犹豫地站在了高起潜这边。

毕竟会帮自己料理好家事的太监好找，通晓军事的太监却是“一监难求”，崇祯十分清楚对于朝廷而言二者孰轻孰重。于是不可一世的王坤就此败下阵来，倒在了比他更加厉害的高起潜的手中。

不过，高公公对自己的太监同胞还是比较有爱心的。虽然通过崇祯将王坤排挤出了朝廷，却体贴地为王坤安排了新工作：去朱元璋的老家凤阳继续发挥余热，为皇帝陛下守祖陵。

一般来说，在内廷权力斗争中失败或是不小心得罪皇帝失去了宠信的太监们，除了被直接逐出宫和拉出去处死的，大多数都干过这个职位。比如说成化朝的好太监怀恩和天启朝的坏太监魏忠贤，均是如此。一旦到了凤阳看陵扫墓，除非有奇迹发生，否则这里就将是这些公公下半辈子的唯一归宿。

但就当时王坤的情况看来，这位无恶不作的太监对奇迹是不抱什么渴望的。

然而即便如此，奇迹还是真的发生了。

弘光元年，在机缘巧合之下，王坤得以再次进入宫中工作，而且还官复原职，重新成为司礼监秉笔太监。可他还没有来得及重整旗鼓，南京就陷落了。王坤没有办法，只好跟着大臣们四处避乱，最后辗转到了福建，见到了他的新主顾朱聿键。

隆武对于太监这种人从来就不太感冒，相对于这些刑余之人，隆武更加相信他的大臣们。因为时代已经不同了，情况已经变化了，隆武不再像可怜的崇祯一样手下没有能信任的大臣而不得不选择重用太监。在黄道周、吕大器这群正直能干的文官的拥戴下，隆武不再认为自己是孤独的。因而在隆武一朝，王坤发现自己根本就没有一点市场。

认清了这一形势的王坤自然不甘心就此平淡下去，他开始用心观察隆武所关心的事情，试图找出东山再起的可能。

终于，不得大用的王坤发现了这位不好酒色的皇帝陛下最想要也是最需要的东西——兵马。于是王坤主动向隆武请缨，承担前往广东催调援兵的任务。隆武听闻竟有人愿意从事这种繁杂的工作，自然十分高兴，很快便批准了王坤的请求。但他没有想到的是，正是由于自己的这一笔，居然给后继的永历和他的新政权留下了一个极其严重的祸患。

后来的南明史家也看到了这一点，他们在记述中也留下了这样的一句话：使永历播迁无宁宇者，坤启之也！

这句话并不夸张。

正当福建全陷、隆武蒙难之际，一向运气很好的王坤竟然又有幸来到了梧州。在这里，王坤的事业即将迎来第二春。

由于王坤有着多年伺候皇帝的经验，所以逃到了梧州的王坤很快便实现了再就业。这一次他服务的对象是朱由榔的嫡母、桂太妃王氏。

朱由榔是个比较老实且孝顺的孩子，很听妈妈的话。王太妃本人的能量也极大，所以不久王坤就得以再次进入司礼监并掌司礼监事，真正成为太监中的霸主。

但是王坤能够走到这一步，说到底还是因为一点，身为宫内的元老级太监，他懂得很多。

大学士瞿式耜曾对人评价过朱由榔，说皇帝陛下“质地甚好，真是可以为尧、舜”，只不过唯一让人感到遗憾的是文化修养不够，没读过什么书。

没读书，水平自然就不够；水平不够，自然就会犯许多常识性的错误。可是，熟悉宫廷礼节的王坤适时出现，彻底帮助朱由榔解决了这些烦恼。

宫廷中的王坤不仅是太后身边的贴身太监，还肩负着皇帝陛下的礼仪顾问的职责。只有在王顾问的指导下，朱由榔才不会担心在众目睽睽之下出现失态的状况，有损皇帝的威仪。所以即便是朱由榔本人，对王坤也是宠信有加。

要想成为内阁的首辅，得到内廷的拥护是相当重要的。想当年，叱咤风云的张居正就是在大太监冯保的帮助下才赶走高拱、登上首辅宝座的。既然有了这一先例，丁魁楚也不认为依靠宦官的势力是啥丢人的事了。

于是，丁魁楚暗中派人向王坤传达了自己的愿望，当然见面的礼物和事成之后的种种好处也包括在其中。

身为一个有前科和种种劣迹的死太监，王坤自然并不十分喜欢那些一向以正人君子自居还经常爱找麻烦的东林系官员，相反他是比较欣赏像丁魁楚这种能够随机应变的人。在丁魁楚寻找政治盟友的同时，为了使得自己的位置更加牢固，王坤其实也在千万人中追寻着肯和自己一起干的人，所以不久丁魁楚就得到了王坤的答复：同意。

永历朝第一个邪恶的官、宦联盟就此形成。

按照明朝上百年约定俗成的惯例，挑选入阁大学士的工作本应由吏部尚书会同其他高级官员通过会议商讨和推举，接下来向皇帝递交一份列了若干名大臣的名单，由皇帝陛下亲自点用的方式产生。

可是在王坤的帮助下，还在忙着赶路的陈子壮被以远在外地的名义直接淘汰出局，丁魁楚的另一位竞争者吕大器也因被挂上了难堪首辅大任的牌子惨遭淘汰。

就这样，凭着王坤成功的暗箱操作，丁魁楚最终当选。

丁魁楚虽然马上就得知了这一消息，可他还不太满意。作为两广地区最具实权的人物，丁魁楚自知自己起初的犹豫不决已经使得原先那位丁总督在大家的心目中大打折扣了。在桂王继统的局面明朗后，又因为急于攫取首席大学士的位置，厚着脸皮去求助于一个内官，这件事情一旦传出去是很掉价的。而且如此就去赴任未免让人有所非议，所以为了避免这些情况的产生，丁大人决定做一出戏。

在朱监国派人宣布首届内阁阁员的名单，并正式任命丁魁楚为内阁首辅的同时，一份奏章上达了朱由榔的案头。这是一封反对朱由榔这一任命的奏疏，但出人意料的是，写这封奏疏的正是丁魁楚先生本人。

丁魁楚上疏朱由榔，明确表示自己难以担当国家首辅的大任，并主动请求辞去首辅这一让他十分头痛的任命，而且还希望朱先生能考虑一下别人，实在不要为难自己。

当然，这一切都是在做戏。

不久，朱由榔便批复了丁魁楚的这封辞职信，只写了“不准辞”三个字。当时比较搞笑的一点是，与此同时，以丁魁楚为首的一班大臣其实也正在忙着劝朱由榔正式称帝。一个再三推辞，表示不能当皇帝，却批示了让丁魁楚做首辅；另一位则再三谦虚，说自己难当首辅的大任，坚决要辞掉工作。

平心而论，由于导演王坤水平有限，两大男主演丁魁楚和朱由榔又非科班出身，所以这出此地无银三百两的互相捧场的戏演得实在是有些蹩脚。

看到最后，瞿式耜等人再也真的是看不下去了，纷纷上台配合，上表请求二位各安其位，这才使得此戏终于落下了帷幕。

在这场看似滑稽的首辅争夺战中，丁魁楚取得了最后的胜利。但是他并不知道，在他就任首辅的那一刻，其实就已经输了。自己是靠着王坤胜利的，所以在未来的执政生涯中，丁魁楚在处理朝廷大事进行决策时不得不看王太监的眼色行事，受制于人，而首辅用人提干的大权更相当于拱手奉送给了宦官。这是其一。

更为要命的问题是其二。在得知丁魁楚胜利的真正原因后，诸如何吾驺、陈子壮等很有才能的大臣都深感此次推举有违成例，举措不公，因此他们宁愿隐居起来也不愿再来肇庆为朱由榔新政权服务。至此，永历朝廷在世人心目中也留下了一个极为不好的第一印象，这将对南明后日的发展埋下极大的隐患。

即便有了上述这些影响，但就丁魁楚而言，还是一直处在无限的喜悦之中。毕竟最后的胜利者是我丁魁楚，什么吕大器、陈子壮，在自己与王坤的合作下都是那样的不堪一击。既然这样，我将凭借着这一联盟去迎接丁魁楚的名臣时代的到来，让自己的名字像徐阶、张居正那样流传千古！

历经一番周折的丁魁楚先生终于功德圆满，成为帝国的首辅。与此同时，他也开始谋划着实现自己的远大理想。可是，在即将着手这些私事时，丁魁楚却不得不先处理一件公事。他深知，假使这件公事处理得不好，自己的私事也必然告吹。因为在丁魁楚上任伊始就得到了这样的一个消息：赣州失陷了。

隆武二年十月十六日，即朱由榔宣布监国后的第七天，赣州失守的消息传到了肇庆。一时间举朝议论汹汹，大臣们无不惊恐不已。因为按照这个速度计算，清军的铁蹄到达肇庆不过是个把月的事儿。所以大家很紧张，生怕就这样被清军一网打尽，步了北宋君臣的后尘。

就当时朱由榔一方的兵力来看，这是极有可能的。

由于先前广东明军被大量派出支援江西南部的防御，此时两广的明军数量十分有限，只有极少数的精锐被留了下来，用来防范海盗和土匪的骚扰。在这部分军队当中，归于朱由榔麾下的确切地说只有所谓“三标”（督标、巡标、镇标）的人马，撑死了也就三万来人。要靠这样的军队去抵抗清军，基本上不用去想结果，除非有清军厨子集体造反并在清军伙食里下泻药这类的奇迹发生。

除了没有一支像样的军队外，更为重要的问题是，可怜的朱由榔新政府中根本就没有一个能拿得出手的将领。纵观朝中百官，能派出去打仗的真没有几个。这可是真的没有啊！

因而无论上看下看，左看右看，不管怎么看，这都是一件很难顺利解决的麻烦事。

但是，所谓内阁就是专门帮助皇帝陛下处理这种麻烦事的机构，内阁大学士就是为了应对问题而特意找来的智囊团，内阁首辅自然也就是问题的最终决策者和黑锅的必要承担者。

拥有一定的权力，就要承担相应的义务，这就是自内阁这一机构出现以来，所有的大明首辅都要亲手承接的不仅是无上的荣光也是巨大的职责。

现在是守还是走，这一决断必须要由身为首辅的丁魁楚来决定。

这个时候，摆在丁魁楚面前的一共有且只有两条路。一条是先稳定人心，搞好周边地区防务，再号召各地军队前来勤王。另一条路则相对简单方便了许多，全部的内容加起来也不过只有一个字：跑。

第一个坚守方案的提出和坚持者是大学士瞿式耜等大臣，换句话，大多是丁魁楚的老同事、老朋友。第二个逃跑方案的提出者却也是一个不容老丁小觑的人，因为他是王坤。面对这两种针锋相对的意见，丁魁楚先生唯一的选择是必须要选边站。不是太监，就是大臣。骑墙派的没门儿，和稀泥的不要。

最终，丁首辅选择了太监。

十月二十日，在众多官员的反对声中，监国朱由榔正式下达了撤离肇庆、前往梧州的指令。

应该说这一决策的确是坏到不能再坏的一招。在朱由榔等一大帮子人成功到达梧州，实现了战略大转移的时候，广东全境其实还是处于明朝的掌控下。再看北部的清军，却连一点南下的迹象也没有。真是白跑了一趟啊！

朱由榔这辈子曾发动过不止一次大规模的迁徙行动，但这次出逃绝对是最为失败的一次。除了得到了一定的跑路经验，为日后安全有序的大撤退奠定了基础外，朱由榔几乎一无所得。相反，相对于他获得的经验而言，这一逃令他失去的却有很多。

首先是人心。在广东官员看来，朱由榔及朝廷高层此举无异于主动宣布放弃了广东的领土和人民，这无疑是极端恶劣的行为，是应该受到严厉谴责和批判的。虽说官员和百姓们实在不敢把朱由榔怎么样，但愤恨一下却是不可避免的。从事后的发展来看，朱由榔与他的新政府在广东地区的确达到了人心尽失的地步。不过，朱由榔在这一关键时刻的这一举动倒是帮了别人的忙，因为他为自己未来的皇位竞争者朱聿𨮁的事业的开创与发展开辟了道路，而得知此事的朱聿𨮁也很有必要为此专门写上一封感谢信。

当然，最后敲定跑路计划的丁魁楚也是如此。从此他失去了朝中大臣们的支持与信任，且渐渐走向孤立。丁大人未来的命运就此得以注定，丁首辅已经是实际上的光杆司令，骑虎难下。

朱由榔的跑路也麻烦了另外一个人。本来这位仁兄走了一道早就累得不行，可是朱由榔一跑，他也不能不跑，风餐露宿后又是一番车马劳顿。

不跟上，怎么回去复命？

这位拼命想要尽快完成任务的仁兄，就是陈邦彦。

平心而论，陈邦彦很对得起苏观生。任务交代了下来，二话没说拿上东西就去赶路，不顾劳累地一道追着朱由榔跑。但是苏观生却并没能对得起陈邦彦，他不仅将陈邦彦卖了，还差点就将这位老乡置之死地。

当苏观生联系好了顾元镜、王应华等大臣，正式奉朱聿鐭为皇帝，公开与在梧州的朱由榔叫板的时候，不知是拥立的相关工作太忙实在顾不上，还是苏大人太过兴奋把事给忘了，苏观生并没有派人赶上去阻止还在继续执行使命的陈邦彦。就这样，毫不知情的陈邦彦一步步慢慢靠近了那个逐渐变得危险的梧州城。

十一月初八日，朱聿鐭在广州登基的消息传到梧州。朱由榔君臣得知此事后倍感吃惊，在一番商议后，内阁决定紧急召见苏观生的私人代表陈邦彦，向他了解真实的情况。

事情将会如何发展下去，那就要看此人的说法了。

在朱由榔的召唤下，同样是刚刚才得到消息的陈邦彦急急忙忙地赶了过去。陈邦彦明白，此时此刻，自己一生之中最大的考验即将到来。自己的回答不仅将影响到自己个人的命运，还将影响到整个局势的发展。

由于是紧急召见，因此此次具有决定性意义的会话发生在晚上。朱由榔君臣接见陈邦彦的地点也非同寻常，不是被安排在行宫中，而是在一条船上。幽静的河岸边停泊着一条安静的船，月光冷冷地照在上面，更显得一切是那样的平静。平静之中，只有风不时地吹过，使得灯罩中的烛光不时随之颤动两下。

就是在这样的情况下，陈邦彦登上了这条船。

船室之中，监国朱由榔居中端坐，朱由榔的嫡母桂太妃王氏垂帘于后，丁魁楚和一干大臣则侍立一旁，现场气氛颇为紧张。灯火辉映下，陈邦彦可以清楚地读出朱由榔手下大臣们的愤怒，特别是丁魁楚和吕大器，脸色几乎成了猪肝色，可见真的是大动了一番肝火。朱由榔的神色虽然也是少有的严肃，却并不让人望而生畏。看来王太妃所给出的桂王仁柔的评价倒是十分精准的。除王太妃外，陈邦彦能够看到每个人脸上的表情，只不过每个人的神态都不是那么好看。

朱由榔没等底下的众大臣说话，便率先抛出了问题，开门见山：我听说唐王等四位藩王平安到达了广州，心里十分高兴。可是既然我已成为监国，辅臣苏观生也派你为代表入朝道贺，何故还会出现这样的事情呢?

陈邦彦虽是听到了一些风声，却并不能肯定广州的政局是否出现了这种突然变化，因此只能回答说这可能是民间的讹传而已，并希望朱由榔先生千万不要相信。但话音刚落，丁魁楚就站出来告诉陈邦彦，苏观生在广州拥立唐王称帝的事已经是确凿无疑。那意思就是说你陈邦彦要是知道内情的话就不要装傻，小心待会收拾你！

对于丁首辅话中的这层内涵，陈邦彦自然是听得出来的。他明白无误地向朱由榔表示，自己真的并不知情，广州方面立唐王为帝的事自己也是刚刚才知晓。

在这个身处险境的人的眼中，朱由榔看不到他所预料到的恐慌，相反倒发现此人的眼光中有的只是镇定与从容。所以朱由榔相信了陈邦彦的话。但是，此时朱由榔先生的问题还没有问完。

“现在这种情况下双方不是交战就是讲和，不知先生认为该怎么办呢？”朱由榔最终还是问到了这个关键的问题。

不过此时的陈邦彦也早为回答此题做好了充足的准备。

“依我之见，殿下（朱由榔尚未转正）当务之急并不该考虑是战是和。”

朱由榔得到了一个他未曾想到的答案。当他正要一问究竟时，朱由榔已经听到了一个让他感到十分满意的答案。

“为今之计，殿下应速速返回肇庆，正大位以安人心！”

这句话正好说到了朱由榔的心坎上。

确实如此，只有先将自己头上的代理两字去掉，成为真正的皇帝，才能重新夺回政治上的主动权，从而让绍武君臣失去舆论上的立足点，让自己得到更多地方的承认与支持。满朝文官谋臣无不自诩深谋远虑，无所不知，但在关键时刻竟没有一个人能想到这一点。朱由榔在对身边的这群大臣略感失望的同时，激动地看着面前这位“叛臣”苏观生的私人代表，说出了这样的话：“希望先生能为孤再走一趟，劝说苏观生改弦更张。”

如此诚挚的嘱托，如此恳切的语气，此时的朱由榔已经不再把陈邦彦视为一个外人了，而是将他视为一个能够为双方带来和解与和平的希望。

陈邦彦深受隆武的厚恩且与桂王一系素无瓜葛，之前本就不是桂王的人，现在也无意投机。在这个战火一触便可能爆发的危险时刻，他本可拒绝朱由榔的委托，随便找个什么地方栖身，等到桂王与唐王两支势力分出胜负之后再借机行事。可是陈邦彦从来不是那样的人，多年的不得志并没有改变他的志向，报国保民的想法从未因时间与生活的消磨而失去它固有的颜色。于是陈邦彦十分爽快地接受了朱由榔的委托，又一次踏上了前途未知的行程，去完成他新的使命。

得到启发的朱由榔君臣很快认清了当前的局势，也明白了自己已经铸下了多么愚蠢的大错。为了尽量弥补自己的错误，努力将损失降到最低，收回广东的民心，十一月十二日，朱由榔等人急忙收拾好了行李，连夜返回肇庆。在到达肇庆的六天之后，朱由榔就正式昭告天下，宣布自己即皇帝位，改明年为永历元年，并为此照例祭告了天地、社稷、祖宗，以求保佑。

永历帝朱由榔，中国历史上的最后的一个汉人王朝的最后一任君主，在此宣告了这个最后的年代的正式到来。

当然，朱由榔和他的大臣们都不可能会预料到这一点。

但既然是新帝登基，自然要注意一点，要有新开始、新气象、新生机，总之万事万物都要欣欣向荣，与以往不同。

好的开始是成功的一半。众人都相信，一个好的年号会给这个国家带来好运的。

经过包括皇帝陛下、内阁辅臣、礼部官员的集体思索、推敲、甄选、锁定，终于敲定了帝国的新年号。

就叫永历吧！

按照某些史书的说法，这个看似平常无奇、读起来还算顺嘴的年号其实是颇有深意的。

给皇帝取年号，大致和今天的父母为儿女取名字类似，既要求简答易记，朗朗上口，又必须富有深意，意味深长。永历这一年号正好符合上述的所有要求。“永”字源于崇祯年间朱由榔曾被封永明王，后来虽继承了桂藩，又得以承大统，但这藩封中的“永”字有永永远远的含义又是先帝所赐，因而被保留了下来。再加上朱由榔是明神宗现存最年长的嫡孙，因此又取“历”以示对万历皇帝的传承。

永远传承，历经万世。永历这一年号虽说最终没能达到这一预期效果，可它的使用年限却的确远远超过了朱由榔本人的预期。关于这一点，后文还会详细讲到。

一切正如陈邦彦分析的那样，在宣告即位为帝后，永历很快就得到了以湖广的何腾蛟、堵胤锡为首的许多地方官员的承认，而捷足先登的绍武却无一例外地遭遇了各地督抚冷落。即便是广东籍的一些官员们，也纷纷对绍武即位的合法性产生了怀疑。因丁魁楚搞了暗箱操作而与拒绝入阁的陈子壮则是其中的优秀代表。

陈子壮虽然对丁魁楚深恶痛绝，且对永历听信宦官深感失望，可当他听说苏观生拥立朱聿鐭为帝时，感到的不是兴奋而是气愤。于是他特地派使者请求朱由榔出兵消灭绍武，擒拿叛臣。

永历拒绝了陈子壮的请求。原因很简单，无论这场战争谁输谁赢，最终得利的都绝对不是交战的双方。此时的永历虽不太懂政治，但他却懂道理。因此永历最后的决定是派出兵科给事中彭燿和兵部职方司郎中陈嘉谟为正式使者前往广州，劝说朱聿鐭自觉取消帝号，退位归藩。

这不是很傻很天真。这是一个爱好和平的人为了争取可能的团结所采取的最大努力。

消息很快传来，绍武翻脸了，彭燿被砍了。这下即便是和平主义者的朱由榔先生也坐不住了。皇帝陛下即使是没多大的脾气，可面子还是要的。

内阁一致认为，如果不给广州方面一点颜色看看，绍武和苏观生必定会蹬鼻子上脸，见到永历就欺负。于是内阁决议，永历拍板：出兵。

十一月二十九日，三水之战，兵部右侍郎林佳鼎击败番禺人陈际泰的部队，大胜。

十二月二日，林佳鼎部遭遇广东总兵林察的埋伏，除浔梧总兵李明忠等少数几骑侥幸逃回外，永历军几乎被全歼，大败。

想当年，萨尔浒的败讯传到朝中，万历震怒，"搞人"杨镐随即被下令拉了出去，几年后终于搞出了成果：被斩首示众。可是，到了永历这个年代，情况就大大不同了。

万历年间全国最大的地主们几乎都姓朱，除了辽东的局势不大乐观，其他的地方还是朱地主的地盘。人多、兵也多，敢可劲儿造，也经得起折腾。十多万大军，十四位总镇总兵（总兵中的最高级别，相当于今天的大军区司令员）全部搭了进去，还能紧紧裤腰带挺过去。但到了永历这时，前文已介绍过家底了，三万有余，四万不足。林佳鼎此行一下子就带出去了三分之一，现在却全部死光光了。败讯传到肇庆，永历吓得不行，丁魁楚的高血压、心脏病差点一起犯了。

今时不同于往日，这回可真的是赔不起了。

永历和大臣们十分担心林察军会乘胜追击，打到肇庆来。可是事情并没有像众人所想的那样，然而比这种情形更加严重的情况却发生了。

十二月十五日，清军占领广州、绍武政权覆亡，大学士苏观生死节，绍武自尽殉国。

永历十分清楚，到绍武君臣手上最多是被囚禁起来（没人敢杀），而要是果真落在了清军的手中，那结局一定是三个字便可概括：死定了。从弘光到潞王，再从隆武到绍武，永历可以惊喜地发现，被清廷俘获的皇帝与藩王们的生存率基本是被控制在百分之零这一标准点上。清廷并非像他们宣传的那样以国宾的礼仪接待前朝的帝王，好吃好喝地供养着，相反这些皇帝和藩王无一例外地在荣获了一个莫须有的罪名后被集体处决或一夜暴毙。仅从广州城破之日，由全国各地逃到广州避难的明朝亲王、郡王总计十六人的同年同月同日死的消息来看，永历便可以确定清廷的宣传绝不可信。

不逃可能就会死啊！就在此时此刻，王太监那熟悉的声音又在永历耳边再次响起。

和上一次不同的是，这一回王坤不仅说动了皇帝，就连王太后也同意了王坤的请求。此时的内阁中除了与王坤结成联盟的丁魁楚外，瞿式耜是硕果仅存的一个。能否留住永历，就只能靠瞿式耜了。

为了稳住局面，避免大撤退再一次发生，瞿式耜向永历提出了征兵固守、驻军峡口的建议。但是为时已晚。

王太监对无比彪悍凶残的清军绘声绘色的描述，已经完全把王太后和皇帝陛下唬住了，太后和陛下打死也不愿意打这场没有多少把握的保卫战。

十二月二十六日，永历再次带领群臣离开了肇庆，二度一头扎入了广西。一路上永历连春节都没有顾得上过，马不停蹄、舟不停帆地跑到了梧州。到达梧州后，朱由榔禁不住王坤的又一阵忽悠，一口气又跑到了桂林，这才打住。

时人有鉴于此次永历先生跑路速度之快、挑选路径之准、逃跑范围之广，送给皇帝陛下一个“逃跑天子”的外号。上一位获得这一荣誉称号的人叫赵构。

但是，永历这次逃跑其实并非像宋高宗那种仅为活命而漫无目的的瞎跑。永历的逃跑有着极强的目的性，只不过包括永历在内的许多人都不知道这一点罢了。因为唯一知道这次逃跑计划的真正目的和目的地的人只有一个人，他就是王坤。

这个时候的王太监已经不算是人类了，确切地说应该叫妖，就在朱由榔从代理皇帝到正式皇帝的这几个月里，王坤几乎已经打倒了所有的对手，达到了半个魏忠贤的程度。

本着向老前辈看齐的态度，为了控制朝政，身为太监的王坤也开始在朝中拉起了队伍。以户部郎中周鼎瀚为首的一些要官要钱不要脸的人很快纷纷投入王坤门下，成为王太监的忠实走狗兼打手。不过相对于这些跑腿的小弟而言，接下来的这位才算是重量级的，他可以被称为王坤身边军师型的人物。

王坤虽说为人十分阴险狡猾，鬼主意多又会来事，可是文化水平实在有限，仅停留在识字的阶段，想要征服所有大臣、玩转朝政想必是很难的。他打算请个帮手，为自己出谋划策。他的招聘条件也极其简单，只有两条：一是智商比王坤自己高，二是不鄙视太监。

不知道该说是有幸还是不幸，这样的人王坤基本上没有费上太多工夫就找到了，他的名字叫王化澄。

首先有必要说明的一点是，南明永历年间并没有同时存在过两个叫王化澄的，王化澄有且只有一个。至于为什么有的史书上会说他是国舅王维恭的族弟并给出了“正色立朝，人赖以安”和“贪庸误国”这样两个截然相反的评价，后文中会告诉你答案。

王化澄，字登水，江西金溪人，崇祯七年进士。早年当过知县，隆武年间被授予监察御史之职，奉命巡按广东。所谓巡按并非是一个固定的官职，不过是朝廷临时委派专员担任（通常是御史），分巡各地、考核吏治的一个职务。这其实既非什么特殊的任命，也算不得高升，因为巡按各地本来就是御史的分内之事，属于正当防卫。但是由于巡按往往是由中央调派下来的，极类似民国时期的特派员，所以各地的地方官对于这些品级远比自己低上许多的芝麻绿豆官也总是笑脸相迎，殷勤款待，生怕得罪了这帮大爷。

因而明代的巡按们往往是一个比一个牛气，有的甚至敢不给巡抚好脸色看。如果真的遇到了这类情况，那些平时威风八面的巡抚大人们也只好忍气吞声，继续赔笑。因为大家都很清楚，这可是很影响自己前途的啊！

隆武的那个年头，中原的大好河山基本上全部沦陷了，只有两广这样较偏远的地方还很安宁。王化澄就趁机来到了这里，开始了自己的特派员生涯。

王御史到达广东后，没有急于巡视各地，反冤案，而是执着地做着同一件事：受贿。能收到孝敬钱的就收，不能直接拿到的就稍微恐吓一下，说几句类似于不交钱就差评等的话，于是乎在很短的时间里，王御史竟积攒下了惊人的财富，成了富甲天下的大财主。

王化澄在永历即位的过程中，因参与拥戴有功，替代了解除两广总督职务进入内阁的丁魁楚，以副都御史的身份，总制两广。不久，因为兵部侍郎林佳鼎在东征战斗中阵亡，王化澄得以升任兵部左侍郎，代管兵部的相关事务，仕途可谓是一路顺风。但在这一路的顺风的背后所隐藏的，即是我们要说明的王化澄先生身上的第一个疑点，身份问题。

要说清这个问题，有必要先提一下朱由榔的皇后王氏。皇后的确姓王没错，只不过这位王皇后不是江西人而是苏州人。其父王略是广东的一个知府。全家人的生活范围大致是在浙江和两广一带，不论怎么说也是和王化澄兄找不到交叉点的。王皇后本人很早就嫁给了朱由榔，并陪伴着自己的丈夫走过了风风雨雨，由永明王妃到桂王妃再由桂王妃到皇后。即便是身份地位日益提升，这位王皇后依然保持着朴素作风，沉静文雅，待人谦逊。由于王皇后为人贤惠，且处事得当，是个贤内助，因而两位婆婆都十分看好她，就算是朱由榔本人的大小事也都悉听她的决断。所有人都没有想到的是，在未来的某个关键时刻，正是因为王皇后的好名声才起到了相当重要的作用。

综合以上得出的结论是，当时的王皇后应该压根儿没见过王化澄，王大人的这一身份看似是假的无疑。

但是，事实上这个事情大致应该算是真的。因为王化澄的这个亲戚是后认的。

事情是这样的：有一次王皇后的老爸王略和她老哥王维恭外出公干，路经吉安，恰好遇见了王化澄。双方交谈甚欢，于是高兴之余，两家人就通过认祖归宗的形式合并成了一家（乃与通族为兄弟）。这样王化澄就名正言顺地成为当朝国舅爷的族弟，皇后的亲戚。

相信当年的王化澄并没有如此高瞻远瞩，不可能预测到桂王有成为皇帝的一天，更不可能会想到自己竟能和皇后一家子扯上了关系。

在王化澄看来，有了与皇后一家的这点关系还远远不够，想要取得更大的进步，需要找到另外的途径。因此在发现了王坤伸出的橄榄枝时，王化澄走了上去，接住了它。不过王坤对王化澄这位新帮手的具体底细并不太清楚，这也是后来王坤倒台后王化澄还能够继续活跃在南明的政治舞台上的最为重要的原因之一。

好了，帮手都找齐了，是该下手的时候了。

秉笔司礼监的王坤很快就找到了他要打击的第一个对手，中极殿大学士、兵部尚书吕大器。



王坤既然想做魏忠贤第二，他心里最顾虑的当然是东林党。在朝中最有名望的东林党人就非吕大器莫属了。于是王坤下定决心，要先赶走这个挡道的老头。

## 整就整大的

在激烈的政治斗争中，要干掉一个大佬级的政治家很难吗?

相信王坤就能告诉你这个问题的答案。经过一段时间的观察，王坤认为赶走这个吕大器真是个很容易完成的任务。为什么这么说呢?这还要从明末的政坛风气说起。

明末，特别是崇祯年间，官场之上一直存在着这样一个规律：官员们的脸皮厚度和扛击打能力的强弱，大致与他们的职务高低呈反比例关系。也就是说，官做得越大，越注重自己的声望形象，比较老实也比较好惹。反倒是那些品级较低的官们个个好勇斗狠，爱找事更爱惹事。

这一点其实很好理解。说白了就是一个成本问题。职微官低的人本来就没有多少俸禄，所以自然也就没啥牵挂了，官丢了就丢了，反正每年的年收入和之前在家种地时感觉也没多少差别。一旦投机成功，要么升官要么出名，这基本上就是一桩稳赚不赔的无本买卖。不干白不干，干了不白干，因此大家都爱干。

所谓舍得一身剐，敢把皇帝拉下马。这些小官们向来是光脚的不怕穿鞋的，他们攻击的目标正是那些高高在上的有鞋人——朝廷里的一二品大员们。想当年，这帮大人们中的大多数也是通过同样的手段发达的，所以今儿个就别怪小的们无礼了。

事实证明，这就是个循环。无权无名的御史言官通过弹劾位高权重的尚书总督，博取他们所需的声望与权力。这其中运气好的就一直凭借着这种方法为自己实现升级换代，不断积淀、积累，直至自己熬出头来，同样当上尚书侍郎混成大佬。当然，在这一升职过程中，原来那个无人问询的无名小卒也会逐渐吸引越来越多人的目光并最终变得要面子，变成新一代羡慕嫉妒恨的目标，而且可能会因为某件关乎形象的小事很容易地引咎辞职，光荣还乡。

关于这种规律性的东西，以王坤的政治修养应该很难总结出来。可是作为在官场上混迹多年的老手，王化澄对此是清楚的。于是最后王坤也清楚了，吕大佬就下台了。

这个年头，三条腿的蛤蟆不好找，追求上进的官员们却是多得要命，所以王坤向外面发出了一个信号，下面心领神会的官员们便蜂拥而上一起找起了吕大器的麻烦。果然不出所料，吕大器老先生威信很高，脸皮却很薄，一来二去就主动向永历上疏告病，请求辞官入蜀修养。

王坤就这样在王化澄的指导下，成功除去了吕大器这个心腹大患。很快他又将攻击目标锁定在了李永茂身上。

李永茂，河南南阳人。天启七年（1627）河南乡试解元，崇祯十年（1637）进士，时任文渊阁大学士、太子太保兼吏部尚书，可谓位极人臣。

王坤之所以会瞄上他，主要有两个原因。

第一，当时王太监最想除掉的人其实是瞿式耜，而李永茂与瞿式耜的关系很好，一向共同进退。所以王坤天真地认为，只要先除去李永茂这一帮手，瞿式耜肯定会撑不下去，随即被自己搞掉。

第二，李永茂历仕崇祯、弘光、隆武三朝，对王坤的底细作为很是了解。未来倘若瞿式耜要向王太监下手时，李永茂一定会将自己的往日恶行一并抖搂出来，就此成为自己的致命克星、撒手锏。

所以鉴于以上原因，王坤认为李永茂不得不除，而且是越早除掉越好。

可是在一段时间的调查与研究后，王坤惊讶地发现，原来李永茂竟是一个比吕大器要难对付得多的对手。

李永茂自出道以来形象一直都很好，这不仅是因为他本人生得“倜傥伟异”，还由于他在工作上从不马虎。为官二十多年来，李永茂的政绩一直是相当卓越的。早在他做第一份工作即担任大名府浚县知县时，就曾因为政绩卓著受到崇祯的高度赞扬并获得了皇帝陛下御书亲题的“洁己效忠”匾额和“豫南国士无双，河北循良第一”的评价。这样一个工作细致、一丝不苟的人，要找他的问题显然是很难的。

而且更为重要的是，此人为人谦和，极具亲和力，不但和朝中同僚关系很好，与军队方面也有着密切的联系。崇祯年间，李永茂曾担任兵科给事中，与军队中人虽不敢说全都很熟，但大多认识，即便人不熟，可脸很熟。后来在隆武时期，李永茂又担任了兵部副部长（侍郎），总督江楚，负责过兼理粮饷的相关事务。不久又当上了部长，并得到了蟒玉尚方剑这样拉风的行头，统领军队执行过救援赣州的任务。总之，李永茂在广大官兵心目中具有极高的威望。王太监要想整倒李大人，不能不顾及一下自己的人身安全问题。

有了政治、军事上的双保险，李永茂看似是无懈可击的。

然而只是“看似”而已。很快，王坤就攻破了这一难关，拿下了李永茂。这一高难度动作的完成还只是通过一件小事。

当时李永茂本来因母丧不该任职的。但由于新政府刚刚成立，非常需要像李永茂这样能压得住的人才，于是在瞿式耜等人的坚持下，不得已入阁办事。经内阁集体讨论决定，鉴于李永茂仍在服丧期间，李永茂这个大学士只掌管皇帝陛下的教育工作（经筵），而不参与具体政事的处理。李永茂这才勉强同意入阁。

在王坤等人看来，破绽就在这里。

李永茂工作十分认真负责，大学士的这个职务只是个兼职，是可以少操心的。可是吏部尚书这个职务却是李永茂眼中的本职，因而李大人做得很尽心。

对于一个新成立的政权而言，人才无疑是必不可少的支持要素，李永茂对此有着十分清楚的认识。为了使这个一直处于动荡不安的政权走向复兴和稳定，李部长向永历递交了一份名单，上面列着悉心挑选的十五个人的名字。在李永茂看来，这些人都是一时俊杰，只要把他们都召入朝中为官并予以适当任用，大明的中兴大计将大有可为。

永历收到这份名单后很高兴，因为李永茂确实名不虚传，尽职尽责，忠君体国。王坤看到了这封奏疏后却很不高兴，因为敌人的朋友就是自己的敌人，批准了就是给自己找不自在，不批准就会引起皇帝陛下的怀疑，所以很郁闷。然而，当他看到了那个熟悉的名字后，脸上很快浮现出一丝诡异的笑容。

终于让我找到这个打倒你的突破口了。李永茂，看招吧！

几天后，内阁拿到了永历批复后的名单（其实这一工作大多数时候由王坤来做）。李永茂推荐十五个人几乎全部得到了妥善的安排，只有一个人除外。这个人正是王坤所找到的突破口——刘湘客。

刘湘客，陕西富平人，时任山西道御史。与王太监曾经有仇。这位刘湘客是如何得罪了王坤，我们不得而知，但我们能够知道的是，王坤将刘湘客除名并不仅仅是因为这段私人的恩怨，在王坤动这些手脚的背后还隐藏着一个人所共知的原因。

刘湘客和王坤的关系很坏，却和另一个人的关系很好，这个人就是李永茂。

隆武元年，当时巡抚赣州的李永茂遇到了还是诸生的刘湘客，相交甚欢。李永茂深为刘湘客的才学人品倾倒，于是两年后，作为人事部部长的李永茂在为国家选取人才的时候便第一个想起了这个后生的名字，并把他写了进去。

很多人不太清楚李永茂与刘湘客有着这样一段交情，可王坤却十分清楚。可见为了整倒李大人，王太监是做足了功课的。所以王坤看到刘湘客的名字时，一个恶毒的计划便在他头脑里产生了。

王坤的剧本是这样的：先故意把刘湘客的名字去掉，再找人向李永茂添油加醋以激怒李永茂，自己则在暗中静观众人的反应。等到气愤不已的李永茂丧失了冷静，肯定会上疏为刘湘客抗辩，这样自己就可以指使言官大肆宣扬二人之间的关系并定性为结党。如果一切顺利的话，说不定连瞿式耜也能一网打尽。

王坤料想的果然没错。这一消息一传到李永茂的耳中，马上就引起了李大人的愤慨："我选取了十五个有才之人推荐给朝廷，这其中绝对没有一点私心。现在排斥刘湘客，也就意味着要排斥我！"

"国家的形势已经如此危急，而内竖竟还这般嚣张，掣辱大臣，实在是岂有此理！"

李永茂正如王坤所预想的那样，出离愤怒了，可他没有丧失理智。李永茂很明白王坤此举的真实用意，所以也不愿被这个死太监利用去伤害自己的朋友。然而胸口不断腾起的怒火和朝廷之中逐渐流传开来的窃窃私语却让李永茂几乎发疯。在最后关头，李永茂终于决定要采取行动，不过却不是王坤期盼的那种行动。

不久，永历收到了李永茂回乡守制的辞职信。当永历派人传唤并挽留李永茂时，使者却回报皇帝，李永茂已于递交辞呈的当日乘舟离去了。临行前，李大人只留下了一句话："吾宁死草间，不能为此辈分任亡国之罪。"事后证明，他确实做到了。

永历二年（1648），羊城失守，永历败走桂林。李永茂和曾任礼部主事的弟弟李充茂芒履道服避居在仁化山中，于当年四月病逝，终年四十八岁。永历听说后悲痛异常，追赠李永茂为武英殿大学士、少保兼太子太保，谥为"文定"。

李永茂文才武略兼备，史称"尽有相才"，他看人的眼光也确实不错。在李永茂去世的同年，那位被他极力推荐过的刘湘客最终得到了朝中某位实权派人物的重用，并开始尝试以自己的方式去完成这位老朋友未竟的事业。当然，这一部分后文另行讲述。

吕大器、李永茂……无论多么难以对付的人都在王坤的手腕下被一一撵出了朝廷。王坤觉得自己离前辈魏忠贤那座太监的最高峰已经不太遥远了。眼看着王坤即将修炼成太监中的东方不败，在朝野之间所向披靡。但有一个身影却始终屹立在对抗王坤的最前线，无论王坤再怎么一手遮天，他从来都没有放松警惕，一直抑制着王坤势力进一步发展，拼力阻止事态的崩溃。这个永远在坚持的人叫瞿式耜。

在永历和两个皇太后心目中，瞿式耜一直属于自己人，不管面对的是至高无上的隆武还是咄咄逼人的绍武，瞿式耜自始至终都坚定地站在自己的一边，帮助着自己。从朱由榔就任监国到真正成为帝国的皇帝，瞿式耜总是在忙碌着，而这一切永历虽未多有表示，却完全记在了心里。

瞿大人真是个忠臣啊！这句话永历从未对别人说起过，但他每天对自己这么说。因此无论有谁在永历面前说瞿式耜的坏话，如何挑拨、中伤，永历都从不相信。即便这个“谁”指的是王坤。

王坤并不相信世上真实存在着一种叫绝对信任的东西，在他看来，这个世上有的只是勾心斗角、尔虞我诈。当他一次次向永历打瞿式耜的小报告，又一次次在永历怀疑加鄙夷的目光中唯唯退下时，他信了。

瞿式耜是一个不能单靠阴谋诡计就能整倒的对手。王坤不想相信这点，但事实却让他不得不相信这点。

在搞不定瞿式耜的情况下，王坤唯一能做的就是多搞些小动作以毁掉瞿式耜在皇帝与太后心中的形象。他最为得意的计划已由李永茂主动辞职化为泡影，所以很郁闷，而最使他不爽的是，不管自己想要做什么，瞿式耜总会恰到好处地管上一把。

在近半年的艰苦卓绝的明争暗斗中，瞿式耜的战果如下：王坤内批提升自己的小弟、户部郎中周鼎瀚为给事中，被瞿式耜上疏反对，推迟。王坤打算让死党王化澄接替被自己赶走的吕大器的兵部尚书的职务，又被瞿式耜以推选官员需要廷论为由被迫延迟。而也就是在这个时候，王坤开始把瞿式耜视为自己的眼中钉和今生最大的敌人。

王坤打击李永茂时，瞿式耜提出了司礼监不得干预外廷事务的论断，把王太监气得不行。

王坤向永历举荐自己数十位手下，又被瞿式耜的一句“司礼抑人不可，荐人更不可”搞得暴跳如雷。

吏科给事中刘鼒抗疏纠劾王坤任用私人，王太监打算激怒永历把刘鼒逐出朝廷，被瞿式耜出手搅黄。

御史童琳参劾王坤的亲信、都御史周光夏扰乱法规，反被诬陷判处打屁股（廷杖），又因瞿式耜力救得以豁免。

王坤很生气，可是后果却一点也没有。

于是乎无论如何都无法扳倒瞿式耜的王坤左思右想，终于想到了避免瞿式耜碍事的方法，那就是彻底摆脱掉瞿式耜。实现这一目标的时机就在广州失陷、朝野恐慌的这个时刻。

所以一路上王坤不断拿出老奶奶给小孙子讲鬼故事的语气，向永历描述清军士兵的凶残可怖、杀人不眨眼，直至把皇帝陛下和两宫太后吓得神经明显衰弱时，才适时指出了唯一的出路：逃跑。

王坤的最终目的是将瞿式耜甩在两广，将永历与太后一直引入湖广再加以控制。但是，如果王坤能够预料到此次西行将会给自己带来什么结果的话，相信即便是有人把刀架在他的脖子上逼他赶路，他也绝对不会走的。

王坤带着永历一路狂奔，从肇庆到梧州，再经平乐府到桂林，却发现并没能达到自己的预期目的。瞿式耜就如同一贴狗皮膏药，死死地贴在了永历的身上，无论王坤发起的跑路再突然，选择的路线再曲折坎坷，瞿式耜就是不掉队。等到王坤到达风景如画的桂林，才发现瞿式耜是怎么也甩不掉了，反倒是自己的两位死党丁魁楚、王化澄相继与一直处在转移中的大部队失去了联系。

此时，已经成为兵部尚书的王化澄被落在了浔州并就此在这里躲避战乱，直到一年后才再次出山。内阁首辅丁魁楚则与他的亲信将领苏聘率领标兵千余人，据守于岑溪县。在这里，丁魁楚即将迎来自己人生最后的结局。

由于丁魁楚与王坤暗中结成联盟的事情在永历第一次出逃的事件中暴露无遗，所以丁魁楚在大臣们心中的形象一落万丈。自打从梧州回到肇庆后，表面上大家对丁首辅的态度还算恭敬，可是丁魁楚总能从这些在自己手下干活的人的眼中看到一种令人说不出的不爽的感情。

数十年的官场形象仅仅因追求一个首辅的职位而毁于一旦。在同僚们的身边，丁魁楚无时无刻不难感到大家冰冷的目光，这是藐视，是蔑视，是鄙视。丁魁楚不傻，对此很明白，也很敏感。

难道是我错了？每每在这种情形下，丁魁楚便开始对自己的所作所为产生从未有过的怀疑。可当他回到家中，看到卧室里的一箱箱因权力而带来的真金白银时，这种不安就会烟消云散。

我没有错，错的是那些不懂得妥协与变通的人。声名威望那些不过是虚的，饿了也不能当饭吃，冷了也不能当衣穿，所以丁魁楚坚信眼前的这堆金银珠宝才是世上最为实在、最为可靠的事物。

妥协确实是政治的真谛，丁魁楚能领悟到了这一点，的确值得表扬。可是与此同时他却忽略了一点，那就是在某些时候坚持比妥协更为重要，因为一旦一个人主动抛弃了诸如尊严、良心、道统这些看似一文不值的虚物，他最终的下场一般只有两个可能。一个是悲惨至极的死去，一个是生不如死地苟活。丁魁楚很快就将亲身体验这两条末路中的一条。

当初林佳鼎大败、肇庆城内陷入一片恐慌时，瞿式耜曾为收拾这一烂摊子找过丁魁楚。瞿式耜听说丁魁楚家里很有钱，而正在峡口驻守的地方部队为争取当地义师的援助，正急需用钱。所以瞿式耜登门拜访了丁魁楚，并向他提出了助饷的要求。

瞿式耜此前已经自掏腰包捐了五千两，而他此来是希望作为国家第一重臣的丁魁楚能够捐出数千到一万不等的金额来应急。谁知丁首辅此时却想不开，不论瞿大人是旁敲还是侧击，都一概忽略，没有出血的意思。瞿式耜对此很失望，最后只好悻悻而归。

漫漫人生路，难免错几步。可是面对攸关全局的重大抉择时，愚蠢的丁魁楚竟然做到了一错再错，而且还是一步错，步步错，这恐怕就连佛祖也救不了他了。

自此，丁魁楚开始带着他的老婆（很多）孩子（也很多），还有一大堆的金子，驾着早已失控的马车，在通往悬崖的小道上一路狂奔。

对于丁魁楚的这种落魄，一些敏感的大臣也慢慢地觉察到了。言官们纷纷开始摩拳擦掌，踊跃发言，准备给这只早已疲惫不堪的骆驼背上添上最后一把稻草。

隆武二年（1646）十二月，侍御李绮打响了攻向首辅大人的第一炮。这位李大人为永历一共历数了丁魁楚十宗大罪，具体事项包括：欺君、误国、玩兵、害民、败群、乱常、罔神、蔑誓外加丧身、辱祖两项。由此看来，丁魁楚的黑材料一是很好找，二是很丰富。除了谋反这样的大阴谋，能干的坏事几乎都干全了。李绮的这封奏疏就其用词之严苛、语气之激动来看，也绝对是近二十年来少见的骂章中的佳作。

果然，皇帝陛下读完这封奏折后很生气，当即传令锦衣卫：马上把人给我抓起来，别让他给跑了！

要知道，李成栋率领降清的伪军攻入广州，是十二月十五日的事。得知此事的永历否决了瞿式耜坚决立足肇庆、组织现有军队坚决抵抗的主张，选择西撤到梧州，是十二月二十五日的事。李绮递交奏疏是在十二月十八日，也就是说永历是在规划自己跑路路线的百忙之中抽空阅读并处理的此事，可见永历对于这件事是相当重视的。

很快，到了第二天在家里等消息的李绮就等到了结果——两个上门来找他的锦衣卫，还有永历的特别“奖励”：降三级，调外用。

拿到这么一个让人欲哭无泪的“奖励”，李绮懵了，名声已经坏到了这么个地步，怎么皇帝陛下还在保着他？李绮有点想不通，但我们能够想通。因为有一个比丁魁楚名声还坏的人在掩护自己的这位盟友，这个人就是王坤。

说到底，这位李大人的情报收集工作还是不太到位。他知道丁魁楚已经人见人厌、即将垮台，了解了丁魁楚平时作恶的种种业绩，可是有一点他并没有弄清，那就是即便如此，王太监也不愿意放弃这位好不容易才拉下水的盟友。

李绮的上疏虽说是有惊无险，但也着实把丁魁楚吓得不轻。他十分担心自己谋害桂恭王的秘密会东窗事发，于是等丁魁楚跟随着皇帝到了梧州时，他终于下定了决心，与大部队分道扬镳。

即使不再是帝国的首辅，永远失去了崇高的地位与权力，但凭借着这几年苦心积攒下来的财富，仍不失为一江南富足翁！

可惜是可惜了点，可生命总比权力要重要得多。

所以在一天深夜，丁魁楚偷偷带领家人和亲信部下将所有的财富打包收好，悄无声息地告别了永历一行，朝着他早就选定好的最后的乐土岑溪县前进。

老奸巨猾的丁魁楚早就料到可能会有这么一天，很早就为这一天的到来做好了万全的准备。在他从南雄回到肇庆后，就任命自己的心腹中军苏聘的岳父钟鸣远为岑溪令，并在当地暗中为自己置办了田宅，作为日后的运财退身之地。

丁魁楚的个人资产并非很多，而是相当多（这些还只是非不动产），虽然难说富可敌国，但敌个省、敌个府还是没问题的。所以丁魁楚的运输队伍很长，远远一看颇为壮观，好似一条长龙一样，很难从头望到尾。不过，这也导致了一个麻烦，负责运输的壮丁们在历经了连夜的辛劳搬运后，累得不行，又不得休息，因而一怒之下撂挑子不干了。

家丁闻讯后，急忙向主人丁魁楚报告了此事。兵荒马乱的，带着这么多的财富、如此显眼的车队，多耽搁一分钟也是大大不妙的。保不准遇见个把劫道的土匪，到那时可就真的悲剧了。得知这一情况的丁魁楚起初也十分着急，深知对这些小伙子们只能来软的，不能玩硬的，否则后果会更加严重。但是现在事态紧急，不可能有时间让他们充分休息，该如何是好呢？

丁魁楚尽全力让自己冷静下来想对策。当他不经意地回头看了一下身边的侍女时，办法有了！

在丁魁楚的运输大队中，数量排行前三的是这么几样：老丁的家属亲眷、老丁的毕生积蓄还有老丁的婢女丫鬟。危急时刻，丁魁楚想出的应急手段就是将自己的这些漂亮侍女们嫁给车队之中为他出力却尚无妻室的壮士们。于是一夜之间丁魁楚便送出了侍女十七人，连聘礼都不要就给匆匆许配了人家。

别说，所谓美人计那是无时无刻都真的很有效的，毕竟大家不全是关羽、柳下惠，能够做到不爱红装爱武装。丁魁楚搞了这么一次美女大派送，负责运送财宝的人立马就精神了。没几天，一行人就安全到达了目的地岑溪，丁魁楚终于松了一口气。

然而没过多久，丁魁楚突然发现原来岑溪也并不像他想象的那样安全。广州被清军平定后，清廷只下令留下了佟养甲和几百人驻守城内，派遣李成栋率领轻骑继续西取肇庆。擅长小股部队奔袭作战的李成栋将他的部队分成两支小分队，一支沿北江而上，另一支则南下雷州半岛，以求分路包抄同样在运动之中的永历一行。

李成栋的部队是在永历元年正月十六日起行向肇庆进发的。在短短的三天内，李成栋的军队便由三水行进至高明。留守肇庆的两广总督朱治涧闻报，不战而逃，李成栋随即进占了肇庆并将留守的任务交给了部将罗成耀，自己继续亲领主力进攻梧州。

岑溪与肇庆之间也就是不到五百里的距离，而以李成栋的行军速度来看，到达岑溪不过是一天之内的事。但是，在这么危急的情况下，丁魁楚却下达了一个让人瞠目结舌的命令：西上左江！

就算大人您没有上过小学数学做过关于追及问题的应用题，但仅凭着实践经验您也应该清楚两条腿是无论如何也跑不过四个蹄的，更何况还是带着如此之多的财宝的情况下。

谁知，听到了属下的这番议论的丁魁楚只是微微一笑：放心吧！一切尽在我的掌控之中。

第二天，左江之上出现了一幅壮观的景象：旌旗蔽空，舳舻相接，人声嘈杂，沸反盈天。这不是曹操率水军八十万去打荆州的刘表，而是丁魁楚运输队的第二轮转移行动正在紧张有序地进行着。好在当天众人起行很早，因此虽然运输的规模稍微大了点，丁魁楚也没有遇到任何麻烦。可是，过了一段时间情况却不同了。

走了一段路后，在后方压阵护航的苏聘发现了李成栋手下清军的踪影。于是他赶忙把这一情况报告丁魁楚。由于跟上来的清军人数不多，只有十八人，所以苏聘本想一举消灭了他们再走，可是这一提议却遭到了丁魁楚的阻止。

难道大人不担心他们返回报告李成栋而派大军阻击我们吗？看着一脸疑惑的苏聘，丁魁楚终于揭晓了自己如此大张旗鼓、有恃无恐的答案。

原来当丁魁楚决意脱离永历出逃的时候，就料定了清军会有追兵，也考虑到了自己与这支清军率先碰头的可能。所以他早早就派出了一个亲信，携带着三千两黄金和诸多珍宝前往重贿李成栋，以求全家的人身及财产的平安。李成栋热情接待了丁魁楚的亲信，且很爽快地答应了丁魁楚的请求。双方在商议后约定，只要丁魁楚能够在自己的手下面前树立旗帜表明自己的身份，清军的士兵便绝对不会出现不该发生的情况。

得到了李成栋的亲口许诺后，丁魁楚就像买了保险一样安心。为防止节外生枝，这件事自始至终只有丁魁楚和那个亲信两个人知道，对外一律保密。因此丁大人才会在大家都乱成一团时依旧镇定自如，谈笑风生。看到众人惊慌失措的样子，已经了然一切的丁魁楚也不由得在内心深处感叹自己的深谋远虑。但丁魁楚不知道的是，整个过程中其实是有一件事连丁魁楚本人也不了解的，就是这件事最终要了丁大人的老命。

忽略了那十来个清军的前哨后，丁魁楚认为自己从此已经真正地安全了，便命令手下的四十艘大哨船平稳行进，顺流东下。没有想到船队还没有行驶多远，李成栋就亲自率兵在前方拦住了自己的去路。

丁魁楚对这一违约情况感到异常愤怒，立刻派人前去与李成栋交涉。没想到李成栋却给出了一个让丁魁楚意想不到的答复：想请丁大人赏脸吃个饭。

看这个样子并没有什么恶意。丁魁楚感到李成栋这个人还是可以相信的，所以他几乎没有任何犹豫就答应了李成栋的请求。

当时李成栋已经打到了梧州，听说丁魁楚答应了自己的邀请，就亲自来到五里之外迎接丁魁楚一家。

一见到丁魁楚，李成栋就如同看到了多年不见的老朋友一样，跑上前去紧紧握住了丁魁楚的手：老丁，一路上你辛苦了。

两人初次见面的温馨场景使丁魁楚深为感动，特别是当听到李成栋那真诚的话语时，丁魁楚甚至产生了一种相见恨晚的感觉。当然，如果丁魁楚能够预知接下来的一切，他应该会知道李成栋的这句“辛苦了”其实是另含深意的。

不过不管怎么样，当时的丁魁楚的确是感慨至极，而他也十分高兴地带上了自己的儿子参加了李成栋特地为自己准备的晚宴，虽然不久之后他将极为后悔自己的这一决定。

宴会之上，李成栋对丁魁楚父子礼遇有加，一口一个丁老，简直让老丁的心里乐开了花。

酒足饭饱之后，李成栋才终于显示出了他这一系列举动的真实用意。

醉醺醺的李成栋站起身来，拉住了同样喝了不少酒的丁魁楚的胳膊，带他走向大厅的前方。在那里，有一张巨幅的大明江山全域图。

李成栋指着地图，满口酒气地对身边的丁魁楚大声说道：“东南半壁，惟某与老先生撑持！”

此时的丁魁楚虽说喝了不少，却仍旧清醒。听了李成栋的话，他以为此人已经喝高，便只是笑了笑，没有作答。

可是没想到李成栋却突然又大喊一声：明日就是一个好日子，希望老先生再次担任总督执掌两广，我即刻便为你写一张奏表，上报朝廷。紧接着李成栋就将两广总督专有的旗牌、符纛、制台等就任凭证全部塞入丁魁楚的手中，哈哈大笑。

丁魁楚似乎并没有给清朝打工的意思，可他知道现在是在李成栋的地盘上，如果贸然回绝，肯定没有好果子吃。现在见识到了李成栋的这番表现，此人的酒品如何他的心中也十分有数。为了不至于和李成栋当场翻脸，殃及家人，丁魁楚装作很高兴的样子答应了李成栋，这才得以从宴会之上全身而退。

回到自己的住处，丁魁楚长长地叹了一口气，看来不做这个两广总督是不成了。不过当务之急还是先让自己的家人离开这个是非之地，以后的事以后再说吧。

在丁魁楚看来，这注定是个不眠夜。

夜半时分，嘈杂的脚步声与焦急的叩门声惊醒了丁魁楚父子的美梦。前来敲门的士兵告知丁魁楚，李成栋忽遇急事，特意来请他们父子前去商议。

李成栋都醉得快不知道自己姓什么了，怎么还会有急事找我父子二人？怀着满肚子的疑问，丁魁楚父子来到了李成栋的面前。在这里，他们见到的却是一个十分清醒的李成栋，正端坐在大堂正中的椅子上，等待着父子二人的到来。

估计在这个时候，给丁魁楚印象最深的不是灯火通明的厅堂和环列四周的清兵，而是座上李成栋那严肃的神情。

丁魁楚不愧为老江湖，一见到这个阵势和同样清醒的李成栋，就知道大事不妙。但如果一遇到这种场景就吓得两腿发软说不出话来，那才是必然死定了。在这个时候，丁魁楚并没有过于恐慌，保护家人的意志战胜了恐惧，所以丁魁楚率先打破了沉默："我情愿当即剃发，归降大清。"

丁魁楚表态了，可李成栋却依旧沉默不语。丁魁楚这才反应过来，原来李成栋想要的并不仅仅是自己缴纳的那一点投保金，而是自己的一切，包括他的那条老命。

丁魁楚知道自己是难逃一死。然而他并不愿自己的家人也受到连累，所以一向高傲的丁首辅竟然跪在李成栋的面前苦苦哀求："魁楚只剩下了这一个儿子，希望你不要殃及我的家人！"

看着眼前悲痛悔恨不已的丁魁楚，李成栋只是淡淡地说了一句："你尚且自身难保，还想为他人乞命吗！"

丁魁楚的这个请求被李成栋无情地回绝了，正如十多年前他回绝那个同样被信任的人背叛的刘超时那样。

丁魁楚眼看着自己的儿子被清军杀死，然后接下来就是他自己。一夜之间，丁魁楚全家数百口人，"凡男子少长悉斩之"，而丁家的女性成员则被分给没有妻子的士兵做了老婆。

最后在丁魁楚的船上，清军一共发现了总计高达八十四万两之巨的精金（一说是黄金二十万两、白金二百四十余万两），这就是平粤伯、两广总督、内阁首辅大学士丁魁楚一生四十年的所有积蓄，至此这些钱财全部为李成栋所有。丁大人结结实实地当了一回遗产捐赠人兼保险箱。

可恨！可怜！可悲！可叹！

"以区区之粤，而柄国者宝赂如是，不以之佐国用，而以之资敌，且抢扰之秘，而弃君营私，其杀身夷家，不亦宜乎！”后世南明史家温睿临由此发出了这样的感叹。

无论如何，一代权臣就此归西。

顺便一提，李成栋并不像某些史书上说的那样，灭绝人性将丁魁楚一家老小一个不留地统统杀光。丁魁楚的一个年幼的孙子在这场可怖的腥风血雨之中有幸活了下来，并被李成栋交由部将罗成曜收养。后来有人见到过丁魁楚的这个孙子，问他姓什么，若他回答姓丁，就会立即遭到一顿毒打。可见仇恨这种东西也是讲究父债子还的。

大发了一笔横财后，李成栋带领轻骑部队继续前进。他们的下一个目标就是梧州。

梧州是广西东部重镇，更是明军一定不能丢掉的地方。不仅因为此处曾是老桂王的暂住地，也因为这里是历代广西巡抚的驻节地。但是所谓重要只是在大部分有识之士的眼中是这样子，而在另外一些人看来，自己的性命则比这座破城更加可贵，譬如说梧州的守将陈邦傅。

陈邦傅在得知李成栋所部清军正向广西推进后，在当月二十八日夜间就连招呼也不打便弃城而逃。城内只留下了些老弱病残和根本不会打仗的巡抚知府们。所以一时之间风声鹤唳，草木皆兵，人无固志，军无守志。

苍梧县的知县万思夔是一个比较有意思的人。他知道凭借自己这样一座小县城，根本不可能抵御住清军的进攻，即便是自己出面也绝对稳不住混乱的局势。但是虽说如此，他还是打算尽其所能遏制一下“降兵如潮，降将如毛”的丢人局面，以一种看似无厘头的方式。

万县令找人用木头制作了一个大乌龟，然后命人拖着，沿着街道反复大喊：“投降敌人的就是这个玩意儿！”

永历元年正月二十九日，当李成栋军接近梧州时，广西巡抚曹烨当即率随员在道旁迎降，随即表演出了一幕堪称无耻加肉麻的话剧。

据相关史料记述，当时曹巡抚的打扮是十分后现代的，赤裸着上身且双手被反绑着，下面只穿着一条短裤（学名：肉袒），而且身边还带着道具：一只手牵着一只羊，身后跟着一辆车，车上装了一口大棺材。

一见到李成栋远远前来，梧州城内的降官全部整齐划一地跪了下来，由为首的曹烨代表大家发表归降感言。感言如下：

“我曹烨不知天命，没能早早侍奉您，而让使君（指李成栋）生气了，亲自前往这么简陋的城市里来，这真是我的过错啊！”说完这句话，曹大人也不嫌恶心，随即伏地痛哭，不敢仰视。

见过不要脸的，还真没见过这么不要脸的。

不过这下倒是把李成栋给逗乐了。李成栋亲自下马，笑着替曹烨解开了身上的绳索（保持形象），接着派人烧掉了曹大人带来的棺材，以示不加刀兵，然后便带领清军兵不血刃地占领了梧州城。

在苍梧的万思夔听说此事后，便让人把曹烨姓名刻在了木龟的背上，放置在县衙的堂中，等到得知清军即将进城的消息后，随即自行逃去。

但是堂上那只“曹烨”二字的大龟却让很多清军士兵一进门就看到了，一看到就爆笑不止，还将此事广为流传，一度搞得那位曹巡抚很没有面子。

# 第十七章　勇往直前的将军

自永历带头跑路后，两广地区的大明领土就在清军的面前以惊人的速度沦陷。广西的大部和广东的全部在转眼间就落入清军的手中。

隆武二年十二月二十二日，佟养甲派副将张道瀛、阎可义同新委任的南雄副将李仰臣、董方策、张友德，以及韶州总兵叶成恩，副将杨友贤、王庆甫等领兵由广州出发圈地，同月二十九日，清军在英德县击败明将陈课、童以振二部，随即占领韶州。第二年正月初七日，叶成恩部进抵南雄，当地官员不战而降。明朝的高雷廉琼四地巡抚洪天擢迫于清军的凶猛攻势，高、雷、廉三府全部丢失，只好率军退守琼州府（今海南省）。可是洪大人没有料到的是，这路所谓清军其实本是以投降的伪军为主，不怕坐船。于是几个月之后，他们在清军副将阎可义带领下从容渡过了琼州海峡，洪天擢兵力不足，再次被迫乘舟逃走，琼州遂为清军占领。

这样一来，广东十府之地便全部沦入清军之手。虽然就兵力而言，佟养甲、李成栋的本部兵马只有四千一百余名，而从福建带来的原属郑芝龙旧部的施福、施郎、洪习山、黄廷等部也不过几千人，兵力相当有限，但这些人却是真正意义上的百战雄师。相对于连正步都踢不齐的南明军队来说，这就像是一个成年人动手去抽一群幼儿园的小孩，即便的确是如同某些人说的那样是以少胜多，连战皆胜，也着实没有什么可赞叹的。倒是如果连这些自参军以来就没见过正经敌人的明军也打不过，那才是真正的丢人。

但是在两广的这片土地上，也不是没有极具战斗力的明军。李成栋本人便即将遭遇到这支成分复杂、堪称杂牌的队伍并吃尽对手的苦头。

永历元年二月，颠沛流离多日的永历同学终于安顿了下来。究其原因，不是跑不动了，而是不想跑了。一路上总是被人追着跑的滋味实在是不好受。此时，那从伟大的祖先身上继承下来的尚武精神也同时在永历的血管里燃烧了起来。

我是以一介布衣之身力克无数强敌夺取天下的伟大的朱元璋的子孙！即使是面对着比女真人还要骁勇强悍的蒙古人，我的先祖从不曾退缩过。他们要么是四征沙漠、要么是五伐蒙古，那是何等的英雄！即使是最善战的蒙古壮士也为之感到胆寒！作为他们的后人，我朱由榔绝对不能使这些英雄的祖先蒙羞！

在狂奔了近两个月的时间后，勇气再次回到了永历的身上。

为了荣誉，为了尊严，来决一死战吧！清兵！

此时的永历不再畏惧于王坤对清军的妖魔化宣传，认为即便清军真的如王太监所言是妖魔鬼怪，自己也要带领手下的这群勇士和他们斗上一斗，至少也要敲掉他的一颗牙齿下来。

看到永历的态度如此坚决，王坤是彻底没辙了。但他深知，以永历的性格特征来看，这种坚决绝不会持续太长时间的，那么在皇帝陛下过了这股劲儿之前，自己不如趁此机会养精蓄锐好好地休息一下，顺便也把自己的两位盟友等来。

从后来事态的发展来看，我们最少能总结出两点。第一，王坤对朱由榔确实相当了解，而一切也正如他预料的那样，永历的热度虽然没有三分钟那么短，但也没有一两年那样长。第二，情报和信息收集工作无论在哪个年代都是极为重要且必要的。因为王坤并不知道两位战友的境遇和想法，所以他最终没能等来盟友，反而等来了一个他不可能招架得住的克星，进而被一举打回原形。

永历的大臣们由于不曾与皇帝陛下朝夕相处过，所以并不知道永历的勇气还存在着保质期这一说。不过，对于一味要跑的皇帝突然转变态度，大家还是深感欣慰的。

好了，既然永历已经下定了留守的决心，那么大臣们也就该马上动起来了。首先应该予以解决的当然还是皇帝陛下的住房问题。桂林以前是靖江王的封地，这里本来是有一座王府的，可是后来因为靖江王朱亨嘉不甘寂寞，做梦也想穿黄袍子，造了个反，原靖江王王府被扩建加改建成了皇宫，并随着平叛明军的攻入被一把大火烧成了一堆较大的建筑垃圾。

在王府旧址重建行宫，再让皇帝陛下住在那里，多少有些晦气，况且皇帝刚刚驾临桂林，就把桂林的老百姓拉出去隔三岔五地给陛下砌墙修宫殿，这也是很影响君民关系的。于是内阁与户部、工部协商之后，由瞿式耜出面请求，将桂林的知府府署稍微修葺一下改为行宫，暂由皇帝、皇后和太后居住。永历本来对于吃穿用住这些并没有过多的追求，看完奏章就立马同意了。

皇帝的个人问题圆满解决了，接下来就轮到政府机构的事了。吕大器、李永茂早先离开了内阁，后来转移的过程中首辅丁魁楚和随后入阁的王化澄二位都失去了联系，因此此时的内阁只剩下了瞿式耜先生一个人撑着，每天累得要命，连个接班的人都没有。所以皇帝陛下为了避免瞿式耜先生积劳成疾过早地离开自己，在征得吏部和瞿式耜本人的意见后，永历决定为内阁增添些新鲜血液。被招入阁中办事的两个新人，一个叫吴炳，另一个叫方以智。这两个人从此也将在永历一朝扮演极为重要的角色。

现在第三件要做的事也很重要，可以称为请外援。前文说过，永历手中的兵力极其单薄，在与绍武打仗的时候赔进去了三分之一，后来跑路的时候又搞了一次大分流，一部分被留下来固守原地，一部分被安排殿后打掩护，剩下的人才被留在了永历君臣身边执行护卫的工作。如此一来，到达桂林时永历的随身部队大概只剩下了相当于今天一个师的兵力，实在是惨到了极点。

此时的明朝有效控制的地盘仅有广西、湖广、云贵川这几个地方，比起当年的南宋还不如。这几个地区中，广西形势危急，云贵川则有张献忠的部队来回纵横驰骋，永历等人想来想去，就只能靠何腾蛟啦！

于是，永历进封何腾蛟为太子太保兼武英殿大学士，督师如故，并派人进入湖广，要求何腾蛟出兵入卫。

接到永历命令的何腾蛟很想来，可是他却无法抽身。因为自从隆武二年的春天起，何腾蛟就一直在忙一件事：打仗。

何腾蛟虽然没有完成迎接隆武入楚的任务，但他还是十分清楚自己的使命的。对于隆武交代的北伐任务，何腾蛟在尽力完成。

在他的协调调动下，湖广境内的马进忠、卢鼎、王允成等部明军闻檄出师，从岳州（今湖南岳阳）出发进攻武昌。何腾蛟的老搭档湖北巡抚堵胤锡则督率由前大顺军余部李过、高一功为主力的忠贞营进攻荆州。

忠贞营在松滋成功实现渡江后，很快便击败了当地的清军，一举收复了荆门（今属湖北）、夷陵两地，乘胜包围了历史名城荆州（今湖北江陵）。湖广的抗清形势为之一变。

由于何腾蛟等人组织的这次主动出击进行得十分顺利，因此受其影响，两湖地区的抗清义军纷起。在此大好的形势下，忠贞营分出北伐的刘体纯部，更使得这次军事行动锦上添花。

这位外号飞虎的刘体纯不愧为当年李自成手下的大将之一。一路上，刘体纯部攻克了宜城，火烧了樊城（今湖北襄阳市樊城区），围困了襄阳（今湖北省襄阳市襄州区），搞得湖北的清军叫苦不迭，谁都听说明军突然出了个刘疯子，见谁打谁，且连战连胜，所向无敌。让清军更为恐惧的是，此人虽已成为明朝的正规军，可就战法属性而言却依旧是民军擅长的游击战，随意性很大，走哪打哪，完全没有规律性可言。因而各地清军都不能肯定下一个倒霉的到底是不是自己。

知道自己会挂是件很恐怖的事，但整天处于不知道自己具体会在哪一天挂，无疑让人感到更加可怕。此时的清军便是后一种状态。这种来自心底的担忧如同每夜挥之不去的梦魇一般，时时刻刻纠缠着每一个清军官兵，搅得人不得安宁。

然而，光化一地的清军却可以不用再为此事而感到烦恼了，因为当他们经过又一个难眠之夜后，惊喜地发现刘体纯及其所部已在城外等候多时了。

刘体纯的进军路线看似毫无规律，可是事实上只要清军将领冷静下来，认真看看地图，就会发现隐藏在迷雾背后的真实意图。

干净利落地拿下光化城后，刘体纯部紧接着又接连攻克了均州（今湖北均县西）、邓州、内乡，一路西进。当明军攻破竹林关时，清军指挥者才恍然大悟：原来他们的目的地是陕西！

前文说过，这个时候李自成很可能只是假死，而且还躲在暗中指挥部下们与明朝联合共同抗清。陕西是李自成和许多前大顺军将领共同的老家，也是当年李自成宣布建国的地方。所以李自成等人不仅对于这片土地有着很深的感情，这片土地上的许多人也是李自成的忠实支持者。如果让陕西重新回到明朝的手中，那事情就真的大大妙了！

此时清廷才充分意识到了事态的严重性。可是刘体纯部却不想给清廷太多的考虑时间。

隆武二年二月，刘体纯又攻占了山阳和商州（今陕西省商洛市商州区），并马上要与正在围攻西安的前大顺军将领贺珍部会合，完成对西安的合围。

清廷着急了，忙调在西北的定西大将军何洛会率领清军主力进入陕西。何洛会曾是肃亲王豪格的心腹将领，但后来却在豪格与多尔衮的斗争中突然反了老领导的水，向上揭发豪格一党意图谋乱，使得豪格由此被削爵并开始在政治上被边缘化。所以说，多尔衮能够取得清廷的实际控制权，何洛会堪称第一功。别看此人人品不行，在打仗方面却很是有几把刷子。他在取得了多尔衮的信任后，一直统领着清军在西北的主力，因此从未指挥过大兵团作战的贺珍自然不是既有能力又有心计的何洛会的对手，攻城很快失败，被迫退走。失去了配合的刘体纯也随即战败于商州。明军收复陕西的计划就此搁浅。

在刘体纯部北伐之际，忠贞营围攻荆州、武昌的大战也同时开始。经过一段时间的磨合后，忠贞营与明军本部的配合几乎已经达到了炉火纯青的地步。直到此时，湖广战场上不可一世的清军才体会到了所谓的全面崩溃。

此时负责驻守荆州的副总兵郑四维，对于忠贞营诸将而言并不是一个陌生人，因为这位郑四维先生事实上在几个月前还是曾和他们同生共死的革命战友。

也就是说，郑四维原来的组织叫大顺，原来的领导叫李自成。李自成死于九宫山时，郑四维是留守荆州的大顺军将领之一。可这位仁兄自从在山海关被打败过一次后，就此患上了“恐清症”，面对向湖广汹涌杀来的清军不敢抵抗，反而杀死了自己的主将、荆州防御使孟长庚，开门投降了清朝。所以在高高的荆州城上再次看到那些熟悉的面孔时，郑四维知道自己唯一的生路就是坚守下去。因为农民兄弟们向来都讲究义字当头，对于自己这个忘恩负义、暗杀主将的叛徒，无论是乞降还是战败，后果都只有一个，那就是偿命。

与其投降，不如战死，至少在新主人眼中自己还是个忠臣，自己家属或许还能每月定期领到一笔抚恤金。郑四维是这样认为的，所以他选择了死扛。

自古以来，政坛之上怕就怕不要脸的，战场之上怕就怕不要命的。郑四维既不要脸了，也不要命了，因此也就基本无人能敌了。明军辛辛苦苦地围攻荆州长达半个月，荆州城还是没能攻克下来。

但是半个月的激战也使得郑四维意识到，自己和荆州已经同时到达了极限。

再不来援兵，老子可就真完了！郑四维一再向湖广总督佟养和发出紧急呼救。可是让郑四维感到无奈的是，佟养和那里从来就没有个回音。

其实不是老佟不想派兵，而是真的无兵可派。这个佟养和是李成栋的搭档佟养甲的兄弟，但相对于佟养甲而言，他却是混得比较惨的一个人。因为按照清军不成文的规定，满蒙八旗的将领只听从满蒙王爷们的指挥，而作为汉旗无论你的官职级别有多高也休想随心所欲地调动任何一个小小的满蒙旗将领出兵作战。汉旗出身的总督、巡抚只能指挥汉籍的总兵，抑或是比他们级别更低的新近降清的明军和民军将领。

佟养甲身边好歹有个猛人李成栋可用，佟养和则是捞不到一个顺手的将领。

不过，作为一个有着丰富侍候经验的奴才，佟养和还是很清楚遇到这种事该如何处理的。他派人同湖南巡抚何鸣銮取得了联系，并与何鸣銮联名向清廷上疏，请求驻守在南京的平南大将军贝勒勒克德浑出兵驰援。

前文介绍过，这个勒克德浑出身高贵，且颇具军事才华。虽然行军作战赶不上曾祖父努尔哈赤，但在清朝皇族的年轻一代中也算是出类拔萃的一个。

得到了多尔衮的命令后，隆武元年十二月十八日，勒克德浑亲率满蒙精锐自江宁（即南京）出发，协同镇国将军巩阿岱、固山额真叶臣等部骑兵与新任的湖川总督罗绣锦一起赶赴荆州督战。一场对湖广局势有关键意义的战役即将打响。

隆武二年正月，在明军忠贞营向荆州发动了新一轮总攻的同时，何腾蛟与监军章旷也在长沙举行了声势浩大的誓师仪式后，带领大军蔽江而下，到达湘阴。在这里，总管湖广地区诸军的何腾蛟再次下达了集结令，命令各部明军限期内大会于岳州城下，期在一举克复湖广全境。

这时，历史再次向我们验证了一点，理想与现实之间是有着很大的差距的。明军各部急速集结的命令已经发布了好几天，可是甭说是一支军队了，何督师就连一只野兔也没瞧见。

好脾气的何腾蛟终于愤怒了。他马上派出使者前往各部驻地，责令诸军限期到来并给出各自延误的原因。

然而何腾蛟听到了这些答复，却深感哭笑不得。各部延误原因中，最具创新精神的还要数张先璧。这位仁兄就是被何腾蛟派去恭迎隆武圣驾的两路统领之一。由此看来，迟到是张先璧固有的光荣传统。而这一次张先璧给出的理由是：自己在等马。

张先璧具体是这样解释的：在得到领导的集结指令后，自己十分兴奋。为了出色完成这一收复国家旧土、拯救黎民于水深火热之中的使命，自己特地派人去订购了一些好马以备作战之用。可是没想到那个马贩子不守承诺，没有按时送货，购买的马匹迟迟未到，自己也就不小心迟了到。

你留下几个人等马，自己把部队先带来会合不就得了么？这个借口显然很假。何腾蛟也不傻，但问题在于何腾蛟明知张先璧这是在推脱耍滑头，可也不能将张先璧怎么样。因为时代已经不同了。

原先普天之下只有一家公司，那就是大明。不论是文官还是武将只要想改变自己的生活，就要到这家公司老老实实地上班、干活，否则趁早回家种地去。因为只此一家，爱干不干。不过现在情况已经不同了，大明公司的业绩明显已经大不如前，公司的福利待遇业已大打折扣。许多员工纷纷炒了朱老板的鱿鱼跳槽到了满蒙联营的大清去，进而和老主顾搞对抗。所以在现今情况下，是上级求下级，老板求员工。一旦把手下的这些大老粗惹火了，降了清，那情况可就大大不妙了。

朱董事长要靠何总经理，而何总经理却要向底下的打工仔点头哈腰，看其脸色行事，这他娘的是个什么世道！

听完了各部的种种理由，何腾蛟的心里肯定是相当的不爽，但残酷的现实却使得他不得不屈服于这些丘八们。于是何腾蛟只好下令：各部尽快前来岳州集结，不得再拖。

何大人的命令对一些将领来说似乎还是有点用的。因为没有等太久，何腾蛟就欣喜地听说至少有四路明军兵马向着自己的驻地赶来。

可是，等到一见到来将打出的旗号，何腾蛟却大叫不对。

来找何腾蛟大人汇合的部队总共有四支。这四个将领的名字分别是马进忠、王允成、卢鼎、王进才。四人有一个共同点，那就是他们原本都应该是负责镇守岳州城的将领。

难不成岳州城有失？本就深感烦恼的何腾蛟此时又顿感莫名其妙。

对于这个问题，勒克德浑可以解释。

勒克德浑在年前率领兵马乘船西上，次年正月初十便到达了湖广重镇武昌。在这里勒贝勒听取了当地官员对当前两湖战场的双方态势的说明与介绍，并由此做出了最为准确的断定：第一，何腾蛟部暂时不会由岳州北攻武昌；第二，这场胜负的关键在荆州战场。

## 幸运的博尔辉

事实证明，努尔哈赤家族中确实不乏对战局动向有着敏锐的感知力与判断力军事天才，事情的发展也确如勒克德浑所料想的那样。

于是根据这一判断，勒克德浑公布了他的应对方案。遣护军统领博尔辉领兵一支南下岳州，迎击以马进忠、王允成为前锋的何腾蛟、章旷部；勒克德浑本人则统率主力直趋荆州，同忠贞营进行决战。

勒克德浑的本意不过是让博尔辉拖住何腾蛟部明军的前行，等到自己解决完了荆州方面的事情再前来帮手。可是一件出乎包括勒克德浑等清军将领意料的事情却在此时发生了。

得知清廷调派曾经力敌方国安、王之仁两员大将的勒克德浑和他的满蒙劲旅入楚增援的消息时，身为前锋的马进忠和王允成就已经意识到了清军是要玩真的了。果然几天之后，塘报传来：清军在临湘同明军开战，明军战败阵亡千余人，明将黑运昌率二百余艘战舰投降。

来袭岳州的这路满洲八旗兵看来还真不是吃素的。当这一战报送抵岳州城时，马进忠等人却在关键时刻掉了链子。他们误认为清军主力的目标是自己，便主动放弃了岳州城，乘船南逃。没来得及跟上的岳州副将马蛟麟则干脆大开城门，向清军投了降。

湖广地区的另一重镇岳州城就这样糊里糊涂地落入了清军手中。

博尔辉本来是来搞疑兵、趁机拖延时间的，手中的兵力也不过只有由南京来援的清军的一小部分。没想到，老天爷对博尔辉真是太好了，几乎没有费上什么工夫还捡到了如此大礼，博尔辉同学高兴得很想撞墙。历史也证明，这位博尔辉从来就是一个运气极佳的人。

此人早前曾随从皇太极攻入遵化抢劫，并同自山海关赴援的明总兵赵率教大战了一场。要知道，关宁军的实力那是很强的，连满洲最骁勇的战士也不敢掉以轻心，否则便会有身首异处的危险。可是这个博尔辉在混战之中竟然没怎么吃亏，还趁乱斩杀了一个敌人。仗打完后，找来明军的俘虏一认，竟是个副将，博尔辉由此官升一级，受到了嘉奖。

还有一次，清廷派出军队去招降察哈尔的部众，任务完成后回师，恰好经过明朝边境。明军守将发现有情况后。就派出了一支二百三十人的小部队一探究竟。此时清军执行殿后任务的恰好又是博尔辉。不过这次还好，他不是一个人，而是一共有二十人。两支各自执行任务的部队遭遇后，随即拼杀起来。博尔辉此次更加玩命率手下猛冲，在杀死了十名明军士兵、俘获一人后就马上退走了。明军方面不知底细，害怕这是诱敌深入之计，便没有深追，也就返回了。因此博尔辉得以再次逃过一劫，还顺道捡了个便宜。

不过，相对于前两次而言，这可是博尔辉一辈子也难遇到第二次的大礼。不仅有一座城池和其中的百姓，还外加成百上千的降兵降将作为惊喜纪念品，实在是赚大发了。

这次回家，一定要多去庙里烧上几炷香啊！

一个人的喜剧往往同时是他人的悲剧。这句话用在这里应该是很贴切的。

随着马进忠等四将的到来，慌乱像流行感冒一样立即感染了明军上下，就连何腾蛟和章旷也同时中了招。在没有查明清军真实兵力和作战意图的情况下，本来陆续赶来的明军各部也有了充足的理由不再继续赶路了，而是趁机留在原地静观其变。何腾蛟于马进忠的说法本来是颇有怀疑的，可是章旷似乎是对此深信不疑。他一脸悲伤地对何腾蛟说：我们本来可以长驱直入，直捣黄龙，打到南京去，谁知现在还未出湖广，便遭遇了此事，无功而返，这叫我们有什么脸面回到长沙啊！我宁肯死也不愿回去！

听到章旷这番话，何腾蛟此时似乎也开始跟着犯晕了。他当即向这位老搭档表示，这次出征无果虽然可惜，但世事多变，未来还有的是机会，因此也不必太过伤心。于是在何腾蛟的命令下，明军各部纷纷返回了原驻地，何腾蛟本部也退回了长沙。这下子，忠贞营危矣！

此时，在荆州督领忠贞营猛攻城池的堵胤锡并不知道何腾蛟军已于三日前南逃以及岳州易手的消息。堵胤锡能够清楚地认识到的是，眼前这座城市已经濒临崩溃的临界点。只要再攻上不到三天，荆州的城楼一定会再次插上大明的旗号。但这虽然也是事实，可堵胤锡还是没能看到这一自出征以来便反复出现在自己的梦境里的情形。

二月初三，梦想破灭。

初三，晨。忠贞营的主将李锦等人正在专心致志地组织部队攻城，对于即将到来的一切尚且一无所知。

就在李锦正忙着指挥明军士兵攻打城池时，明军的后方喊杀声忽起。一支清军船队突然出现在荆州城外忠贞营的后方，继而登岸换马，分两路直冲忠贞营营垒并两翼包抄攻城的部队。驻守南岸的明军守兵也几乎在同一时间突然遇袭，明军水师的千余艘战船被夺，损失惨重。由于事出过于突然，忠贞营的将士都没能及时反应过来，而当他们反应过来的时候，又已经发觉一切太晚了。明军全线已然大乱。

混乱之中，刘芳亮战死，李锦勉强率部突围。明军大败，伤亡过半。

第二天，得胜的勒克德浑又派奉国将军巴布泰等分兵两路追击忠贞营于安远、南漳、襄阳等地。明军虽然战败，被迫撤退，却不像以前一样一哄而散，而是依然奋战如故。自安远、南漳到喜峰山、关王岭乃至襄阳，到处都能看得到与清军激战的明军士兵的身影。这也使得勒克德浑认识到自己选择玩阴的，果然是正确的。

除了关宁铁骑外，清军将领从不将任何一支明朝部队放在眼里，特别是那些在关内整日无所事事疏于战阵的明军，其能力不是仅限于捕盗剿匪就是屯田种地，几乎毫无战斗力可言。所以每当面对这样的明军时，清将都只是不慌不忙地召集自己的骑兵，一口气奔驰冲杀过去，对面的明军也会配合地一触即溃，一溃千里，纷纷逃散开来等待着被赶上来的清军骑兵一刀了结。

通常情况下，清军就是以这种方式取得了对明作战的多场胜利并就此名扬天下。但当从当地官员的口中得知围攻荆州城的明军是由李自成的余部演变而来的忠贞营时，勒克德浑意识到，要解除荆州的危局并不像想象中那样简单了。

勒克德浑并不曾参加过入关时的那场惊天动地的一片石大战，可他对李自成的部队却多有了解。李自成军虽然主要是由农民组成文化程度并不很高，单兵的作战能力也远远不及清军，但他们的战斗意志却要远胜于普通的明军，具体说来是不要命、不怕死、不畏难。与这样的军队为敌，是个将领都要头痛。

勒克德浑虽说不曾参加过入关时的那场惊天动地的一片石大战，可对于李自成的部队情况多少还是有些了解，他深知倘若兵对兵将对将地与忠贞营发生正面交锋，清军获胜的概率虽大但损失也该会不小。所以勒克德浑决定要些花招。

当勒克德浑亲率主力行进至石首时，探知到明军后续部队正巧在准备渡江且其后勤辎重分屯于江南。因此二月初二日，勒克德浑秘命副手觉罗郎球率部偷渡到江南，与此同时自己则统兵横渡洞庭湖，准备对忠贞营进行偷袭。经过一夜的疾驰，第二天早晨勒克德浑和他手下的骑兵便抵达了荆州城外并在城下潜伏了起来。由于清军行动迅速诡秘，驻扎在城外的明军对此竟毫无察觉。

果然，在勒克德浑和觉罗郎球几乎同时发起的突袭之下，明军战线全面崩溃。这一战使得忠贞营遭到了堪称毁灭性的打击，伤亡惨重，被迫撤退。

趁你病，要你命，这是清军将领一贯坚持的优良作风。在解除了荆州之围的第二天，勒克德浑就向忠贞营撤退的方向派出了两路追兵。李锦等明军将领虽奋起抵抗，可无奈于兵员、辎重损失颇大，被迫退入三峡天险地区。忠贞营的监军堵胤锡则因在激烈的战斗中不慎坠马折断了手臂，不得不率部向湖南常德一带撤退。

李锦和堵胤锡应该还算得上是幸运的，因为部队的损失即便很大，但主要的指挥人员却安全撤进了山区。然而有的人就很不幸运，在一阵拼杀之后，他们惊讶地发现涌上来的清兵竟越来越多，仔细一看才察觉到自己已经被清军包围了，且所有的后路已经通通断绝。兵书上所谓的死地，大约说的就是这种情况吧。

被清军围困的这部分明军是由李自成的三弟李孜和李自成的亲信将领田见秀等人统领的。此时他们只剩下了残部五千余人，而他们被困的地点叫彝陵。

一千多年前，在同样的地点，有一个人曾面临着类似窘境。大军战败，退路被堵，追兵逼近，残酷的现实迫使他不能不当机立断做出选择：不是带着部下继续奋战，直至战死，就是就地放下武器投降敌人。最后，他选择了后者。不过，后人似乎却能够理解他的这份无奈，而没有对他多加指责。这个在无奈之中做出无奈选择的人叫黄权。

千年之后，轮到李孜、田见秀们做出选择了。他们也出人意料地选择了后者，在彝陵向勒克德浑投降。

于是随着这最后一部分的明军的降清，轰轰烈烈的荆州战役宣告结束。清军通过此战获得了牛、马等牲畜一万二千余头，掠夺的人口和其他战利品则是不计其数。

接到勒克德浑捷报的多尔衮自然是十分高兴，所以他很大方地赐给勒克德浑黄金百两、白银二千两作为奖金，以资鼓励。

对在此战中投降的李孜等人，多尔衮也履行了他之前不计前嫌、委以重任的许诺，为这些降将们安排了合适的工作与去处。只不过地点比较特殊，在下面；领导也家喻户晓，老百姓称之为阎王。

四月初三日，前大顺军及忠贞营的主要领导李孜、田见秀、张鼐、李友、吴汝义和一同投降的五千将士被清军统统杀光。

缴枪不杀，优待降者，不过是逗你玩的，居然还信了！智商如此之低，就怪不得我睿亲王了。

湖广重地荆州没能拿下，岳州城倒是丢了。战略目标没达成，作为战斗主力的忠贞营反而损兵折将被迫退入了鄂赣交界的贫瘠山区打起了游击。这一情况让何腾蛟深感耳不忍闻，目不忍视。使得何督师更加感到不安的是自荆州一战后，自己的威望更是大不如前，不仅左良玉留下的那些旧将不把自己当回事，就连一些李自成的旧将也开始不把自己这个督师大学士放在眼里。李自成旧将郝永忠边守城边派人沿路打劫，重拾了强盗的旧业，另一个将领王进才则以军中缺饷为由，大掠湘阴，搞得民不聊生。

对这些事情，何腾蛟无数次地出面制止，可每次得到的都是这些部下们下次绝不再犯的空头支票。

再这样下去，不用清军打来，明朝在湖广地区的政府机构也撑不了多久了。

然而，在何腾蛟寻找到能够制约部下诸将的行之有效的方法前，一个消息已然传来：闽地尽失，隆武殉国。紧接着是第二个消息，八月十五日，清廷任命恭顺王孔有德为平南大将军，与怀顺王耿仲明一道杀奔湖南而来。此次敌人的战略目标很明确：征服湖广及两广，彻底摧毁隆武政权！

岳州失守后，其南面的新墙便成为明军与清军对峙的前沿阵地。隆武二年（1646）六月，清朝的湖广总督派出总兵祖可法、张应祥进攻新墙，明军出城迎战，大败，守将满大壮阵亡，龙见明被活捉。另一个守将姚友兴见状况不妙，丢弃阵地南逃，新墙也被清军占领。

不过清军此次出动的主要目的仅限于巩固岳州防线，没有继续南下的打算，因而兵力不多，所以明清双方在湖广地区的战局再次陷入了僵持之中。

抗清前线的陆续后移对何腾蛟而言无疑是一个极大的耻辱。皇帝陛下将克复湖广的重任交给了自己，而自己却没能取得任何成绩，反而一再丢城失地，实在是太没有面子了。

于是同年九月，何腾蛟和章旷经过商议，决定再次大举北伐，以完成先帝的遗愿（这个时候的皇帝已经是永历了）。何腾蛟制定的北伐战略是这样的：由章旷督兵从湘阴进发攻打岳州，同时移文堵胤锡，让他督马进忠部由常德北入长江，顺流而下作为接应，以便一举攻下岳州，进而收取湖北。

为了确保此次战役不致再因手下将领不听招呼走上老路，何腾蛟很是动了一番脑筋。最终他采取了章旷的意见，选择建立一支直属于自己的部队，这就是前文提到过的专有名词督标和抚标亲军。这支隶属于何腾蛟的督标、抚标亲军大致有三万多人，士兵大多是何腾蛟派人分别远赴广西、贵州等地招募的。广西、贵州两省向来民风彪悍，广西的特产土狼兵则更是南方明军中的佼佼者，无论是当年的平倭战争还是同一时期的陈子壮的部队几乎都不乏他们矫健的身影。

这支新组建的亲军应可以算得上是何腾蛟嫡系中的嫡系，王牌中的王牌，且一般情况下从不轻易出动。这一次何腾蛟将他的亲军全部召集了起来，因为在何腾蛟看来这是拼上老本的时候了。

何腾蛟亲军的将领也值得一提。这些人都是何督师从众多部将中千挑万选的，虽然军事指挥能力可能有限，但对领导却是绝对服从，对国家更是绝对忠诚。战斗一旦展开，绝不会带头跑路更不会畏敌投降，在政治上那是绝对过关的。前面拼力死战至最后一刻的龙见明和满大壮就是这些将领中的杰出代表。

当然，在派出亲军出动的同时，左良玉和李自成留下的旧部也肯定不能闲着。何腾蛟在开战之初便做好了与任何一个将领翻脸的觉悟。因此他以前所未有的严肃语气对各位将领下达了绝无转折余地的命令。责令王进才部和王允成带领水师作为北伐大军的偏师，与陆上的步兵骑兵水陆并进，一同杀向岳州城！

清廷委任的岳州守将正好是当初献城投降的明将马蛟麟。估计清廷是在荆州战役中从守将郑四维身上认识到明朝降将害怕被自己的老主顾抓获后杀死而会拼力死守这一特性，因而在选择镇守者时特地挑选了马蛟麟。

城上的马蛟麟从未见识到自己之前所属的明军会有如此大的阵容，士兵们会有如此刚毅的眼神。于是他害怕了，不过在惊恐之余，马蛟麟并没有忘记受命之时上司交代过的那句话：有问题，找领导。

探知明军已经接近岳州后，马蛟麟派快马向武昌请援（要命的事，所以要讲求速度）。接到求援的清湖广总督罗绣锦立即派出了参将韩友、高士清、惠之观三人带兵前往救援。在明军进至岳州附近时，马蛟麟同副将李显功带领着早已埋伏了多时的数百名骑兵，于万由桥突袭了尚在一心一意赶路的明军。明军猝不及防，很快便被清骑击败。马蛟麟打清军的时候明显是很疲软的，没想到在遇到与自己同样出身的陆路明军却出乎意料地忽然雄起了一把。在他的带领下，清军趁胜追杀了明军五十里。接着又在武昌援军的配合下击败了王允成部的水师。

何腾蛟怎么也没有想到，自己的军队竟会败在了一个令人不齿的叛徒手里。当章旷带领败军返回湘阴，把战败的情况告知何腾蛟时，何督师差点气到吐血。明明在我们这边的时候软弱如病猫，到了清军的手下竟变成了一只小老虎，何腾蛟无论怎么想也想不通这件看似匪夷所思的事情。

但在我看来，各种原因其实非常简单。生物学家做过的一个实验恰好能十分形象地说明这个道理。

西方一些生物学家曾做过这样的一个实验。他们把几乎同时出生的一只小狗和一只狼崽互相在没有引起注意的情况下换到了对方的族群里，并从此开始全程观察。经过几年的跟踪，他们惊奇地发现，本来是狗的那只小狗在与野生的狼群生活了一段时间后竟然完全被狼化了，变成了真正意义上的狼狗。不但能够熟练地捕食野兔一类的小动物，每日以肉为食，甚至每到月圆之夜还狼模狼样地跑到山头处嚎叫几声，颇有狼的感觉（虽然声音听上去不大对头）。回头再看那只进入狗家庭的狼崽，那却明显是另一个样子，模范的乖狗狗的样子。这只狼似乎从来没有意识到自己其实是一条让人闻而生畏的狼，每天有人固定喂食洗澡的安逸生活将它身上原始的野性彻底消磨得一干二净，勇气和血性、傲气和敏锐早已被扼杀在摇篮里，专家们在这只狼身上看到的只是狗一般的忠诚与服从，以及似狼非狼的外表而已。

所以说，往往不是某个人变了，而是他所处的环境改变了，因而这个人才会变得不同。虽然我们之中有人能够影响环境，可对大多数普通人而言则更容易被身边环境影响。马蛟麟的身上体现的就是这个道理。

很可惜的是，此时的南明依旧处于有兵无将的尴尬境地，明军的士兵素质即使较前大有改善，但真正的将才却还未能到来。因为只有当一个有能力的将领领导起一支有战力的军队，并在同时为它注入军魂的那一刻起，汪汪叫的狗才会真正蜕变成嗷嗷叫的狼，实现这一堪称华丽的转身。不过，对于南明的军队而言，离那一刻已经不太遥远了。

王进才他们一如既往地不尽如人意。然而，由堵胤锡节制的马进忠却是大有进步。

马进忠部接到命令后，按照计划由长江顺流东下，直至湖北的嘉鱼县六矶口，一路上虽无大胜可也多有斩获。得知明军逼近的消息后，整个武汉都为之震动，就连一向轻视这一路偏师的湖广总督罗绣锦也不得不予以高度重视，并开始匆忙地调兵遣将前去阻击。

但是摩拳擦掌、跃跃欲试的明军将士还没有看到敌人的身影，便接到了撤兵的命令。毕竟马进忠部此次出征的任务是配合接应章旷军作战，而现在主力都没了，马进忠部也就不可能再有什么大的作为。于是在大好的形势下，初尝胜利甜头的马进忠无奈地向部下传下了主动撤退的命令。何腾蛟制定的进攻湖北的计划则又一次受挫。

不过马进忠在此次任务中的出色表现却得到了上级领导的一致好评。返回长沙之后，负责监督的堵胤锡在同何腾蛟的会面中特意大大表扬了马进忠（盛称马镇之勇），而马进忠部也就此在湖广的诸路兵镇之中变得小有名气。并最终成为那位南明第一名将的忠实拥护者和得力助手之一。此是后话，这里就不多提了。

所谓战争其实就今天你打过去，明天我打过来，那是有互动的。要是只有一方连续不断地进攻那叫军事骚扰。所以当何腾蛟发动的第二次主动出击宣告失败的同时，清军已经把手伸到了何腾蛟的镇守范围之内。

孔有德自从在山东造了一把反又被明军赶到海里后，混得很不错。由于向清廷无偿赠送了火炮的相关技术资料，皇太极一高兴就给了老孔一个藩王的爵位。顺便一提，孔有德的封号是恭顺王，而跟着他一同满怀理想投身于汉奸这一新事业、新领域的两位哥们儿耿仲明和尚可喜则分别被封为怀顺王、智顺王，这就是现在有些辫子戏里经常会提到的汉旗三顺王。从这三位仁兄封号中所共享的那个顺字来看，可见清朝统治者对于广大明朝百姓也没啥过高的要求，只要是顺从听话就好。

从今往后，咱也是大王了！



孔有德对新主人的这一恩赐自然很是兴奋，感恩戴德。对于孔有德这种有奶便是娘的特殊品种来说，接下来能做的有且只有给皇太极效好犬马之劳。因而在接下来发生的诸如征服朝鲜，攻打锦州、松山等地的重大战役中，皇太极都能很清楚地看到孔有德先生朝着自己老同事、老朋友挥动马刀的活跃身影。

后来孔有德三人在另一位在某一方面比自己更加有名的吴三桂的倾力帮助下，很有幸地跟随多铎先生入了关。所谓的从龙入关之后，他们被赋予的第一项光荣而艰巨的任务就是跟在吴三桂的后面追剿李自成军。

虽然当初大家都曾经做过崇祯的敌人，但在孔有德们的眼中却似乎从来没有“敌人的敌人就是朋友”这种概念。上头叫我们打谁，我们就打谁，上面让我们咬谁，我们就咬谁，这才是孔有德们心中可以有且必须要有的观念。

接到入陕追击大顺军的指令后，孔有德二话不说，依旧延续了勤勤恳恳工作、老老实实干活的办事态度，拼尽全力猛攻李自成，一味猛赶猛杀，一直把李自成由陕西赶到了庆都才罢手

多尔衮先生本来对汉人将领是极不信任的，然而孔有德的活跃却使得多尔衮刮目相看了。这种好使又好用的工具自然要好好利用、充分利用。反正无论怎么打，死的都是汉族武将，这叫打死敌人除外患，被敌人打死除内乱，是件一举两得的事。以前的皇太极就爱这么干，作为实际接班人的多尔衮同样很中意这一做法。所以在召回孔有德和他的部队后，多尔衮又下达了入关后的第二个任务：赶赴江南，镇压各地的抗清斗争。

于是孔有德辛勤忙碌的身影又出现在了与弘光朝明军作战的战场上。扬州、南京、江阴这些重大而血腥的战役，老孔不仅是见证者而且还是实践者。对于孔有德的表现，多尔衮依然十分满意，所以在他的授意下，顺治亲自召见了孔有德并赐予了这位劳模朝衣一袭、马二匹、黄金百两、白金万两，以资鼓励。

教唆人家去杀戮同胞，然后从被害者的财物中取出一小部分作为奖赏，进行鼓励。

孔有德似乎对此极为受用。在受命北上还镇辽阳时，他召集了当年在皮岛上的

旧部加以训练，并等待着主人交付新的任务。

隆武二年，多尔衮再次想起了孔有德这个人。当年五月，清廷兵部召孔有德等率所部会于京师。八月，多尔衮亲授孔有德为平南大将军，令他率领他的铁哥们耿仲明、尚可喜二人出师南征。这一次，多尔衮破天荒地将大军的统领权交给了孔有德，即使是左翼梅勒额真屯泰和右翼大将固山额真金砺这样的满族将领，也要受到孔有德的节制。

这一情况体现出的并非是所谓的诸将平等，军事民主。只不过因为在多尔衮看来，孔有德是一个绝对不会背叛清朝的人而已。事实证明，多尔衮的眼光确实是还不错的，孔有德的确把这份放错了地方的忠诚保留到了最后。

永历元年二月，经过近半年的周密准备，孔有德率领大军到达湖南岳州。在这里，他将要把自己的事业推向第一个高潮。

十六日，孔有德、耿仲明、尚可喜三王带领清军主力从陆路出发，而屯泰则借由水路向明军扼守的新墙、潼溪发动了进攻。沿途明军在孔有德的大军面前简直是不堪一击，纷纷溃散，孔有德几乎没有费太多精力便轻轻松松地将部队开到了湘阴的远郊。

此时湘阴城中最高级别的官员正是我们前面曾多次提到的章旷。

作为湖广第一号人物、朝廷重臣何腾蛟的首席谋士，章旷是一个脑子转得很快的人。虽然这位仁兄据说形象不太好，却是典型的高学历（崇祯九年解元、崇祯十年进士）、高智商。不过更为难能可贵的是，章旷并不是一个死脑筋的读书人。

章旷在得知清军来犯的消息后，组织了一次阻击并取得了潼溪大捷。可是在看到接踵赶来、源源不断的清军后续部队时，章旷意识到这一次清军进军的目的并非还是巩固岳州一线那么简单。以湘阴的守军兵力想要抵挡住如此大军，那是绝对不可能的。所以在清军已经深入湘阴城郊的情况下，章旷协同部将主动撤往长沙，同督师何腾蛟商量对敌策略。

当时驻防长沙的将领是王进才。何腾蛟十分清楚这位仁兄很不靠谱，便立即下令调驻守常德的马进忠、王允才部前来长沙，以加强防守的力量。

然而，清军的行进速度却远超何腾蛟等人的想象。马、王二部尚在途中，清军就已兵临长沙城下。无论在哪一个皇帝的眼中，何腾蛟应该都是一个十分靠得住的人，至少比那些手中有一点兵就想控制皇帝过把曹操瘾的将领要强，但是实际上何腾蛟也有一个致命缺陷，那就是他常常会在关键的时间、关键的地点下达一些错误的命令。或许也就是由于这个原因，后来写就了《南明史》的顾城在评价何腾蛟时只给出了“成事不足，败事有余”八个字作为这位南明重臣最后的批语。

这个评语乍看很冤，但有时看来却又并不太冤。

清军打到了长沙，何腾蛟果然不负众望地再次犯了老毛病。他估计以长沙的兵力是很难坚守住的，于是便在王进才部的保护下，与章旷选择了乘船南撤。

二十五日，清军不费吹灰之力地占领了长沙。次日又攻陷了湘阴。但是孔有德先生想要的不仅仅是这两座城市，他对何腾蛟这个大活人似乎更为感兴趣。在打下了长沙没有多久，孔有德就派遣梅勒章京卓罗、蓝拜等将前往追击何腾蛟一行。

明军行军大部分要靠两条腿，当然很难跑得过蓝拜带领的四个蹄的追兵。清军很快与王进才部遭遇，并毫无悬念地击败了对手。不过由于早在此之前何腾蛟等人便已撤往衡山，所以清军知情后也就没有再深追。

武昌和长沙这两大湖广重要城市都已完全落入清军手中，湖广的局势似乎也已到了有史以来最坏的时刻。此时湖广境内对于清军最具威胁的，只有攸县的平尚伯黄朝宣一人而已。

黄朝宣曾是陕西悍将傅宗龙的手下亲兵，后来傅宗龙在与李自成军的作战中殉职，他便辗转于南方，四处带兵游荡。这时候有人发现了总在漂泊的黄朝宣并拍了拍他的肩膀，对他说：跟我来吧！黄朝宣这才有了真正的归宿。那个在迷茫中找到了黄朝宣的人正是何腾蛟。

长沙失守时，黄朝宣正拥兵十三万人，屯于攸县的燕子窝。攸县距离长沙城其实并不太远，而何腾蛟又对黄朝宣有过如此恩惠，按理说黄总兵应该马上领兵去救一下的。虽说应该如此，黄总兵却没有赶去。这其中的原因其实也很好解释，以前的黄朝宣是无家可归的散兵游勇，现在的黄朝宣则是拥兵自重的一方军阀。

一般来说，拥有军阀这种特殊称谓的人大致拥有以下几大特征：骄横自大、目空一切、割据自保、见死不救。所以已经成为一路军阀的黄朝宣自然也恪守着这些军阀的光荣传统，奉行着事不关己高高挂起的行为准则静观一切的变化。对于被清军追着跑的恩公何腾蛟，黄朝宣的态度很明确：看您自己的造化了。

既然目空一切，自然目光短浅。黄朝宣知道的是与清军交战自己很可能会损兵折将赔上许多，但他不知道的是不与清军交战，自己的下场也同样注定会是如此。

孔有德占领长沙后，为消除两翼可能存在的威胁，在湖南站稳脚跟，于是派出自己的老伙计耿仲明进攻常德地区，派尚可喜领兵直扑黄朝宣所在的燕子窝。同时还派人以军事威胁加政治妥协的形式，前去招降驻兵于浏阳的明军总兵董英。

三月初七日，董英招架不住，率部降清。而赶往救援的马进忠、王允才在行进的途中惊闻城池失陷的消息，随即退往湘西山区。因此常德就在无军防守的状态下，被耿仲明部轻易占领。

尚可喜的另一路大军行至攸县，黄朝宣身上另外的两大军阀的特性也随即暴露了出来：贪生怕死、欺软怕硬。黄朝宣在湖广驻扎多年，也与清军有过交手，所以深知清军的可怖之处。当得到尚可喜带兵来端自己老窝的消息后，手握十多万军队的黄朝宣竟然熊了。没等见到清军的影子，他就向清军表达了自己的愿望，请求尚可喜对自己进行招安，以便名正言顺地归降清朝。

谁知领兵的尚可喜是一个态度比较坚决的人。尚可喜此来，本是想要活动活动筋骨，再打上一个以少胜多的模范战役，展现下自己的军事能力。可是他没想到对手黄朝宣却是个十足的软蛋，竟主动选择了投降。尚可喜很是生气，当着黄朝宣使者的面，严词拒绝了黄朝宣这一无礼要求并明确表示，要亲自领兵清洗黄朝宣先生的老巢。

投降遇到了这样一个主儿，黄朝宣也只好深感无奈了。在得到使者的回报后，黄朝宣改变了自己的初衷。他集结所有的士兵，在这些已经下定了决心同来犯之敌拼死一战的将士面前，下达了首个军事命令：各营收拾财物，即日逃往衡州！

唉，碰到了这么个活宝做自己的军事主官，估计最感到无奈的还是黄朝宣的部下们啊。

就这样，无奈的黄朝宣带领着他同样无奈的士兵们连夜逃往了衡州。几乎在同一时间，另一位明朝将领张先璧则率部退往了宝庆（今邵阳）。在这些明军将领的配合下，孔有德很快就扩大了自己的战果，大半个湖广基本上都被孔有德收入了囊中。这也使孔有德隐约感到，自己已成为湖广战场上独一无二的主角。

但是，孔先生似乎并不满足于只做主角，他的追求比较远大，做戏霸。为了完成这一远大的理想，孔有德必须要消灭这一舞台上所有敢和自己抢戏的人。

在孔有德的主导下，大清制片厂斥重兵打造的湖广征服战的第二阶段大戏即将开播。所以这一次平时坐镇指挥的孔有德也亲自上场了。

三月中旬，探得何腾蛟、章旷先后逃至衡山县的孔有德亲率蓝拜、屯泰诸将，由湘江水路进军追杀何腾蛟一行，在渌口（今湖南株洲）击破了屯于湘江北岸的南明守军并乘胜追击。好在明军的情报机构也不是吃素的，身在县城的何腾蛟对清军的动向一直是比较清楚的。听说孔有德亲率主力部队过江后，何腾蛟与章旷便随即做出了准确的判断：孔有德这一次是朝着自己来的。

于是，二人在军中滇营将领赵印选、胡一清的保护下，又转移到了衡州（今湖南衡阳）。总兵徐松节为掩护何腾蛟一行安全撤离，主动前往渚州阻挡由尚可喜、梅勒章京卓罗等带领的陆上追兵。不用想也知道，凭借明军的那点家底想要抵挡来如影去如风的清军骑兵，这几乎是一个不可能完成的任务。但是徐松节还是去了，而后败了。所以徐松节本是个名不见经传的将领，但在这里我还是要提一下，只因为他的勇气。

徐松节，你是个真正的军人，勇敢的军人！

虽然明军之中不乏勇敢的将领，可是当领导的却大多是黄朝宣这样的人，因而明军想要获胜，真的是很难。

永历元年四月十二日，衡州失守，何腾蛟、章旷被迫再次逃跑，撤到了永州、东安一带。不过这回至少是圆了一个人的梦，黄朝宣的梦。

清军占领了衡州，黄朝宣再次派人拜见清军主帅，表示自己想要投降。这一次，清军的主帅是孔有德，而孔有德接受了。

黄朝宣在此终于得偿所愿，实现了换老板的梦想。但他没能预料到的是，这场梦就如同所有的经典噩梦一样，开头是美好的，结尾是凄惨的。

黄朝宣平日在湖广一带长期作威作福，还经常掳劫地方财物，因此当地百姓无不对此人恨之入骨，欲杀之而后快。其实相对而言，孔有德的名声也并不怎么好，但是孔先生却懂得什么叫收买人心，所以他找人聚集了当地百姓并缴了黄朝宣的械，当众下令将黄朝宣父子处死，而且用的还是最为严酷的刑罚：肢解。

杀掉了黄朝宣的孔有德，在衡州百姓心中成功树立起了为民除害的光辉形象。这可比长年被人家骂为叛徒汉奸的感觉要好上了许多。难得有机会做了一件好事，孔有德很高兴。然而，很快他又高兴不起来了，因为他被告知，长沙丢了。

这个世上但凡是个人就会犯错误，而用当前比较流行的“一个人如果不犯错误就不可爱”的观点来看，孔有德应该是一个相当可爱的人。

自出兵以来，清军一路凯歌节节胜利，接连占领了诸多城市。如此顺利的战斗对于孔有德来说还是第一次。恰好在此时，包括三顺王在内的所有清军将领几乎无一例外地犯了错误——轻敌冒进。清军将领们一致认为，在清兵的马刀面前所有的明军士兵都将四散而逃，所有的明军将领都将或败或降，长沙城根本没必要驻扎重兵防守，因为不会有人来打。自己所要做的，也不过是四处派兵圆满完成追赶明军和接手城池的工作，且只需要这样做，湖广之地就将轻易划入清朝的版图。

正是这个时候，一个沉默已久的人站了出来，以自己的实际行动告诉了清军将领们一个亘古不变的道理：自以为是的人终究是要倒霉的。

事实证明，在将才寥落的明军之中还是存在着一些不错的将领的。总兵杨国栋就是他们中的一个。

迎战、失败、逃亡、退守、再迎战，这种看似是无限循环的丧家之犬般的生活，杨国栋早就受够了。军人的尊严在被无数次地践踏后，终于在怒火之中被引发了出来。总是在眼睁睁地看着这令人深感耻辱的一幕幕发生的同时，杨国栋也终于明白到了自己该做点什么的时候了。

自从长沙落入敌手之日起，杨国栋便一直观察着长沙方面清军的一举一动。他在心中曾无数次对自己发誓，有朝一日一定要亲手收复这方本属于大明的故土。

不久，上天给了杨国栋一个实现自己誓言的机会。

孔有德在追击何腾蛟和攻占接管各城时，深感有些力不从心，于是下令抽调守备长沙的清军来支援其他诸路的行动。这样，长沙城终于出现了兵力最为空虚的情况。善于把握战机的杨国栋自然也没有放过这一良机，率兵出其不意地主动进攻，最终成功收复了长沙城。

孔有德做梦也没有想到，明军将领之中竟有人会玩这么一手。大惊之下，孔有德急令怀顺王耿仲明、固山额真金砺、梅勒章京卓罗等人率部由衡州走水路急速返回长沙。杨国栋在得知清军卷土重来后也不慌张，从容列队出城，于城外的天津湖摆开阵势，准备同清军决一死战。

杨国栋或许是一个不通文墨的粗人，但他却并不愚蠢。一个月前，督师何腾蛟的上万守军抵抗清军尚且不能取胜，现在自己却以区区数千人的兵力出城迎敌，其结果是不言而喻的。

杨国栋很清楚，可他还是这样做了，其中的原因我们已经解释过了，为了军人的尊严。

要知道，孔有德先生早先跟着毛文龙毛岛主在岛上混过，降清后又历经了多场大战，因而无论水战还是陆战，保卫战还是攻坚战，基本上都打过。作为一个将领，其指挥作战是否能够成功，一靠天赋，二靠经验。

明军指挥者杨国栋之前名不见经传，之后也无闻汩没，所以先天的天赋应该比较平常，后天的经验也必定比不上孔有德。然而他却以自己的努力告诉我们，即便只是一个小卒也有可能在历史上留下自己的名字，只要他能够为了自己的理想和使命坚持下来。

苦战之后，杨国栋最初部署于天津湖阻击清军的两千勇士纷纷战死，明军被迫由牛皮滩撤入城内继续坚守。此时城中士兵仅剩七千，除去其中老弱和负伤者，真正可用的估计连一半也不到。但即便如此，杨国栋还是选择了再次出战迎敌。

当日清军第二次击败杨国栋，重新占领了长沙，杨国栋本人下落不明（一说逃走了）。

长沙失而复得，孔有德终于松了一口气。真是好险！幸亏明军的人数不多，不然就麻烦了。

有了这一次的经历之后，孔有德便转变了自己的战略，改将长沙作为清军的主要基地由自己亲自镇守，而把衡州这样新占领的城市交由固山额真金砺等人留守。

当然，原有的圈地工作也不能耽搁下来。孔有德将这一光荣而艰巨的任务托付给了耿仲明，孔有德本人则是偶尔亲自行动一次，重温一下驰骋疆场的瘾。

清军共分两路，分头占领湖南各地。其中以由怀顺王耿仲明和梅勒章京卓罗率领的西路军为主力（孔有德有时会客串性质地参与下）。这路清军先是翻越熊飞岭攻破了祁阳，杀死南明总兵一员，副将一员，马步兵七千人。接下来又攻下了宝庆（今湖南邵阳），明朝的鲁王世子，总兵黄晋、李茂功、吴兴等罹难，此役明军总计伤亡三万两千余人（数据来源于孔有德的奏报，或有水分）。如此看来，几场战役打完，何腾蛟手中的主力部队基本上打光了。

鉴于章旷在马进忠等将领中间极有威望，这时的何腾蛟已经将军事指挥权彻底交给了章旷（这时章旷的职务已经是武英殿大学士兼兵部尚书且受命督恢复诸军），并委托他移驻永州，防止清军继续南下威胁皇帝的安全。可是没想到的是，当年八月初八，这位军中号称“不怕死的章北院”竟然病死于永州任所。

消息传来，明军上下哭声一片。但此时的何腾蛟却哭不出来，因为章旷的离世似乎在暗示着何腾蛟，临难一死报君王的时刻已经来临。

何腾蛟出师不利、连丢数城的情况，永历当然是知道的，所以这也是当初永历拒绝王坤北上入楚的原因之一。明知道那里战事紧急，打得七荤八素，还让朕跑到湖广去，你这不是害我么！

永历这么想，王太监自然就不敢多说，从此很是沉寂了一段时间。

但是，一件事情的发生使得王坤终于有了旧事重提的机会，而这次事件也使得永历好不容易获得的勇气荡然无存。

永历元年二月，李成栋派出的一支负责侦察的清军小部队，跟踪着几个永历的大臣追到了桂林的门户平乐府，并伺机发动了一次突然袭击，差一点就占领了桂林。虽然这支小部队很快便在瞿式耜的组织下被随即赶到的明军全歼，可是这件事却给皇帝陛下的心灵造成了极大的震动。

永历内心中的恐惧与勇气自此开始了堪比原子对撞机中的原子的激烈对撞，最终恐惧战胜了勇气。永历再一次慌了。

在桂林耽搁了这么久，王坤无时无刻不在等待着这一宝贵的时刻。在永历内心陷入慌乱的那一刻起，一向善于察言观色的王坤便敏锐地觉察到了皇帝的这一并不明显的变化，且在正确的时间、正确的地点说出了他自以为正确的话：“请陛下即刻起驾幸楚！”

永历虽对桂林的安全局势有所怀疑，但相较于很多年没有去过的湖广的情况，还是认为桂林这儿更可靠些。

王坤似乎看出了永历的这一想法，不过他相信只要自己说出下面的这句话，皇帝陛下一定是会同意入楚的。

“陛下不必担心，我们这次前去的地点不是长沙而是武冈！”

“好，如此即刻召刘承胤东援平、梧！”永历终于露出了久违的微笑。

刘承胤，应天人，外号“刘铁棍”。在投身于合法砍人的武将事业前，刘承胤的主要工作是打人。不要想岔了，刘承胤之前的职业不是打手，而是相扑手。

在我国，至少在宋元时期就已出现了相扑这项运动乃至专业的相扑师。《水浒传》中，梁山好汉里那个连最猛的李逵都能一招干挺的焦挺，其本职工作就是相扑手。

干相扑的不一定要肥头大耳、满脸横肉，相反，中国的相扑高手讲究的是一个“巧”字，譬如梁山上另一位精通此道的燕青就是以高超的技巧和敏捷的身手取胜的。刘承胤并不是燕青那样的技巧型选手，而是典型的力量型选手。据说此人力大无比，体力过人，手中一根大铁棍运转如飞，所以在战友中又有“棍神”的雅号。

不过，后来的事态证明，刘承胤实际上更符合“神棍”这个称呼。

刘承胤凭借在平定地方叛乱中的过人表现，很快便得到了相关领导的重视，再加上刘承胤本人也很会来事儿，由参将做起，一路往上升至副总兵、总兵官都督同知。到了隆武年间，刘承胤已经是明军的高级将领之一，右都督（一品），挂将军印，加宫保职衔，封伯爵。掌控大兵三万人，雄踞武冈，“专制黔、楚间”，是当时南方诸将中少有的既有能力又有兵力更有实力的一个。

召刘承胤入援的消息一经传出，朝臣间却马上响起了一片激烈的反对声。因为在大臣们看来，刘承胤这个人的人品似乎很有问题。大家之所以会得出这样的结论，是由于在自己身边同事中广为流传的两件事。

一次，兵科给事中龚善选因公事路过刘承胤的驻地武冈。刘承胤得知此事后不仅没有前往款待这位龚大人，反而让自己的士兵跑去像参观珍稀野生动物那样挑逗起了龚善选。龚大人深感身心受到了严重的侮辱，可自古以来秀才遇上兵，那总是有理没人听，龚善选只好带着一肚子的愤慨和委屈，加快脚步逃离了这块伤心地。

事隔不久，永历手下的另一位兵科给事中刘尧珍来到武冈公干，酒席之上因与刘承胤言语不合，竟遭刘师傅拳脚相加，被打得面目全非。幸亏当时在场陪坐的张同敞、傅作霖两位官员以上疏迎驾的关键时刻不能得罪朝廷命官为由相劝，刘承胤才一改怒容，换成一张笑脸敬酒赔不是。

随着两位受害人的回朝复命，这两件严重影响了广大文官身心健康和生命财产的事在朝廷之内渐渐传开了。为了避免自己也遭遇类似的屈辱待遇，各位大人宁愿被清军俘获后处死，也不愿在刘老粗的庇护下偷生。

士可杀，不可辱！大家还是很有些觉悟的。

但在当时强烈的抗议声中，却有一位大人始终持有不同看法，这就是内阁一号人物，可以被视为永历朝中文官之首的瞿式耜瞿大人。

瞿式耜认为两位给事中在武冈的遭遇肯定是真的不假，但这或许是偶然才会发生的突发事件，与刘承胤的人品似乎无关。那位龚大人遇到的受辱事件并没有直接的证据可以证明是刘承胤本人恶意指示的，而在刘尧珍身上发生的打人事件也是在酒桌上很常见的事情之一。刘承胤本就是个粗人，外加一时喝高了失去了理智，因一言不合操起酒瓶子就上的举动反倒可看成一个有血性的军人的率直表现。

目前朝廷面临的最主要的问题是有兵无将，不能很好地应对清军大规模进攻，因此这个时候召刘承胤带兵入桂，拱卫皇帝的行在，也不失为一个解决问题的好方法。

看到首辅大人都这么说了，底下的官员们的异议声自然也就慢慢地变得稀疏起来。

王坤做梦也没有想到，瞿式耜竟会有与自己意见一致的一天。所以在趁着瞿式耜对自己的建议表示支持的时候，王坤代皇帝草拟了召入刘承胤的旨意并随即发了出去。但未来的王太监在回忆此事时，一定会为自己的莽撞行为而把肠子都悔青了吧。

刘承胤接到圣旨，心情异常激动。他马上整顿军马，立刻开赴了自己向往许久的桂林城。

刘承胤一来桂林，王坤马上就后悔了。因为按照王坤的打算，得到自己举荐而来到皇帝身边服务的刘承胤本应该对自己深感大恩，继而一心一意地为自己办事的。可等刘承胤真的到了桂林面见了皇帝碰到了自己，王坤才意识到，刘承胤此来确实是办事的，而且此事还是与自己有关。其实只要再等上两天，王坤就会把这件事弄得更清楚，把话说得更明白。

刘承胤入卫后，一开始就没有闲着。见到皇帝寒暄一番不久，刘承胤就从身上拿出了一本奏疏交给了永历。奏疏的内容十分丰富，思路十分清晰，且从头至尾都在讲一件事，表达一个声音：让祸国殃民的大太监王坤赶紧滚蛋！

紧接着，刘承胤又在皇帝陛下的面前，满朝公卿列席的朝堂之上，公开指责翰林院侍讲周鼎瀚依附权奸、力行不法的相关事迹，且讲得大义凛然，使得在场群臣都对这位他们心目中的大老粗刮目相看。

众所周知，周鼎瀚在朝中依附的人是王坤，那刘承胤口中的权奸自然也就不言而喻了。

这下，王太监终于清醒了，敢情刘承胤是来办我的啊！

恍然大悟后的王坤随即开始纠集手下，准备对刘承胤进行反击。可是，王坤并不清楚由于自己平日里颐指气使，朝中官员们对于这个死太监的不满早已达到了一个极限值。随着刘承胤的起头，愤怒的洪流已经冲破了畏惧的大坝，向着王坤和他的同党汹涌而来。

此时的王坤算是明白了什么叫众怒不可犯。短短几天内，弹劾王坤及其同党的奏疏就纷纷送到了皇帝陛下的案头上，其数量之多几乎堪比当年的魏忠贤案。

也就是在这个时候，永历才发现，原来这个一直陪伴在自己身边的和蔼可亲、善解人意的王公公，竟然还有这样一个自己不知道的一面，而且有着这么多令人发指的“丰功伟绩”。

看完一沓沓的弹章后，永历愤怒了：好你个老奴，既然如此胆大妄为！于是皇帝陛下马上下令，罢免王坤朝廷内外一切荣誉与职务，并给这个死太监正式授予了弄权误国的罪名，即日赶出宫去。

就这样，永历朝的首位权监王坤在他想象不到的时间碰见了想象不到的敌人，并被干净利落地逐出宫外，打回了原形。

辛辛苦苦无数年，一败回到出山前。虽然王坤后来又回来了，可他的主演地位却已永远地被另一个太监取代。

一入朝就替大家赶走了万恶的王太监，桂林城中的大臣们无不拍手称庆，欢欣鼓舞。

真是差点错怪了一位好同志啊！当时的大臣们一见面都要互相以这句话作为开场白。

一个连瞿式耜都不能搞定的敌人，竟在刘承胤的带领下迅速走向了灭亡。一时间，刘承胤在朝臣们心目中的地位像最给劲的潜力股般不断涨停，风头声望甚至一度超越了当朝的首辅瞿式耜，成为众人心目中的偶像。

对于这一点，瞿式耜从不建议，也不在乎。在瞿式耜看来，大家都是为皇帝陛下做事，为国为民着想的，分什么谁上谁下，实在没劲。

很快，因为一个折子的上呈，瞿式耜对刘承胤的满意逐渐发展成了极度的不满。

永历元年二月的一天，内阁在众多的奏折之中，突然发现了一封极为刺人眼球的奏疏。这不是一份会引发朝臣之间激烈斗争的弹章，可它实际上确实起到了这样的效果。只因这封奏疏提出了这样的一个建议：两广地区的形势已经极为危急，皇帝陛下和群臣极有必要离开桂林，迁入更为安全的地方，譬如湖广境内的武冈。

表面上看来，这本是一个为大家人身安全着想的建议，不过在瞿式耜眼中，这却无异于一颗重磅炸弹。

因为写这封奏疏的人是刘承胤。而他选送的时间也恰好是在一个关乎国家未来大局的关节点上。

说到这件事，其实还要从几天前的那件事情说起。劫杀了丁魁楚后，李成栋军继续南下，一举攻陷了平乐。在这次战斗中，明将陈邦傅再次起到了模范带头作用，主动弃城逃往南宁。

败报传回桂林，永历君臣大惊失色。平乐虽然不是什么知名的要塞，可它的失陷对于永历朝廷而言却是致命的。因为平乐是桂林的门户，一旦有失就意味着永历等人赤身露体地暴露在了清军的屠刀之下。

面对着清军不知何时就会打过来的恐惧，永历食不甘味，睡不安寝。

在这种情况下，刘承胤适时提出了邀请皇帝驾临全州的请求。



全州和武冈那绝对都是刘承胤的势力范围，且是连湖广总督何腾蛟的命令也无法随意得到执行的地方。

在如此敏感的阶段，提出了如此具有深意的请求，瞿式耜先生不感到其中有猫腻，那才有鬼。因此在看到了这封已由永历御览且大加赞许的奏折后，瞿式耜立刻警觉了起来。

针对西迁之事，瞿式耜很快向永历递交了一份报告。瞿式耜明确指出，半年之内皇帝陛下再四搬家的行为已经严重影响了君民上下的安定团结的局面，对军心民心的稳定起到了极其恶劣的作用。再这样下去，臣民就很有可能从此对朝廷灰心丧气，进而逐一远离皇帝陛下，事情真要发展到了那个地步，就不知道皇帝陛下的国家到底在哪里了！

瞿式耜的这份报告交了上去，可是永历方面却没有丝毫的反应。瞿式耜认为这是皇帝在犹豫，于是又递交了第二份奏疏。如果上一封是纯粹的说理的话，那么第二封奏疏则是主要通过摆事实的方式讲道理，现实与道理得到了完美的结合。其中的两句话更让瞿式耜坚定了自己有说服永历的决心。

第一句是："皇上在粤而粤存，去粤而粤危。我退一步，则敌进一步；我去速一日，则敌来亦速一日。"

这句话的意思是，您若在两广，两广也就在，您若不在两广，两广也必然会丢。瞿式耜不愧是文学大师钱谦益的高足弟子，这样一说便把永历是留是走提升到了国家领土存亡的高度上来。其中的隐含意义说得再直白点就是，你如果惧敌跑了以致丢城失地，那你就是对不起列祖列宗。

接下来是进一步恐吓。假使您不在乎这些，还是一味想逃，那我们做臣子的当然拦不了您，可是您认为您跑到武冈就绝对安全了吗？不是的！清军从来都是对我军步步紧逼的，只要我们退后一步，敌人就会前进一步，且无论我们在一天内跑得多快，敌人也可以用同样的速度紧跟着我们！

估计永历看到这句话时绝对会吓出一身的冷汗来。不过别忙，接下来还有第二句。

“以全盛视粤西，则一隅似小；就粤西恢中原，则一隅甚大。若弃而不守，愚者亦知拱手送矣。”

这句的意思是，在拥有全国领土的时候来看，广西不过是并不起眼的一个小角落而已，可是现在要想收复中原故土，那么广西这一隅之地就很关键了。如果您放弃不守，那么连傻子都会知道您将要把自己的国家拱手送予他人了。

当然和上面的那句一样，这番话也有着深层的意义。傻子都觉得您很傻，那您不就显得更傻了么！

永历虽未读过太多的书，但还不至于连这种话中话都体会不出来。看完之后自然是神情激荡，心动不已。

不过精明至极的瞿式耜即便掌握住了皇帝陛下不得不屈服的软肋，可他似乎还是遗漏掉了一点，那就是永历的性格。

永历的性格如果只用一个词来概括，那应该叫不温不火。换句话说，这是个很随和的领导。瞿式耜的奏疏可以在短时间刺痛永历的神经，可是只要稍过一段时间，皇帝陛下便会将这件事置于脑后。

如果自己的性命都没了，那么这个世界上不知将会有几人称帝几人称王，剩余的明朝势力会闹得更乱，打得更惨，且最后还是会被清军捡到现成的便宜，逐个击破，到那时岂不更惨。永历认定了要以空间换时间，而拿时间等待着时局的变迁，所以这一次他没有听从瞿式耜的建议。不过单从永历的这一思路来看，事后的发展确实恰好符合了他的愿望。但只符合了一半。

看到皇帝如此反应，瞿式耜还好早已做足了心理准备，因而还不至于一下子气晕了过去。与此同时，再遭否决的瞿式耜又一次制定好了劝谏永历的方案。

瞿式耜深知永历是个性情中人，那么既然理性诉求的方式无法打动皇帝陛下，那就改为诉诸感性，打情感战，发起一场感情的攻势。

于是瞿式耜主动要求觐见永历，这一次永历批准了。

一见到皇帝出来，瞿式耜先按照礼法要求行完了君臣的参见之礼，随即做悲伤状。

永历发觉瞿首辅神情又变，也没多想，脱口就问：瞿先生何故如此?

这话刚一说完，永历就意识到这下坏了。

瞿式耜自然不会放过永历神经松弛的这一机会，于是当即伏地大哭，且边哭边膝行上前，趁机拉住了皇帝的衣袖。

永历就这样着了瞿式耜的道儿。由于衣服被人家紧紧扯住了，想挣脱也挣脱不了，想走也走不开，所以不得不听瞿式耜把他的台词讲完。

“如今我们东边的藩障已失，只有桂林之地尚存。如果每次遇敌都像往常一样丢弃此地离开的话，那么即便是像武冈那样的坚城也是不能坚持长久的。”

“我本打算在此举事收复故土，所以愿与此地俱存亡！”

面对态度如此决绝的瞿式耜，永历果然动摇了。可是一个人突然出现，使瞿式耜的努力就此功亏一篑。

这个人就是永历他妈。

由于早先受到了王坤夸大宣传的影响，两宫皇太后对于清军这一事物一直都处于莫名的恐惧之中。后来王坤虽被赶走了，可在刘承胤的指示下，锦衣卫马吉翔却接手了这一继续忽悠太后的工作。在马吉翔的不懈努力下，两个皇太后最终代替永历拍了板：赶紧走！

当初仅是一个嫡母王太后出面就几乎让全体大臣们招架不住了，更何况这次一下竟来了两个！老太后加老太后并非是两个老太后，而是老太后的平方！这绝对是谁也招架不住的。瞿式耜毫无意外地败下了阵来，眼睁睁地看着皇帝一行的车队向着湖广的方向前进。

瞿式耜说话一向是算话的。说要与桂林共存亡那就要如此，所以他婉言拒绝了皇帝和其他大臣要他随行的好意，坚持留在这个不知何时就将成为抗清最前线的地方。

不过，皇帝对于这位虽有些固执却始终忠心不二的老臣还是很重视的。临行前，永历当众将留守桂林的重任托付给了瞿式耜，并特意下诏加封瞿式耜为太子少保，赐予了他便宜行事的大权。这还不算，为了保证瞿式耜的守城工作能够得到全力的支持，永历又特地调来了当年曾同瞿式耜经历靖江王叛乱的总兵焦琏，封其为富川伯，以协助瞿式耜镇守桂林城。同时封另一位在靖江王之乱中有杰出表现的陈邦傅为思恩侯，驻守昭平，以成掎角之势。

等到一切都就绪了，永历这才从桂林起行。这一天是永历元年二月十五日。

而在与皇帝告别之前，瞿式耜也适时向永历推荐了暂时代理自己掌管票拟和处理国事的人选——刚入阁就任大学士的礼部尚书吴炳。其实连瞿式耜也没有预料到，这一安排会在日后产生一种意想不到的政治效果。

永历一行刚走不久，三月初，清军便从平乐出兵来攻桂林。瞿式耜闻报，急檄总兵焦琏来救。事实证明，焦琏是一个相当负责任的将领。当时焦琏的部队驻扎在黄沙镇，得到瞿式耜的命令后当即率三百骑先行赴救。初春时分恰好赶上当地雨水绵绵，山水泛溢，在四面陡峭的山沟中行军，随时都有遭遇因大雨诱发的山体滑坡或泥石流的可能。就是在这种情况下，焦琏却亲率士卒徒步急行百里，在异常困难的情况下，硬是找来了几艘设备简陋的渔舟，把军队带到了桂林城下。

三月十日焦琏与将士们到达桂林之时，城内外已是一片黄昏。看到如此狼狈的焦琏和他的士兵们，出城迎接的瞿式耜很是感动。首辅大人也不顾焦琏满身的汗水与泥水，快步走上前去亲切地扶住焦琏的后背，引领他和将士们入城休息。

瞿式耜在得知行军途中这位焦总兵总是等到士卒们全部依次安全渡河后自己才接着渡河的情况后，对这位将军更是大加赞赏。

有这样的将领和士兵，何愁清军不破！

焦琏带兵赶到的第二天，清朝的数万大军已经来到了桂林城下。先头部队的数十名骑兵直突文昌门，且很快登上了城楼。城楼下便是瞿式耜的衙署。

眼见清兵已经登城，且正在逐渐逼近自己所在的位置，瞿式耜却没有丝毫的慌张，一如既往地指挥着手下士兵进行巷战。此时瞿式耜的情况应该不是很好的，因为按照史书上的记载，清军这时射出的箭矢已经能够达到瞿首辅的周围了。书生出身的瞿式耜却很有大将风度，只听瞿大人大喊一声："焦琏！"焦琏便马上从瞿式耜的身边闪了出来，手持硬弓，瞄准了一个敌人射出了第一箭。

弦犹未静，箭已离弦！

冲在前面的一个清军骑兵应声而倒。紧接着，焦总兵又是连发数矢，眼前的敌人无不中箭坠马，跟着倒下。

目睹了身边同伴被同一个明军的狙击手射下马的情景后，一众清军士兵愤怒了。在他们看来，只有自己砍杀射击他人的分，自己却决不能"享受"到相同的待遇。而且自入关以来，这些清军就从没有吃过这么大的亏。于是几十个清兵一合计，纷纷从马上跳了下来，手持马刀四处散开，向着焦琏逼近。

这些清兵认为对方不过是善用弓箭，如果要论单兵作战能力，此人决然不是对手。所以他们选择了下马步战，以缩小受攻击的目标，并采取了先分散后围攻的战术，企图通过这个方法避开焦琏的弓箭，凭自己同样擅长的短兵接战的方式斩杀这只拦路虎。

不过清兵的如意算盘还是打错了。因为焦琏虽然在打扮上乍一看很像一个普通明军士兵，可事实上他是一名出色的明军将领，且可以说是当时永历手下南明军中最为出色的那一个。

在一段时间的单挑之后，焦猛人一展名将本色，连杀数人。就这样，包围上来看到此景的清兵，精神防线彻底崩溃了。也是在这时，守卫城门的明军已经杀散了门口的清兵，即将关闭城门。被吓傻的其他清骑这才反应过来，玩命地向着城门的方向奔去。个别没赶上的也不甘就这样被人砍成肉馅，竟然主动再次登上城楼，并从高高的城墙上跃马跳了下去，全速奔回了城外清军的阵地。

然而焦琏似乎还没有把他的个人英雄人戏演完的意思。在敏锐地发觉清军的大部队有后退的迹象时，他派人开启了城门，仅带领着麾下那三百骑就冲了出去，一边高声大呼，一面指挥着部下们直冲清营。

一般说来，敢于和清军公然打野战的明军部队，除去当年辽东的关宁铁骑外，清军基本上就没有遇到过。即便遇上了，也是个别脑子不太灵光的将领主动带着手下出来送死的。面对这样的明军，八旗骑兵大致都是一喊就上，一上就杀，明军则是相应很配合地一触即溃，一砍就完。

可是当今天清军见识到了焦琏这路明军时，这才惊奇地发现，原来施力者和受力者的关系在战争之中竟是这么容易便可被调转。

焦琏与他手下的三百勇士在清军大营里左右冲突，所向披靡。战斗自寅时一直进行到午时，在没有中场休息的状况下，焦琏一方共斩下敌首数千级。清营中的士兵叫苦不迭，这一次终于轮到了清军自己去感受那被敌人屠戮的恐怖了。

清军将领对现状极为不满，仗打成这样，死了这么多的人，如果没有捞到一点好处，回去别说是不好报销了，就连差也不好交啊！

所以清军将领们纷纷在慌乱之中尽力整合好了自己的部队，想要再一次攻入桂林城中或至少杀掉那个嚣张的明将。可是，也就是因为清将们的这一想法，才使得这场已经是大败的战役进一步发展成了惨败。

焦琏打了这么久，瘾也过够了，本想回城休息，但清军阵型的变动却使得他看到了敌人的不甘心。于是趁着将士们的热血尚未平息，焦猛人再次大喝一声，带头冲进了清军的阵势中。主将都如此有精神，不要命，小兵们再畏缩不前那就说不过去了。因此明军的将士们无不一当百，呼声震天，紧跟着焦琏杀了进去。

戈刀所及，血雨肉飞。城内的瞿式耜见状，也亲率城中士民边敲打着助威，边出击清军。清军遇到这种情况，终于支撑不住了，主动撤离。“好客”的焦琏也执意要为他们送行，直到追杀了数里再也追不上清师时才撤了回来。

桂林保卫战的胜利，打破了自永历朝建立起来明军战无不败、清军攻无不克的神话，大大激励了全国各地的抗清武装斗争，起到了振奋和鼓舞人心的作用。从此，清军只是在阳朔一带徘徊，不敢再向桂林踏近一步。这也为瞿式耜争取到了两个月的宝贵的修城时间，以备抵御敌人即将到来的更加猛烈的进攻。

# 第十八章 针锋相对

起初，永历曾将瞿式耜召入宫中，把皇太后和自己即将入楚的决定告诉了瞿式耜。

瞿式耜也明白此时大局已定，自己已经不可能再改变什么了，但瞿式耜还是提出了自己的另一个请求。

瞿式耜恳请皇帝不要在到达全州后便马上继续西行赶赴武冈，因为那是十分危险的行为。为什么这么说呢？瞿式耜指出，武冈是刘承胤起家的最早的根据地且已辛苦经营了许多年，在武冈城内基本上是姓刘的说了算，姓其他的靠边站。不仅何腾蛟不能插手干预，恐怕连皇帝的命令也不好施行。所以为了不至于成为新的一尊政治傀儡，皇帝陛下最好还是珍惜生命，远离武冈。

看瞿首辅的样子，并不是想吓唬一下自己，向来以安全第一为行事原则的永历马上请教瞿式耜应该如何处理这一问题。

瞿大人既然能预料到这种情况的存在可能，自然早就为应对此事想好了相应的对策，不然他也就不是瞿式耜了。瞿式耜建议永历在到达全州后，可以以车马劳顿为由下令停下休息，必要的话可以下达一个暂驻于全州的谕令。有了这样的一道圣旨在，料想刘承胤有天大的胆子，也不敢公开违背皇帝陛下的意思继续前行。

听完瞿式耜的这一陈述，永历感觉心中有了些底。于是等到永历一行来到全州后，永历便把瞿式耜教自己的这一套用了出来。永历一朝就这样暂时入驻全州。

刘承胤确实不如大多数朝中官员想象的那样简单，所谓的要将皇帝接到自己的势力范围之内加以保护，其实不过是说说而已，完全不必当真，否则最后被刘总兵卖了还得替人家数钱。刘承胤的真实目的是为了对皇帝加以控制并适时利用一下。随着永历君臣全部入住全州，作为房东的刘承胤已经开始了索要房租的谋划。

不过，在讨要保护费之前，谨慎的刘承胤还是决定先试探一下永历与群臣对于自己的态度。测试的方法说来也很简单，就是向永历推荐三个希望朝廷加以重用的人选：郭承昊、严云从、马吉翔。

不用我说，大家也应该猜到，这三个人必然与刘承胤有着某种不为人知的联系，而事实上也确实如此。

首先来说第一个人，郭承昊。郭承昊，江西泰和人，没啥能力，但官却做得不小，早在崇祯年间便已做到了都督同知、太子少保（从一品）的高位。隆武时期更是得以执掌明代最为知名的特务机构锦衣卫，成为一个在朝中绝对不可忽视的人物。郭承昊之所以能做到这个地步，倒不是因为此人有个好爹，而是因为他有个好爷爷。

郭承昊的爷爷是郭子章，这个人我们并不熟悉，但他却是个厉害人物。这位郭老先生一生不仅从事过司法工作（福建建宁府推官），还搞过工程（南京工部虞衡清吏司主事），理过民政（广东潮州府知府），办过教育（四川督学），当过监察（右副都御史），所跨行业范围是相当广阔，个人阅历也是相当丰富。可是让他真正显得和同一时代的其他官员与众不同的却是他的另外的两项特长。其中之一是军事。

明朝继承了宋朝以文官担任军事主官的传统，这样虽然能够预防武将的专横谋反，可从另一方面来看却很不利于国家军队的实际作战指挥活动。好在有明一代，历届科举的进士中不乏军事天赋极佳的高素质人才，所以明朝才不至于走上对外卑躬屈膝软弱无力的道路。郭承昊的爷爷正是那些从手无缚鸡之力的书生成长为指挥千军万马的大将中的一员。著名的“万历三大征”中的最后一征——播州杨应龙的叛乱就是在郭子章担任贵州巡抚时发生，且在其参与下才最终得以搞定的。

事实证明，郭子章在杀人的同时其实也在始终忙着另外的一件事，救人。因为在当官理政的空隙，郭子章几十年如一日地致力于医学的研究，是婴幼儿天花预防论的早期提出者之一，且还出版过诸如《博集稀痘方论》这样的医学著作达九十余部之多。

也正是凭借着这两大亮点，郭子章不但得到了国家最高领导万历的高度重视，成为让万历以兄弟相称的亲信大臣（在其老家至今尚存万历皇帝御书的“赐飞鱼服兵部尚书泰和家弟郭子章为金枝玉叶之裔”的赐匾），为自己在回家养老之前争得了兵部尚书、右都御史加太子少保衔的官位，还为自己的子孙后代挣到了一张长期饭票——锦衣卫千户的荫职。

有了这样文武兼备，集政治家、军事家、史学家、地名学家、文学家、医学家等称号于一身的罕见全才做爷爷，郭承昊自然是平步青云一路平安。所以说在上面所说的三个人中，郭承昊不能算是刘承胤的手下，而更像是一个政治上的盟友。之所以主动结交刘承胤，只不过是看在刘总兵当时深受永历和群臣们信任的分上，想再接再厉稳固进而提升一下自己的地位罢了。

然而接下来的这两个人却是刘承胤麾下百分之百的忠实打工仔，换句话说，他们其实在很早的时候就是刘承胤的人了。

一号打工仔严云从是郭承昊的老乡，江西分宜人。如果你对明代的历史人物比较熟悉的话，相信你会对江西分宜这个地名十分敏感，因为这里也曾经出现过一个大大有名的人物，虽然不是什么好名。

那个名人就是明代最有名的贪官严嵩（外号严老贪）。两个同是姓严还是一个地方的，难道这个严云从是严嵩的亲戚不成？

答案应该是，严云从是严嵩的孙子的孙子。

想当年，聪明绝顶的严世蕃聪明反被聪明误，败在了明代第一“忍者”徐阶手下，被嘉靖亲笔批示送到了地下继续搞谋划工作。失去儿子帮助的严嵩也随之像废品一样被嘉靖顺手丢弃，进而家产被抄，自己沦为了乞丐，凄凉而死。可是严嵩和严世蕃这两根严家擎天柱的突然倒塌，却并不意味着严氏一族就此完全退出了明朝的政治舞台，即便是退出那也是暂时的。此后将近百年的时间内，严家虽然很是沉寂了一段时间，但历史还是为我们证明了一点，所谓政治舞台上的世家大族靠的不仅仅是祖辈的人脉和关系网，这种历久弥坚的政坛家族神话更多的时候要看祖辈传承下来的天分。

事实证明，严云从就是一个极有天分的人。据相关史料记载，严云从自小就生得个头高大，气质非凡，在外貌上酷似严嵩。要知道，历史上的严嵩相貌其实是很不错的（有画像为证），所以有了这样的样貌，外加十多年的刻苦学习努力，在天启元年（1621）的那场武举考试之中，严云从得以旗开得胜，一举夺得了武举人的桂冠，并于次年在京师举行的武举会试中，又连战全胜，获得了武进士称号。

前文曾以专题的形式介绍过武举的难度，所以说严云从能取得这样的成绩，绝对是有着真才实学的。但是严云从继承下来的并不只是严嵩年轻时的勤奋好学，中老年时期的严嵩那些经典的搞关系的手段也一个不落地尽数收于严云从心中。因而他很快便由游击升为永平参将（相当于军区司令一级的干部），成为守卫京师门户的主要负责人之一。

后来严云从被朝廷调到两广驻守，并参加了朱由榔的拥戴工作。永历似乎对于严云从的家庭出身并不十分介意，所以不仅把严云从留在了自己的身边还把他安排到了一个特殊的部门工作，那就是锦衣卫。这样，成为都督同知锦衣卫指挥使的严云从在这里见到了他的领导兼搭档郭承昊，当然还有一个重要的同事，马吉翔。

马吉翔，顺天大兴人，和严云从同样是武进士出身，曾任广东都指挥使。可是相对于两位同事的仕途而言，马吉翔却并不是那样一帆风顺。弘光元年马吉翔因为犯事被罢了官，赶回了老家休息。然而马吉翔却没有像寻常遭免职的人员一样在家耐心等待着朝廷的起复通知，而是主动地活动了起来。因为马吉翔很清楚，在这个世界上你主动争取的事物往往最终并不见得属于你，那就更不用说那些你不主动争取的事物了。简单说来，就是争的不一定争得，而不争的一定争不得。

想要当官，想要升职，到头来还是要靠自己！

所以马吉翔几经辗转，到了当时的临时首都所在地福州，几经周转找到了一个人。他相信只要此人能开口说两句，那自己工作的安排问题就绝对能够得到解决。

这个人叫郑鸿逵。

果然，郑鸿逵的推荐下，隆武将马吉翔安插到锦衣卫充任都督佥事，并命他前往湖南劳军。而马吉翔还未完成任务，福建就沦陷了。马吉翔从来就不是那种呆板的人，而在锦衣卫从事特务工作的经验更使得马吉翔变得越来越不像一匹忠厚老实的马，反倒是与滑不溜手的泥鳅越来越相似。所以一听说大事不妙，马吉翔当即溜号跑到了广东藏了起来。

在广东游荡之时，马吉翔恰好走到了肇庆，又恰好遇上了永历就任监国，更恰好碰见了一个在新皇帝面前炙手可热的老乡，王坤。

所谓朝中有树好乘凉，更何况还是王太监这样的好大一棵树。马吉翔有了王坤的支持，自然如脱胎换骨一般。于是本来还是在逃官员的马吉翔竟然在一夜之间成了左都督，成了和郭承昊共掌锦衣卫事的在籍官员。这样看来，两位老乡之间的关系那是相当深厚的。

不过这也就怪了，马吉翔很明显是王坤的党羽，那么为什么他反倒又成了刘承胤的亲信了呢？

这点不难解释。马吉翔虽说是那种很重视老乡情分的人，但是王坤不知道的是，马吉翔在内宫之中除了自己外，其实还有另一个关系十分亲密的老乡庞天寿。

庞天寿，顺天人。崇祯时为御马监太监，颇见重用，后奉旨前往南京工作。曾先后服侍过弘光、隆武两位皇帝，并入职司礼监。庞天寿和当初的马吉翔一样，也是被派遣到湖南公干时突遭变故，因而不得不在粤、楚两地间四处徘徊。最后虽然总算找到了组织，返回了宫廷之中，但在这里他却见到了一个他并不待见的人。这个人正是王坤。

早在先帝的前任的前任在世的时候，庞天寿就认识王坤了。只不过在那时宫里顺天出身的太监至少有一百个，因此所谓的老乡情谊基本上是谈不上了。作为同出御马监的有志青年，大家进到宫里来并不只是为了混口饭吃那么简单而已。众人自入宫以来，其实就已经注定了先是朋友后是劲敌的命运。因为深宫之中太监虽多，但真正能给这些身残志坚的太监带来一丝心理安慰的职位有且只有两个，一个是大名鼎鼎的司礼监掌印太监，而另一个则是令人闻而生畏的东厂提督太监。

如无意外，想要登上监权的最高峰，成为太监中的霸主，通常状况下这两大职位最好由一个人兼任，而这个人不是自己就一定会是别人。所以为了得到那向往已久的权力，太监们内部的明争暗斗事实上也是异常激烈的。

当时尚在北京的时候，庞天寿就是一直在王坤手下跑腿的小弟，而十多年后，王坤混出了成绩坐上了司礼监一把手的位置，得以操秉内政，可庞天寿依旧是小弟。所以庞小弟的不满日益滋生起来，难道这一辈子都要屈身于王太监之下么！不，我要推倒前面的这堵墙，代替他的位置，得到他所有的一切。

于是当王坤日渐骄横并引来朝野之间普遍不满的时候，正是通过庞天寿、刘承胤收集整理的那些有关王坤的黑材料才能够顺利躲过王太监和他的耳目，到达皇上和太后的面前。

刘承胤驱逐走了王坤，得到了让皇帝听命于自己的机会，而庞天寿由此成功实现了接替王坤空下来的文书房掌事的位置的夙愿。大家各得所需，皆大欢喜。

刘承胤和庞天寿都属于那种还算不错的老大，在自己得到实惠后倒是没有忘掉小弟们。所以商议之后，刘承胤决定以自己的名义请求永历晋封郭、严、马三人为伯爵，以资鼓励。

这份奏章刚递上去，立刻就有御史毛寿登站出来表示反对。这本来没有什么大不了的，因为刘承胤的加封理由本来就存在不合规定的地方，比较牵强，要是没有人来找碴那才是怪事。可是，一个人的加入却使刘承胤这次试探和毛寿登的这封上疏成为朝中大战的导火索。这个人就是王太监离职后朝中唯一没有笑颜的那个人，王坤的死党、翰林院侍讲周鼎瀚。

王太监被驱逐出宫后，作为王坤亲信的周鼎瀚虽然在仕途上多少受到了点影响，但好在他平时的人际关系搞得还算不错，因而躲过了和王坤一起滚蛋的宿命。但是在朝中侥幸留下来的周鼎瀚却出人意料地没有和曾当廷斥责他的刘承胤死磕到底，相反的是在王坤下台之后马上改换门庭，通过马吉翔与刘承胤达成了谅解，和好如初了。

得知毛寿登上疏反对封伯后，周鼎瀚随即找到了当事人之一的马吉翔。在与马吉翔就此事进行了一番讨论之后，两个人一起又找到了处于风口浪尖的刘承胤。

刘承胤听闻毛寿登反对自己后，很是愤怒。让他感到愤怒的真正原因倒不是因为有人敢公开站出来反对，而是这个敢公开站出来反对的带头人竟然只不过是一个小小的御史。

其实这应该算是刘承胤不了解情况了。他不知道有明一代在政治方面是比较民主的，即便是御史这样的小角色也能有机会且有胆量对国家的大政方针提出自己的想法，而这就是所谓的言官的职责。但是有一点刘承胤还是非常明白的，那就是通常跳出来担任冲锋任务的一般都是小角色，而在这群政治斗争的炮灰的后面才是真正需要提防的敌人。

周鼎瀚和马吉翔的到来，恰好印证了刘承胤的这一猜测。

一进刘承胤的家门，马吉翔就告诉刘承胤，毛寿登的背后是有人的。

对此，刘承胤笑了笑表示知道，但随即也马上问了一句：是谁？

没等马吉翔回答，周鼎瀚便明确地指出了那个操纵者的名字：刘湘客。紧接着刘承胤得知的是此事背后的真实用意：刘湘客与瞿阁老（瞿式耜）商议，想要借此阻止圣驾随您继续前行。

哦，明白了，原来是在这儿等着我呢！正当刘承胤对瞿式耜能够看透自己的最终意图感到吃惊时，周鼎瀚接下来的一句话却使得这种惊讶演变成了杀意。

“今若不谴此二人，上必不得入武冈。”

是啊，不除掉这两个人，自己操纵皇帝进而掌控国政的目的就根本不可能实现，自己之前的所有努力、伪装都将是白费力。

“你说现在该如何是好呢？”望着自己这边学历和文化水平最高的周鼎瀚，刘承胤提出了自己最为关心的问题。

“我就是为了解决此事而来的。”在周鼎瀚自信的面庞上，刘承胤似乎看到了胜利的曙光。

几天后，刘承胤当廷面奏毛寿登、刘湘客等人把持朝政，结党误国，请求永历将二人逮捕拷问。这件事看似已经变得很严重，传闻中一直敌视文官的刘承胤一伙终于准备向毛寿登等言官展开明目张胆的打击报复了！为了保护自己的同僚免受这些粗人的欺辱与栽赃，同样身为言官的给事中万六吉和御史吴德操马上上疏声援毛寿登和刘湘客二人，为他们作证。可是殊不知事实上刘承胤追求的就是这样一种效果。

所谓有没有党派这个很难说更很难进行证明，但最好的办法就是引起众怒，让一些人主动站出来为受攻击的同事说话，这样即便是没有结党也很容易让人误以为他们是一派的。当吴德操和万六吉的救援疏送达永历手中时，刘承胤并不需要再证明什么了。

历来作为武林至尊的皇帝们从来就是不待见任何门派的，永历自然也不例外。爷爷万历年间的党争几乎毁掉了整个大明江山，而表兄天启、崇祯时代的党争也使得朝廷的状况一日不如一日，当时还做藩王的朱由榔对这些记忆犹新，因而对于门派这种东西更是深恶痛绝。

永历读完那些令人警觉的奏疏后，当即下令将毛寿登等四人交锦衣卫，于行在午门外执行廷杖。执行廷杖可能会死人，这是众所周知的事情。执行廷杖的是锦衣卫，锦衣卫的首长又主要是马吉翔、郭承昊、严云从三人，所以无论怎么看，这四个人都是必死无疑的了。

可是这四位大臣最终并没有就此毙命杖下，因为一个人的出面求情。这个人却是谁也想不到的那位：刘承胤。

在刘承胤及朝中群臣的共同告饶之下，毛寿登等四人得以免除廷杖。但作为惩罚，毛寿登等人均因此事受到了革职销籍的处分，干净利落地被赶出了朝廷。

这次风波之中，刘承胤巧妙地试探出了皇帝与诸臣对自己的态度，有力打击了政敌，并通过最后主动救援自己反对者的出色演出，在朝中树立起了忠厚大度的良好形象。但刘承胤真的是唯一的胜利者吗？

这件事情结束之后露出最为灿烂的笑容的至少有两个人，除了表面上的最大得益者刘承胤外，同样的笑脸还属于另一个人，他就是为刘承胤一手导演了这出大戏的周鼎瀚。

按照史书上的记载，周鼎瀚在找到马吉翔并一同上门拜访刘承胤之前，曾暗中干过这样一件事："造飞语为董卓、郭汜之议。"这在今天，说得专业点叫造舆论，说得不好听点叫造谣。周鼎瀚四处宣传说当代的董卓、郭汜就在朝中，相信连傻子都不难猜出这暗中指的到底是谁。就是在这一背景下，刘承胤才一度怒气冲天并开始产生了打击言官的想法。这个时候，周鼎瀚再与马吉翔一同上门雪中送炭，为苦于不知如何搞政治斗争的刘承胤带来斗争的具体方法。这样一来，刘承胤不对周先生感谢万分奉若上宾，那才怪呢。

据另外的一些史料反映，周鼎瀚与刘湘客两人本来就是有矛盾的，所以周鼎瀚的这一手不仅达到了获得刘承胤的信任与重用的目的，还把刘总兵当刀子给使了一把，真可谓是一箭双雕。周鼎瀚也由此证明了他才是当时朝中厚黑学这门科目中专家中的专家，高手中的高手。

瞿式耜留在朝中的第一张牌很快便被刘承胤轻松地除掉了，而被瞿式耜视为对抗刘承胤的最终王牌的吏部尚书、大学士吴炳也在关键时刻暴露出了他软弱的本性，对已权倾朝野且有兵有枪的刘承胤言听计从，比刘府的家养犬还乖。

这个时候，首辅瞿式耜镇守桂林不在朝中，阁臣吴炳唯唯诺诺，内阁已经基本上无人能与刘承胤抗衡。与此同时，刘承胤的亲家、前太仆卿郑逢元恰为兵部右侍郎，而兵部的左侍郎又是刘承胤的亲信傅作霖（当时的兵部无尚书，由傅作霖代理部长的相关工作），所以朝廷的调兵权也完全是由刘承胤说了算。此外，周鼎瀚每天在给皇帝上课以加强思想教育和宣传（周鼎瀚的工作是侍读），时刻向刘承胤汇报皇帝近期的思想动态。这样下来，刘承胤又得以对永历的想法了如指掌，这已经够可怕的了。鉴于上次的事态，剩下的官员要么是受到刘承胤的迷惑认定他是朝廷的支柱，要么是畏于刘承胤的威势不敢轻举妄动，所以当时外廷大致处于刘承胤的掌握之中。

不仅如此，更加令人瞠目结舌的情况还在后面。在偌大的宫廷内部，此时此刻也同样遍布着刘承胤的党羽。锦衣卫自不必说，有马吉翔三人帮手，司礼监的一把手庞天寿又是借助刘承胤翻身做主人的。因而在全州的两个月，一般情况都是刘承胤有了什么想法就告诉自己的手下，手下的亲信大臣们就把刘总兵的意思整理成奏章交由内阁，内阁和刘承胤通了气后自然是连票拟都省了直接批过。在下一关的司礼监手中等待的也只剩下盖章这一道工序而已。所以可以这么说，从永历元年三月到七月，南明的实际皇帝其实不是姓朱，而是姓刘的。

刘承胤终于体会到了说一不二的感觉，而这种感觉也确实让他感到棒极了。为了保险起见，刘承胤还是决定将皇帝带到自己的大本营武冈去。虽然这一决定依旧遭到了许多声音的反对，但是在这些底气不足或距离太远的抗议声中，刘承胤再也体会不到那种担心与恐惧了。

永历元年四月十五日，在刘承胤的唆使下，永历君臣再次起行，迁入武冈并以城内的前岷王府为行宫，刘承胤则因迎驾有功晋升为武冈侯。一个月后，永历下旨改武冈州为奉天府，并晋封刘承胤为安国公。刘承胤至此几乎已经得到了他梦想中所期望的一切。可是即便如此，刘承胤总是难免会有些许的担心，所以为了过上真正高枕无忧的生活，刘承胤决定先将这一担心彻底抹去。

举朝之中能够让刘承胤感到放心不下，和威胁二字画上等号的，唯有瞿式耜一人而已。

五月的桂林，风景是别有一番风味，但在桂林居住了很长一段日子的瞿式耜应该不曾注意到身边的这番美景，不是不够美，而是没有时间。两个月前的那次战斗虽说取得了不错的战绩，可在瞿式耜看来只不过是一个开始罢了。因为清军当时并未派出任何大将，其战役的指挥者不过是一些并不出名的小鱼小虾，要是李成栋、孔有德这样的人物出马，相信战争的胜负应该是很难预测的。

因而在双方停战的这两个月中，瞿式耜加紧修城、练兵和储备粮草，以做好防备清军来攻的所有必要工作。

清军迟早是要打过来的，瞿式耜对此有着十分清楚的认识。但他没想到的是，清军这次是找到了一个前所未有的契机且以一种意想不到的阵势来犯的。而这一契机则是由远在武冈的刘承胤先生友情提供的。

两个月前在桂林遭遇清军围攻时，刘承胤曾向桂林派遣过一支援兵帮助瞿式耜守城，并希望借此达到获取瞿式耜信任的目的，当时他成功了。现在他正派人暗中命令这支驻桂援兵组织哗变，以期迫使瞿式耜引咎辞职并从此远离朝廷，进而来实现自己最终的野心。

既然要哗变，那总得有一个合适的理由吧。这些当兵的虽说没有什么文化，但要煽动他们共同参与此事，也是要费一番脑筋的。刘承胤以自己多年的当兵经验想来想去，终于为桂林的支援部队（楚军）定好了哗变的口号，简明易懂且极具号召力的两个字：索饷。

谁都清楚，当兵入伍后所谓保家卫国不过是一句台面上的话而已，让人家放弃在家乡辛苦但还算安逸的劳作生活，去从事这种有今天没明天的高危职业，你不仅得保证让这些人吃饱饭，还得每个月按时支付给他们工钱。因为职业的需要，当兵的手里是拿着刀的，你不给钱还让人去拼命，最终能导致的结果就是拼你的命。

我们之前具体介绍过隆武年间的部队缺饷问题，那是相当严重的。到了永历时期这种状况虽然有所好转，可也好不到哪儿去。就这样，楚军在刘承胤的授意下，以索饷的名义成功发动了哗变，并将瞿式耜夫妇堵在了府衙之中。

瞿式耜并不清楚这是刘承胤指示下发动的兵变且矛头直指自己，但有一件事他还是知道的，如果不尽快妥善了结此事、安抚这些士兵，别说府门出不去了，自己或许还有幸去地府的大门口参观游览一番，用的还是那种单程的不限人数的套票。

瞿式耜先使自己镇定下来，随后便找来城中仓廪的负责人，让他即刻取出所有的库银，当场支付清士兵们的欠饷。负责人是了解情况的，听完瞿式耜的命令，他只得一脸遗憾地告诉瞿大人，咱们库里的银子不够用。

不还钱就得被砍，在场的幕僚十分了解这些士兵们接下来会被引发的行为，却没有任何办法。毕竟大家谁也不是炼金术师那样的高级人才做不到点石成金，即便是把现场这一票人全部打包拍卖了也很难补够这笔款项的不足，因而一时之间所有人都无计可施，所谓一文钱逼死英雄好汉应该并非虚言吧。

关键时刻，一个女人站了出来，主动提出将会满足哗变士兵们的要求，尽量补足饷银的缺额。这个深明大义、慷慨解囊的伟大女性，就是瞿式耜的夫人。

瞿夫人当众命人取来了自己所有的首饰，交给了哗变的士兵们。见到这一场景，一些士兵深受感动，主动收好了刀剑回到了自己的兵营之中。其他士兵却在知晓内情的将领的带领下继续留了下来，他们的借口则是饷银还差了那么一点。

这可就麻烦了，连当时首辅夫人身上佩戴的耳环、手镯都交出去了，竟然还不够数，难不成上天注定真的要让大家挨上几刀吗？

说来很巧，每当瞿式耜大人生命攸关的时刻，焦琏总会及时出现并予以营救，这一次也不例外。得知楚营的士兵们闹事，把首辅堵在了住处出入不得，没等焦琏下令，他手下的大兵们就也扛着刀向瞿式耜府衙处汇集而来。带头索饷的刘承胤的部将没有想到焦琏的军队竟会主动插手此事，因而一时之间也不知如何是好，只能在撂下几句狠话后逐渐散去，回营睡觉。

在焦琏军的干涉下，搞垮瞿式耜的计划失败了。消息传回武冈，刘承胤很吃惊。这个年头还有这么讲义气的将领在，这是刘承胤从来没有考虑到的问题。不过在一番思考过后，刘承胤至少是明确了一件事情，要想搞定瞿式耜，就得先搞定瞿式耜身边的焦琏。

在接下来的时间里，楚营士兵开始陆续同焦琏的军队产生小规模的各种摩擦。焦琏手下的士兵在焦琏的命令下，一直保持克制。可是怒火这种东西就像是即将大喷发的火山内部岩浆，终于有一天是要在一瞬间喷发出来的。而这一刻很快便到来了。

面对刘承胤手下士兵的无理挑衅，焦琏的部下们已经忍无可忍，于是双方最后在城中市场内爆发了一次超出以往规模的大械斗，且两边各自都有所伤亡。

听说桂林的守军内部发生了内讧，来到清军前沿驻地的李成栋认为再次攻打桂林的千载良机到了。于是在集结了两广各部的清军后，李成栋亲自带队，本着一雪前耻的决心杀奔桂林而来。

此番前来攻打桂林的清军确实同上一次大不相同。李成栋来到桂林城下，便把军营安在了文昌门外，焦琏与白贵、白玉二将照例开城带兵出战。这回明军并没能像上回那样一下子就冲乱了清军的阵势，相反的是任焦琏几次带领手下的精锐骑兵冲击，清军阵型犹自岿然不动。焦琏本人在冲锋过程中还受了伤，因此不得不率军后退。

虽然冲阵不成还光荣负了伤，但是在与清军这几次亲密接触下来，焦琏多少是有所收获。他发现这群清兵之所以不同以往，不但在于他们懂得如何抵挡骑兵的快速冲击，还由于他们能够巧妙地将阵势列在城上的大炮的最远射程之外（每次城内的明军出城野战都有城上的大炮给予一定的炮火支援），并熟知大炮的操作流程，可趁守军填装弹药的空隙伺机发动进攻。

李成栋不愧为一个长期受过战火硝烟真正考验的杰出将领啊！

对于李成栋的指挥才能，即便是焦琏也不得不深感佩服。然而焦琏依旧是从来不愿意服输的，在瞿式耜的监督鼓励下，焦琏等明军将领和桂林城中的官员们纷纷登城，坚守各自被分配协助的城门。明军在日渐危急的情形下，终于找到了一些可以对大炮射程之外的清军造成打击的武器，那就是在现任司礼监太监庞天寿主持下铸造的新式西洋大炮。

庞天寿同一些外国传教士有着某种特殊的关系，因此在这些传教士的指导下，南明利用国外最新的火炮技术铸造出了一些新式大炮。要说西方的技术革新速度那真是相当的快，新制的火炮不仅杀伤力大大增强，射程得到了延伸，操作也更为方便了。这些西洋火铳即将成为扭转战局的关键之一。

当清军士兵再次冲向桂林的城墙时，有些细心的清兵会发现架在城楼上的大炮并不是先前那一批了。他们也没多想，毕竟自己也算了解大炮，知道这玩意儿的最远射程，所以不要怕，大家一起冲啊！

然而事情的发展往往是出人意料的。很快，城上射出的一颗炮弹在冲锋的清兵中间准确落下，随即是一声轰隆巨响和持续不断的凄厉惨叫与呻吟声。难不成明军的火炮装了加速器？这一超出普通大炮最远射程的爆炸，一下子将城下所有人都炸懵了。但是城上的守军却没有懵，趁敌人尚未反应过来的空档，瞄准了骑着高头大马的清兵们就是一连串轰击加扫射。清军猝不及防，当即被撂倒一片。冲在最前面的最惨，不是被弓箭射成了刺猬就是被火枪打成了筛子，要不然就是切身体验了一把新武器的厉害，但只不过是一次性的，且体验了一把之后不仅人没了，连马也找不到了。

守城的明军实在是太缺德了！随便拿底下的清兵当炮兵实践课的靶子来使。眼看着一批批的清兵冲了上去又一批批地倒下，清军的将领快要疯了。于是趁着守军炮火稀疏的时候，清军阵营里传来了退兵的信号声。

城内的焦琏看到清军撤退，再次上演了出城追击秀的第二部。焦总兵虽然前日的旧伤未愈但来势依然凶猛，再次出击的明军将士们也在遭遇了上次的失败后端正了态度，所以这一次他们成功了。

前有炮弹炸出的一道火线，后有明军骑兵的追砍，恰在中间的那部分清兵真是叫苦不迭，早知道这样咱就不当伪军了！但是到了这个时候想要后悔已经太晚了，他们注定要为自己所抛弃的民族的尊严与气节付出最为宝贵的代价。

在火炮与焦琏的密切配合下，明军虽说是打退了敌人的迅猛进攻，可是自辰时至午时长达六个钟头的连续作战还是让大家感到疲惫不堪，而且更为重要的是，由于战争一直持续着，这些明军将士还没顾得上吃饭。所谓皇帝不遣饥饿兵，不开餐明显是不行的。因而等到清军一退，焦琏也收兵回城，瞿式耜马上命令手下搬出署中的大米蒸饭传给将士们吃，而且瞿大人还说到做到，要等到最后一个士兵吃饱后他才开动。所以士兵们得知身为桂林城中最高指挥的瞿首辅竟然如此尊重自己，无不甚为感动，争相表示愿为爱兵如子的瞿大人拼死一战。

第二天，斗志昂扬的明军又一次抵挡住了清军的来袭，战斗依然打得艰苦卓绝，焦琏也第三次主动率军出战同清师正面交锋，双方互有伤亡。然而这一次交战回城带给焦琏的却是一种说不出的奇怪感觉：今天的清兵似乎并不恋战，攻势虽猛却不像往日那样积极，难道是昨日的炮击给他们造成了太大心理刺激的原因吗？焦琏百思不得其解。一天之后，瞿式耜帮焦琏找到了答案。

第二次桂林保卫战打响之前，瞿式耜预先令部将马之骥埋伏在隔江的一个隐秘处以为犄角，接应守军。但这一天马之骥竟意外发现清军在暗中匆忙退兵！原来迅猛的攻势只是为慌忙撤退做出的掩饰，而攻城部队的不积极是因为怕被大军抛在了城下。一切似乎都能够解释通了。马之骥虽然无法猜测到清军突然退兵的具体原因，不过长年带兵作战的经验还是使他做出了十分准确地判断：这是趁机突袭清军的绝对良机。

在保证自己的行踪和兵力不被敌人完全掌握的前提下，马之骥率部向撤退中的清军发动了突袭。清军果然全无防备，随即阵列大乱，被马之骥一口气追杀了二十里，而且几乎又一次被后面闻讯赶来的焦琏部队赶上。

清军完全退出桂林远郊后，马之骥和焦琏将以上情况全部汇报给了城内的瞿式耜。即便是瞿首辅见多识广，可面对清军忽然而来又突然离去的诡异举动也是不得其解。

不过，瞿式耜最后倒是给出了一个推断，那就是清军的后方必定出现了什么能够严重威胁大局的突发事件，因此意在攻下桂林的李成栋才不得不在极度慌乱之中火速回师救援，连撤退时的防备工作也顾不上做了。

不得不说瞿式耜是一个很有水平的人，在没有明确情报的情况下仅凭对清军动向的分析，就将当时另外一个地方正在发生的大事猜了个八九不离十。

瞿式耜推断得没错。此时此刻在已经处于清军统治下的广东省，一件壮举正在轰轰烈烈地开展着。也就是因为此事，李成栋不得已在大部队已经进到梧州的情况下，克制住自己报仇雪恨的冲动，奉清廷新委任的两广总督佟养甲的命令，带领的主力原路折回广东。

坐镇广州的佟养甲穷于应付，进入梧州的李成栋部无奈回援，桂林的危局一夕之间得到化解。造就这一切的一切的具体说来是三个人。在历史上他们还有一个特定的称谓，那就是“广东三忠”（又称岭南三忠）。

顾名思义，“广东三忠”说明这三个动摇了清朝在两广地区的扩张和统治的仁兄都是广东本地人，事实上也确是如此。他们一个是东莞人，一个是顺德人，另一个则是南海人。其实这三个人在前文中也早就露过面，只不过在这个时候即将走向他们人生最为辉煌精彩的时刻。他们将用自己的努力为恢复明朝拼尽最后一份汗水，他们将用自己的才能去改变历史的走向，他们将用生命去挽救所热爱的这个国家的国运并用身体去奠定南明未来发展的地基，再次向世人诠释忠义的真正含义。

他们分别是东莞的张家玉、顺德的陈邦彦、南海的陈子壮。

接下来将要上演的是既精彩绝伦又可歌可泣的英雄的拼搏与荣光！

在佟养甲、李成栋部清军偷袭广州，导致绍武政权覆亡时，两广地区的明军守将非降即逃，明朝经营百年的防御体系几乎近于全线崩溃。在连清军的面还没有见到的情况下，镇守柳州、南宁一带的明庆远伯陈邦傅就被清军半月之间攻下广东全境的声威所吓倒，私自暗中派人同佟养甲、李成栋联络，准备投降清朝。

柳州、南宁两地一旦落入清军之手，以李成栋的进军速度，必定能从这个口子长驱直入，直取永历的所在地。这样一来，别说是两广地区会全境沦陷，就连南明是否还能继续存在也得打上一个大大的问号。不过这种事情并没有发生，至于原因我们已经说过了，只因有那三个人在。

三人之中最先引起两广总督佟养甲注意的是张家玉。

张家玉在隆武二年（1646）正月那次保卫福州新城的战斗中，因中箭坠马，摔断了手臂，幸得身边的一个叫林雄的都司冒死把他抢救了回来，才使得张家玉不至于过早地为国尽忠。不过受了伤的张家玉显然不能继续指挥作战，而隆武又是一个比较爱惜人才的领导，所以他大笔一挥，安排张家玉奉命前往广东的潮、惠二州筹饷招兵，并委任他为新招募的军队的“监督总理”。

回到广东的张家玉果然不辱使命，在潮惠两地走了一趟，竟一举招降收编当地民军武装多达十余万人。经过一番认真甄别，张家玉从中选取了最为精壮的一万人组成了五个营。不久，隆武帝在汀州被杀的消息传来，抗清北伐的大势已去，又赶上新军缺少粮饷，张家玉只好忍痛解散了这支由他亲手组建的新军，于当年八月返回了东莞的老家。

张家玉回家之时，东莞已在清兵掌握之中，并由降清的前明县官进行治理。佟养甲素闻张家玉威名，得知其已返乡，便立即派遣手下的副使张元琳到张家玉家中，召其仕清为官。这位担任说客角色的张元琳，正是当年与张家玉同期被授为翰林院庶吉士的旧相识。所以佟养甲认为这一次的招降问题不大。

张元琳到了张家，就看见张家玉穿着明朝的传统衣冠出来见客。这样一来，张元琳马上就不知如何是好了（估计他是清朝官员的打扮）。

看到张元琳不说话了，张家玉就先开口了。一番民族大义忠孝仁义说下来，张元琳发现自己绝对是无法辩过眼前的这位老同事的，于是他向张家玉鞠了个躬，找个借口便告辞了。此后佟养甲先生虽多次不厌其烦地派人前往劝降甚至还亲自写信奉劝，但张家玉依旧不为所动。

既然来软的不行，佟养甲也曾试过硬的，他曾写信以张家玉和他的家属的人身安全做威胁，意图胁迫张家玉降清。谁知张家玉却并不紧张，而是从容提笔给佟总督回信一封："孔门高第，太祖孤臣，如玉其人者，安可以不贤之招招之乎？生杀荣辱，惟公命。"

对于不听招呼的人，佟养甲不是不想杀，可是鉴于张家玉在广东地区的声望很高（才子加帅哥），佟养甲一时也不敢把这位张爷怎么样。佟养甲唯一能做的，就是派人暗中监视张家玉以防止他举兵抗清。

不过有些事情的发生，仅凭人力是无法防住的。特别是对张家玉这种精于谋略的高素质人才来说，想要靠几个刚入门的特务完全掌握张家玉的一举一动，那还早了一百年。

清军是在广州陷落后正式进驻东莞的，可是这支驻屯军的素质似乎并不太高，入境之后到处抢掠民财，强占民宅，这些行为自然引起了东莞当地百姓的强烈愤慨，于是水乡一带居民率先自发组织起来抗击清军。永历元年正月，道滘的一个普通百姓叶如日带领着一些乡民在城外的江边设伏，突袭了一支清军并杀掉没有任何防备的数百名清兵。东莞的清军闻讯后匆忙赶来救援，又被叶如日和乡亲们一顿劈头盖脸的猛击，杀死了二百多人。

消息传来，李成栋怒了。当初老子带着清兵数十骑就袭破了城坚兵众的广州，抓住了堂堂的大明皇帝，今天竟栽在了道滘这个不看东莞地图都不知道在哪儿的破地方，实在是太过丢人。于是李成栋二话不说，当即下令先派麾下总兵陈甲由水路进军，自己则亲率大队人马，随后由陆路开进道滘，去收拾掉这群他眼中的乌合之众。

在伏击清军连续取得成功后，不久前还是平头百姓的叶如日一夜间声名鹊起，各村各乡的抗清武装纷纷前来投奔，叶如日则很快被推选为义军的首领，率众继续作战。当总兵陈甲从水路杀奔而来时，他所看到的是密密麻麻集结在并不很宽的水道上的各式各样的船只千余艘。

原来人民群众的力量是如此巨大！陈甲的感叹还没有发完，远处的义师就发现了他的行踪，随即双方在虎门大战，结局远远出乎李成栋的预料。清兵和一支可能连大炮都没见过的民兵打遭遇战，竟被一下子歼灭了两千多人，真他娘的丢人。不过负责指挥的总兵陈甲似乎却不用为他的这次失败的指挥而负责，因为这位仁兄的这一仗打得实在是很彻底，彻底到连他本人都在战斗中被民兵们抓获拉出去杀了。就这一点来看，作为失败的典型，至少这个陈甲还是很成功的。

义师的首领叶如日是个比较有远见的人。他十分清楚既然自己这群人已经带头闹了起来，清廷肯定不会善罢甘休，不罢休就自然会派将领带兵前来镇压，而自己的队伍中最有杀伤力的武器就是砍柴刀、镰刀这些家用刀具和农具，最有头脑的人也就属自己了。可要面对装配着火枪弓箭的训练有素的清兵和战争经验丰富的清将，如无意外，自己这些人的命运注定只有一个，完蛋。

要找一个声名远播且足智多谋的人来代替自己才行，最好还是真的上阵打过仗的。符合上述条件的人在这个一天就能转个遍的东莞城里并不太多，所以叶如日基本没怎么费事儿就想起了张家玉。

叶如日秘密派船将张家玉迎入军中，并尊为主帅。此时张家玉在得知桂王就任监国的消息后，其实也在暗中与东莞举人韩如璜一起在当地集结乡兵，谋划起兵响应的相关事宜，因而在受邀接掌叶如日手中的这支民间武装后，张家玉随即真正开始了他的敌后抗战的生涯。

隆武年间张家玉不仅以兵科给事中的身份监过军，而且还见识过清军，打过几场漂亮仗，因而他十分清楚，真正决定一支军队战斗力的因素并非是数量而是质量。所以张家玉一到任，就从原来上万人的义军中精选出了骁勇乡兵五千余人作为主力，而将剩余的老弱全部遣返回家。紧接着为了提升军队的威望和士气，张家玉率众举行了一场抗清誓师大会，随即带领这一士气高昂的部队前往第一个目标城市——莞城。

三月十四日，张家玉仅用一天时间就率义军攻入了莞城，清朝任命的知县郑鋈还没来得及跑就成了张家玉军的俘虏。收复莞城的张家玉任命原东莞儒学训导张玿为知县。并在将一切布置妥当后还师道滘，为收复广州城做准备。

此时的张家玉已不再是一个初窥战争奥秘的书生了，两年的战场拼杀磨砺了他的意志，横飞的血肉锻炼了他的勇气，而与敌人的斗智斗法更让他慢慢地掌握了用兵设计的诀窍，使他在很短时间内成长为一个相当出色的将领。莞城的这场用时极短的攻坚战便是这个由文人转型为武将的张家玉交上的一份极为精彩的答卷。

哎呀，真是防不胜防啊！说这句话的不是范伟而是佟养甲。佟养甲早就预感到张家玉有可能成为影响清廷统治的不安定因素，但没料到的是张家玉的行动会有这么快，下手会有这么准。因此深感受到张家玉忽悠的佟养甲立刻找来李成栋，让他率大军前去攻下莞城，顺便除掉张家玉这个心腹之患。

得到佟养甲的命令后，李成栋也不含糊，当即开路奔赴东莞。之前自己的部将在这支义军的手里吃过亏，现在张家玉又带人在自己防区内攻城略地，四处撒野，所以李成栋打算新仇旧账一起算，彻底灭掉张家玉军。

李成栋的行军速度是一如既往地以迅捷著称。在张家玉攻克东莞的第三天，李成栋的大队兵马就杀到了东莞城下。李成栋的作战特点也基本没变，一到目的地，连气也不待多喘就马上转换状态挥兵攻城。城内的火药估计是受了潮，在守城的士兵们向外发炮的关键时刻多门大炮竟一个也没响，这样清军很快就趁守军的慌乱之际攻上了城墙。两军混战半日有余，张家玉军终因寡不敌众，阵地尽失，东莞就此再度沦陷。

张家玉军在这场战斗中损失惨重，包括举人韩如璜在内的多名义军将领皆战死沙场。张家玉带领剩余的部队退出了东莞。但李成栋似乎并不愿意放过这个一举歼灭张家玉军的良机，因此在派遣部下驻守后，他继续领兵乘胜推进。眼看着部队即将追到张家玉军并在野战中歼灭所有的抵抗者，一个名叫杨邦达的明将挡在了李成栋军的必经之路上。



这个叫杨邦达的明将具体是什么人不太清楚。但他为保护张家玉军安全撤离争取到了相当充足的时间，虽然这个代价很惨重，是他自己和手下将士们的上千条性命。李成栋虽然经过长达数天的苦战才消灭了这支一路上对自己死缠烂打的明军，过于激烈的战斗也迫使其不得不放慢了追击的脚步，在集结休整后才继续挥兵前进。在李成栋的眼中，现在的目的地只有一个了：道滘！只要攻克了这里，杀掉张家玉，自己西进广西的道路上将永无后顾之忧。

然而事实将证明，李成栋的这个推断是完全错误的。

杨邦达的牺牲为张家玉在道滘抢修防御工事的工作争取到了太多的宝贵时间。为了让友军不白白牺牲，张家玉以他出众的工程设计天分为即将到来的清军安排了一道丰盛的火药大餐。道滘各处的堡垒均用泥砖垒成，且遍伏大炮。等清兵攻近时，张家玉一声令下，各个工事内的炮火齐发。清兵没有防备，一下子死伤甚众，就连李成栋本人的坐骑也被在附近开花的炮火震倒，以致李成栋直接由马上摔入泥浆之中，极为狼狈。这无疑是李成栋降清以来，数年战场遭遇中最为危险的一次，但后续的事情发展证明这绝不会是第一次。

就今天看来，张家玉玩的这一手极为类似于抗战时期民兵搞的地雷战，可见即便是相隔数百年且一南一北，人民智慧的火花还是相通的。李成栋不知道什么是探雷器也搞不到避弹衣，因此在那个火药兵器已经广泛投入战场使用的年代，李成栋唯一能想得到的将军队伤亡降到最小的方式可能也就是卧倒了。

正当李成栋对躲在工事里的张家玉一筹莫展无计可施之际，一个人的到来彻底解决了他的烦恼。这个人名叫李郝思，是张家玉一个表兄，现在的身份是叛徒。

英雄的亲戚不一定是英雄。李郝思很明显不是一个英雄，而且还很明显是那种凡人中的最低级的形态，人渣。他把道滘防守的详细情况一一禀告给李成栋，唯一的请求就是希望事成之后能在道滘赏给他一块好地。

李成栋本以为是什么特殊的要求，一听说不过是一块地皮而已，当即大喜，爽快地答应了他。随后在李郝思的指点下，李成栋指挥兵马，集中力量攻击道滘城防中最为薄弱的东北角并真的顺利攻入了城内。此城终于破矣！

攻入道滘城后，清军在曾被籍没家产劳军的前刑部尚书李觉斯的帮助下，找出了张家玉和韩如琰（同来抗清的韩如璜之弟）的家属和宗族并将其全部杀死。杀光了张家玉的家人，李觉斯却仍感到不太解气，于是出于对张家玉的刻骨仇恨，李觉斯做出了一件丧心病狂的事。

李觉斯带着清兵先挖了张家玉的祖坟，后又把与张家玉沾亲带故的人又杀了一遍。

要说李觉斯的这一举动的确是够狠够毒，后来张家玉转战广东经过故乡，目睹此状，恸哭不已，险些悲伤过度晕死过去。

当然，还有一个人的后事这里有必要提下，那就是那位导致张家玉兵败的表哥。事后李成栋并没有食言，为了表彰李郝思“大义灭亲”的行为，特别嘱咐分给李郝思一块上好的田地。这个李郝思也就此翻身当上了地主，在这块由无数亲人性命换来的一亩三分地上无耻地活了下去。

是非存于历史，公道自在人心。

### 成仁

防御工事被逐一攻破后，张家玉率部败走西乡，而清军也紧追不舍，两军随即又发生了激斗。这一次叶如日等义师领导人几乎一起战死于西乡，只有张家玉等少数几个人暂时从战场上逃脱了出来。

张家玉原有的五千精壮士兵在与清军的三场大战之后，基本损失殆尽。李成栋认为张家玉彻底完了，而从当时的种种情况来看实际上也确实如此。然而张家玉的战斗力之强悍与生命力之顽强，却是远远超出了任何人的预料的。

战败后的张家玉并没有过于气馁。他在四处躲避清军追捕的同时，竟然又在沿途进行了招募。没几个月，张家玉身边便再次积聚了几千名勇敢的士兵，随后他派人联络了在附近同清军坚持打游击的明军总兵陈文豹，一起攻克了新安县城。虽说新安不久又被清军击破，陈文豹也在护城战中阵亡，但张家玉却始终在用自己的努力告诉清政府：这里始终有一个不畏强暴的人，他将时刻为实现自己复国的理想而不屈地战斗着。

生命不息，战斗不止！

其实，张家玉并不是一个人在战斗。很快他就得到了另一位在广东奋战的同志要求联合作战的来信，这个人就是陈邦彦。

陈邦彦并没有完成永历交付的说服绍武、苏观生撤除帝号的使命，但是随着广州及各处沦陷的消息传来，陈邦彦意识到在他的肩膀上已经多出了更加艰巨的担子，那就是收复失地、驱除清军，虽然事实上并没有人要求他这样去做。

想要实现这一切，必须要具备一定的抗争武器。文章道理显然是不可能完成这一任务的，因为通常情况下对于推崇暴力的人来说，唯一能够说服他的方法就是依靠远比他要强大的暴力。作为一个手无寸铁的书生，现在陈邦彦急需的是一支军队。

巡视一周之后，陈邦彦的目光落到了顺德。在这里有一个叫余龙的人，他手里正好有一支符合条件的万余人的部队。余龙本是当地的一名江洋大盗，后来受到江西总督万元吉的招抚成了明朝的正规军，并隶属于援赣部队，参加过保卫赣州的战役。后来赣州失陷，余龙部生活无着，便又操起了老本行，在甘竹滩落草为寇。余龙手下原来的人马本来就不算少，落草之后又加上了从四处前来归附的明军溃兵，少说也有二万多人。那兵力是相当可观。

于是躲在滩内的余龙和他手中的军队便成了我们今天常说的第三方势力。无论是佟养甲这样的清廷地方大员还是像陈邦彦这样的明朝拥护者，都想要把他拉拢到自己这一边。

如果能说服余龙再次走上归明抗清的道路，这一定会大大改变顺德一带的明清双方的力量对比。陈邦彦十分清楚余龙的重要性，但他更清楚地是诸如余龙这样的一寨之主大多是那种“看这个书生细皮嫩肉，马上叫手下小的将此人开膛破肚挖出心肝来下酒吃”的杀人不眨眼之辈，一旦一言不合必有性命之虞，而且说不定还没等到开口就让人拖下去洗净了等着下刀。

要是一般人，必定要经过长期考虑与准备并且等到有了十二分把握后才敢试一试，然而从陈邦彦当年独上南京觐见弘光、只身一人出使肇庆的这些经历，我们可以肯定的是陈邦彦绝非一般人。所以一听到这一消息，陈邦彦就收拾好了行装，踏上了深入虎穴龙潭且吉凶难料的道路。

不入虎穴，焉得虎子！

扁舟一叶独身一人进入甘竹滩后，陈邦彦又一次凭借他出色的口才，完全折服了对手。经陈邦彦的说服，寨主余龙当即同意协助陈邦彦反清兴明。就这样，一个手无缚鸡之力的人以他过人的勇气和智慧完成了一个看似不可能完成的任务，成功收编了自余龙以下多达二万余人的部众，并将他们从一支东拼西凑的杂牌军改造成一支真正意义上的军队。

得到了余龙的加盟后，陈邦彦却并未就此止步。他变卖了自己家产，广泛募捐，四处筹饷，又在高明训练出一支颇具规模的水师。不过相对于张家玉而言，陈邦彦似乎更加懂得团结就是力量的道理，因此在手中有了一定兵力时，陈邦彦并不急于马上出兵收复个把县城，而是向周围派出了亲信，广泛联合各地大大小小的抗清武装，谋求步调一致，协同作战。

张家玉只不过是陈邦彦邀请一起行动的主要人物之一。陈邦彦尽力与之取得联络的另外一个重要人物就是陈子壮。

广东各地的抗清武装中，实际上只有陈子壮的部队算是真正意义上的明军，也就是说朝廷承认的军队。广州城陷，陈子壮和其弟陈子升毁家纾难，捐资募兵，在家乡南海九江举旗誓师，这更是在两广广为人知的事。因此能够和陈子壮接上头共同行动，取胜的可能性一定会大大增加。

况且在当时，永历已授陈子壮为东阁大学士，兼领兵、礼二部尚书之职，佩尚方宝剑，总督广东、福建、江西、湖广四省军务。这个职衔在现实中虽然很虚，但是这么长的名头说出来其宣传效果还是很明显的，作为募捐粮饷招揽兵士与人才的旗号更是再好不过的，所以陈邦彦认为陈子壮的加入很重要。

于是在陈邦彦的联系与协调下，著名的岭南铁三角此时才正式聚拢在一起，从此开始互相配合，协同作战。他们三个人的名字自此将紧密地联合起来，成为广东一带清军在很长的一段时间内畏惧不已的三人组合。

永历元年三月，趁李成栋围攻桂林之机，陈邦彦、余龙乘虚突袭广州。明军先在东莞击败了佟养甲派出迎击的水师，焚毁敌船百余艘，紧接着包围了广州，将佟养甲围在了城内。由于李成栋一直在率领大军不断向西推进，广东境内的清军数量又相对有限，因而清政府真正能完全控制的只有一些主要城市和重要的城镇，所以一时之间无法应付其他非重点地区的武装起义。佟养甲虽然是两广总督，是清廷在两广地区的最高代表和负责人，可是两广的清军主要还是受命于李成栋一人，佟养甲即使贵为总督论级别要高于身为广东提督的李成栋，但他手里的可用兵力却是相当有限的几千人而已。

现在陈邦彦率军两万围城，佟养甲唯一能做的只有下令关闭城门，不准出战，派出快马到广西急召李成栋回援这几件简单的事情。然而令人感到奇怪的是，陈邦彦的军队明明已把广州城围得铁桶一般，可是不知是围城的士兵们太粗心还是负责送信的仁兄太狡猾，佟养甲的告急文书竟然十分顺利地就送达了正率主力赶赴桂林的李成栋的手中。李成栋的行军之快我们不止一次提到过，接到广州被围、旦夕将失这样十万火急的消息，李成栋自然更是日夜不停快马加鞭地回师广州。陈邦彦得知李成栋回来了，随即主动撤围而走。

陈邦彦有所动作的同时，张家玉和陈子壮也没有闲着。张家玉于四月十九日派部将陈镇国、冯家禄领兵会合前参将刘龙、李启新部，收复了龙门。陈子壮则四处出击，牵制住了其他地方的清兵，有力地阻断了清军对广州的增援。

在岭南铁三角的带动下，顺德的胡靖、梁斌，新兴的梁信灼，新会的黄公辅、何世熊，恩平的王兴，阳江的莫廷兰，东安的何仕璋纷纷聚众举义，打击当地的清军，搞得佟养甲大人头痛不已。

也许有的人会认为这些地方的武装骚扰有余，实力不足，很难对清军形成真正的威胁，而由于陈邦彦组织的疏忽使得明军攻克广州的计划功亏一篑，这样看来所谓多谋善断的陈邦彦也不过如此嘛。

陈邦彦绝非是浪得虚名。陈邦彦围城之时，在寄给潜伏于东莞乡间指挥部队作战的张家玉的信中详备地阐述了自己这一阶段的总体战略思想，其中有这样一句话："桂林累卵，但得牵制毋西……是我致力于此，而收功于彼也。"稍微翻译一下就是：桂林的局势很危险，但是皇帝能够不西迁，那是因为清军有人牵制的原因。这就是因为我在这里努力才得以在桂林显现出来的效果啊！

只要结合前面我们讲到的两次桂林保卫战和对于两广清军数量与分配的介绍，你就会发现陈邦彦并不是在揽功，更不是在吹牛。两次桂林保卫战的功臣并非只有从容指挥的瞿式耜、浴血奋战的焦琏，促使这一切成功的人至少有五位，其中不为人知的三位幕后英雄同样值得后人的赞许与尊敬。

这样事情就很明了了。报信人的轻松突围、李成栋每率主力出动就会闻风而来的围城部队，这些并非是巧合，而是陈邦彦先生有意安排的，为的就是让西取桂林的李成栋投鼠忌器，不能全心全力投入作战。

这不但是对名垂千古的孙膑"围魏救赵"战略的成功运用，也同时证明了陈邦彦绝非是一个纸上谈兵的书呆子。通过"围穗救桂"的方式，陈邦彦将佟养甲和李成栋这两位清军精英像自己手中的棋子般随心驱使，更将李成栋先生当成傻小子一样结结实实地溜了几趟，其思维之缜密、筹划之精准，实在叫人不能不服啊！

入关三年以来，佟养甲是第一次遇到这样的智谋型对手，而且还是智商远远高于自己的谋略高手。在除了痛骂手下没脑子之外，他也清楚地认识到，能够有能力使整个两广战局为之逆转的，必是此人！

既然斗不过你，也抓不着你，那就不要怪我玩阴的了，毕竟一切是你逼的。

永历元年三月，将陈邦彦视为心腹大患的佟养甲向这位劲敌寄出了一封信，信中声明陈邦彦的两个儿子和尹、虞尹与一个姓何的老婆现在在自己的手上，所以在限定的期限内，陈邦彦必须尽快解散手中的抗清武装或投降清廷，否则陈邦彦的家人的安全必将无法得到保全。

这样的说话口气，相信喜爱看警匪片的朋友并不陌生。绑架事件中的绑匪在给人质家属打电话或留字条的时候，大致都是这么说的。事实证明，佟养甲并非是个只将恐吓停留在语言上的人。广州一解围，佟养甲先生做的第一件事就是派兵突袭顺德，抓走了在龙山避难的陈邦彦的家属，并把他们扣为人质但加以厚待，以期招降陈邦彦。

拿到佟养甲的这封信后，陈邦彦没有写信答复，说一些请不要伤害我的家里人或再给我一点时间考虑之类的话。读完此信的陈邦彦只是拿起了桌上的笔，在信的末尾写上了几个字，便打发佟养甲的使者回去复命了。

得知陈邦彦并未回信，更不曾向使者询问自己家属的境况，佟总督感到很奇怪：陈邦彦是个冷血动物吗？竟然对自己的老婆孩子没有表露一丝的关切之情！强烈的疑惑和好奇促使佟养甲急不可待想要知道陈邦彦在信的末尾写了些什么。

于是他立刻拆开了信封，但见一行大字映入眼帘："妾辱之，子杀之，身为死臣，义不私妻子也。"

原来此人自从起兵以来，就没有打算在战争中活下去！对于一个将自己的一切都交给黎民社稷的人，佟养甲十分清楚，家属妻儿早已成为了他们的身外之物。无情未必真豪杰，怜子如何不丈夫！但是古往今来，又有几个人能够为了天下间的所有百姓，为了和自己并不相干的人，亲手斩断身上亲情的羁绊？所谓护国救民之余还能侠骨柔肠的英雄人物，估计只存在于金庸的武侠小说之中。

佟养甲对陈邦彦的这种决心深感敬佩，所以他并没有马上将人质撕票，而是继续厚养陈邦彦的妻子，直到后来明朝举人杜璜、乡绅李星一举兵攻打肇庆时，才奉命杀死陈邦彦的这一妾二子。

佟养甲的要挟并没能触动陈邦彦坚持抗清的决心。陈邦彦委派自己的得意门生马应房会同余龙部，一举攻克顺德县。接下来，陈邦彦又趁李成栋进攻张家玉部之机，会同高明的义师一举攻下了江门，联合明将霍师连等部收复了清远、三水等县。如此一来，明军兵锋直逼广州，清廷震动。

此时陈邦彦的学生马应房和助手余龙先后在与清兵作战中阵亡，然而随着顺德、江门、香山（今中山）、新会等县城依次光复，明军基本上实现了对西江流域的统一。另一方面，张家玉的义军也在同清军的战斗中不断发展壮大。此时张家玉军分为龙、虎、犀、象四大营，每一部分的作战能力都较之前大有提升。所以在有了这样靠得住的部队打底的情况下，张家玉再次发飙，一口气先后攻克了新安、博罗、连平、长宁、归善、增城等数座城池。再加上长期在广州城郊海域游弋的陈子壮的舟师，增城、清远、高明一带的岭南铁三角已经互为掎角之势。而接下来摆在他们三个人面前的任务，就是收复眼前这座省城了。

众所周知，今天的广州是我国三大主要城市之一，经济发达，人口众多，交通便利，四方向往。当年的广州其实也不算差，同样是一座大城市。这样的大城市肯定是很不好打的，相信对于这点陈子壮最有发言权。在与其他两人实现联合之前，陈子壮曾带着他的那支精锐部队攻打过一次广州。

在那次战役中，陈子壮将自己的全部家当——二千余艘战船整编为四营，分批开到广州城下。广州城南门外（这面靠着河），陈子壮全身披甲，手执宝剑立在船头，亲自指挥将士们攻城。面对着从城上不断投下的木石、射出的火箭，陈子壮充分发挥了模范带头作用，始终坚持在战斗的第一线，坐镇督战并组织每一轮的攻势。

前文介绍过，陈子壮的部队之所以连手握大军的丁魁楚都不敢小觑，其秘密是在士兵们出身特别，个体素质高，且多以善打硬仗、狠仗著称。不过就是如此强悍的军队，在陈子壮的加班加点指挥攻打下，竟一连强攻了八天也没能攻入城内。清军大部分船只虽然被烧毁了，西廊门的炮台也被明军占领，但那可恶的广州城门就是打不进去。陈子壮因为深知自己并无后援，清朝援军一到，势必被里应外合包了饺子，加之又听到了自己派入城中的内应被佟养甲的人发现后全灭的消息，陈子壮只好退兵回到了三水。

听完了陈子壮对于这一段经历的描述，陈邦彦和张家玉几乎同时做出了正确的判断，仅靠大军的强攻猛打一定是拿不下广州城的。如果想要一举成功，一要靠内线的接应，二要靠水路并举。针对以上条件和当时的局势，陈邦彦在综合各方信息的基础上，终于制定出了一个几乎堪称完美的作战计划。

陈邦彦为收复广州城而策划的战略大致可分三步：

第一步：派自己的亲信秘密潜入广州城内，同城内的原明朝广州卫指挥使杨可观取得联系。据陈邦彦调查，广州城陷之时，杨可观、杨景烨、黄天锡等三位前明军官本想整兵迎敌进行巷战，无奈部下和士兵多被人流冲散，一时不能聚集，这才被迫降清。在经过长期的观察和多方印证后，陈邦彦认定杨可观三人并没有说谎，因此他将此次作战最为关键也是最为危险的充当内应的任务交给了他们三个。

值得一提的是，陈邦彦说到底是一个从不做无把握的事的人。出于对清廷一贯不信任明军降将这一现实，陈邦彦为以防万一又派出了其他人进入城中，充当内应中的预备队。不过这并不是一个人而是一群人，具体说来他们的数量有三千，是一支名副其实的部队。

陈邦彦坚信，佟养甲有可能不信任自己手下的将领，但绝对会对这些人放松警惕。为什么这么说呢？因为这些人的身份比较特殊，在史籍中对于他们是这样称呼的："花山盗"。

所谓花山盗，其实就是在花山落草的强盗，他们和在甘竹滩结寨过的余龙一样，干的无非都是以"此山是我开，此树是我栽"为开场白继而要钱抢货的勾当，大致属于同一工种。这类人在大部分人眼中都是唯利是图、真流氓假仗义的家伙，谁给的好处多就跟谁混，且其待遇优厚程度与其忠诚度总是呈正比例关系。因此佟养甲认为只要自己付得了高额工资，这些人绝对不会反水背叛自己。

纵观两广地区，能开出最高工资的也只有佟养甲一人。但凡事总有例外，这群花山盗事实上不同于附近的其他强盗，因为他们是一群盗亦有道的人。

正如抗战时期某些山头的土匪一样，中日两国一开战就转变了自己的生意对象，要抢就抢鬼子的运输队，要打就打汉奸伪军，而对抗日的中国武装却从来是相敬如宾，秋毫无犯。因为这些迫于乱世不得已落草的人心里都很清楚，在民族的大义面前，钱财什么的无一例外都要靠边站。借用影视剧中一位土匪大哥的台词，那就是咱不怕受冻，不怕挨饿，怕的就是到了下面之后没脸见祖宗！

花山盗大致也是这样想的。所以他们没有条件，没有要求，欣然同意向清军诈降，进入城中做内应。

佟养甲对于这些前来归降的花山盗果然并没有怀疑，在亲自面见他们的首领，好吃好喝地招待了一番后，正苦于手下人手不足的佟养甲随即给他们下达了任务：守备广州的东门。这样，陈邦彦计划中的第一步得到了顺利执行。

内线已经安好，剩下的便是攻打广州的第二步和第三步了。按照陈邦彦的计划，第二步是明军和各路义师在规定的时间内完成暗中集结并埋伏在广州城门外。接下来最为重要的第三步则是在约定好的七月初七日夜的三鼓时分乘风势先焚毁清水师的船只并以此为号里应外合，一举攻克广州。届时他和陈子壮将兵分两路，同时进攻广州城。陈子壮兵出九江，负责攻打西南方，陈邦彦统率水军，集中突击西北。其他部分等待城内清军的注意力被转移时从东门杀入，如此广州必然得破！

平心而论，陈邦彦的这一计划确实可谓完美，在时间选择上是人生理上最为疲劳的后半夜，水门、陆路同时开打足以让敌人措手不及，方寸大乱。更绝的是，自己和陈子壮的这一大动作不过是吸引敌人注意的佯攻，大部队真正的突破口竟是佟养甲绝对料想不到的东门！如此巧妙的设计，实在令人叹为观止。

而且为了联合其他分散在广东各地被打散的明军前来共同作战，陈邦彦还提出了一个极富号召力的口号：救出城内已经披缁为僧但仍遭清廷逮捕的赵王朱由棪。

这样看来，陈邦彦已将一切可能发生的情况都考虑到了，且还做到了联合一切可以团结的力量共同对敌这难能可贵的一点。可是，陈邦彦毕竟不是神仙，这一几乎天衣无缝的计划实际上确实有一个被众人忽略了的缺陷。

七月初五，陈子壮和他的数万大军秘密进抵广州城下。虽然说是秘密，但是几万人浩浩荡荡地开过来，即使极为小心，估计也会造成小范围的扬沙或是吓走一大片的鸟。不过好在清军观察周围的能力有待提高，所以陈子壮军即便比预期早到了两天也没有引起清军的注意。陈子壮平安地将军队驻扎在了广州城郊的五羊驿后，便马上向城内派出了联络者。而事情也正是自此开始，偏离了计划中的轨道。

为了不引起清兵的注意，被派去城内接头的是陈子壮的一名家僮。这位家僮进入城中，依照“暗用桂字印票相号召”的约定，在城内张贴檄文，等待同志的联络。然而他最后等到的却不是接应的同志，而是抓他的清兵。到底是哪里出了问题？被捕的家僮百思不得其解。因为他很清楚，准备参加起事的人都是陈邦彦亲自遴选出的绝对忠于明朝且绝对不会出卖同伴的义士，这些人之中是绝对不会有人充当叛徒的。



家僮想的没错，他的同伴之中确实没有出现一个叛徒。但是叛徒却是存在的，只不过不是他的同伴。

这次广州的明朝谍报人员选择的常用交流情报之处就是一座破庙。

起事的具体时间，城外部队的部署情况，城内内应的准备状况，几乎所有的信息都是在这里进行交流的。可是这些情报工作者在尽心完成交流时，却忽视掉了一点，所谓破庙就是没有业主的，你能来我也行，所以这里一般大多会成为四方游荡的社会闲散人员的最佳暂住地。他们在交流着具体攻城事宜的那段时间里，这里恰好住着一个和尚，听到了所有的一切。

我们有理由相信，这个和尚并不是心中有佛而心甘情愿剃度出家的，因为他在将这些对话完全听清楚之后，就马上前往两广总督佟养甲处，告知了所有的秘密。

佟养甲听完当即大惊，随即立刻派人捕杀杨司观等三将，随后又以犒赏为名一举诛杀了花山盗三千人，并勒令狱中的赵王朱由棱投缳自尽。

办妥这些后，佟养甲再度出击，抓住了陈子壮的家僮，连夜突审，终于得知了陈邦彦的这一计划。据说看完书僮的供词，佟养甲出了一身冷汗，但他还是为能及时得知此事深感庆幸，连呼好险。

陈邦彦安排在广州内部的内应就这样被佟养甲当机立断地迅速除清，佟养甲也暗中派人召回了出师在外的李成栋。然而对城中已经发生的这些新的变化，陈邦彦和陈子壮并不知情。

七月七日，三鼓，二陈依旧按照原定计划同期举兵，向广州发起了进攻。与此同时，作为清军主帅的另一位知情者，佟养甲也已经做好了万全的防备。

佟养甲十分了解他的这三位老对手。陈邦彦善谋，陈子壮兵强，张家玉能战。此时李成栋已在东莞击败了张家玉军并正在回城途中，所以只要拖住陈子壮军，等到李成栋到来，一切便万无一失。

出兵不久，陈邦彦和陈子壮便先后觉察到了情况有变。因为他们见到的清军士兵脸上丝毫没有在半夜忽被叫起登城防守的疲惫和慌乱，反倒是个个精神状态极佳，精力旺盛，且在调度方面有条不紊，显然是早有防备。陈邦彦率领的水军竟然在驶到禺珠洲时，与李成栋的回援部队碰了个正着，双方随即展开了一场血战。

事实证明，在河道纵横的南方打水战的话，明军倒不一定会输。自古北人善骑马，南人善驶舟。李成栋军竟出人意料地被陈邦彦率军追着打。由于陈邦彦命令士兵借着风势发动火攻，李成栋部的骑兵在船上无法显示实力，很快便抵敌不住，往后败走。明军在其后紧追不舍，眼看就要将李成栋逼进广州城内，突然陈邦彦的水军后队传来一声巨响，随即火光四起，照亮了半个天空。身在前队的陈邦彦当即意识到，城上的佟养甲开始使炮了。

随清军征战多年的佟养甲对于明军凭城用炮的一贯御敌策略自然是再清楚不过的，所以在这场战斗中好不容易做了一次防守方的佟养甲自然不会放过过把炮兵瘾的机会。随着城上的炮声接连响起，陈邦彦的水军损失惨重，被迫退出了战场。

这时陈子壮的部队正埋伏在白鹅潭附近，准备随时接应陈邦彦。听到广州方向震耳欲聋的炮响，又远远望见前方有大片战船向着自己的方向驶来。这一切景象使得陈子壮军做出了误判，以为大队清兵杀到，阵脚大乱。李成栋乘机率骑兵从各门杀出冲击陈子壮军，陈子壮大败退走。收复广州的计划彻底宣告失败。

险些吃了大亏的佟养甲完全认识到了除掉陈邦彦的重要性，于是他命令李成栋等将领不惜一切代价完成这一任务。

由于明军大败，各处的清军反而活跃了起来。接到佟养甲指令的清军各部纷纷跳了出来，截击陈邦彦。陈邦彦一路之上在三水、高明、新会和香山与清军连战四场，虽说双方各有胜负，但很明显，长此以往陈邦彦军必定是撑不住的。

生死关头，原任明军清远指挥的向常灿主动接应了陈邦彦一行，将陈邦彦军迎入了清远。入城后，明军在江口设置木栅预备着李成栋的攻击。陈邦彦部将霍师连则率舟师堵截正在向清远推进的李成栋部。

明军原本认为清军不善水战，所以水师几乎全部出战，力求给予敌人最大的打击，但这一次明军水师却遭遇到了非同以往的情况。对面的清军似乎经历了多次与明朝水师的作战，逐渐地找到了水战的诀窍：火攻。几把大火放起来，明军大败，主将霍师连战死。之所以会出现如此巨大的反差，那是因为不善水战的李成栋此行特意请到了一个专家级的人物，名叫施福。

当时施琅并不出名，李成栋对于这叔侄两人也并不熟悉，不知道是否真的很能打。不过李成栋知道的是，施福手下的部队绝对很行，因为他们曾是郑芝龙手中号称大明最为精锐的水师。

李成栋几经辗转把人请来，一用，还真是名不虚传。一战使得霍师连大败阵亡，再战将江口木栅一举烧光，因而九月十七日李成栋部下先锋杨大甫的兵马顺利地抵达了清远城下。鉴于明军一再失利，陈邦彦只得收集残部退入城中固守。两天之后，李成栋亲自带领副将杜永和、张月、马宝等包围清远，猛攻十日，城陷。

陈邦彦次子陈馨尹死难，陈邦彦本人也在巷战时肩中三刀，兵尽力屈，投水不成，被俘，继而押往广州。

九月二十八日，在狱中绝食已达五日的陈邦彦被佟养甲下令“寸磔于市”。

由于陈邦彦的努力，永历朝廷和广西局势已经转危为安。在陈邦彦就义的一年后，明清的力量对比也开始发生了翻天覆地的变化。

史载：“邦彦自起兵来，日一食，夜假寐不就枕，与士卒同劳苦。故其下人人感动，即小衄无思叛者。”

陈邦彦，你是真正的英雄！

十月初二，李成栋起兵，率军赶往增城。因为此时张家玉正在围攻被清兵占领的增城。

初十，李成栋所部到，张家玉列三营于城外与清军对峙。针对张家玉“三分其兵，掎角相救”的战术，李成栋先令副将阎可义、梁得胜等堵截住明军通往龙门的退路，又遣副将杜永和、李汉贵从南面进攻，参将王定国从中路进攻，总兵黄廷、副将洪习山等负责接应，与增城守兵相约，内外夹击张家玉三营。

明军在面对内外夹击之势，竟出人意料地奋勇作战且越战越勇。两军接连大战十天，张家玉部下将士数千人阵亡，无一降者。明军战斗虽勇，但随着伤亡逐渐增多，张家玉部也慢慢被从四周聚拢来的清兵包围。

诸将请张家玉带领军中剩余精锐血战突围而出，被张家玉拒绝。此时的张家玉身中九箭，早已身负重伤，看着身边这些一直跟随自己出生入死的部将，张家玉说出了这样的话：“现在我军箭矢用尽，炮筒崩裂，欲战无具，将伤卒死，想要继续战斗下去也已没有人了，一到天明必然会全被敌人所获。不过大丈夫立于天地之间，遭遇如此大难，也不用犹豫徘徊，就以颈血溅敌手吧！”说完，张家玉起身遍拜诸将，与部下们一一告别，然后纵身跳进野塘中自尽。

张家玉虽然是三人之中最先出场的，但事实上他却是三个人之中最为年轻的，死时年仅三十三岁。

由于张家玉之妻彭氏在西乡之战后被清军捉住，不屈而死，全家罹难，因此张家玉无子，身边唯有侄儿张胤隆一人相随。天亮后，清兵再次发起进攻，张家玉军全军覆没，军中诸将相继战死，张胤隆被俘。张家玉的遗体则被清军从水中捞了上来，交给了主帅李成栋处置。

见到张家玉已死，最为激动的人却是李觉斯。这位将张家玉视为死敌的人率先冲上前去帮助清军验明正身。在认真检查了一番后，李觉斯高兴地回报李成栋，尸体是张家玉无疑。证据有两个，一是从张家玉的身上找到了一颗刻有正大光明四个字的银章，这是当年隆武帝所赐且一直由张家玉带在身边从不离身的物品。其二，就是经过李觉斯的细心检查，确认了死者口中有一颗镶银的牙齿和头发长度约为二尺三寸的这两大仅属于张家玉的体貌特征。

“今果然死无疑矣！”李觉斯兴奋不已。处于兴奋之中的李觉斯没有发觉的是，身边众人看他的目光之中，有漠视，有鄙视，也有怒视。

关于张家玉，这里还有必要再多提到一件事，那就是他的马。据史籍记载，张家玉有一匹常乘的黄马，神骏异常。“每临阵，风沙惨淡，作势怒鸣，以鼓士气”，深得张家玉的喜爱。张家玉死后不久，这匹极有灵性的马也主动投入溪水中追随主人而去，时称“义马”。

李觉斯，惭愧吧，你身上所体现出的人性尚不如一匹马！

以智谋著称的陈邦彦被杀，以深得军心闻名的张家玉自杀。昔日一改两广南明颓势的岭南三杰，现在只剩下了陈子壮一个人尚在坚持之中。

攻取广州的战役失败后，陈子壮退保九江。随后的几个月中，清军几次袭击九江。战斗中，陈子壮的长子陈上庸战死，但清军亦被多次击退。后来清军改变战术，分兵袭取陈子壮军最后的两块敌后根据地九江和高明城。陈子壮由于兵力不足只能选择放弃已经千疮百孔的九江，退入高明，与监军道麦而炫、知县朱实莲共同坚守这最后的基地。

十月二十五日，李成栋率本部兵马并联合武毅伯施福部（施福降清后仍沿用了当年隆武敕封的这一封号），大举进攻陈子壮扼守的最后的据点高明城。面对来势凶猛的清军，陈子壮率全城军民昼夜登城防守，清军每次冲锋都会带来不小的伤亡。佟养甲这时对这一直困扰着他的三个人，已经完全到达了忍耐的极限，于是在他的严令下，前线的李成栋和施福深感压力，所以他们想出了一个特殊的方式去征服这眼前最后的顽抗者。

李成栋等人想出的方法是，派清兵掘地道偷袭城池。他们找来了当地的大盗郑昌为工程指导，开始在高明地下开展秘密的挖掘工作。为了掩盖城下传来的施工声，李成栋在同时又命人用大炮轰击城墙，分散陈子壮等守将的注意力。

高明也就是个县城，墙根不算太稳，墙体也不是很厚，本不用如此大动干戈。但急于消除后患的清军还是这样做了。这样做的唯一好处就是，士兵们不用再费力爬城墙了。

二十九日，高明城墙在城下地道和炸药引爆的共同作用下轰然坍塌，城上守军猝不及防，伤亡惨重。城外清军趁势冲入城内，城破。朱实莲阵亡，陈子壮及其子在手下五百亲兵全部战死的情况下和知州区宇宁、麦而炫等皆被清军活捉，随后押回广州受审。

清廷向来有劝降明朝大臣的习惯，特别是像这些在百姓之中很有名望且自身极有能力的文官，更是清廷一直以来努力不懈想要说降的主要目标人群。佟养甲作为清朝在岭南地区的事务总代理，自然也需要担负起这一拉人入伙的工作。对于陈邦彦，佟养甲是没成功；对于张家玉，佟养甲是没赶上。所以现在好不容易碰到了陈子壮，即便佟养甲不情愿，也必须前去试一试。

在清朝统治者看来，陈子壮是三人之中最可能搞定也是最好能搞定的人。因为陈邦彦在前朝职位本就不高，且又是个铁石心肠，认死理，所以杀了就杀了吧。至于张家玉，清军杀死了他的全家，甚至连八竿子打不到的亲戚都受到了株连，因此有这件事在先想必张家玉必定是宁死不降。不过也并不可惜，张家玉仅是前朝的兵部侍郎，对现在并没有更多的影响，所以死了也就死了吧。可是，这个陈子壮却与前面的两个人不同。

陈子壮是南明现任皇帝永历的在籍官员，而且还是大学士一级的重臣。如果他要肯归顺大清，那么永历政权必然大受打击，清廷的声望也会随之攀升。类似这种很损人但特利己的事，清朝的统治者简直是爱死了。

一定要设法让陈子壮同意投降!

在这一想法的指导下，说客佟养甲率先拿出了手中最重要的一件法宝。审讯过程中，陈子壮这位铁骨铮铮的汉子自始至终只提过一个要求，那就是希望清廷能够赦免自己的幼子陈上图，除此以外别无所求。所以陈子壮的这个小儿子便成了佟养甲的底牌。

几经奉劝，面对高官厚禄，陈子壮仍坚持不降，于是佟养甲意识到是该拿出这张牌的时候了。一次提审时，佟养甲威胁陈子壮，说如果仍拒不投降，那么他心爱的小儿子必将也会被一同处死。没想到此时陈子壮的心突然也变成了石头，面对要挟，陈子壮只是冷冷地回答道：“生杀之权在你，不在子壮。”随即不再言语。

佟养甲知道这样下去，不过又是一个陈邦彦。而在两位战友牺牲的情况下，陈子壮绝对不会独生。

好了，成全你吧！不愿做投诚者的模范，就去做抵抗者的典型吧。

几天后，陈子壮被送到广州城中的教场公开“锯杀”。此时距他成为广东历史上首名探花的那一年，恰好满三十年。

# 第十九章 觉悟

自从瞿式耜与焦琏取得第二次桂林保卫战的胜利，刘承胤就老实多了，既没有再鼓动驻桂的部下搞摩擦，也不曾再找过瞿式耜和焦琏一点麻烦。这倒不是因为刘承胤经过这次教训转了性，而是因为自此事后认识到一点：有些事是做不得的，有些人是搞不得的，而一旦做了搞了就要吃亏。

就拿这次谋划哗变来说，没能逼走瞿式耜，反而招来了清军，又让瞿式耜先生成功地赶了回去，使得瞿大人的名气再次暴涨，且在皇帝与太后的心目中的依赖度进一步增加，这实在不是刘承胤想看到的。真是偷鸡不成蚀把米啊！

通过从桂林前线的下属那里得到的对战事的汇报，同样也使刘承胤意识到，瞿式耜实际上是不能随便乱动的。现在的桂林可以说是武冈的门户，如果自己搞掉了瞿式耜，桂林就很可能会被清军拿下，进而更可能会直奔永历而来。如此众多且凶猛的敌人打到自己的大本营来，那可就大大的不妙了。所以经过认真的思考和集思广益，刘承胤最终决定先不找瞿式耜的麻烦，好让他为自己好好守门把清军挡在外面。

事实上，刘承胤不搞瞿式耜，其实更多的是出于一种无奈。

所谓两手都要抓、两手都要硬的口号，在刘承胤那里也不过只是个口号罢了。以刘承胤本人和他的死党们的智商而言，能够暂时控制住永历和朝政就已经很不错了。虽说宫里有自己人、内阁也有自己人，可是一直把内阁当成自己的精英聚居地兼驻京办事处，把自己当成国家的主人的广大文官们，是绝对不会同意一个外行的大老粗站在自己面前指手画脚的。特别是一个月前的那次强制搬迁，使得因赶走王坤而与文官们的友好关系达到空前的高度的刘承胤的好形象一落千里，因而此时不论是在刘承胤的眼中还是众大臣的眼中，对方都是敌人。

好了，再次明确了敌我关系，死磕将再度开始。

这里我在描述刘承胤与文官集团的斗争之时，虽然用了死磕这个词，但是后来想想，这个词似乎并不那么准确。因为死磕必须具备一个前提，那就是对抗的双方实力差距不大，这样才能磕起来，但就当时的实际情况来看，这个词应该颠倒过来用，且还得分开来用。准确说来，是刘承胤等人负责具体执行磕的那部分，而文官集团则相应负责执行剩下的死的那部分。

众臣之中，第一个中招的是太仆少卿赵廷璧。由于得罪了刘承胤，赵廷璧很快便在依附于刘承胤的言官们集中火力下被罢了官，随即刘承胤随便找到了个由头就把赵廷璧抓起来关到了牢里。没几天，一个消息便由狱中传出：赵廷璧因为体质虚弱，入狱之后不堪审讯疲劳，死了。

用脚趾头想都知道，此事一定涉及司法黑幕，而且大家对于那幕后黑手的归属也是心知肚明，但最后不知是受到了赵大人之死的震撼还是出于其他的什么原因，事情发展到了这个地步竟然就此打住了。

要说赵大人好歹也是一个正四品的官，论级别并不算小，就这样不明不白地死在了牢里，且有关部门连个吸取本次教训、加强狱内安检工作以防止同类悲剧事件再次发生的自我检讨也没有，可见刘承胤确实是已经牛到了一定的地步，至少已经赶上了当年的魏忠贤，可以顺便折腾死那些不服从于他的大臣，将大明的法律视作废纸一张，且从不害怕要负相关的责任。

然而斗争这种东西从来是一开始就不会消停的，除非这个竞技场上只剩下一个人。赵廷璧不幸做了第一个人，但他的死却仅仅是预示着一个开始。

不久，刑部侍郎杨乔然因在朝堂讨论事务时违背了刘承胤的意思，竟然遭到刘承胤突然挥拳殴击。杨乔然来不及抵挡，马上中了招，被击倒在地，头部面部皆受外伤，不得已离职回家休养。

其实这位杨乔然并不是一个很普通的人，而是一个名副其实的高干子弟。他的祖先就是连哪位枭雄也先都要畏惧三分的正统年间第一智将、宣府镇守者杨洪。虽然后代们有的人放下了刀子改拿了本子，可是倘若杨洪泉下有知，得知自己的后人竟被一个玩相扑的打成了这副惨样，相信无论如何也要翻开棺材板抡起骨头棒子找刘承胤干仗的。

不过，刘承胤估计不仅是一个无所谓封建忠君观念的人，还可能是一个无神论者，不信怪力乱神之类的，所以他不但打了人，还在一个月后，杨乔然伤好后主动请求入川、贵督师时，暗中派人在道上劫他，必欲将杨乔然置之死地而后快。幸好到了杨乔然这一代，祖辈的优秀基因还多少有些继承，因此杨大人才得以免于成为下一个受害者，陪赵大人在下面做伴。

当着皇帝陛下的面连部长级别的高官都敢说打就打，这绝对是不把永历放在眼里的一种表示。要是再如此下去，大明天子的皇威何存！

特别是两宫皇太后听闻了此事之后，更是怒不可遏，寻思着找个机会把这个无礼的刘承胤叫到宫内好好地训斥一番。

两位皇太后并没有等得太久。这个机会很快就到来了，而且还是主动的。

一天，刘承胤竟然在没有得到永历或太后召见的情况下，突然率领手下士兵包围了行宫。包括皇帝在内的所有人无不大惊失色。

永历知道庞天寿与刘承胤的私交不错，认为他了解其中的情况，便马上传人找庞天寿询问原因。谁知急忙赶来的庞天寿也是一头雾水，不知道这刘承胤葫芦里面卖的是什么药。

眼见宫门的守卫即将抵挡不住，紧要关头，王皇太后亲自出马，来到行宫门口找刘承胤搭话。几经交流探问，王皇太后终于得知了刘承胤领兵围宫的理由：要钱。

按照参加包围行动的士兵（事实上是刘承胤）的说法，此次前来并非谋反，而是只为讨薪。因为湖广那边在打仗，两广那边在沦陷，云贵川实在太远，又有个张献忠在流窜，因而兵部已经好久没有给自己发放饷银了，所以弟兄们一时忍耐不住，没能获得刘承胤的批准就擅自前来围宫讨薪。不过此事刘承胤绝不知情，希望朝廷不要错怪好人！

明白了，讨薪而已。不管这是真是假，王太后都不愧为老江湖，老太太当即表示，既然你们不是谋反且不想要连累到刘承胤，那就不要再轻举妄动，等刘承胤本人来了，让他跟我谈！

大兵们大都是第一次与第一家庭的成员如此近距离见面，心里本来就比较紧张，一见到这位出场的太后如此镇定威严毫无畏惧，便真正像她要求的那样马上安静了下来并停止了涌入宫门的行动。看到老太后出马压住了场面，宫内的太监也马上行动了起来，去找刘承胤火速入宫解决此事。

不过没有等到太监们出宫门，刘承胤就到了。

刘承胤一来，立即表示自己对此事毫不知情，这的确是士兵们自发的讨薪行为，是没有预谋的，但自己还是肯负领导责任的。那态度是极为诚恳。

然而，说完这些必须要澄清的话，接下来的才是重点：如果太后您不能为我手下的这些士兵们解决他们拖欠工资的问题，恐怕即便是我也不能让他们老老实实地返回营地啊！

刘承胤说这番话时语气虽是软的，但是明眼人都听得出这之中的态度很强硬。

这摆明了就是在威胁！宫里的人很生气，但是同时也感到很恐惧。毕竟如果真像刘承胤所说的，士兵们对朝廷的答复不满意而再次发起逼宫行动的话，宫内所有人都将有生命危险。

现在太监宫女们唯一能做的就是祈祷。几乎所有在场的人都屏住了呼吸，每个人都在等待着王太后的应对措施。



关键时刻，王太后果然体现出了一个老牌见习政治家的应有素质。她并没有像众人想象的那样清清嗓子向着全体士兵大声许诺，反而只是对着刘承胤不紧不慢地说了一句话：国公（刘承胤此时已被受封为安国公）知老身贫乎？

应该说王太后是很聪明的，她知道跟这些大兵们讲道理不一定讲得通，而如果向刘承胤哀求一下倒是有扭转局面的把握。因为就算是我的下属的下属不是我的下属的这一规律真的存在，但刘承胤本人却绝对是自己家的臣子，是绝对不敢在大庭广众之下，不给一个既是领导又是长辈的老妇人一个薄面的。

当然，精明的王太后也很清楚仅有言语注定是苍白无力的。在说话的同时，她叫来贴身太监，拿出了宫中所有的簪珥之类的首饰，全部当着门前士兵们的面交给了刘承胤，并以太后的身份保证，答应士兵们会尽快付清余款。

堂堂皇帝他妈都这样低声下气地发出请求了，如果自己还不回去的话，这也实在有点说不过去。而且人家还是当众保证给钱的，说话必然会算话，再闹下去的理由也就不复存在了。于是看在王太后的面子上，刘承胤手下的索饷官兵纷纷掉头离去，一场危机终于得到了安全化解。

其实就连刘承胤本人也没有预料到，这一次太后会亲自出马处理此事，而且处理的还是如此之圆满。因而在士兵逐渐退去后，刘承胤也只好说了几句回去会好好追究相关责任人的领导责任这样的话就告辞了。不过双方的心里应该都很清楚，这些不过同样是说说而已。

刘承胤和他手下的士兵走了，事情大致可以宣布了结了。可是经历了这次突发事件的王太后却始终心有余悸。所以她马上下发密诏，召屯驻在离武冈最近的札古泥的商丘伯侯性入卫。侯性手里的兵远远没有刘承胤的多，更重要的是侯先生并不想因奉召入卫得罪刘承胤触上霉头，所以得到太后密令后只是派遣部将谢复荣带五百人入武冈承担守卫宫廷的任务，应付一下就行了。

不过，谁也没有料到，虽然这些入宫的士兵人数少得可怜，但是在不久之后即将发生的那件震惊天下的大事之中，他们会扮演起十分重要的角色，起到改变整个历史进程的作用。

在调外兵入卫的同时，王太后还暗地里派人去顺便调查了一下围宫事件发生的真正原因。没几天，王太后就得到了答案，使得她大吃一惊！

据探子暗访得知，城内一直在流传着这样的一种说法，刘承胤正在与他的亲信们谋划着发动宫廷政变，废除永历帝，另立当时同在武冈的岷王朱禋洮为帝。像刘承胤这种无利不起早的人之所以会追捧岷王，自然有他的原因。这位岷王对于刘承胤而言其实算不上外人，他们是女婿和老丈人的关系。

这下子，一切疑惑都在此时迎刃而解了。上一次的士兵围宫事件实际上是一场预谋已久的精心策划的阴谋，其目的不是为了索饷而是为了换人！虽然上一次逼宫由于自己的出面恳求而得以化险为夷，但是类似的事情在接下来的日子里必然会接二连三地发生。

永历危矣！朝廷危矣！大明危矣！

当年朱元璋最为担心的事情之一现在终于出现了。武将刘承胤凭借着他手里的枪杆子，已经开始插手老朱家的内部事务，打起当家人的主意了。

事实也证明，此时的刘承胤确实具备了这样的条件。除去早已掌握在手的军权和行政权，这时的刘承胤还掌握了朝廷的用人权。就在逼宫事件发生的不久前，刘承胤通过背后找碴的手段气走了上任不过三天的吏部尚书李若星，且乘机安插了自己的亲信进入吏部，得以把持了人事大权。

从秦始皇创建皇帝制度以来，作为至高无上的天下之主，大权独揽的皇帝手中的权力本就不外乎军权、行政权和人事任免权这么几样，可是这会儿全都牢牢掌握在了刘承胤的手里，所以永历这个皇帝看上去已经是做到头了。

到了这个时候，就算是街头扫地的也知道刘承胤早已按捺不住，要时刻准备动手了。作为此事的直接利害关系者，永历先生也终于有所觉悟：内廷俱系刘党！

知道得幸好还不算太晚！

永历元年六月，督师大学士何腾蛟来到武冈朝见永历。一场复杂无比、情节堪比好莱坞惊险大片的好戏就此开演。

据说，何腾蛟之所以忽然大老远地从湖广前线跑到武冈，并不是简单地为了向皇帝陛下答谢永历特差太监杨守春持玺书慰劳自己的这番厚爱，事实上是因为在给何腾蛟颁发尚方宝剑的同时，永历身边的这位亲信太监还递给了何大人一封密诏，而密诏的要求极为明确：除刘救驾。

接到永历密诏，何腾蛟果然不负皇帝和大臣们的重望，打着入朝谢恩的名义，二话没说拍马就来。得知何腾蛟已然起行且还没过几天就已经赶到了离武冈并不太远的地方，永历这才放心地舒了一口气。但是与此同时，永历君臣还是忽略了一点，那就是何腾蛟为什么能这么快赶来？

想当年没有汽车更没有飞机，要赶路只能靠腿，但无论是马腿还是人腿那都是有一个极限值的，所以一般来说几百里的路程跑上三天三夜应该可以说是很快的了。从何腾蛟的驻地永州到永历所在的武冈少说也得有三百多公里，可是何督师竟用了不到两天，真可谓是神速了。

何腾蛟此次入朝是典型的轻装简行，身边没带多少人，因此什么集结部队、保持队形、过关验证等一系列过程全都直接跳过了，手续能免全免，自然就剩下了大量的时间。

懂得救驾如救火的道理，尽可能地节约时间，这无疑是很值得赞许的做法，但问题在于不多带点人来压住场子，谁听你的?

二十多年前的孙承宗就是犯了这样的错误，没有带兵，才错过了进京修理魏公公的机会，被魏忠贤摆了一道，堵在了通州，并就此导致了东林党的翻盘无望，满盘皆输。二十多年后的何腾蛟犯了同样的错误，可是这一次他却做出了当时孙承宗没有能做出的那个选择。

刘承胤肯定不会抓我的。何腾蛟对于这一点有着相当的自信，所以他来了。

前文说过，刘承胤在不搞相扑、改行当兵后就在当地投军，所以说刘承胤一直是何腾蛟的部下，那是绝对错不了的。根据某些史料，刘承胤应该还曾受到过何腾蛟的栽培，因而后来逐渐混壮了的刘承胤虽不太听何腾蛟的话，可是每次见到何大人，刘承胤还是谦恭地自称为门生，对何老师始终客客气气的。

如今何老师要进城面圣，况且身边并未带兵，当学生的刘承胤自然碍于旧日的情分不会公开朝老师下手，背上一个忘恩负义、欺师灭祖的骂名。

何腾蛟是读书人出身，这样想绝对没问题。但有问题的是，刘承胤压根没读过几年书。

对于这个突然就闯入自己地盘的老师，刘承胤一开始确实是没有想对他怎么着。毕竟正是此人将自己由一员小校逐渐提拔成了大将，使得自己有了今天的一切，要是一下子就翻了脸，估计连刘承胤本人都会觉得不太好意思。所以考虑了一番之后，刘承胤决定先采用和平的手段解除此人可能给自己带来的威胁。

刘承胤唯一害怕的就是何腾蛟手中的军队。湖广四十万大军可绝对不是摆设，虽然当时湖广的战事并不太顺利，明军连战连败，伤亡不小。但在刘承胤看来，这部分军队还是有着相当的威胁的。

刘承胤本来就很担心何腾蛟会干涉自己的工作，然而紧接着一件事情的发生让刘承胤真正肯定了这种担心。

何腾蛟一入武冈城中，便马不停蹄地前往永历的行宫，先是拜谢了皇帝，随即又接受了两宫皇太后的召见与慰劳。

召见完毕后，永历照例留何腾蛟在武冈暂住几日，等赶路的疲劳完全消失后再返回永州镇守。对于这一指示，何腾蛟同意了。

何腾蛟从宫中告退后，并没有按皇帝陛下吩咐返回去休息，至少又从事了不少工作之后方才睡下。在何腾蛟休息前从事的工作中，我们至少知道一件，他写了一封奏疏。

第二天，皇帝和内阁先后读到了何大人的这封奏疏。当然，在朝中眼线众多的刘承胤也几乎在同一时间拿到了这封奏折的手抄本。得知奏疏内容后，我猜刘承胤心中的想法是很多很复杂的。因为何腾蛟在这本联合了部分大臣一同递交的上疏中，主要涉及了一个问题：请皇帝回驻桂林。

何腾蛟疏中让刘承胤印象最为深刻的，是这样一句话："今日移跸大事，听皇上自择自行，督师（即何腾蛟）一人扈驾，敢有议迎、议留者、议送者，当与众共殛之。"

这句话看上去是表明何腾蛟尊重皇帝选择暂住的自由且愿意随时为永历保驾护航，但事实上后半句才是真正的重点。"敢有议迎、议留者、议送者，当与众共殛之。"有谁敢代皇帝陛下做主确定是去是留，到哪去，谁陪护，那我们大伙就一起干掉他！

刘承胤就算再没文化，相信也不难看懂这两句背后的意思。

皇帝一走，自己之前做过的一切和自己之后想做的一切都将随着车驾远离而化为一片梦幻泡影！这样老子不就白忙活了么！刘承胤不干了，所以他终于下定决心，不惜要背上忘恩负义的骂名也要搞定何腾蛟。

几天后刘承胤上疏永历，要求皇帝下旨把何腾蛟留在朝中改任户部尚书专理粮饷，并美其名曰体恤老臣，以便名正言顺地解除何腾蛟的兵权。

其实所谓的朝廷也就是个小社会，在这个小社会里混饭吃的又大多是从全国各地挑选出来的精英，和刘承胤早先混迹的那个社会实在不在一个水平线上。所以刘承胤的这点把戏在何腾蛟的眼中，不过是小学生的水平。

在朝中混了这么久，连这招都识不破的话，何腾蛟那才算是白活了一场。

此时朝中有何腾蛟撑腰并出谋划策，永历自然底气十足。他破天荒地排除了包括内阁和身边太监在内的所有外界干扰，干净利落地拒绝了刘承胤的这一请求。

向来软弱的朱由榔竟然敢拒绝按自己的意思办事，这对刘承胤而言无疑是一个极具刺激性的政治信号。不过遭遇挫折的刘承胤并不死心，软的不成那就来硬一点的。

见奏折没被批准，刘承胤转头找到了何腾蛟。上来就开门见山，主动向何大人索取督师的敕印，且给出了他自认为完美的理由："如今朝廷之内，有资格做督师的人非我莫属。”

何腾蛟没有想到刘承胤会来这么一招。但对于阅历丰富的何腾蛟而言，这一招也不过是小菜一碟。对于刘承胤的毛遂自荐，何腾蛟见招拆招，回答说督师敕印是皇帝在众将士面前钦赐的，没有皇帝的批准不能私相授受。想要得到此印，需要皇帝的旨意才可以办理交接手续。

刘承胤虽说很横，但是我们从他的种种行动不难分析出，此人是一个绝对不干没有把握的事的人。公然强夺何腾蛟的督师印信并不引发朝廷和军队震动，顺利成功，其概率估计和今天买了五元钱的彩票却中了五百万巨款的概率大致相当，况且在此之前还没有任何先例，所以刘承胤没敢干。

而何腾蛟接下来的这句话，相信将给刘承胤的心灵造成更为巨大的压力：我在湖广统率的诸路军队中张先璧部较弱，你连张先璧都无能为力，还想让马进忠、郝永忠等部听从于你，那绝对是不可能。

我认为何腾蛟此时之所以要提到张先璧的名字，绝对是有意的，说不定还有搞心理战压倒对手的嫌疑。因为在何腾蛟入朝之前，曾发生了这样一件事。

前文说过，永历元年清军在孔有德等三人的带领下进兵湖广，先后攻陷了长沙、衡州两座重镇，明军各部有的被孔有德击败，有的主动后撤，有的则干脆投降，一时间湖广大乱，明军四散。其中原在宝庆驻守的张先璧就在混乱中率部跑到了沅州。

刘承胤与张先璧本来就有仇在先，听说张先璧部进入沅州，迫近武冈，刘承胤就起了疑心，认为张先璧想趁乱干掉自己。他便派人前往扼守住了张先璧军撤退时必经的险要关隘，想要堵住这位死对头的路。谁知，张先璧也明显是个不省油的灯，发现自己的道路被刘承胤的人挡住了，竟也不忍气吞声，而是直接发动手下打下了关口，夺路而去。

不过事实证明，张先璧虽然不守规矩，却是一个很懂规矩的人。攻下了由自己人把守的关隘，这是无论如何也说不过去的。如无例外，破坏军中各部安定团结、主动挑起摩擦的这些大帽子，张先璧是带定了。可是张先璧似乎比较畏惧言官们接踵而来的唾液，所以为了将情况说明白，张先璧向朝中派出了使者。

张先璧派出的使者刚到达武冈城，一件谁也没有想到的事却发生了。刘承胤竟然在光天化日之下，私自将张先璧派来的人给抓了起来，且在没有打招呼的情况下就把人给杀了。这下事情终于闹大了。

得到消息之后，永历倒没有多说什么，可是张先璧却急眼了。所谓打狗还要看主人，更何况还是一个奉命代表自己的人！

于是怒火中烧的张先璧指责刘承胤目前的行为是“劫驾”，并以此为由下令向武冈方向进军。与此同时，刘承胤也对外宣布张先璧的举动是“犯阙”，一边以皇帝的名义下诏制止张先璧军继续前进，一边调集附近军队集结于城西以防备张先璧的进攻。

不过幸亏这一次永历反映够快，一把事态搞清楚就马上命令兵部主事龙之洙前往张先璧营中去宣谕和解，这才避免了明军内部又一次火并事件的发生。

而在与张先璧对峙的那段时间内，刘承胤的部队和张先璧军虽没发生什么大规模的战斗，但是小打小闹还是有的。几次交手下来，刘承胤方面是败多胜少，明显感到有点力不从心，所以对于张先璧这个对手，刘承胤是很有顾虑的。现在听到何腾蛟这么一提，刘承胤不再说话了。

何腾蛟很成功地保住了督师的印信，刘承胤灰溜溜地告辞回了家。一切看似都已经结束，但事实上，一般情况下平静的背后总是激烈的涌动。

几天后，何腾蛟收到了以皇帝陛下名义下发的一个通知，用一句话来概括就是：何腾蛟先生您老该走人了！

眼下湖广战事正紧，清军时刻会再次发动新的攻势，何腾蛟作为湖广一号人物总不能整天留在朝中搞斗争，所以是时候该回到工作岗位上去了。

七月，何腾蛟奉旨返回全州前线。然而何大人还没收拾好行装，就听到了这样一个消息：刘承胤已经暗中派出了千余人埋伏在了武冈至督师驻地白牙的途中，想在道上神不知鬼不觉地做掉自己，从而兼并湖广的所有明军，真正掌握大明的所有武装力量。

要知道，何腾蛟此行除了身边的几个仆人家将外，基本上没带什么兵马。如果就此上路，那么这次直达的地点唯有一个叫地府的地方。但如果赖着不走，刘承胤必定会借此说事，大做文章，就此剥夺自己的兵权。因而无论何腾蛟作何选择，看来都是注定要掉入刘承胤的魔爪之中。

但是刘承胤的通吃计划最终还是没能如愿成功，只因两个人的存在。

在何腾蛟进入朝廷的几乎同一时间，恰逢偏沅巡抚陈盖入朝述职。虽说这位陈巡抚是一个无足轻重的小角色，但跟着他一同入宫面圣的两个人却是极为关键的人物。正是这两位仁兄充当了刘承胤的美梦终结者，将何督师从险象环生的武冈城中解救了出来。他们的职务与名字分别是滇营标将胡一青和赵印选。

胡一青，本名一清，滇南临安人。此人与刘承胤一样出身行伍，虽然生得海拔不高但是功夫很高，十八般兵器之中最擅长的是马槊。据说他曾当众露过一手绝技，那就是在腋下挟着两杆马槊随即飞掷三十步开外的铠甲所在处，最后两杆一起扔完，大家就跑去检查铠甲的破损程度，结果令人大吃一惊：胡一青的马槊不仅全部击中了目标而且还都是贯穿了那身厚实的铠甲的！

事实上这其实还不算完，仅仅是胡一青在战场上作战的部分动作而已。因为真正交锋之时，投掷马槊贯穿敌人不过是第一步，接下来，胡一青往往还要完成骑着马追上前去，从敌人的尸体上拔出马槊，然后继续投掷继续拔槊这一系列高难度高风险的动作。所以每次上阵，胡一青一般情况下都能凭借这一绝技斩杀数十名敌人。由于这点，胡一青成为当时明军军界的一颗比较闪亮的将中新星，备受瞩目。

不过这里还有一件事可以多说一点，那就是胡一青之所以能够在每次参战中都充分发挥了投槊绝技且屡试不爽，从来不用担心因时间把握不好被敌人背后偷袭，英勇殉职，得益于他拥有一个比较先进的交通工具——沙兔子。

沙兔子，请千万不要顾名思义地认为这是一只兔子，中国古代虽然传说中有人骑着牛打仗（黄飞虎），有人是骑着虎上阵（赵公明），但是找只兔子就骑着上战场的，估计连《封神演义》里都不敢这么写（也骑不上）。所以说这个叫沙兔子的玩意并不是兔子，事实上它是一匹马。

古人似乎很喜欢用“某某兔”形容自己所乘的战马，譬如关羽那匹赤兔就是其中家喻户晓的代表，不过至于要问这是为什么，说实话我虽查了一些资料但也是模棱两可，语焉不详，因此为了避免误人子弟，这里就不解释了。不管怎样，只要不叫流氓兔就行。

这匹号为沙兔子的马从某些方面看来，大致可以视为上天为成就胡一青的将名而为其量身定制的。为什么这么说呢？据史料，这匹马高不满五尺，十分适合像胡一青这样身材短小的将领乘骑。别看沙兔子同样不高，马力却是堪称十足，速度奇快。自从胡一青有了它，即便是上阵之时被安排在了战斗序列中的最后，也能够很轻易地超过自己的战友们，率先冲上前去与敌人交战。

所以有了过硬的素质与超前的交通工具，战场上的胡一青想不出风头也不行。

与胡一青的短小轻捷相比，另一位赵印选却是一个比较丰满肥硕的人，而且也没有胡一青的那种绝招，不善单挑，平时遇到战事也是基本上靠胡一青在前冲锋陷阵，但是他却是这支滇军中公认的不可或缺的重要人物。

这是因为赵印选在入伍从军之前的身份是家乡的里长，在当地的汉族和各少数民族群众中间极有威望，且为人机敏，所以深得军心。如果说胡一青是这支滇军的军事主官，主管打仗的话，那么赵印选就相当于部队中的政委，既起着凝聚人心、为大兵兄弟排忧解难的作用，又兼具军中精神领袖的功能。

在没有正式确立一支部队中要有一个主抓生活、一个主抓军事这一制度的三百年前，要明确在军队里遇事最终听谁的，这件事很难办，特别是当军中同时出现了两个很有能力的将领时更是如此。管军事的很能打仗，而管生活的很得人心，通常在这种情况下，这样的两个人如果不是李云龙和赵刚那样互相可以压得住的，能像亲兄弟一样相处的情况的话，估计队伍是很难带的。

不过这支滇军之中是绝对不存在将领间不合的情况的，因为虽然胡一青和赵印选不是亲兄弟，但他们是表兄弟。再准确一点，赵印选是胡一青的表哥，所以一般军中有什么大事，大多是由赵印选拍板之后才决定的。

作为相对更有能力的弟弟，胡一青却一反其他勇将的高傲不羁，是一个比较低调的人，且还十分精于世故。滇军中有个叫王永祚的，在军中的战斗力公认排行第二，其作战的勇猛程度仅次于胡一青。对这样一位厉害的后生，军中第一勇士胡一青自然是十分喜爱并看重的，因此两个人经常有事没事待在一起，每天探讨用什么武器可以提高砍人效率，最近两天又放倒了几个领到了多少奖金这样少儿不宜的话题。

可久而久之，赵印选不干了。赵印选认为胡一青是自己的亲戚，但却整天和外人称兄道弟地混在一起，实在很让自己看着不爽，于是乎多少有些嫉妒的赵印选就想找些麻烦，发泄一下自己的这种不满。可是在赵印选打算发飙之前，胡一青听到了风声，就主动找到了表哥说了些当年刘备安慰关、张时用的那几句套话，成功搞定了赵印选，并进而搞定了军中其他有所偏见的人，维护住了滇军内部团结和谐的局面。

永历对胡一青的勇猛善战早就有所耳闻，当他真的亲眼见识了胡一青的掷槊绝技时，心中已然认定这就是朝廷现在正好需要的那种能打硬仗的将领。因而高兴之余，永历亲赐胡一青的滇军以御滇营的称号，并加授胡一青与赵印选为总兵官都督同知，恩准佩挂将军印，且允许二人暂时驻军武冈好好休整。

何腾蛟得知刘承胤的计划后，就派人秘密进入滇营找到了胡一青和赵印选。胡赵两人也由于早年曾得到何腾蛟的帮助，爽快地答应了充当何督师的护卫离开武冈的请求。这时候，永历那里恰好也得到了刘承胤可能要向何腾蛟下手的风声，因此皇帝陛下也亲自下令将赵印选、胡一青带领的滇军拨给何腾蛟作为督师亲军使用。所以这个消息一出，几乎所有的人都认定何腾蛟这一次肯定是安全了。不过，此时有一个人却不是这样想的，这个人就是何腾蛟本人。

何腾蛟对刘承胤是再了解不过的了。他深知刘承胤是一个一旦坚定了要做某事就一定会去做的人，换句话说，就是为人比较偏执，爱认死理。既然刘承胤已经决定让何腾蛟去死，那么刘承胤就必然会去尝试一把，无论成功与否。

因此何腾蛟虽然得到了滇军的护卫许诺，但也并没有掉以轻心。何督师先假称患病，以需要安心疗养为由，把自己关在住所里，足不出户，实际上却暗中转移出了武冈，在城外一座荒庙里栖身。几天后，何腾蛟突然带领赵印选和胡一青的兵马拔营而走，且还是选在了夜间出发，可见何大人也确实不负老狐狸之名。

可是即便如此，刘承胤方面还是很快得知了这一情况。沿途埋伏的刘承胤军在一开始时虽然的确是让何腾蛟等人给过去了，不过最终追兵还是如期出现在了何腾蛟一行人的后面。

眼见刘承胤的追兵逐渐逼近，胡一青出马了。

在招呼大队人马先行赶路之后，胡一青主动带着部分骑兵向着后方的烟尘扬起处打马而去。见到追兵，胡一青跳下马先做了个揖，然后开始了他精心准备的退敌演说。

“我们兄弟二人深受刘公（刘承胤）恩遇，当然不忍违背他的命令。但是现今我们受命于皇帝，监督何督师出兵恢复疆土，所以不能不跟从前往。因此希望各位代我向刘国公传个话，日后我们一定会报答他的恩德！”

这是软的，接下来是硬的。

“如果你们一定要截击我们的话，那么今天就只能跟你们在这里拼命了！”说完，胡一青翻身上马，并随手拿起了那杆知名的马槊。

每次作战，这位小胡同志一个人能干掉好几十人，再加上他身后的那些人马，一次冲锋解决上百个应该不成问题。如果按照这一损失量算，刘承胤的这些追兵估计能撑得住五六趟。然而正在追兵们正在考虑到底要不要拼上一把试试时，四周的火炮声突然一同响起。

不好！滇军有埋伏！刘承胤的军队当即大乱，又让胡一青的军队一冲，马上就各回各家，各找各妈去也，反正是一哄而散了。胡一青也给足了刘承胤面子，并未下令追击，只是将追兵全部赶走，之后继续担当殿后的重任，直至将何腾蛟成功且安全地送回全州城。

对于刘承胤而言，要杀何腾蛟或许是一时冲动。刘承胤的目的本来就是控制永历进而掌控朝政而已，何督师杵在朝中挡了自己的道，所以自己不得已才要除掉他。不过现在何腾蛟既然已经回去了，皇帝和群臣也依然在自己手中，一切较之以往看来还是并没有太大的变化，武冈还是姓刘的说了算。

大学士吴炳依然老老实实地留在内阁里为他票拟，马吉翔仍旧领导着锦衣卫替他搜集着反对者的情报，内廷中的庞天寿也继续履行着看管皇帝太后并将宫中发生的所有事情告知刘承胤的双重使命。湖广各地的无赖流氓和武冈城中屡试不中的儒生，只要早上投奔了刘承胤向他宣誓效忠，晚上就会被授为御史乃至侍郎这样的官职。刘承胤的部将们也一律被封伯爵，那是相当的牛。甚至就连在刘承胤家长期充当幕僚门客的人也熬出了头，其中有个叫邹枚的竟在极短的时间内连升数级，最终竟官至一品。

实在是岂有此理！

朝中官员们除了用辞官来表达自己的愤怒之外，也没有其他更好的办法。就连作为武冈本地人、时任太常卿的潘应斗（崇祯十六年进士）也实在看不下去了，与他的弟弟礼部主事潘应星一同向朝廷递交了辞呈，连头也不带回的就弃官而去，退隐山林去也。

这样看来，何腾蛟来与不来似乎影响并不是很大。

此时刘承胤也开始觉得自己有点过于高估何大人的能力了，并为自己过去过度紧张的表现而深感可笑。然而，刘承胤很快就笑不出来了，因为他听到了这样的消息：孔有德来了。

永历元年八月，清军在孔有德的率领下先攻取了宝庆，随即由宝庆启程直趋武冈！

清军起初没有趁着攻克长沙的余威直奔永历而来，本来不是不想来，而是来不了。导致他们来不了的是以下的两点。

排行第一的制约因素就是气候不适。众所周知，今天的湖南、湖北，当时的湖广地区夏天真的是很热，一个人就算啥也不干，干坐在家里也往往会出上一身的大汗，就更不用说大热的天，骑上高头大马，穿上厚厚的盔甲，再进行战斗攻城这种高强度的工作了。那绝对是能把人活活热死的。再加上清军中人大部分来自北方，且尤以东北那旮旯的居多。士兵们从没体验过这样子的桑拿天，要让他们在这种情况下出战，基本上是不可能的。所以孔有德没办法，只好勉强答应等入秋之后，乘秋高气爽再行进军。

转眼到了八月份的预定期限，酷暑高温已过，孔有德这才重新开始整备军需，以期完成攻占湖广全境的遗留工作。就在这一时刻，第二个影响清军进军的因素，明军的防御体系由湖广明军主帅章旷突然病逝出现了动摇，所以这更让孔有德相信，这是上天在示意他马上进军拿下武冈。

果然，在章旷已死、何腾蛟尚未归位的情况下，明军的防线变得不堪一击，孔有德经过一番勘察，很快就找到了这条防线上最为薄弱的一环宝庆，并从这里顺利实现了突破，一举达到了武冈。

当孔有德部向武冈进逼时，各路明军也并没有闲着。驻扎在距武冈城东四十里扼斗溪的守将曹志建率先带兵与孔有德打了一仗，结果战败，刘承胤的部将蒋虎、孙华、聂鸣、张大胜均在此役中战死。紧接着，明将张承明又在石羊桥力图抵挡住孔有德部前进的脚步，却也战死了。

刘承胤虽是个人品极为低下的军阀、人渣，可是平心而论，刘承胤军的战斗力在当时的明军各部中还是比较能拿得出手的。之所以会屡战屡败，并非是明军过于垃圾，实乃清军确实很强。

譬如说此时刘承胤手下一个叫陈友龙的将领，那是人尽皆知的猛人，且和胡一青有诸多相似之处，一样是小兵出身，一样是短小精悍，一样的能征惯战。之前曾跟随刘承胤征讨黎平苗族的叛乱，并担任先锋。在这场战斗中，陈友龙不仅是第一个率部攻入敌寨的，还一举生擒了叛军头领，因此一战成名。苗族被他打怕了，又畏于陈友龙太能打，不敢继续嚷嚷报仇雪恨，于是无奈之下只好服输，并送给了陈友龙一个光荣称号“五阎王”。可见这并不是一个吃素的人。

然而就是这个厉害的陈友龙，在迎战孔有德部的战斗中，也是战败而还，退守武冈。不过，据某些史书记载，是因为刘承胤派人严禁陈友龙出战，又不发救兵接应才导致的。但无论其中过程如何，最后的结果是很明显的，清军突破了明军的层层防线，在离武冈三十里的地方安下了大营。武冈正面临着前所未有的危局。

来到城下的孔有德一改前日的长途奔袭，并没有下达攻城的命令，反而是很令人费解地将军队安置在城郊且严禁各部攻击武冈。孔有德的这一举动令军中诸将深感费解，好不容易长驱直入来到了明朝皇帝的暂住地，你不赶紧打入城中将敌人的皇帝抓起来，还在等个啥？

这个问题其实并不难解释。孔有德在等待刘承胤的抉择。

武冈城内守军大致有三万左右，城下的清军数量虽然也不算少，且论质量也远高于明军，可是在孔有德看来，要打入城中并非是个时间问题，而是个可能会很费力的事。要说这也许是当年孔有德跟着毛文龙一起在皮岛上做生意时养成的一个坏习惯，那就是总喜欢用最小的代价换取最大的收益，用我们今天的话说是太爱打小算盘了。就是因为这么一等，孔有德注定是要后悔了。

当清军攻陷了宝庆的消息传到了武冈时，朝廷中早就炸开了锅。首先是大臣们群情激愤，大骂孔有德忘恩负义，背主求荣。可是骂街显然是不能解决任何问题的，就算你骂遍了孔有德的祖宗八代，且诅咒孔有德不得好死，带领大军日益逼近武冈的孔有德也不会如众人所愿，突发脑出血且因抢救无效去世。要知道关键时刻，无论是追究他人责任还是指责上天不公都是没有任何意义的，重要的是解决问题。

群臣都是读过许多书、经历无数次考试被选拔上来的，自然不乏明白人，他们最先从唾液纷飞的环境中冷静了下来并开始竭尽所能思考对策。随着其他大臣骂够了，过足了嘴瘾，看看身边沉思中的同事，也猛然意识到了自己要做的事。于是朝堂之上随即陷入了宁静之中，只不过是暂时的。

鉴于大臣们在个人经历、思维想法等方面都有明显的不同，因而朝堂上马上又沉浸在了一片七嘴八舌的争论之中，其噪音的污染程度浑似今日的菜市场。然而不知是谁突然喊了一声，原本嘈杂不堪的现场马上又变得无比安静了，因为有一位大臣提出了如下的应急方案：马上起身返回桂林，去寻求瞿式耜的保护！

按照常理，这个公开提出请皇帝陛下移驾桂林的大臣其下场无疑将会是比较悲惨的，轻者被罢官降级，重者小命报废，所以在场的大臣们很快安静了下来，大家都在等待着站在最前面的刘承胤的反应。

出乎众人意料的是，这一次的刘承胤并没有大发雷霆，而是当众向皇帝表示，武冈城内的守军保卫皇帝陛下和群臣的安全是绰绰有余的，所以我们既不用西走，也不可南奔，我们就留在武冈城里！听到这一句话，所有的大臣全都沉默不语，但他们沉默的理由却不尽相同。为了说明这个事情，在这里有必要引用一段并不可靠的野史中的对话。这段对话虽然并不一定存在，却颇有代表性，能很好地反映当时朝中大臣们的一些想法。

据说，散朝之后，两个关系比较要好的大臣一起回家。在路上，一个大臣满怀激情地对他的好友说："安国公虽然平日粗鄙无礼，骄横专权，堪比董卓、郭汜，没想到在国家危难之际竟然能如此大义凛然，当仁不让，要力保圣上与我等的安危，真是没有想到啊！"

谁知，他的这个朋友却并没有像这位大臣那般感动，反而苦笑了一声："你在说什么啊！以我观之，刘承胤必降！"

"拒绝西走，这是因为畏惧张先璧；复绝南奔，只因顾忌瞿式耜！刘承胤向来贪恋子女玉帛，惟恐失之，不降岂有他为！"

这下子，刚才本还对刘承胤大加赞叹的那位仁兄方才恍然大悟，连说有理。

这段史料来源于野史，引用它，如前所述，只是为了说明一个问题，那就是在沉默中的大臣们有些是像第一个人那样被刘承胤的这番豪言壮语所迷惑了，认定了刘承胤即将成为皇帝和自己的忠实的保卫者，为大家击退清军，化身为大明的英雄。

而与此同时，另外一些大臣却是其中真正的智者。他们在几个月内，就完全看透了刘承胤到底是一个什么样的人。在他们的眼中，刘承胤即便换上了N件衣服也不可能化身为超人、蜘蛛侠或者蝙蝠侠，他从始至终都是那个当年在南京市井之中游手好闲的刘市棍。

一言蔽之，这个刘承胤也就是个流氓，且还是属于臭流氓的那种类型。他绝对不会为了别人和国家的利益去拼命，去奔走。在强敌压境的情形下，他的必然选择有且只有一个，那就是投降。

在得到了不同的答案后，有了不同感受的各位大臣开始各自行动，并就此走上了完全不同的道路。

好了，让我们还是回到孔有德将军队开到武冈城郊的那个时间点，继续我们的叙述。

孔有德已然兵临城下，武冈也看似唾手可得，不过孔有德先生还是寄希望于以和平的手段接管武冈，当然，还有武冈城中最为重要的那个人，永历帝朱由榔。所以他虽将清军领到了城下，但就是不下令进攻，为的就是显示自己有接受投降的诚意，并让刘承胤有充足的时间进行最后的考虑。

是想成为大清的新贵，还是成为大明的死臣，刘承胤你自己权衡吧！

对于孔有德的这层意思，刘承胤有着相当清楚的认识。而也正如朝中的一些大臣们所预料的那样，刘承胤自从听说孔有德率军攻下永州并向武冈进逼后，就压根儿没有誓死保卫皇帝陛下或是与武冈共存亡的打算。得到战报后刘承胤主要就干了两件事，一个是每天继续从民间搜刮各种金银财宝，另一个就是专注于府中歌姬的歌舞表演，且天天都看，丝毫没有显出一点审美疲劳的现象。



除此之外，开始不务正业的刘承胤倒是还干了一件有意义的事，就是派人将清军的动向完全对宫内封锁，以致孔有德的大军都在距武冈三十里外的地方安营扎寨、烧火做饭了，宫里面的永历还不知道清军已经摸到了自家门口来了。

眼见刘承胤弄权误国，永历被绑起来移交孔有德的风险随着时间的流逝与日俱增，一个人终于忍无可忍了。既然已经忍无可忍，那就无须再忍，刘承胤我和你拼了。

为了挽救大明的江山，保证国家还有未来，此人拿出了平时未曾有过的惊人勇气，孤身一人走向已被刘承胤派兵严加看守的禁卫森严的行宫门口。在这里，他要以他的努力去延长大明的未来。

在孤身一人并无他人帮手的情况下，这位仁兄竟然出人意料地接连闯过了由刘承胤士兵严格把守的数道关卡并实现了他的愿望，见到了尚在蒙在鼓里的永历。

按理说，想要通过刘承胤设置的关卡进入宫中，假使没有刘承胤发给的通行证一般人是办不到的，而刘先生的本意就是对皇帝封锁宫外的一切消息，因此通行证这个东西基本上应该是不会存在的。可是这位仁兄不仅过了关，见到了皇帝，而且还将清军已在武冈城外屯兵扎营的消息告诉了永历。这一切乍看起来怎么都像是某部小说里的情节，不过事实上这并不是小说。

## 永历的应对

现在是时候解释一下，为什么刘承胤安排的那些士兵没能履行好他们的义务而把人放了进去。

其实，与其说是把守行宫的士兵们当时没能挡住那个人，倒不如说是士兵们当时没敢挡住那个人。这是由于此人的身份比较特别，套用一句时下比较流行的句式，原因应该这样解释：我爸是大王。

之所以说他爸是大王，只因为他爸真的是大王。这位仁兄名叫朱蕴釪，他当时的身份是通山王。

通山王是从楚藩分下来的朱家远支，朱蕴釪和朱由榔的关系大致有汉献帝和刘备那样远。但是即便如此，同为太祖高皇帝（朱元璋）的子孙，亲戚有了危险必然要出手帮助一下，所以一直在朝中对刘承胤的作威作福多加隐忍的朱蕴釪在听到刘承胤打算投降的消息后，便不顾个人安危，硬是闯入了宫中见到了自己的皇帝亲戚并把自己知道的一切全部告诉了他，且请求永历早做准备。

得到了朱蕴釪的报信，永历如梦初醒。他马上让太监从锦衣卫中找来了自己的心腹商量对策。看到皇帝陛下终于开始采取行动，朱蕴釪这才告辞，安心回府。走的时候，他的脸上有的只是让人不解的祥和的微笑。

在做出入宫面圣、和盘托出一切的那一刻，朱蕴釪早已想到了他将会遭遇什么。

本在家里欣赏歌舞表演的刘承胤很快得知了朱蕴釪入宫的消息，不用猜也知道此人是报信的，而且两人之间具体说了些什么，刘承胤也不难推测出来。所以愤怒至极的刘承胤当即命令手下的士兵四处寻找朱蕴釪。

不久，刘承胤的兵士在行宫门口堵住了刚刚从宫中出来的朱蕴釪。刘承胤随即赶来，二话不说，“奋拳击之”。朱蕴釪不像刘承胤那样是练家子，平时也应该没有任何打架的经验，所以当即被刘承胤一拳击倒在地，顿时满口鲜血，牙齿脱落。

看到刘承胤暴打朱蕴釪，在场的所有人都愣在了原地，大家谁也不敢上前插手，甚至没人吱声，只是眼见着朱蕴釪在刘承胤的拳打脚踢下，呻吟的声音渐渐变得微弱下来。刘承胤虽然很横很暴力，可也还没有胆大到公开在宫门口以非正当理由打死一个老朱家宗室王爷的程度。所以在发觉朱蕴釪已几乎昏厥的情况下，刘承胤才恨恨作罢，带领亲兵扬长而去。

既然事情已经暴露了，那就放开手干吧！

八月二十三日，刘承胤向城外孔有德的营帐内派出了使者，并代他传达了投降的要求。谁知，得知此事的孔有德竟然怀疑其中有诈，说什么都不肯相信刘承胤在如此短的时间内竟会主动投降，所以没有立即答应。

这下麻烦了，想投降也没辙了么？刘承胤对此深感无奈。为表诚意，刘承胤只好亲自剃头，然后主动前往清军营中同孔有德接洽投降事宜。

见到刘承胤自己来了，还改了发型，孔有德终于信了，欣然同意了刘承胤的请降。

投降成功，接下来要做的是谈条件。毕竟没有条件刘承胤不会投降，而孔有德更不会同意投降。所以双方就此坐到了一起，开始讨价还价。经过一番激烈的商议，最终双方一致敲定如下条件：

第一，武冈城和城内明军自投降之日起，其归属权从此归属大清，刘承胤无权干预。

第二，刘承胤务必将武冈城门严密看管，以防止永历帝和大臣出逃，并保证将其交予清方，任由清军处置。

对于这一协议，我的看法是四个字：寡颜鲜耻。

虽说在名义上这是双方共同协商的结果，但事实上却是孔有德的一口价。作为投降方，刘承胤拥有的仅是接受的权利和服从的义务。

看着眼前气势汹汹的孔有德，一向老子天下第一的刘承胤竟然怂了，完全接受了孔有德的所有条件。

回到城中，刘承胤当即下令严守武冈各门，禁止任何人出城。随即又暗中找来自己的亲信将领秘密调集军队，准备攻入行宫，捉拿皇帝和两宫太后。时值八月二十四日夜，如无意外，第二天天明，刘承胤将命令手下打开武冈的城门放孔有德入城，然后将被绑成粽子一样的永历和太后、大臣移交给清军，再往后就离开这个湖广的小地方，带着自己多年搜刮抢掠得来的金银财宝前往北京，在清政府中谋得一个很不错的职位，就此终老。

然而意外还是发生了。事实证明，刘承胤过高地估计了自己计划的完美程度，且过低估算了自己身边人的道德水准，因为身为一个无视一切道德和法律的刘承胤并不知道，在这个世界上有着一种东西叫忠诚，还有着一种品质叫厚道。

在南明生死存亡攸关的关键时刻，王皇后却起到了一个谁也不曾料到的重要作用。

刘承胤军中有一位低级将校曾因犯了事要被处罚，当时因得到了王皇后的求情，所以并没有受到严惩，而是被留在军中戴罪立功。

其实，王皇后根本就不认识此人，而之所以会帮他向皇帝求情，也只不过是考虑国家正处于动荡之中，想要尽量广施恩德罢了。可即便如此，这位小校对于王皇后的帮助还是感激不已。但他作为一个低级的将领，看似并没有机会报答王皇后的大恩大德，所以就一直将这份感激放在了心里，直至八月二十四这一天。

当得到上面集结军队入宫抓捕永历的密令时，他意识到自己报恩的时刻终于到了。经过一番周折，这名小校终于设法把这一消息透露给王皇后身边的一个太监。那个太监得知此事也是大吃一惊，在确认了消息来源准确后，他急忙将此事告知了自己的主人。

很快，王皇后知道了，永历知道了，两位太后也知道了。在经历了逼宫事件后，永历曾秘密增加了宫内的守卫，并在这些人之中整出了一支完全忠于自己的卫队，虽然人数有限，但在今天终于派上用场了。在永历的命令下，宫中的护卫加强了防御，且开始派人出宫寻找逃出武冈的路径和时机。

可是回复的消息让永历十分失望。因为据出去的人回报，武冈城的大门小门全都被刘承胤派重兵极为严密地守住了。刘承胤还为此下了严令，有私自出城者当场杀之，所以现在别说是一个大活人了，就算是一只兔子想要蹿出城去，估计都得先变刺猬，后成烧烤。

永历失望地看了看身边的这些卫兵，清楚地知道这些人站个岗、查个哨还行，要是护送自己和老婆孩子加俩妈这一大帮子人安全出城的话，保准是不可能的。

看来上天是真的要抛弃我朱由榔了！

虽然永历认定上天已经要放弃自己了，可是这个时候永历依旧没有放弃希望，至少没有放弃让大明继续传承下去的希望。

因此他下达了一道本以为是自己今生最后的命令：叫太子来！

就算自己跑不掉了，怎么也得保证儿子能够活下去。这就是为人父母者最为伟大的地方。

所以，永历叫来了自己的长子朱慈爝，并把他郑重其事地托付给了身边的内阁大学士吴炳：这是我大明的未来，现在将他交由爱卿了！

听到皇帝陛下这句话，就连一向比较软蛋的吴炳也似乎受到了感染。泪流满面的吴大人当即表示请皇帝陛下放心，自己必将誓死护卫太子，保全住大明的这一未来的希望。而事情后来的发展也证明，这位吴大人的确是履行了他的这一诺言，不过是以一种特殊的方式。

目送长子离开，永历独自默默地坐在朝堂之上，看着夜间这空荡荡的大堂，他感慨万千。大明朝立国至今已有二百七十九年了，难不成就要在今天走向最后的终点吗？难道自己就要成为明朝最后的一任皇帝，而就此被载入史册之中？

对于这些，永历不是没有想过，却从没有料到自己会就这样断送在刘承胤这个奸贼手中。

永历是明朝历史上最后的一个皇帝，这点绝对没错。不过大明的国运却并没有在此终结，因为此时距明朝存在的有效期刚好还有十五年。

宫内兵力有限，城门各路禁严，墙外清军虎视眈眈，这本来无论从哪个方面来看，永历都是无路可走的。然而历史再次向我们说明了一件事，只要你永远不放弃希望，那么上天就永远不会放弃你。

永历最后没有放弃，因而他看到了希望。虽然这一希望看似十分渺茫。

就在众人万念俱灰之时，不知是谁智慧的火花一闪，想出了一个办法。而正是这个办法最终挽救了一切。

在这紧要关头，能够救得了永历的并非如来佛祖，也绝非元始天尊，当然耶稣基督更是指望不上。经过一番讨论，大家一致认为，想要活着走出武冈城就只能找他了。

这个他就是武冈伯刘承永。

刘承永是刘承胤的弟弟，而且还是刘承胤唯一的弟弟，平时兄弟两个关系极佳。所以刘承永即使没有什么能力，在刘承胤的大力举荐下，朝廷还是给封了一个伯爵。



起初，皇帝陛下不认为这个方法靠得住，不过时至今日只能姑且一试了。按理说，永历一行想要逃离刘承胤的魔爪，却找刘承胤的家里人请求通融，这是一件看上去比较二的举动。然而事实证明，所谓的奇迹都是源于你认为不可能会出现的地方，这一回也不例外。

永历派人找到了刘承永，希望刘承永能帮自己一个忙，帮自己找到另一个人。对于这个并不难办的要求，刘承永同意了。于是，永历的代表终于见到了决定一切的那个最为关键的人物，刘承胤他妈。

见到皇帝陛下的特派使者，得知自己的好儿子刘承胤即将做的一切，刘母愤怒了。刘母虽然不是什么知书达理的大家闺秀，却是个极为善良的老太太。她老人家一听说刘承胤要对皇帝下手，当即大怒，也不顾天色已晚，马上叫来了刘承胤，严令儿子打开城门放永历一行出逃。

刘承胤虽不情愿，但碍于老妈的面子也不能说不，所以只好同意传令手下打开城门为永历放行。

不过，刘承胤在下达命令时却要了个心眼。那就是在下令开门之时，刘承胤并未点明执行这一命令的具体时间，只是说了开城门三个字。所以这样一来，守城的士兵完全有理由拖到将近天明的时分再把城门打开。依据刘承胤与孔有德的约定，武冈守军开门投降的时间也恰好是二十四五日的黎明。因而如无意外，永历等人依旧是板上钉钉，跑不掉的。

此时，那些把守城门的不知姓名的士兵们在不知情的状况下，终于变为这一阶段历史的真正决策者。这帮大爷想先给哪一方开门就先给哪一方开，高兴的话还可以同时开。他们的态度从未像这一天的这一时刻显得如此重要过。然而，守城的士兵们还好都比较实在，从不玩虚的，当永历君臣急急忙忙赶到城门口，很快就得到了守兵的答复：不给开。

这些跟随刘承胤多年的士兵们似乎对刘承胤的性格已经极为了解了。他们深知，以刘承胤的为人，从来就是不做亏本买卖的。刘承胤既已决定投降，朱由榔先生就已经是他眼中的一大礼物兼筹码，是绝对不会轻易放手的。赶明儿刘承胤突然跟他老娘翻了脸，一定要抓皇帝，那这口放走皇帝的大黑锅谁背？所以还是先等等吧！

守门的士兵们可以等，永历却是拖不起的。一旦太阳从东方升起，孔有德的军队进入了武冈，那么之前所做的一切努力就全白费了。

这个时候，马吉翔先生出面了。不过这一次他的身份已经不再是刘承胤的死党，而是皇帝陛下的忠实拥护者。马吉翔是在什么时候起义的，史书上并没有明确记载，不过可以肯定的是，马吉翔的这个卧底做了已经有一段日子了，所以永历才能对最近一段时期的刘承胤的一些预谋、小动作乃至心理活动都了如指掌。

下定决心要为皇帝陛下两肋插刀的马吉翔，在关键的时刻以自己的实际行动向永历表达了自己的忠诚。他与另一位前刘党骨干庞天寿在得知守门士兵拒不开城的回复后，当即率领手下壮士用利斧强行砍断了城门的锁，保护永历一行破门而出。

永历这一次跑得要比以往更为仓促，因此当宫中一行人奔出武冈城时，那番景象只能用凄惨两个字形容。据史料记载，出城之时只有永历本人和马吉翔等少数几个人有马可骑，而一些跟着跑出来的上了年纪的大臣也只能和普通大兵一样完全靠腿跑路。皇帝陛下的某些老婆们则更为狼狈，有的连鞋子都来没来得及穿，光着脚就出来了。

果然不出所料，永历一行刚跑出不到三里，刘承胤一旦把老娘哄过去就向永历逃跑的方向派出了追兵。为了激励手下将士能够完美完成追捕任务，刘承胤明码标价给出了高达万两的赏金。刘承胤的士兵们也都比较实在，一听说这一价钱便跃跃欲试，四处出动，开始了自己艰难的寻人之旅。

事实上，永历的这次逃难之旅绝对可用惊心动魄四个字来形容，因为沿途之上真是麻烦不断。譬如永历等人走到二渡水这个地方，皇帝的车马刚过，浮桥就断了，太后和后妃群臣全被堵在了对岸，而身后的追兵也在逐渐逼近中。好在马吉翔应对迅速得当，花重金找来了三条小船，这才将对岸的剩余人等安全送过了河。

不久，刘承胤和孔有德派出的追兵分别赶来。先前奉侯性之命入卫宫廷的参将谢复荣和麾下五百多明兵主动选择留下来，承担阻挡清军、争取时间的任务。这个世界上并没有真正的傻子，虽然他们知道此举有败无胜，有死无生，但他们依然还是留了下来，拼死断后，只因为他们懂得什么样的牺牲是有价值的，并且他们很清楚自己是在为什么奉献出自己的生命。最终，谢复荣和他手下五百人以全部战死的代价，在王家堡拖住了追兵。即便后世的史书上并没有对这次毫无悬念的阻击战做过多的描写，可是我认为这场战役却值得我们的崇敬与铭记，铭记那拼死战斗到最后一刻的五百勇士，以及他们身上那真正的勇敢。

九月初一，在闻讯赶来的总兵侯性和他带领的五千明军的护送下，永历一行安全进入广西境内，抵达形势还算比较安全的柳州。永历这一生之中最为艰难紧迫的逃难至此才算是告一段落。

永历是跑出来了，可是令永历做梦也想不到的是，入城后的孔有德其实并非一无所得。因为刘承胤虽然没能抓到大明现任的皇帝，但却抓到了大明未来的皇帝，永历的太子殿下。

根据永历当时的嘱托，大学士吴炳本来是应该护送皇太子取道城步县进入广西，随即找到瞿式耜，在他的拥戴下继位的。可是上天似乎并没有给出一个皆大欢喜的结局的打算。在逃往广西的路上，吴炳带着太子确实是顺利赶到了城步县，只不过来的时间晚了点。不久之前，这座县城已被清军攻占，因而太子和吴炳很快便被清军发现并截获，随即被押送到了清军的驻地衡阳。

入城后，太子被送到了孔有德那里处置，而吴炳则被交给刘承胤做思想工作。

刘承胤看了看灰头土脸的吴炳，说："投降吧！"

吴炳抬起头，用和以往一样的恭顺口气回答道："好！"

刘承胤满意地回去了，他认为自己圆满完成了这一简单的任务。因为在刘承胤看来，自己面前的这个吴炳还是一如既往地软弱不堪，是个不用捏都会烂的软柿子。不用高官厚禄的诱惑，不用循循善诱的劝导，只需自己的一个严厉的眼神，吴炳便会对自己言听计从，百依百顺。刘承胤一直这样认为着，而在武冈的两个月内，吴炳也的确是这样做的。

但事实上，这一次事情的发展绝非如此。

第二天，刘承胤得到了一个令他难以置信的消息：吴炳在房中自缢身亡了！

刘承胤傻眼了，他从未预料过像吴炳这样一向对自己唯唯诺诺的柔弱的读书人，竟会在最后的关头戏弄了自己一把。吴炳不仅欺骗了自己，糊弄了自己，甚至还用自己的死来嘲笑了一番刘承胤。因此在接下来的几天，刘承胤的精神大致是处于一种分裂的状态，他几乎天天都能在睡梦中看到吴炳那双好似嘲笑般的眼神。

吴炳的自杀使得刘承胤措手不及，而另一个人的反抗却真正让刘承胤感受到了什么叫无可奈何。

八月二十五日，清军入驻武冈，偏沅巡抚傅上瑞投降，王允成、刘承永、董英等四十七员总兵，及城中多达二千余名的官员、六万八千的马步兵纷纷随风归清。然而在这众多的人中，却有一个人始终没有投降，他就是兵部尚书傅作霖。

众所周知，傅作霖是刘承胤的好朋友、好搭档、好伙伴，且一直都是。据说两个人很早便在武冈结识了，且刘承胤还十分敬重傅作霖的才学，所以没事经常以向傅作霖请教时局方面的问题为由主动请客喝酒，努力拉拢傅作霖。刘承胤之所以之前能在瞿式耜和满朝文武的眼中树立起一个相当不错的形象，得以获得永历召入入卫的机会，这应该基本上都是老傅的功劳。

刘承胤虽然十分轻视读书人，但在他眼中傅作霖却绝对是个例外。刘承胤不但将自己手下的军队全部交由傅作霖节制，还在控制了朝政之后，立刻给自己这位老战友升了官，先是破格提升为国防部副部长（兵部右侍郎）。接着又改任为兵部左侍郎，代理部长事务（行尚书事），予以傅作霖参与票拟的特权。

票拟，一般是只有内阁大学士才能拥有的大权。虽然表面上说是内阁中的大学士所共有的权力，可是在实际实行的过程中，票拟权却通常是掌握在内阁首辅，或是内阁中最受皇帝信任的大臣手中，是一言堂。

傅作霖别说不是当时朝中名正言顺的大学士，事实上，不客气地讲，他连做大学士的资格都没有。明朝的大学士大致都是庶吉士出身的，就算运气好点，好歹也应该是个进士（比如嘉靖年间的张璁）。可是傅先生的最高学历也就是个举人，所以在十分讲求学历的明代，如果你说像傅作霖这样背景的人能当上朝中部长级的高官，且可以在不用排队入阁熬资历的情况下掌握票拟大权，相信你对十个人说，其中会有九个建议你去医生那里看一看，而剩下的一个估计会比较负责地直接把你送到郎中那里，好好检查一遍。

可就是这个关系与刘承胤如此之铁的傅作霖，在面对降清的问题上，第一次站到了刘承胤的反对面之上。

傅作霖认为，孔有德此来兵力虽多，手下将士也能征善战，可是并不足为惧。只要刘承胤和自己能够像以前那样通力合作，组织好守军固守好城池，拼力死战，再发布命令召集各路勤王之师前来增援，武冈一定保得住。

听了傅作霖的这番话，当时的刘承胤先是低头不语，随即点了点头表示同意，然而一转身，刘承胤就背着自己的这位老搭档亲赴孔有德军中，签署了降书，将傅作霖蒙在了鼓里。当刘承胤打算劫持永历降清，永历君臣破城而出时，傅作霖这才意识到自己被骗了。本来听到皇帝出城的消息后，傅作霖是带着轻骑数百人跟着永历一起跑路的，然而走了不到十里，傅作霖再也走不下去了。这倒不是因为傅大人平日总是养尊处优，身体条件不行，而是因为在随行的大臣和将士的心目中，傅作霖是刘承胤的人。

在大家看来，只要出逃的队伍中有傅作霖的身影，大家迟早会被刘承胤包了饺子。原因很简单，傅作霖应该是刘承胤派来的卧底，时刻追随皇帝的目的只有一个，掌控永历等人的动向并伺机将情报传回武冈，告诉刘承胤，好让新来的追兵得以及时锁定皇帝的位置，一网打尽。

当所有的人都认定一个人是坏人的时候，那么无论事实如何，他都应该是一个坏人。

这辈子就算是跳几次黄河都洗不清了。傅作霖欲哭无泪。

于是，傅作霖在众人的窃窃私语中选择了离开。他独自一人逃入山中。傅作霖起初以为自己被刘承胤所误，打算自杀，但想到自己如果就此死在荒郊野岭，估计也难逃后人的指责。所以悲愤外加羞愧之余，傅作霖做出了他人生中最后的一个决定。

几天后，刘承胤正打算派人进山寻找他这位好搭档时，傅作霖出现在他的面前。

对于傅作霖的突然现身，刘承胤大喜过望，赶忙起身前去迎接。谁知，等来的却是一记重拳。

刘承胤好歹是练过的，再加上傅作霖并没有什么打架斗殴的经验，因此这一拳虽然来得突然，可身手敏捷的刘承胤还是躲了过去，没打着。不过，没等刘承胤回过神来，傅作霖已然发出了第二招。

见刘承胤躲过了自己的拳头，傅作霖似乎早有预料，所以他趁刘承胤立足未稳之际，来了一个加速助跑，向刘承胤全力冲刺了过去。刘承胤没有防备到这一招，很快便被傅作霖狠狠地撞到了前胸，踉跄几步，几乎跌倒。

由于事发实属突然，一时间在场的诸位都没有反应过来，只是眼看着刘承胤先漂亮地躲过了对方挥出的一拳，随即又被漂亮地撞倒。

可是在愣了几秒之后，有人省过味来了，敢情傅作霖此来不是投降的，而是来找刘承胤拼命的！随着一声吆喝，在两人身边目睹着一切发生的众人赶紧行动起来。大家一拥而上，这才把还在酝酿着发动第三轮攻势的傅作霖给控制住了。

其实就实际状况而言，傅作霖即便装配了火枪长矛外加防弹衣，估计也不是赤手空拳的刘承胤的对手，除非当时傅作霖就在身上捆上了大量的火药，一见面就拉弦，来个同归于尽，否则想要亲手杀掉刘承胤，那绝对是不可能的。事实证明，傅作霖的这番举动虽未对刘承胤造成任何致命的伤害，却真是把刘承胤吓得够呛。

共事了这么多年，刘承胤从来没有见到傅作霖如此疯狂过。为了不致再遭到傅作霖的突然袭击，刘承胤选择了先走为妙，希望将劝降的工作转交给孔有德。不过孔有德很狡猾，他知道就算是自己出马也不一定能搞得定傅作霖，一旦不慎，说不定还会遇到不少尴尬事，因而婉言谢绝了刘承胤的要求，且再三命令刘承胤尽快了结此事。

刘承胤没办法，只好硬着头皮上，亲自前往监禁处劝降傅作霖。可是每当傅作霖见到了刘承胤的身影，就会如同公牛见到红布一样，情绪立即激动起来，所以刘承胤屡次三番都被傅作霖骂了出来。面对着傅作霖的种种指责，一向目中无人的刘承胤竟然像犯了错误的小孩子般从头至尾不敢吭声，等到傅作霖骂完了一遍，这才红着脸告辞。

就这样很长时间过去了，刘承胤的劝降工作一直没能取得任何进展。孔有德认为傅作霖的火差不多已经在刘承胤的身上发完了，是时候轮到自己出面劝降了。基于这种认识，孔有德派人带来了傅作霖，准备凭自己精心想出的劝降词来打动傅作霖。然而事情的发展证明，孔有德的这种想法是十分幼稚的。

召来了傅作霖，孔有德笑呵呵地问道："傅尚书到底想要干点什么呢？"

没想到，傅作霖的回答却差点让孔有德气到喷血。

傅作霖是这样回答的："想让你死！"

这也太直白了吧！

得到了这样的回答，孔有德的血压一时间急剧升高，很有上去一刀剁掉傅作霖的冲动。但为了维持形象，孔有德不好发作，只好苦笑了一下，挥挥手示意将人带了下去。

所谓有仇不报非君子，孔有德虽然算不上什么君子，却认为傅作霖带给自己的这个耻辱非报不可。因此又羁押了傅作霖一个月之后，孔有德以始终不肯剃发归降的名义处死了他。不过作为孔有德的好兄弟，尚可喜却对傅作霖这种表现深表钦佩，出资为他购买了棺材予以厚葬，并在武冈城中为其修筑了庙宇以示纪念。

虽然从危机四伏的武冈城中逃了出来，可是永历的厄运似乎还没有就此终结。到了柳州不久，竟然又遭遇到了几年也难得一见的兵变。

柳州守将覃鸣琦因与守道龙之明互相看不顺眼，居然各自拥兵打了起来，柳州就此乱成一团。永历没辙，下令制止又没有人听（都杀红了眼了），于是只好再次同众臣起行跑到了象州。

今年不知是咋搞的，真是倒了血霉了，永历感到很无奈。但事实上，此时更为无奈的人不是朱由榔而是另外一位朱家王爷——朱由桢。

武冈失守以后，永历与部分大臣从小路匆忙地逃到了广西。可是由于事出紧急，永历一行没有工夫与驻于湖南西部的一些明朝官员打声招呼，事后估计也没有派人去传达一下皇帝陛下很平安这一类的消息。湖南的官员们由于同朝廷失去了联络，大家一合计，一致以为刘承胤在降清时必定会把朱由榔当作投降的进见礼交给孔有德，所以以堵胤锡为首的部分文官武将便展开了商议。经过大家的一番讨论，众人打算共同拥立荣王朱由桢为帝。

荣王朱由桢是明宪宗的儿子朱祐枢的后裔，按照血缘亲疏来看还算是过得去的。可是对于这个突然从天上掉下来的大馅饼，朱由桢却是极为冷静的。

在朱由榔看来，当时的湖南已是与清军交战的前线了，在此称帝无异于主动吸引清军前来攻打自己，而更为重要的是，永历的最终下落并未得到真正的确认，假如贸然称帝，却发现永历尚在人间活得好好的，那就麻烦大了。在巨大的诱惑面前尚能保持冷静，能够做到这点是很不容易的。果然，不久之后消息传来，皇帝陛下安全转移到了象州，且身体健康，可正常履行皇帝的职权。众人这才理解了朱由榔当时的苦心，并对其深表赞许。

众星捧月之时，尚可淡定从容，善莫大焉。

# 第二十章　奇迹

由于朱由榔的理智，南明内部有幸避免了再度出现天有二日、国有二主的局面。可是，就当时的情况来看，永历朝廷的处境已达到了坏到不能再坏的地步，又一次刷新了困顿的历史记录。

此时，除了堵胤锡率领马进忠等部退入湘西九溪卫继续坚持抗清和保昌伯曹志建领兵扼守湘桂交界的镇峡关这几个少得可怜的军事要塞外，湖南的其他地区基本上都被清军占领了。随着武冈的失陷，孔有德又趁机拿下了永州，把何腾蛟也一并赶入了广西。至此何腾蛟手中原有的数十万大军基本上已经被打了个精光，明军看似在湖广再也无法翻身。而这正是孔有德一直在苦苦追求的效果。

清军赶走了何腾蛟后，湖广境内的残余明军因失去了这个当地最高指挥，纷纷陷入混乱的状态之中。清军则趁此机会继续深入，出兵贵州，攻陷了黎平府，杀死了守将萧旷。就是在这场战役中，清军在刘承胤的教唆下俘获了何腾蛟留在黎平老家的继母孙氏、老婆徐氏等家属一百余口。

得到了这些何腾蛟的亲人，孔有德如获至宝。他马上亲自修书，让何腾蛟的亲戚将这封劝降信连同何腾蛟的家信一同带往广西兴安，交给暂住于此的何腾蛟。孔有德在这封信中详细叙述了清方对何督师的母亲和其他眷属是如何好吃好喝奉养着，待遇是如何优厚，等等等等，想借此招降何腾蛟为清廷服务。

不过在何腾蛟的眼中，国要比家更为重要，所以他坚决拒绝了孔有德的招降，并明白无误地让自己的亲戚传话给孔有德，自己的妻儿老小如何处置清方可以看着办，自己却是无论如何也不会主动投降的。

那个亲戚听完了何腾蛟的表态，当即泪流满面。他虽对于何腾蛟的这番狠心感到惊异，但从内心的深处，他似乎能够读懂这个看似冷血的男人的这一选择。

我会尊重你的选择，并把你的回答一字不落地传达给孔有德的，你就好自为之吧！

谢谢你的理解，在这里我还有我必须要完成的使命，请原谅我的狠心。

看着逐渐远去的亲人，何腾蛟意识到，这也许是他和这位亲人的最后一面。

远方逐渐落下的夕阳余晖染红了半边天，好像在滴血一样。在站在城外注目着这一切的那个坚毅的男人的脸上，没有泪花。

他叫何腾蛟，一个无情的儿子，一个绝情的丈夫，但他却无疑是这个国家和这个民族心中永远的骄傲。

自古忠孝不能两全，所谓忠臣义士的人生大致都是如此吧。

清军在湖南大肆进攻，明军再次非降即溃，四散奔逃。这时驻守在道州的郝永忠深感兵单势孤，于是乎他做出了一个决定，主动撤入广西，以便东山再起。

这个想法本来是很好的。在当时众多打算由湖南退入广西的明军各部中，郝永忠所部实力无疑是其中最强的。湖广的局势既然已经变得不可收拾，那么退守广西，集中所有力量保住这最后的一块抗清大本营绝对是最为明智的选择。但是，谁也没有预料到的是，正是由于郝永忠的这一决定，竟然险些又给这个已经风雨飘摇的永历朝廷带来了更大的危机。

永历元年十月，郝永忠率部退往广西境内。一路之上，别说是沿途夹道欢迎的人群了，郝永忠连只兔子也没有看到。这与郝永忠入境时想象的场景差得太远了。郝永忠本以为广西百姓会箪食壶浆地跑来犒劳自己，谁知情况却正好相反，郝永忠军所到之处，当地百姓听到消息早就跑走了。究其原因，这还得从早先历史原因说起。

我们最早之前介绍过，李自成挥军攻入北京城后，大顺军将领由于被胜利冲昏了头脑，所以在很长一段时间内曾放松了对于手下士兵的纪律要求。在失去了上级约束的情况下，民军的士兵们就像是脱笼的老虎一般，开始四处横行，开展了较大规模的抢劫活动。当时的郝永忠部也不例外，在不理智的这段特殊时期，郝永忠和他的士兵们干了许多为人不齿的事情。虽说后来李自成有所觉悟，在事情变得不可收拾之前及时叫停了手下士兵们的抢掠活动，可是大顺军的这一作为却难以避免地在全国各地的官员和百姓的心目中留下了难以磨灭的阴影。

广西虽然偏远了点，可是当年郝永忠部那一系列作为还是随着郝永忠军的南移，逐渐传入了当地百姓耳中。所以郝永忠一来，大家就都跑了。搞得郝永忠很郁闷，赶了这么久的路，竟连个能做买卖的市镇都没碰上，所到之处都是死寂般的冷清。郝永忠对于这一非同寻常的场景感到十分地奇怪，所以打算找些当地人问清楚事情的原因。

可令郝永忠没有想到的是，但凡偶然遇见了一两个当地人，一听说是郝永忠的兵，就会像见到了什么危险生物一样，撒开腿就跑。这样，郝永忠就算想搞明白事情的缘由也是不可能的了。郝永忠只得怀着一肚子的闷气与疑惑，继续他的广西之旅，直到到达桂林。

终于，桂林城出现在寂寞了很久的郝永忠的视野中。他满怀欣喜地命令大军加快脚步，赶快到达这个自己所向往的最终目的地，早点进入城中。在这里，他不仅能够让军队得到充分的给养，还可以获得那个一直让自己百思不得其解的问题的答案。

然而，上天再次给郝永忠开了个大大的玩笑，因为桂林城给郝永忠和他的士兵准备的并不是一般的饭菜，而是一份名垂千古的特别待客品——闭门羹。

以传统小吃闭门羹来款待远道而来的郝永忠部，这个决定主要是两广总督于元烨做出的。鉴于这位于元烨曾在顺天府干过通判，可能多少见识过当年民军的不法行为，所以当他听说郝永忠率本部退入广西的消息后，就马上向瞿式耜打了报告，极力要求瞿式耜下令制止郝永忠部入境。

要知道，当民军在西北、中原各地闹得正欢之际，瞿式耜还在家里种地呢，所以对郝永忠部接受招安前的所作所为并非十分了解。在从于元烨那里得知郝永忠的军纪如此败坏时，瞿大人也着了慌。眼见郝永忠即将入境，自己却没有时间去验证这些信息的真实性。不过为了避免惹出什么乱子，还是委屈一下郝永忠吧。

瞿式耜于是听从了于元烨的建议，马上派出使者传令各关口，阻止郝永忠部进入广西。可是，事情的进展却出乎瞿式耜的意料。当禁行令发出时，郝永忠的部队不仅早就进入了广西，而且已经走过兴安了。

兴安是当时何腾蛟的驻地。郝永忠如果真的是要退守广西，再图恢复，完全有必要先在兴安停留一下，与何腾蛟见个面商议一番，再采取下一步的措施，又怎么会对何督师连个招呼也不打就直奔桂林而来呢？

郝永忠的这一看似奇怪的举动，当即引起了瞿式耜的警觉。瞿式耜认为郝永忠此行绝对不会是像他沿途宣传的那样，是为了巩固广西、加强防守而来的。郝永忠此来，必然别有所图！

得到了这一结论后，桂林全城上下当即如临大敌。城内的明军立刻关闭了桂林的所有城门，并加强了平日的巡逻和排查工作。对于郝永忠的使者提出的入城休整的请求，桂林守军当然是立刻予以拒绝。

行迹如此可疑，大家本来就有点怀疑你，再加上又有不太光彩的前科，这会儿还大大咧咧地屯兵城下，嚷嚷着入城休整部队。如果不是你的脑袋让驴给踢了，那就是我们的脑袋全都进水了。

想入城，想得美！天知道你入城到底要干啥！

此时，于元烨提出，为了消除可能的隐患，不如就地闭门歼除郝永忠部。所以他下令给督镇标将马之骥，让马之骥立刻出兵执行这一任务。对于这道命令，马之骥拒绝了。

马之骥拒绝的原因很简单。因为当下马之骥手头上只有数百个兵，而城外的郝永忠部却至少有万余人。所以换成是任何人，相信都是绝对不敢接受这一任务的，当然个把愣头青除外。

马之骥不肯执行命令，于元烨也不擅长武斗，事情就这样搁置了下来。郝永忠也就此被晾在了桂林城外。

郝永忠在城外待了两天，感觉事情不太对头，就再次向桂林城内派出了一批人去问明情况。如果仅从这些人的身份来看，你就会发现这批人绝对都是重量级人物，且不是桂林方面说不见就能不见得那种无名小卒。代表中包括这么几个人：通山王朱蕴釨、东安王朱盛蒗、督饷佥都御史萧琦。

不是亲王就是重臣，这意思是你不见也得见。

就这样，失去了拒绝接见理由的于元烨只好恭恭敬敬地将两位王爷和萧御史请入城中，并将此事上报瞿首辅处理。

作为郝永忠代表的两位藩王和萧琦进入桂林交涉的事情，很快便引起了瞿式耜和城中大臣们的重视。于是包括内阁首辅、两广总督在内的诸位大臣便决定在太监庞天寿家中开个会讨论一下此事。

会上，于元烨依旧坚持拒绝郝永忠部入城。瞿式耜由于军务繁忙未能出席，只派了广西巡按鲁可藻代替自己参与接洽工作，所以会议之上就属于总督的官最大。于元烨一出口否决，大家自然也就不敢再多说什么。虽然鲁可藻出头协调说了几句，不过这会基本上还是等于和没开一样，因为事实上仍然是于总督说了算，不给开。

但是，于大人在会上的坚决态度却引起了一个人的极大不满。他打算打破这种一边倒的局面，让事情出现转折。这个意图开启城外的郝永忠与城内的瞿式耜直接对话模式的人，正是萧琦。

和自己一道入城的两位藩王不同，萧琦要为郝永忠说话这绝对是别无选择的事，毕竟自己的老婆孩子都捏在郝永忠的手里，如果不快点完成这一任务的话，自己与家人便要永别了。萧琦不像通山王和东安王那样老婆孩子多得是，实在不行可以再换一套。萧御史就只有这一套，没了可就真没了。于是，在萧琦的强烈要求下，城中的官员同意了他拜见瞿式耜的要求，得到了一次与瞿大人见面的宝贵机会。

萧琦终于如愿以偿，见到了他朝思暮想的瞿首辅。所以一见面，萧琦就长话短说，废话不说，提出希望瞿大人出城与郝永忠见上一面，以说清其中的误会。不过，萧琦的这一提议一经出口，当即遭到了站在瞿式耜身边的于元烨的坚决反对。

于元烨认为郝永忠此来形迹可疑，如果将作为桂林最高长官的瞿首辅送出城去，无异于送羊入虎口，倘若郝永忠借此进行要挟，迫使桂林守军开门，这该如何是好？

这一点正好也是瞿式耜所担心的。因为此时此刻，桂林的安危已经不仅仅关系着一座城池和其中百姓的安全，同时还关系着整个明朝的存亡。桂林一旦动荡，广西全境必然出现混乱，而清军也绝对不会傻到错失这个机会，必然会长驱直入，攻入广西，这样一切势必不可挽回。所以说，该不该出城，这还真是件难以抉择的事啊！

关键时刻，瞿式耜身边的另一个人帮助瞿首辅做出了抉择并坚定了决心，而他就是一天前代表瞿式耜列席会议的鲁可藻。

鲁可藻在这时提出，如果守军始终坚持不给郝永忠部开城门，且瞿首辅拒不出城，这样虽然可以保证瞿大人免于遭遇郝永忠的劫持，却不能保证城外的郝永忠能够主动知难而退。而且依据刚刚从城外收到的探报，宜章伯卢鼎也刚刚来到了桂林城下并与郝永忠军合营一处。假使这二位的耐心到了极限，开始举兵攻城，那么桂林也一样难逃危机。所以按照鲁可藻的意思，反正横竖都难逃一劫，不如出城与郝永忠见上一面，说不定郝永忠没有入城抢掠的意图。

瞿式耜认为鲁可藻的这一分析很有道理。想当年，靖江王叛乱那样的大风大浪都经历过了，难道还怕了这个郝永忠不成？于是，瞿式耜终于坚定了信念，出城！

不过，为了以防万一，瞿式耜出城时只带上了鲁可藻等几个官员陪同，而将于元烨留在了城内。瞿式耜嘱咐于总督，如果事情有变，一定要不惜代价守好城池，这才起身赶赴了郝永忠的军营中。

瞿式耜、鲁可藻等人进入军营中，发现郝永忠手下的士兵们对自己都是礼敬有加。士兵们不管认不认得瞿首辅，都会主动下马给瞿式耜一行让道。从士兵这一举动中，瞿式耜认识到自己做出的是一个极为正确的选择。

见到瞿首辅亲自出城会晤。郝永忠自然是以礼相待，且在对答之间，用语极为得体。这使得瞿式耜对郝永忠在自己心目中的不佳印象大有改观。对自己为何拖了这么长时间才出城与郝永忠见面的问题，老谋深算的瞿大人自然也给出了十分合理的解释。这样一来，宾主之间皆大欢喜，双方约定第二天开门迎接郝永忠与卢鼎两部人马入驻桂林城中。

进入桂林之后，郝永忠自然不可避免地得知了事情的真相。所以郝永忠就打算为自己在城外多喝了好几天的冷风这件事讨个说法，报复一下于元烨，不过好在有卢鼎和瞿式耜及时从中调解，这才使得双方相安无事。

事实证明，郝永忠虽然为人简单粗暴，却是个说到做到的人。进入桂林城后一个月的郝永忠，确实如他所承诺的那样，以实际行动证明了自己存在的意义。

十一月，清朝湖广总督佟养和联合怀顺王耿仲明等人，大举进攻广西全州、瓘阳两地。督师何腾蛟得到警报后，当即召集广西各地明军前来集结。这一次何腾蛟亲自督率焦琏、郝永忠两部，并令卢鼎带领由赵印选、胡一青统领的滇营，分路出击对抗清军。

焦琏、郝永忠两军虽说是由何腾蛟统帅，可是事实上何督师是不会亲自上阵的。因为何大人本来就是文官出身，从来就没有沙场冲锋的经验，也没能养成像卢象昇那样亲自操刀砍人的兴趣爱好，所以自战役之初，何腾蛟只是坐镇兴安负责指挥，真正在阵上交锋的事情则落在了郝永忠他们身上。

诸如焦琏和胡一青这样彪悍的将领自不必说，见到清兵就像是看到了自家猪圈中的待宰肥猪，抡起兵器就直接奔着上了，完全不需要他人的催促，那绝对是自发兼自动的。可是，史料却告诉我们，在这场狙击来犯全州的清军的战役中，最为出彩的却不是前面提到的那两位仁兄，而是那个一直被明朝官员们视为不安定因素的郝永忠。

或许是为了证明自己，在这场战斗中郝永忠几乎拼尽了全力。据史籍记载，得到何督师的集合命令后，郝永忠当即亲统大兵出灌恢道，且一面发兵扼守灌阳，一面统兵星夜驰援全州。同月十三日辰时，郝永忠同卢鼎、焦琏及滇军在脚山实现了会合，随即明军在离全州二十里的地方暂时扎下了营寨，等待何腾蛟进一步的命令。

十一月十三日，三路大军按照何腾蛟的命令前往迎敌。接下来发生的事情基本上是没有太多悬念的。在一贯很猛的焦琏、胡一青和突然很猛的郝永忠等一干猛人的通力合作下，明军爆发出了前所未有的惊人战斗力，来势汹汹的清军先是被莫名其妙地“大败之”，接着再想进行反攻时却突然发现明军竟然拥有着“诸将连营而军，亘二百里”这样震撼的队列，因而很快便丧失了斗志，四散奔逃。

人心散了，队伍就不好带了，战场之上更是如此。清军一散，阵列马上就乱，最后即使是佟养和亲自出马也压不住阵脚了，所以佟养和也只能调转马头跟着跑路。明军就此保住了全州，获得了久违的胜利。而史书上也留下了“大兵败，养和仅以身免”的记录，由此可见，清朝对于这次失败还是认账的。

当然，此役除了官方的历史记录外，还有郝永忠的口述历史：本爵（郝永忠的自称）由小路午时抵全，至北关。虏于营，势甚猖獗。本爵身先士卒，率标镇马骑直冲虏营。虏交锋大败，奔溃北走。我兵直赶三十里，杀虏千余级，生擒二名，夺大西马三百余匹。小马无算，火炮、弓箭、衣甲、器械不计其数。

这样看来，郝永忠似乎也并不赖。他不仅准确掌握住了出击的时间，而且在战场上还充分发挥了领导带头的先锋模范作用，带领大军沉重地打击了敌军的嚣张气焰并取得了不小的胜利，捞到了不少的战利品，甚至在斩杀了一定数量的敌人之余，破天荒地抓到了俘虏，实在是居功至伟。

虽然在某些人看来，郝永忠的这番自述难逃自我吹嘘、夸大事实的嫌疑，但在我看来，他说的应该是真话。因为战后的第三天，心情异常激动的瞿式耜在上交永历的报告中写下了这样一段话：全州之战，各勋镇共以首功归永忠……南安侯郝永忠、宜章伯卢鼎、新兴伯焦琏与滇镇赵印选、胡一清，诚不愧标名麟阁！

众所周知，瞿式耜对于国家大事是从不忽悠的，而连他都如此这般热诚地赞许郝永忠的功绩，可见郝永忠在工作时真的是很卖力。

明军获胜的消息传回象州，永历知道后极为高兴，当即脱口称赞，大发感慨：全阳奇捷，真中兴战功第一！

因为等待这份大捷的报告已经等了太久了！想来也是，自从永历继位以来，日子就不怎么安生，不是一直被清军追着跑就是一直为躲避清军四处搬家，今天终于扬眉吐气了一把，实在是太不容易了。所以兴奋之余，皇帝陛下决定好好地嘉奖这些有功之臣们。

然而令永历没有想到的是，何腾蛟等人似乎对皇帝陛下的奖赏并不太感兴趣，反而趁机向永历提出了另一个要求。

众人的要求只有一个，请永历再次起行，移跸桂林。

此时桂林虽然时刻有成为抗清前线的可能，不过此地毕竟是“西省上游，形胜嵯峨”，城郭坚固，守兵众多，用瞿式耜的说法还是“兴王根本之地”。所以皇帝陛下迁居桂林，不仅可以起到激励士气的作用，同时还能切实保证皇帝的安全，避免在武冈、柳州时的旧事重演。而且全州之战后，楚地的清军已深受打击，全线回撤，退入了湖广，暂时不会再有大的举动。所以这个时候回到桂林绝对是万无一失，保证安全。

十二月初五日，皇帝和两宫太后在大臣们的坚持下，再次来到桂林。当时所有人无一例外都这样认为，永历朝廷终于可以步入发展的正轨了。可是，就在这个时候，意外发生了。

广东的清军在提督李成栋的指挥下，终于镇压了由陈子壮、张家玉、陈邦彦三位猛人组织的抗清活动，稳定住了广东的局势。李成栋完全解除了后顾之忧，认为自此可以不受干扰了，便收拾好行装，准备出兵西上，拿下那个曾让自己两次铩羽而还的桂林城。

既已下定决心第三次攻打桂林，李成栋和他的部下们便迅速地行动了起来。十一月，清军在李成栋的带领下重新占领了广西的门户梧州。梧州守将陈邦傅的表现也是一如既往地稳定，在听说李成栋军的动向后又一次不战而退，且向着桂林的方向一路赶来。

陈邦傅军撤退的消息立即引起了广西各地的高度注意和密切关注，而这些人中最为紧张的却是郝永忠。

郝永忠和陈邦傅在朝廷里的关系向来不是太好，两个人一见面就像狗见了猫，一定要闹事，要打架。所以朝廷出于这点考虑，才将两个人分开，一个划归何腾蛟节制，一个打发到梧州去守城。

可是，现在陈邦傅率军主动撤防，且还是朝着桂林一路赶来，这就让郝永忠感到很不安了。因为这个时候，郝永忠虽然是在全州镇守，但郝先生的家眷和全部个人财产，为了安全起见是留在桂林城中的。如果陈邦傅真的领军入城，郝永忠认为自己的东西必定将难逃被陈军抢掠的厄运。所以出于这一推断，郝永忠连个招呼也没有给何督师打，就急忙率兵从全州驰还桂林。

相信任何人都不曾预料到，郝永忠军从全州奔驰桂林的这一突如其来的举动，将就此造成一连串的意想不到的效果。

督师何腾蛟突然得到郝永忠部动向的报告，起初也是一头雾水。他并没有得到任何桂林遇敌的消息，也没有听说哪块的军队又发生了不和谐的现象，然而郝永忠却一夜之间急速行军向着桂林飞奔而去，这不也太奇怪了么？仓促之中，何腾蛟也顾不得什么冷静分析了，听说郝永忠率军不要命地开进桂林，还以为是皇帝陛下那里出现了什么突发性大事件，也就管不了那么多了，当即带着卢鼎部也跟着向桂林方向急忙赶去。

本来郝永忠走时，同样在全州驻守的焦琏并不知情，但他很快便听说了郝永忠、何腾蛟二人相继率部队返回桂林的消息。这样一来，焦琏也被搞糊涂了，认定桂林城中必定出了大事，便在只留下部将唐文曜同全永总兵王有臣留守城池的情况下，自己也带领主力奔往大墟（今桂林东南大圩）。

短短几日内，广西与湖广对峙的军事前线上，兵最多的郝永忠走了，官最大的何腾蛟走了，最后连最能打的焦琏都走了。这下子，得到这一信息的湖广清军立马来了精神。

湖广方面，这次由耿精忠亲自带队，二度杀奔全州而来。城内留守的唐文曜、王有臣眼睁睁地见着原本驻守在全州附近一同拱卫城池的明军各营主力纷纷撤回桂林，又在不久后得到了梧州失守、清军复来的消息，当即感到苦恼不已。因为假使此次清军是有所预谋地从东、北二路约定夹击，那么在两路合攻下，别说桂林了，就连广西也很难保住，到时候大家势必全部成为清军的阶下囚！

不过与其被俘虏，倒不如趁现在就占据主动！两个人一合计，就一起找到了全永道马鸣銮，和他一起商讨大家到底该何去何从。

一般情况下，要做一件比较不得人心的事，一个人通常是不敢的，两个人有时是心虚的，但是事实证明，要是一旦凑够了三个人，且达成了一致，那么天下间就没有什么是这三位仁兄害怕做的了。因此，当唐文曜和王有臣见到了同样对局势有着相同看法的马鸣銮，这三个人很快便达成了一致：还是投降吧，这样他好，咱也好。

于是，经过一番悉心的秘密准备，三人最终打算在十二月十二日派使者前往永州，向清方接洽投降。

全州的使者去了又回。然而三人没有想到的是，使者带回的竟然是一个让三个人哭笑不得的结果。

清军统帅耿仲明鉴于不久前进军受挫，且向来知道明朝对清军喜欢进行些忽悠，所以他对全州方面提出主动请降的要求产生了怀疑。耿仲明坚持认为，这要么是明军的缓兵之计，要么是明将设好了圈套，想要乘自己放松警惕之际打自己的埋伏。所以耿仲明在接见全州的使者时，当即毅然决然地表示自己拒绝接受对方的要求，并当场凭借自己的缜密推理，对全州守将的险恶用心进行了全方面的揭露与斥责。

想要糊弄我耿大王，你们还早上一百年呢。

得知耿仲明先生的防范意识竟如此之强，城中的三人也只剩下苦笑了。

然而事情远没有就此结束。马鸣銮等人秘密通敌的消息经过这么一闹腾，全州城内很快便人尽皆知了。城内的监军周震知晓此事，大为震惊。作为朝廷派驻全州的监军，周震认为自己有义务去与投降三人组理论一番。

见到了马鸣銮三人，周震先是亮明了自己的立场，表示自己坚决反对降清，接着他凭借自己极强的正义感对唐、王、马三位叛徒的变节行径进行了深刻的批判。

本来事情没能办成，三个人就已经是很郁闷了，现在又被周大人说得一无是处，连街边的狗都不如，唐文曜等人当即恼羞成怒。娘希匹，老子们用得着你小子来说！

暴怒之下，三个人也不管平时的同事情谊了，当场掀了桌子，翻了脸。事实也再次告诉我们，武器的批判不能代替批判的武器，某些情况下和某些人讲道理是讲不通的。周大人这一骂，后果是比较严重的。周震本人被立刻拖出衙门杀害，然后三个人派人带着周震的头和敕印，连同几个见证人，再次前往永州向耿仲明请降。

这一次，在详细询问了在场目击者每一个细节，并通过知情人士验证了周震的真身和敕印的真伪后，耿仲明终于相信了。原来这是真投降，不忽悠。耿仲明大喜过望，随即派两千骑兵在十七日跟着全州方面的使者一起回到了城中，并对外宣布了接管该地的消息。

全州啊，全州，我终于得到你了，而且还没费工夫！估摸着自己派出的骑兵已经正式完成接管任务的时候，耿仲明的尾巴大致刚好翘到了天上。

全州降清后，清军从湖广入侵广西的门户已然洞开。这一消息就如晴天霹雳般在整个广西四境迅速传开。

何腾蛟、郝永忠半路得到此讯，当即大惊失色。

这时的何督师透过哨骑的侦查，基本上已经可以确定桂林地区并无严重的敌情和任何变故，正在返回驻地兴安的路上。得知清军进入全州的消息后，何大人彻底火了，全州守将都是一群贪生怕死、见利忘义之辈！不过在这个关头，只靠发火肯定是解决不了问题的，何腾蛟自然十分清楚这一点。何督师当即发出檄文，命令因为误判跟着一起赶赴桂林的明军诸将火速带领所部军队，返回原驻地驻守，并通令附近各地抽调兵马前往堵截清军，防止其由全州继续南下。

就当时的局势来看，何腾蛟的这些应急举措布置得还是相当得当的，不过可惜的是，还是晚了那么一点点。

听闻全州失陷时，已经快要到达桂林的郝永忠就意识到，自己这次惹了大祸了。虽然擅离职守并不至于要杀头，可是这场大乱毕竟自己引出的，多少要负主要的责任。所以当务之急，郝永忠先派部将罗中军带领一千名骑兵日夜兼程前往兴安听由何督师调遣，他本人则决定率领部队继续向着桂林前行。

不出众人所料，在得到全州后，湖广境内的清军果然打算以此为突破口进攻广西，为此清廷特意安排了孔有德、耿仲明、尚可喜三人一起行动，并带领数万清军由湖南启程，经广西全州向着最终的目标桂林推进。在他们征服广西的途中，第一个站点就是明督师何腾蛟的驻地兴安。

罗中军接到郝永忠的命令，并没有辜负领导的嘱托，连续赶路几天几夜，终于到达了兴安，真的是很不容易。不过这队骑兵刚进去不久，就发现了他们起初并未意识到的一个问题，那就是兴安已然陷入重围。所以，没两天，城破，罗中军和他的一千骑兵全部战死，何腾蛟在胡一清等将的保护下勉强杀出了包围圈，兴安完全陷落。

永历二年二月二十一日深夜，清军已经进入严关的奏报按时被传达到了桂林。内阁首辅瞿式耜急急忙忙地赶往皇帝陛下的行在（原靖江王府），准备与城中的高级将领和兵部负责人进行一次针对战局的深入而细致的研讨。

瞿大人一推开门，就见到了那几张熟悉的面孔。明军主要将领代表郝永忠、卢鼎，锦衣卫指挥使马吉翔和兵部尚书萧琦，此时几个都聚集在司礼太监处商议对策。见到了瞿首辅，惹出了这一系列事件的郝永忠倒不回避，而是率先发言。郝永忠表示，现在城中的兵马疲惫不堪，不能再战，不如暂且放弃桂林，转移到其他比较边远的地方去避一避风头。

谁知，郝永忠的这话还没有说完，就发觉了身旁瞿首辅冰冷的目光。

其实这也不难理解。瞿式耜费尽口舌，好不容易才把皇帝陛下请到桂林这个战略要地来打算重开中兴大业，尚不到两月，你就张罗着要给再换个新地方，且还是穷乡僻壤未开化地区，你这是什么意思！您就不怕半路上杀出来一帮子野人把皇帝陛下绑回去煮掉吃了？

再者说，作为久经考验的政治家，瞿大人也不是那么好忽悠的。郝永忠到来不久，瞿式耜实际上就暗中派人经过多方打探，得知了一切的真相。郝永忠率军到来并非是像他本人宣称的那样，为了加强桂林的防守，应对李成栋的进攻，而是纯粹出于保护自己私人财产的目的。得知了实情的瞿首辅对郝永忠这一行径，那真是极为鄙视且恨得牙痒痒，此时见郝永忠一上来就抛出了弃城跑路的言论，自然是要给郝永忠一点眼色看看。

郝永忠被瞿式耜瞪得脊背发凉，加上他又还算有自知之明，猜出瞿式耜了解实情，所以见到瞿大人在直勾勾地看着自己，就立马闭了嘴。

这下轮到瞿式耜发话了。瞿大人先阐述了保卫桂林对中兴大业的重要性，紧接着好言抚慰了一下诸位将领，说了些激励士气的话以鼓舞将领们的斗志。特别是对跑路派代表郝永忠先生，瞿式耜更是“既以好语慰之，复以正言规之”，搞得郝永忠在会议后半场完全没有再提逃跑的事情。这一夜，原本甚嚣尘上、得到大多数官员支持的逃跑言论，看似是在瞿式耜的坚持下得到了彻底的压制，大臣和将领们也就此对逃跑的事绝口不提，而是纷纷将注意力转移到搞好城防、加强守备的方向上来了。可是事实上，在一片平静的外表下，一股暗流却在悄悄涌动。

第二天，瞿式耜突然接到了一个通知，皇帝要紧急接见自己。于是，瞿式耜马上放下了手头上的工作，以最快的速度赶到宫中。

不用说，精明的瞿式耜也能够猜到，皇帝这次召见自己，是想从自己这里得知昨夜众人的商议结论，并听取一下大臣们商议的对策。就如同之前的所有情况一样，遇到这样的大事，年纪尚轻的皇帝陛下心里是没底的，而作为首辅，自己要给皇帝一个底，或者说是一份保证和信心。

瞿首辅拜见完永历，行完礼后，向皇帝陛下和盘托出自己和大臣们讨论的结论与对策。但是没等瞿首辅说完，永历就让太监打断了他，并示意瞿大人不用继续说下去了。因为这一次瞿式耜猜错了，对于这一次朝廷面临的局面，永历早已在心中做好了决定。

瞿式耜的汇报工作被太监忽然打断，心里有点奇怪。所以他抬起头望了望高高在上的皇帝，似乎是想从永历那里得到答案。

永历也的确没有让疑惑的瞿式耜继续不解下去。如瞿大人所愿，永历很快给出了瞿大人自己的决定。

“朕决定即日带百官宫眷启程，迁跸他处！”

听到皇帝陛下的这句话，瞿式耜愣了一下。真是怕什么就来什么啊！看来自己虽然能够压制得住朝中的逃跑言论，却对皇帝身边那些胆小的死太监的怂恿鞭长莫及，无能为力。

但是，瞿式耜并不想放弃一丝希望，更不愿皇帝陛下再次被身边的那群心理阴暗的宦官们所蛊惑控制。所以瞿式耜以少有的、异常坚定的口吻向永历说道：“请陛下不要听信身边近臣之言，坏了国家大事！而干预朝政建议西迁之内官，臣请立斩之！”

“这是朕自己决定的，与身边的内侍无关。”

是这样啊，如果是皇帝自己害怕了，那还比较好办。于是，再次认定了是永历个人的问题后，瞿式耜决定改变自己的劝谏方式。

“如此就更为不可了。督师（指何腾蛟）的警报未至，城中的各营兵力充足，所以我们是不用过于担心的。如果陛下真的选择西迁，据臣所知，桂林以西二百里外的地区还比较荒凉，也没什么城市、乡镇，这样一来陛下岂不是要风餐露宿于荒郊野岭了？而国家播迁无宁日，只会导致国势愈弱，兵气愈难振，民心惶惶，无所依从。这样的话，还谈什么中兴大业呢？”

故以臣之见，不宜轻易移跸！

说完这些话，瞿式耜发现御座上的永历沉默不语。在他看来，这是皇帝陛下开始回心转意的预兆，所以现在要做的就是接着多说两句，以帮助永历坚定下来坚守的决心。

“如果陛下总是认为逃跑是应对清军的最好办法，桂林危险了就跑到柳州，那么谁又能保证柳州不会出现危机的一天呢？况且今天清兵可以到桂林，明天他们就可以到您所在的任何地方啊！”

一般状况下，只要自己先晓之以理，再动之以情，最后用严峻的形势吓唬一下，永历多半会同意自己的请求，所以这一次瞿式耜认为事情绝不会例外。

然而，出乎瞿式耜意料的是，真的出例外了。

在召见之中一直处于沉默聆听状态的永历，安静地听完了瞿式耜滔滔不绝的陈述。他从宝座上站了起来，注视着台下那位看似瘦弱但内心却无比坚毅的老臣，半晌不语。而后，才终于打破了寂静说了一句话，且是一句让瞿大人从未料想到的话：“卿不过欲朕死社稷耳！”

话说到了这个分上，那真的是没有什么再说下去的必要了。

对于永历最后这句话的深层含义，说话的永历自然明白，而听话的瞿式耜也很清楚。所以瞿式耜不敢再说，只是针对起驾的具体时间与永历讨价还价了两句，便匆忙告退出宫了。

前文介绍过，当时在武冈城中，永历在君臣被刘承胤拦在城内又被孔有德堵在城外的时候，曾经派人找来大学士吴炳，将自己的长子朱慈爝托付给了他，希望吴炳能把太子保护下来，等待时机送出城去继承帝位，完成自己未竟的中兴事业。可是后来我们知道，在机缘巧合之下，永历和大臣嫔妃们得以从武冈逃了出来，但吴炳和太子却不幸遇上了清兵，成了孔有德的俘虏。

按照经验，明朝的皇室特别是与皇位关系最为密切的朱家子孙一旦落入了清廷之手，其能生存下来的概率基本上是为零的。所以虽然许多史料上没有详细说明清朝方面对俘获的永历太子是如何具体处置的，不过想必也一定是凶多吉少了。虽然到了后来，民间一直流传着朱慈爝逃脱了清军的追捕，并自此一直隐居在贵阳清镇的说法，但这一说法的可靠性还是有待考证的。

这里我们暂且不用深究朱慈爝最后是否安然无恙，但我们可以估计到的是，当永历听说自己的长子没能逃出来时，作为一个父亲，心中那种迟迟难以散去的悲痛与懊恼，绝对是无法用语言形容的。有了这样一件事作为分析永历最后的那句话的前提之一，相信大家应该开始对那句话有了更深的了解。

不过，我们也不用为永历痛失爱子而过于担心，因为据相关史料，永历生儿子的功夫还是十分了得的。朱由榔这一辈子总共有七个儿子，其中有两个是在永历做皇帝之前就诞生了的，所以说皇帝陛下虽然不幸失去了一个儿子，不过幸好还有一个做后备，可以为老朱家承继香火。

然而，永历的儿子产量虽说很高，但出生都比较晚。就拿生死未卜的朱慈爝来说，当时虽贵为太子却尚未成年，而永历现在身边的次子则更是年轻，还没断奶。所以说倘若永历真的在桂林城中以身殉国了，那么这个尚未进入童年期的儿子真的有成为大明下一任皇帝的可能么？相信不用说，大家的心里也应该早有答案了吧。

当年朱棣的一句“国家需要年长的君主”，相信令许多明朝的读书人记忆犹新，所以一旦永历有什么三长两短，别说自己的这些老婆、孩子能不能继续享有今天的尊崇是个问题，就连明天他们是不是也能活下来都要打上一个大大的问号。因而每当想起这点，永历总会无端地回忆起自己之前还好端端的却突发急症离世的哥哥和像刘承胤那样骄横跋扈的大臣们。

我绝对不能够就这样死去。这不仅仅是为了保护我的家人，也是为了使大明能得以安然无恙地传承下去。

很显然，瞿式耜从永历最后的话语中读出了眼前的这位身为皇帝的男人内心的苦衷，所以一向坚持己见、从不妥协的瞿大人竟然破天荒地选择了主动让步。因为他很清楚，高高在上的永历，他的身份除了是大明的皇帝之外，还是儿子，是父亲，也是丈夫。

不惜背上逃跑天子的恶名，四处东躲西藏，不是因为怕死，而是因为惜命。对永历而言，珍惜自己的生命，其实也是一种手段，为了保护自己珍惜的人、珍惜的事物及这个自己必须要承载的国家。

据说，那次谈话结束后，瞿式耜先叩头请死，随后含泪而出。

陛下，既然如此，就请您努力地活下去吧！而我要履行我当初的诺言，与桂林城共存亡！

二月二十二日，永历带领部分随驾官员和宫眷驾车队离开了桂林。走的人带去了一份希望，而留下的人也依然保有着另外的一份希望。

皇帝走了，郝永忠的士兵们却在没有任何预兆的情况下突然发生了暴乱。乱兵以长期短饷为由，趁势在城中公开抢夺官私财物。由于当时郝永忠本人不在城内，乱兵们还顺便连瞿式耜的家也一并劫掠了一把，将瞿大人的家产抢夺殆尽。后来郝永忠听到风声，亲自派人带着自己的令箭到瞿家禁止手下这些士兵抢劫，却也由于局势过于混乱而被人家无视了。

不仅如此，这帮乱兵不止在整个桂林城内展开了大肆抢掠，就连作为首辅的瞿式耜本人，乱兵们也没有放过。他们公然闯入府衙，将瞿式耜劫持了起来，并一举冲破了城门，把瞿大人强行带出了桂林城外。

眼看着鞠躬尽瘁的瞿首辅即将在这场突发的兵乱中光荣殉职，牺牲在工作岗位上，瞿大人的好朋友焦琏又一次准时赶到了。在焦琏的带领下，士兵们很轻松地驱散了乱兵，将瞿式耜从死亡的边缘抢救了回来。

当焦琏亲自前去看视惊魂甫定的瞿首辅时，没想到，瞿大人一见面只是说了一句话：快点送我回桂林。

在焦琏军的保护下，瞿式耜终于安全返回桂林。此时，刚刚经历了一场骚乱的桂林城已变得面目全非。

入城后，瞿式耜马上召集了城中的官员们，命令他们即刻返回自己的工作岗位，重新恢复工作。与此同时，他又找来焦琏，将清除城内剩余乱兵和维护城市治安的艰巨使命交托给了这位可靠的将军。

三月一日，瞿式耜回到桂林的署衙，再次开展了自己的正常工作。这个时候在他有条不紊的安排下，桂林也渐渐从混乱中恢复了过来，在兵乱中丧生的大臣和百姓得到了妥善的收殓安葬，被破坏的市场和城墙得到了修复，那些因为兵变而被迫逃出城去的居民也在瞿式耜和属下官员的劝导陆陆续续地返回城中，开始重建自己的家园。

经历了这次兵变，瞿式耜意识到，桂林城不仅需要军队，而且需要的应该是一支信得过的军队。所以在瞿式耜的要求下，朝廷同意将焦琏的部队调驻离桂林较近的阳朔，并从何腾蛟那里调来了周金汤、熊兆佐二将率本部军入城驻守。自此，桂林城内的人心才再次安静了下来。

听说桂林发生了大规模的兵变，一直在等待时机的清军大喜过望。他们决定乘虚来袭，一口气拿下尚未完全恢复的桂林城。

在桂林的诸将中，郝永忠是第一个得知这条消息的。他赶忙找到了瞿式耜，说：快点跟我走，清军要来了！

可是，瞿式耜没有理他。

郝永忠见瞿首辅没有动静，就提高分贝又催了一次。

这回瞿式耜怒了。要不是你带兵不严，怎么可能出现这场兵变？没有这场兵变，清军又怎敢贸然来攻？所以说一切都是你郝永忠惹的祸！现在强敌来袭，却又不思固守，又要逃命，这样的将领要你何用！

盛怒之下的瞿首辅，以他最大的声音向着眼前的郝永忠和他的士兵们说出了下面的话：

“吾奉命守桂，桂，吾死土也。”

就是死也要死在这里，要走你走吧！

见首辅大人态度如此坚决，郝永忠没有办法，更不敢来硬的（焦琏就在附近驻守），所以只能悻悻地先带着自己的军队率先离开了桂林。

在瞿式耜看来，郝永忠军的撤离虽然的确降低了桂林的防御力，但从某一方面分析，这也未尝不是一件好事。古往今来，就算是一个比钻石还要坚固的事物，往往最容易在内部被彻底打烂。走了就走了吧，总比留下来惹事要强。这时候的瞿式耜大概也只能这样安慰自己了。

据前方情报反映，这一次前来攻城的清军大致在三万到五万左右，是历次以来规模最大的一回。瞿式耜当机立断，派人令焦琏放弃新近收复的平乐，入城加强警备。可是，似乎就算加上了焦琏的这支劲旅，城内万把来人的明军或许也很难是历经百战的清军的对手啊！

就在瞿式耜发愁之时，一个好消息传来了。督师何腾蛟亲自带领胡一青的滇营军前来帮助瞿大人守城。

这下有希望了！

三月二十二日，清军直抵桂林北门。此时别说何腾蛟的援军没到，就连从平乐撤守的焦琏军也还没有入城。清军之来何其速也！

援兵未到，那就只能先靠自己了。

听闻清军已然兵临城下，瞿式耜继续发挥了亲临火线的传统，前往慰劳拼死作战的军士们，并充分发挥自己的特长，用忠义激励大家。当然，实惠的东西也是有的。瞿大人十分了解大兵们的心理，知道这些人最担心的事情就是饿着肚子打仗。因而在战斗正式打响之前，瞿式耜特意当着全体士兵的面打开仓门，向众人展示了每日战士们所需的数百石粟米相当充足这一情况。

瞿式耜的这一招果然十分有效。在得知自己的后勤很有保障的情况下，明军士气大振，军心更加稳定。因此在清军集中兵力猛攻北门的时候，清朝的士兵惊讶地发现，城上守军的脸上并没有他们预想到的遭遇突袭的慌乱，相反，却是一脸的镇定与从容。

底下清兵的攻势越发猛烈，而城上的明军也不甘示弱。于是，在气势上势均力敌的两边就此展开了激烈的拉锯战，双方你来我往大战了数个回合，依旧保持着僵持的状态。清军虽有个把成功上城的，但很快就被从四处赶来的守军乱刀干掉。明军的工事和桂林的部分城墙段虽然也有多处遭到清军刀斧的严重毁坏，却也马上被赶上来的修理队迅速砌好。所以一时之间，清军既不能攻入城内，明军也不能打退对方的进攻，城上城下就这样耗上了。

但是，双方士兵在体力素质的巨大差异却在慢慢地显露出来。

清军由于常年南征北战，这种激烈程度的战斗自然是家常便饭，且早就形成了习惯。对于守城的明军士兵而言，情况可就大不相同了。他们中的大多数人都是第一次遭遇如此激烈的战斗，前脚才好不容易搬起石头将一个清兵砸了下去，然而后脚另一个清兵却又很轻松地爬了上来。长时间这么折腾着，一些士兵渐渐支撑不住了，部分清军也趁此机会突破了明军的阻挡，杀入了城中。

瞿式耜敏锐地发现了战场上的这一细微且逐渐发生的变化，意识到自己该做些什么了。于是，瞿首辅一边亲自出面号召城中的青年和官员们上城帮手，一边集结了一些死士老兵组成了搜查队，重点打击之前乘虚溜入城中的清兵，以阻止他们的破坏和干扰。

应该说，瞿大人这一招还算是比较有效的。守军在桂林百姓的帮助下稳住了形势，挡住了清兵的这一轮攻势。可是包括瞿式耜在内的所有人心里都十分清楚，这种情况只能是暂时性的，因为百姓从未如此近距离地接触过战争，更未接触过系统的军事训练，即便是全城上下通力死扛，估计最多也就是再坚持一个时辰左右的事。援兵到时倘若还没来，大家一定要全完。

即使条件异常艰苦，战争极为惨烈，桂林军民还是咬着牙坚持了下来，因此他们等来了希望。焦琏终于赶到了。

据史书记载，收到瞿式耜急召的命令后，焦琏即刻放弃了城池自平乐返回，且是昼夜急驰，丝毫不敢耽误。但他没能料到，由于不久前郝永忠手下的兵乱，自全州至桂林的这一路上近三百里的范围内早无人迹。因而清军得以在极短的时间内就打到了桂林的城下。

不过无论如何，幸好还是赶上了。

所以当还没来得及解鞍休息的焦琏与敌骑在北门遭遇时，焦琏也不多说，挥军冲散了围攻北门的清兵，趁势进入城中。随后，焦琏就先在瞿式耜安排的搜查队的配合下，通过巷战将混入城内的清军全部清理干净了。稍事休息之后，焦琏又赶忙带领自己的生力军登城固守。

此时，得到焦琏支援的明军虽然还做不到击退强敌，但与清军就此保持这种既不会速败也不会大胜的态势，却是绝对没有什么大问题。

就在清军为眼见即将煮熟的鸭子就此飞走而大叫可恶的时候，让他们感到更为不爽的事情发生了，何腾蛟和胡一青的援军到了。

城池久攻不破，敌军却越打越多，估计就算是让素来以遇事沉着冷静的多尔衮亲自来指挥，看到仗打到这个地步，也一定是要骂娘的。可是，没等失去耐心的清军将领们有机会骂娘，刚刚才进入城中的何腾蛟军似乎却对于这场拖了很久的战斗更没忍耐力，竟然出人意料地主动杀了出来！

在何腾蛟的督率下，城内明军分三面杀出：胡一青统滇兵出文昌门，周金汤、熊兆佐统楚兵出榕树门，何督师本人及焦琏军出北门，直奔城外的清军阵列而来。

出城杀敌之前，一代名将焦琏和胡一青先举行了一个小型的内部见面会，两位猛人谈了几句就互相深感相见恨晚。随即焦琏与胡一青按照古人的传统规矩歃血为盟，约定誓死破敌，之后才分兵两路，朝着各自的目标疾驰而去。

焦琏按照部署从北门出城的。在率领手下走出城门之时，焦琏回头看了看自己左右的将校：琏为诸君破之！随即单骑横矛，直奔清师而去。

这批清军之前并没有和焦琏交过手，所以自然不知道焦琏猛人的身份。他们从来没有想过孱弱不堪、只会凭城用炮的明军中竟然会有这样的一个爱好并擅长打野战的将领，所以猝不及防之下，清军的阵列被单骑冲出的焦琏冲开了一个口子，并且让焦将军结结实实地来了一把“突入上万军中，如入无人之境”的精彩表演。

但是，回过神来的清兵很快就发现，由于焦琏的运动速度极快，后面的明军并未紧紧跟上，所以真正冲入自己阵列中的其实只有焦琏一人而已。清军的士兵们即刻变换了阵型，意图将后续的明军骑兵堵在阵外，先集中力量解决这个威猛但莽撞的带头将领再说。

谁叫你如此玩命！看咱们的刀吧！

焦琏虽然够勇够猛，可战场之上乱拳打死老师傅的事却是时有发生的，难保焦琏不会因为轮番作战而英勇牺牲在这片沙场之上。站在城头的瞿式耜目睹自己的老战友被数重清兵围攻，也是心惊肉跳的。

还好，与焦琏编入一军作战的抚粤将军刘起蛟看出了清军的企图。见到焦琏陷入敌阵，刘起蛟当即带领所部士兵跟着大呼杀入清阵。清兵正在忙着搞定阵内的焦琏，对阵外的堵截已有些力不从心，突然遭到了刘起蛟部这么一冲，马上就被明军攻入了阵中。

乱军之中，刘起蛟部和焦琏实现了会合，随即两部明军合兵一处向着清军阵营中的马步兵结合处的薄弱部分冲杀了过去。明军骑兵一路上连杀数百人，最终突破了清兵的重重围堵，冲出了包围。

遭遇焦琏这样的一员猛将，又被后续的刘起蛟军一冲，一破围，北门的清军这下子彻底失去了再战的斗志，纷纷主动后退，生怕再这么被打上一回。

北门敌营已破。

此时，在东门的胡一青并不清楚焦琏在北门的出色表现，但东门的清军却也很幸运，因为他们同样没有错过名将的表演，而且还是以亲身体验的方式。

胡一青是一个比较沉默的人，他不像焦琏那样外向，所以即便是发动冲锋之前，胡一青也是很安生的。滇军似乎对于他们的将军这一特点比较了解，因而大家都静静地手持武器站在主将的后面，集中精神等待着最后的那声全军进攻的口令。

不过，在胡一青即将号令出动的时候，一个人的到来却使得性格比较慢热的胡一青的热血也彻底地燃烧了起来。这位燃起胡一青斗志的人叫何腾蛟。

何腾蛟与胡一青的关系和瞿式耜同焦琏的关系，极其相似，他们表面上虽是上下级的关系，然而事实上更像是战友搭档，乃至父子或兄弟，感情十分深厚，情谊更是天长地久。所以何督师只用了一个简单的动作和一句话就完成了对胡一青的鼓舞和动员的工作。

这一特有技术含量的表示是这样的——何腾蛟走到胡一青的身后，用手轻抚胡一青的后背，随即说了一句：“儿好为我破之！”

接收到了何督师的这些信息，胡一青突然像打了鸡血一样兴奋，当即跃马奋击清军。清兵们还没来得及反应，胡一青就已经连杀数十人，并抢了敌兵的马匹，早驰回阵中了。

其实，这也不能全怪清兵反应太慢。前文介绍过，胡一青的交通工具是比较先进的，马力强，速度快，所以一般人初次与胡一青交锋，很难跟上他的动作那是很正常的。但是也忘了提到一点，那就是胡一青对于他所乘的马是有一个比较特殊的爱好的。

据史书记载，胡一青“每乘马，必剪其鬃”。这句话很好理解，就是但凡是胡一青的坐骑，由于被剪的缘故，背上都是光秃秃的，是没有马鬃的。但是对于胡一青这样做的意图，很多人是不太理解的，好好的一匹骏马，您把它的鬃毛剪光，弄得像和尚的脑袋一样光，那不是反而不好看了吗？虽然当时和后来，有许多人试图对胡先生的这一特殊的行为艺术给出一个合理的解释，却多是不得要领，估计这其中的原因也只有胡一青本人知道了。

但是在这次战斗中，却似乎看出了胡一青的一个用意：迷惑敌人。

由于胡一青的马“沙兔子”本来就与众不同，加之后背又没有鬃毛，所以在战场上远远望去，大多数人会误以为胡一青是骑着牛出来打仗的。这时候清军恰好就犯了这样的一个致命的错误。

清兵遇见了骑头牛出战的明将，都感到十分好奇，因而私下里就互相议论了起来，说是明军军中无人，竟然派了个“骑牛童子”出来指挥作战，个个笑得肚子痛（胡一青个头实在不高，再加上距离远，所以就……）。然而，这些清军士兵很快就要为他们的视力欠佳付出极为惨痛的代价。

东门之外，胡一青以他的实际行动又一次成功诠释了彪悍一词的完整含义。在胡一青和奋勇作战滇营兵的面前，清军没过太久就走向了溃退。处于溃退状态的清兵这时才对现状有了比较清醒的认识，开始改说骑牛童子不好惹了。

凭借焦琏与胡一青两员猛将的活跃，明军没有太费功夫就击败了各自的对手。因而按照计划，北门和东门的明军在取胜之后，纷纷向着清军的大本营杀去，督师何腾蛟见状也马上率领周金汤、熊兆佐的楚军出兵接应。三路大军合兵一处，直奔清军位于城外的最后据点。

经过又一轮的殊死奋战，这次是清军实在顶不住了，率先退出战场，向全州奔逃。焦琏、胡一青自然不会放过这一扩大战果的好机会，所以在二人的带领下，明军坚持追杀了二十里，打得清军狼狈不堪，仓皇从甘棠港北渡而去。明军没有带船，无法渡河，这才停止追击。

第三次桂林保卫战在瞿式耜等人的拼死努力下，又一次取得了来之不易的胜利。此战清军的损失据保守估计至少在千人以上，而明军也多少有些伤亡。特别是焦琏手下部将向贵，更是在这场堪称惨烈的战斗中英勇战死。之所以用上英勇二字，是因为战后瞿式耜照例抚恤战斗中的殉国军士并为他们设坛祭祀，相关工作的负责人在处理向贵的遗体时，从他身上取下的箭头多达数升。后来，瞿首辅听说此事后十分感动，特意在百忙之中挤出时间，亲自主持了阵亡将士们的葬礼，并发表了激动人心的讲话，以表示对烈士们的崇敬与谢意。

当初，还在路上的永历得知桂林先遭遇兵变，后遭清军大举进攻，本以为桂林城和瞿大人都要就此完了，因而极为伤心。谁知没隔几天，桂林方面却意想不到地传来了捷报和瞿首辅的问安疏，这使得皇帝陛下惊讶不已。原来这个世界上确实存在着奇迹这种东西啊！

欣喜之余，听说瞿式耜家里在兵乱中被抢了个一干二净，永历马上下令赏赐瞿首辅纱缎及银两，并又额外加赐了一枚刻有“精忠贯日”四个大字的金章，以嘉奖瞿大人的忠心。两宫太后也下旨赐纱缎和银两给瞿式耜的夫人邵氏，以表彰其对丈夫和大明中兴工作的支持。

当然，其他诸如焦琏、胡一青等功臣也同样获得了朝廷的赏赐，各自升官晋爵并获得了相应的物质奖励，朝廷内外皆大欢喜。